# 진보의 재탄생

## 노회찬과의 대화

# 진보의 재탄생

## 노회찬과의 대화

노회찬 · 김어준 · 진중권 외 지음

꾸리에

# 우리들의 겨울은 따뜻했다

다시, 꿈꾸기 위하여

1.

눈이 유난히 많이 내린 겨울이었다. 백색의 풍경 속으로 묻혀버린 2009 년의 시간 속엔 참 아픈 기억들이 많이 남겨져 있다. 영하(零下)의 대기를 통과하는 동안 나는 사람들의 말수가 점점 적어지고 있다는 것을 눈치 챘다. 그것은 사람들이 이제 꿈을 드러내기를 주저하고 있다는 증거였다.

켄 로치 감독의 영화 〈빵과 장미〉가 많이 떠오르던 시간들이었다. 이 노장 감독은 불합리한 세계와 싸우는 일에 좀처럼 지칠 줄을 모른다. 영화는 빵을 얻기 위해 국경을 넘어 미국의 호화호텔에서 잡일을 하며 살아가는 여성 이주노동자의 이야기를 담고 있다. 빵을 얻기 위해 하루 온종일 일하며 살아가야 하는 인생은 얼마나 지긋지긋한가. 그래도 이 여성은 장미(아름답고 우아한 삶)에 대한 꿈을 포기하는 법이 없다.

두 차례의 민주정부 10년. 그것을 되돌아볼 때마다 더없이 참담한 느낌을 갖게 되는 것은, 이 시기가 바로 우리가 빵을 얻기 위해 서둘러 장미에 대한 꿈을 접어야 했던 시간들이었기 때문이다. 그 10년이 지나자마자 우리들의 꿈은 종결되었다.

2.

그러나 꿈의 본질적인 속성은 역설에 있다. 그것은 현실에 대한 판단이 멈춘 지점에서부터 시작되는 어떤 운동이다. 그것은 어둠을 만났을 때 더 빛나는 성격을 갖고 있다. 꿈은 현실을 토대로 생겨나지만, 생겨나는 순간부터 운동을 멈추는 법이 없어 전혀 비현실적인 무언가를 현실로 만들어버린다.

지금 우리가 현실에서 만날 수 있는 것들 중 상당수는 한때 많은 사람들에게는 단지 꿈이었을 뿐이다. 달나라에 가는 우주선이 그러하고, 얼굴을 보며 통화하는 전화기도 그렇다. 물론 과학기술의 영역에서만 이런 일이 발생하는 것은 아니다. 일본 제국주의의 식민지 조선에서 독립은 모든 이들의 꿈이었지만 그것이 조만간 현실로 도래할 것이라 확신한 사람은 얼마나 되었을까? 그러나 상당기간 불가능해보였던 그 꿈은 어느 날 갑자기 현실이 되어 우리 앞에 나타났다.

1979년 10월 27일 새벽, 누군가 깨워 일어났을 때 하숙집 주인은 방금 라디오에서 들었다며 박정희 대통령의 암살소식을 전했다. 그리고 이른 아침부터 소주를 꺼내와 따르기 시작했고, 두 사람은 식탁에서 말없이 연거푸 소주를 들이켰다. 군사쿠데타로 시작하여 18년간 독재를 일삼은 대통령이 암살당했는데도, 드디어 민주주의가 시작된다는 확신은 서지 않았다. 1980년 초입, '서울의 봄'이 왔을 때도 봄은 짧게 끝나고 다시 겨울이 닥치리라는 예감이 더 많았다. 광주가 유혈진압 당하자 나는 내 인생의 대부분은 겨울의 연속일 것이라고 확신하게 되었다. 노동일을 마치고 밤 12시가 지나서 인적이 드문 인천 송림동 좁은 골목길을 조심스레 누비며 전두환 군사독재 타도하자는 유인물을 집집마다 넣을 때에도 독재의 끝이 그리 빨리 올 줄은 몰랐다. 그러나 결국 그날은 왔다. 1987년 6월에.

근로자 대신 노동자라 부르면 의혹의 눈초리로 다시 쳐다보고, 안기부는 물론 보안사까지 동원하여 노동조합을 사찰하고, 붙잡혀 가면 고문 때문에 24시간을 버티기가 힘들던 전두환 군사독재 시절. 헌법과 법률에 따라 자유롭게 노동조합을 설립하고 자주적으로 이를 운영하게 될 날은 내 평생 구경하기 어려울 것이라는 생각이 나를 지배하고 있었다. 용접기능사 2급 자격증을 취득한 것도 평생 암흑세계에서 노동운동을 하게 되리라는 예상에 따른 것이기도 했다. 1987년 7월과 8월 두 달 동안 천5백 건이 넘는 파업이 발생하고, 1천여 개의 노동조합이 결성되는 세계노동운동사상 유례없는 대폭발이 일어났을 때 나는 나의 눈을 믿을 수 없었다. 그런 일을 살아생전에 목격하게 되리라고는 한 번도 생각하지 못했던 것이다.

1992년 감옥에서 나와 진보정당건설의 길로 나섰을 때, 나는 꿈에서 깨서 현실을 직시하라는 충고를 수없이 들어야 했다. 정치를 하려면 될법한 정당에서 해야지 존립여부도 불확실한 당에서 무슨 전망이 있느냐는 걱정도 많이 들었다. 한국에서 진보정당은 불가능할 뿐만 아니라, 심지어 김대중 정부를 세우는 데 장애물이 될 것이라는 경고까지 들어야 했다. 1987년과 1992년 두 차례의 대통령선거를 거치면서 진보정당운동이 다 닳은 촛불처럼 꺼져 갈 때 힘겹게 이 꿈의 대열을 지켜온 벗들도 하나 둘씩 미몽에서 현실로 돌아갔다. "동지는 간 데 없고 깃발만 나부껴"라는 노래가사는 나 자신의 처지를 노래하는 것 같아 부를 때마다 소름이 돋았다. 그래서인가 고난의 행군을 거쳐 2000년 1월 어렵사리 진보정당을 창당하게 되었을 때 나는 내 인생에 해야 할 일의 대부분을 다해낸 것 같았다. 말로는 조만간 두 자리 수의 원내 의석을 확보하게 되리라고 큰소리쳤지만 내심 그 일은 우리 몫이 아니라 한참 나중에 후배들의 어깨에 놓여질 짐이라고 생각했던 것이 사실이다. 그러나 그 꿈같은 일조차 창당 4년 만에 10석의 의석으로, 현실로 나타났다.

3.

나는 다시 꿈을 꾼다. 대학서열과 학력차별이 없고 누구나 원하는 만큼 교육받을 수 있는 나라, 지방에서 태어나도 그곳에서 교육받고 취직하고 결혼하고 아이를 낳고 기르는 데 아무 불편함이 없는 나라, 비정규직이라는 이유로 차별 받지 않는 나라, 인터넷 접속이 국민의 기본권으로 보장되는 나라, 그리고 무엇보다 모든 국민이 악기 하나쯤은 연주할 수 있는 나라. 토머스 모어는 고작 하루 노동시간을 여섯 시간으로 줄여놓고 그 섬을 존재하지 않는 섬, 유토피아라 불렀지만 나는 그보다 더 거창한 꿈을 꾸지만 단지 꿈이라 여기지 않고 있다.

물론 아직 이 꿈은 꿈일 뿐이다. 암울한 현실이 깊어지면서, 꿈은 더 멀어져 가는 것처럼 보이기도 한다. 창당 4년 만에 기적처럼 20%의 지지율을 기록했지만, 불과 3년 만인 지난 대선에서 3%로의 추락을 겪어야만 했다. 이 일이 불씨가 되어 당이 두 동강 나고, 두 당의 지지율을 합쳐도 2004년의 절반도 되지 않는 현실이 계속되고 있다. 진보가 '진부한' 이미지로 인식되는 경우가 허다하고, 고통받는 서민들은 아직 우리를 자신의 벗으로 인정하길 꺼려하고 있다.

진보정치의 실현이 왜 이리 더디게 진척되느냐며 안타까워하는 질문을 자주 받는다. 심지어는 진보정당이 출현한 지 10년이 지났는데, 이 정도 성적표면 더 해볼 것도 없지 않느냐는 얘기도 들린다. 진보정당은 현실적으로 성공하기 힘드니 계획을 바꿔 다른 배로 갈아타고 항해를 계속하자는 노선변경의 주장도 제기되고 있다.

이제까지 적지 않은 꿈이 현실로 나타나는 것을 경험했다고 해서 모든 꿈이 현실로 될 것이라 말할 순 없다. 진보정당의 꿈을 놓지 못하는 것은 현실가능성이 크기 때문도 아니고, 그 꿈이 너무 아름다워 포기하기가 어렵기 때문도 아니다. 그 꿈 이외에 대안이 없기 때문이다. 그 꿈이 실현되지 않고서는 정치가 사람의 희망이 될 수 없기 때문이다.

한국 사회의 정치현실은 아직도 척박하다. 한국 정치의 이념 지형은 글로벌 스탠다드에 비춰 한참 우경화되어 있다. 다른 나라에선 중도라고 치부하기도 어려운 보수정당이 개혁을 넘어서 진보를 자칭하고, 더 오른쪽에 있는 라이벌로부터 좌파로 매도되기도 한다. 정상적인 국가에선 극우로 불릴만한 세력들이 뉴라이트를 자처해도 통용된다. 스웨덴 총선에서 우파연합이 내건 공약보다도 별로 나을 것 없는 정강정책을 가진 진보정당은 꼴통좌파로 비난 받기도 한다.

그러나 진보가 별 것이던가? 구석기 시대에 돌을 깎고 갈아서 연장으로 쓰면 그것이 진보 아니었던가? 신분계급이 엄격했던 고려중기 왕후장상의 씨가 따로 있냐며 계급을 타파하고 새로운 질서를 만들려 했던 만적의 꿈이 바로 진보 아니었나? 많은 다른 나라와 마찬가지로 민주화시대의 한국 정치에서도 진보와 보수는 경제문제, 즉 먹고 살아가는 사회체제의 노선문제로 서로 나뉘어질 수밖에 없다. 소수 기득권층의 이익을 우선시 하느냐, 다수 사회적 약자들의 처지개선을 우선시 하느냐에 따라 일자리, 교육, 의료, 주거정책이 판이하게 다를 수밖에 없다. 용산참사는 서울 경찰청장의 한순간의 잘못된 판단 때문에 일어난 것이 아니라, 강경보수와 온건보수가 양당체제를 이루며 수십 년 대립하면서 주거정책이 그 둘의 중간 어디쯤에서 결정되었기 때문에 발생한 필연적 결과였다. 전 세계에서 유례를 찾기 어려울 정도로 비정규직이 많고 비정규직에 대한 차별이 극심한 것도 노동시장정책이 보수와 진보 사이에서 결정된 것이 아니라 나쁜 보수와 덜 나쁜 보수 사이에서 결정되어온 탓에 다름 아니다.

따라서 경제를 바꾸는 것은 정치를 바꾸지 않고서는 불가능하다. 사회 양극화를 획기적으로 줄여내고 보편적인 삶의 질을 높이는 것은 한나라당 민주당의 양당 중심체제에서는 실현 불가능하다는 것은 이미 입증된 지 오래된 사실이다. 왜 진보정당인가? 왜 진보정당의 꿈은 실현되어야만 하는가? 그 답은 이미 많은 현실로 입증되었지 않은가.

4.
그렇다면 진보신당, 혹은 민주노동당이 정답인가? 이들이 대안인가? 이 둘을 합하면 대안이 될 수 있나? 오늘 진보정당들의 현 위치는 외부로부터 강제되었다기보다 우리들 스스로 선택한 것이나 다름없다. 이 땅의 진보는 아직 거울에 비친 자신의 모습을 두 눈으로 직시하는 것을 두려워하고 있다. 자신을 바꾸려 하지 않고 잘못된 거울을 바꾸는 길밖에 없다고 믿는 경우도 많다. 제대로 자신을 대변해주지 못하는 진보세력들을 두 눈 시퍼렇게 뜬 채 바라보고 있는 국민을 향해 국민이 깨어나야 진보도 가능하다고 말하는 사람도 있다.

판을 갈아야 한다. 강경 보수와 온건 보수가 한편으론 대립하며 다른 한편 의존하는 '적대적 의존관계'를 타파해야 한다. 희망이 멀고 절망이 가까운 현실의 암울한 상황 때문에 판을 갈기 위한 중장기적 안목과 노력보다도 일회의 승부로 상황을 급변시키려는 투기적 발상, 어느 틈에 낡은 배를 새 배라고 우기는 포장술이 난무한다. 3김이 물러간 지가 언제인데 3김이 만든 정당들이 3김의 토대였던 지역패권을 기득권처럼 누리면서 정치를 독과점하는 낡은 카르텔을 이제는 해체해야 한다. 이 낡은 카르텔을 묵인하고서 그 속에서 승부를 보려는 것은 결과적으로 시대착오적인 낡은 정치지형을 온존시키는 결과만을 낳을 것이고, 우리의 꿈과 희망은 더 멀어질 수밖에 없다.

그러나 판은 저절로 갈아지지 않는다. 누가 대신 갈아주지도 않을 것이다. 판을 가는 것은 진보가 스스로의 힘으로 커질 때에만 가능하다. 우리에게 던져지는 질문은, 진보가 정당한가 아닌가가 아니라, 이 참을 수 없는 세상에 저항할 능력이 있는가 없는가 하는 것이다. 그래서 이제 진보정치는 자신의 꿈을 실현하기 위해 스스로를 재구성해야 한다. 추구하는 이념과 가치, 국민들에게 약속할 정강과 정책, 같은 목표 하에 모인 다양한 세력들이 공존할 수 있는 법칙을 다시 구성해야 하며, 이 과정에서 낡은 잔재와 과감하게 결별하는 고통을 각오해야 한다. 동시에 세력도 재구성해야 한다. 현존하는 정당세력만으로는 '운동권 동창회'를 탈피하기 어렵다. 대중정당으로 뿌리내리기 위해서는 외연을 더 확장해야 하며, 시민사회와 전문가집단의 대대적인 참여가 필수적이다. 이를 위해서 약간의 기득권이라도 있다면 그것부터 버려야 한다.

진보정당의 집권을 꿈꾸며 진보정치의 대장정에 나선 지 20년이 되었다. 정당이라는 베이스 캠프를 마련하는 데 10년이 걸렸고, 베이스 캠프를 떠나 현재의 위치로 오는 데 다시 10년이 걸렸다. 최종목표인 정상은 눈에 보이지도 않을 정도로 멀다. 그러나 진보의 꿈은 저 멀리서 다가오고 있다. 함께 꿈을 꾸는 사람이 많아지면 그 꿈은 현실이 된다.

5.

이 책은 한겨울에 진보의 봄을 기다리는 사람들이 모여 만들었다. 진보를 고뇌하고 스스로를 성찰하면서 써내려간 우리들의 고백서이다. 거울에 비친 우리들의 모습을 직시하며 나눈 대화의 기록이다. 차마 자신에게 묻기도 두려운 질문을 자신과 똑같은 상대에게 물으며 꿈을 실현하는 길을 찾으려 몸부림친 흔적이기도 하다. 그래서 우리는 서로가 서로를 취조하듯 대화 나누기를 마다하지 않았다. 이 만남이 있으므로, 우리들의 겨울은 더없이 따뜻했다.

　대담자의 한 사람으로서, 어려운 시간을 내어 대담에 응해주신 홍세화, 진중권, 홍기빈, 김어준, 변영주, 김정진, 한윤형, 그리고 우정 어린 글을 써주신 우석훈, 이 여덟 분께 깊은 감사의 인사를 드린다. 추운 겨울 만남의 자리에 찾아와 사진으로 대화를 보완해 준 이상엽 작가에게도 같은 감사와 격려의 인사를 나누고 싶다. 이뤄지기 힘든 이 대화가 가능하도록 설계하고 준비하고 진행하는 데 애써 준 문부식 형과, 꾸리에북스 강경미 대표의 배려와 노고에도 깊은 고마움을 전한다. 무엇보다도 이 책이 나오게 된 것은 여전히 아픈 가슴과 뜨거운 열정으로 꿈을 간직하고 있는 많은 분들이 진보의 봄을 기다리고 있기 때문이다. 꿈이 현실로 되길 바라는 모든 분들께 이 책을 바친다. 그리고 감히 다짐한다. 꿈은 이루어진다.

2010년 1월, 서울에서<br>노회찬

차례

# 1부 진보, 너는 누구냐

# 제1장

# 회찬 씨, 농담도 잘하셔

만남_그 첫 번째

# 김어준, 노회찬에게 묻다

어느 날, 정치적 은유를 자유자재로 구사하는 풍자 화술의 달인이 하늘에서 뚝 떨어지듯 대한민국 정치판에 갑자기 등장했다. 그것도 '움켜쥔주먹빨간머리띠' 정당에서 말이다. 초등학교 무상급식을 사회주의 발상이라 공격하는 가공할 지적 수준의 포유류들이 주인 행세하는 이 땅에서 말이다. 수많은 이들이 열광했다. 지상파 3사 아침 방송을 순식간에 점령한 그는 그렇게 단숨에 대한민국 진보진영이 배출한 최고의 대중 정치인이 되었다. 그렇게 그는 존재 자체로 하나의 상징이자 현상이 되었다.

그런데 그로부터 8년 후, 그의 정당은 이분되었고, 그의 당선은 좌절되었으며, 그의 목표는 지체되고 있다. 왜? 무엇 때문에?

이 예기치 못한 정체는 개인적 결함으로부터 비롯된 것인가? 아니면 진영 자체가 안고 있는 원초적 한계 때문인가? 그도 아니라면 시대적 제약인가?

이 인터뷰는 이런 물음들에 대한 답을 구하기 위한, 내 나름의 수작이다.

## 인간 노회찬, 넌 누구냐?!

**김어준*** 제가 좀 멍하더라도 이해해주십쇼. 제가 (인터뷰할) 시간이 얼마나 있는 거죠?

**노회찬** 한 3시간쯤 된다 하던데.

**김어준** 그렇게까지 묻고 말할 내용이 없어요.

**노회찬** 아하하하하.

**김어준** 지난번과 중복되더라도, 그냥 묻겠습니다.(2년 전에 노회찬 대표를 인터뷰 한 적이 있었다.) 제 질문은 결국 하납니다. 인간 노회찬이 누구냐 이거지. 인간 노회찬, 넌 누구냐?! 이거죠. 하하하하. 진보진영에 있는 분들은 개인이 노출 안 돼요. 이명박만 해도 자기 졸라 고생했다 이거부터 시작하는데. 무슨 행상을 했네. 돈 많다고 나 특별한 사람 아니니까, 읍소도 하고 마케팅도 하는 거잖아요. 진보진영 분들은 그걸 못해. 그래서 감정이입할 게 뭐 없어요. 아, 이 사람도 나처럼 뭘 좋아하는구나, 싫어하는구나, 나처럼 이런 경험을 했구나, 저런 경험을 했구나 할 게 없고 순 운동 경력만 쭉 있으니까. 감정이입 할 포인트가 없다고요, 사실.

**노회찬** 중요한 지적이에요.

* 대담이 있기 나흘 전, 김어준의 여동생 김수아 씨가 갑작스럽게 죽었다. 뒷수습 하느라 여력이 없음에도 노 대표와의 약속된 대담 때문에 먼 길을 점심도 못 먹고 달려왔다고 한다. 삼오제를 치르고 온 김어준은 특유의 정돈되지 않은 머리칼과 수염으로 범벅된, 평소와 다를 바 없는 모습이었다. 외갓집과 더 친해서 외할아버지, 외할머니 산소 옆에 동생을 묻어두었다고 한다. 무덤 옆에는 나무 한 그루를 심었다고. 대담 중간 중간 계속 동생의 갑작스러운 죽음 때문에 처리해야 될 문제가 많아 이곳저곳에서 전화가 걸려왔다. 죄송하다고 말하고 전화를 받으러 가는 김어준은, 그럼에도 불구하고 씩씩했다.

**김어준** 감정이입할 포인트가 없으니까 무슨 일이 일어나느냐면, 선거, 정치도 연애하는 거와 비슷하다고 생각합니다. 사람 마음 사는 거잖아요. 그런데 민주노동당 시절이나 진보신당이나 하여튼 이 진보진영에서는 국민들을 꼬시려고 하면서 순 정책만 내놓는단 말이죠. 아직 연애도 시작 전에. 연애 시작도 안했는데 나는 평생 적금계획이 이렇고, 안방은 이렇게 꾸밀 거고, 이렇게 얘기하는 거랑 비슷하단 말이죠. 아니 누군지 모르는데 적금을 얼마짜리 들 게 뭐가 중요하냐는 거지. 먼저 난 이런 사람이라고 알리는, 감정이입 할 포인트를 주는 마케팅이 진보진영엔 거의 없더라 이겁니다. 그래서 오늘은 노회찬은 누군가. 이것이 제 주제입니다. 2년 전 국회의원이실 때, 의원실 안에 보좌진 책상이 들어와 있던데, 그런 건 그때 처음 봤거든요.

**노회찬** 으흐흐. 그 이야기.

**김어준** 그 후로도 본 적이 없어요. 의원실 안에 보좌관 책상 있는 거. 국회의원 방 진짜 많이 들어가 봤는데, 그거, 일종의 쇼 아닌가요? 으하하하하. 아, 나 이렇게 평등의식 가지고 있어, 이런?

**노회찬** 하하하. 쇼가 아니라 초선의원 때 제 현실 때문이었죠. 다른 의원보다 보좌진이 많았어요. 2명 정도 더. 다른 의원들은 보좌진이 전부 다 책상을 갖고 있는 게 아니에요. 특히 수행하는 기사, 이런 사람들은 의자도 없습니다. 지하에 보면 내무반 시설처럼 기사들 쉬는 데가 있어요. 그런데 우리는 기사도 같이 활동하는 분이고, 컴퓨터도 필요하고, 책상과 의자도 필요하고, 그래서 다 넣다보니까 그렇게 된 거죠. 보좌관 4명이었던 시절에 설계된 의원회관 방이어서. 지금은 보좌관 정수가 늘어서 6명이란 말예요. 2명 정도는 책상을 놓을 데가 전혀 없는 것이죠.

**김어준** 그럼, 다른 데선 어떻게 하는데요?

**노회찬** 안 주는 거죠.

**김어준** 예? 돌아가면서 쓰고 그냥?

**노회찬** 없어도 되요, 다른 쪽 보좌관들은. 크크크. 없어도 된다기보다는 다른 일들 시키니까. 그런데 우리는 다들 자기 책상과 컴퓨터는 기본으로 주는 걸로 했기 때문에 할 수 없이 2명이 안으로 들어왔죠.

**김어준** 처음 들어가니까, 의원 방에 보좌진이 들어와 일하고 있더라고요, 하하하하하. 이상했어요. 가오가 좀 안 선다... 하하하하.

**노회찬** 가오는 그런 데서 서는 게 아니니까.

**김어준** 시작하기 전에 갑자기 그때 생각나서 시비 걸어봤고요. 자, 그럼 시작해보죠. 56년생. 따져보니까 원숭이띠시더라고요. 부산 초량에서 태어나셨고. 초량이 부산역 바로 맞은편 아닙니까? 거기가 사실상 산동네인데.

**노회찬** 예, 산동네에 살았어요. 초량에 피난민들이 많이 있었어요. 부산으로 온 피난민들은 이북에서 내려온 사람들도 있었고, 서울에서 내려온 사람들도 있었고. 〈목마와 숙녀〉라는 시를 쓴 박인환이란 사람이 있어요. "한 잔의 술을 마시고 우리는 버지니아 울프의 생애와……", 그 사람 수필집 보면 피난 와서 나무로 만든 2층집에서 놀다가 집이 쓰러질 뻔 했다는 그 집도 초량 산동네더라고요. 집을 나서면 갈 곳이 산밖에 없었거

든요. 어린 시절에. 저도 주로 산에서 놀았죠.

**김어준** 그때 2층집이셨어요?

**노회찬** 아뇨, 우리는 방 하나. 남의 집 셋방, 방 하나에서 3남매니까 다섯 식구가 살았죠.

**김어준** 그 집에서 계속 사셨나요?

**노회찬** 중학교 졸업할 때까지, 쭉 그 집에서 살았어요. 중학교 졸업하고 서울로 올라왔는데, 그 뒤로 도시계획 때문에 그 집이 철거당해서 다른 데로 할 수 없이 이사 갔죠. 그 다음부터 이사를 여러 번 다녔죠.

**김어준** 당시 경제적 형편이 궁금한 겁니다.

**노회찬** 중산층이라고 하기엔 좀 그렇고. 그 당시엔 중산층도 별로 없었으니까. 방 한 칸에 부엌 없이.

**김어준** 방 한 칸, 전세?

**노회찬** 전세인지 월세인지는 기억이 안 나지만, 우리 집은 아니었으니까. 그 뒤에 형편이 조금씩 나아졌죠. 굳이 분류하면 중간층은 되지 않았을까. 나중에는.

**김어준** TV를 언제 사셨어요?

**노회찬** 음. 아마도 아버지가 64년도 동경올림픽 본다고 사셨을 거예요. 아버지가 '얼리어답터'이었던 셈인데, 집에 암실이 있었을 정도니까. 방 2칸이 되었을 때, 사진을 좋아하셔서.

**김어준** 그럼, 기계하고 친한 건 아버님으로부터?

**노회찬** 저는 기계는 별로 능숙하진 않은데, 요새 대오각성하고 있어서 그렇지.

**김어준** 트위터...

**노회찬** 많이 하죠, 요즘.

**김어준** 그런 게 얼리어답터 성향인데. 그럼 전화는?

**노회찬** 내 기억에 전화도 굉장히 일찍 났던 걸로.

**김어준** 아하.

**노회찬** 부산에서는 그 당시 우리나라 전파가 별로 없었고, 일본 전파가 다 잡혔기 때문에 그걸 본다고 TV를 샀을 거예요. 올림픽 기간 내내 동네 사람들이 다 와 가지고 창문에다 담요치고 막 그러고 봤죠.

**김어준** 하하하. 64년에?

**노회찬** 64년에. 굉장히 일찍 산 거죠. 동네 사람들 중에 아마 몇 번째 될 거예요.

**김어준** 냉장고는요?

**노회찬** 냉장고도, 아마 일찍 났을 거예요.

**김어준** 64년에 텔레비전하고 냉장고하고 전화기가 있었으면…….

**노회찬** 냉장고는 64년에 있었는지 정확히 기억이 안 나고. 초등학교 2학년이었으니까.

**김어준** 어릴 때 첼로도 하셨다면서요?

**노회찬** 아, 예. 첼로 했죠. 요즘에는 중산층도 아이들 악기 시킬 수 있지만 그 당시에는 최상류층이 아니면 생각지도 못했던 시절이에요.

**김어준** 그렇겠죠. 캐스터네츠(일명 딱딱이)도 아니고.

**노회찬** 어릴 때라서 또렷이 기억은 안 나는데. 부모님 말씀이, 50년대 말에 부산에서 오페라 보러 두 분이 가시고 그랬대요. 문화적 취향을 굉장히 중시하는. 얼마 전에 신문에서 봤는데, 헝가리는 오페라 보는 게 값도 아주 싸고, 시민 1인당 오페라 보는 데 쓰는 돈이 한 달에 3만 원인가 그래요. 아이들도 생일 선물 때 오페라 티켓 선물하고. 그런데 그 사람들 생활수준 보면 우리보다 못하거든요. 그런 거 비슷한 거죠. 문화에 대한 로망 같은 게 되게 컸어요. 제가 중학교 1학년 딱 들어가자마자, 우리 집에 전축도 생겼어요.

**김어준** 전축까지? 갑부셨네 뭐. 가전기구 풀세트인데 그 정도면.

**노회찬** 중학교 들어가니까 아버님이 앉으라고 하시더니, 너 이제 중학생이니까 애가 아니다. 그래서 이걸 들어야 된다. 권한 게 RCA판이었는데, 베토벤의 〈운명〉. 처음에 그거 듣고 머리 깨지는 줄 알았어요. 100번 이상 들었을 거야. 토스카니니가 지휘자였는데, 토스카니니가 어떤 사람인가를 좔좔좔 외우고, 그 사람이 지휘연습 하다가 사람들 눈 찌르기도 한 에피소드도.

**김어준** 아버님이 그런 말씀을 쫙, 해주셔가지고?

**노회찬** 예. 아버지 특기가, 고흐하면 몇 년도에 태어나서부터 시작해서 쫙 얘기하는. 옛날에 도서관에서 근무했으니까.

**김어준** 아버님이 도서관 사서셨나요? 어디 도서관?

**노회찬** 원산도서관. 해방 후에. 그때는 뭐 사람도 별로 없고 젊고 빠릿빠릿하니까 시킨 모양인데, 사실상 도서관 책임자였다고 하더라고요. 그런 탓인지 문화나 예술 쪽의 교양을 굉장히 중시했어요. 제가 초등학교 입시 마지막 세대여서 6학년 12월 달에 부산중학교에 입학을 했어요. 3월 달까지 할 게 없잖아요. 놀아야 되는데. 어머니가 원칙이 있었어요. 가정 형편이 어렵지만 악기는 하게 한다. 이래가지고 악기 하나씩은 하게 된 건데. 누나가 피아노. 넌 뭐할래? 그래서 누나가 피아노 하니까, 바이올린이나 첼로 중에 하나 골라라. 해서 보니까 바이올린은 작고 첼로는 크잖아. 그때 나는 그걸 기구로 봤으니까. 작은 거는 다루기 힘들 거다 생각하고, 큰 거는 다루기 쉬울 거다. 그래서 첼로 하겠다고 그랬지.

**김어준** 첼로도 단가가 상당할 텐데?

**노회찬** 연습용은 쌌어요.

**김어준** 첼로를 몇 년이나 하셨습니까?

**노회찬** 혼자 한 거는 그 후에도 많이 했지. 그 이전 전문가에게 레슨 받은 거는⋯⋯. 어쨌든, 첼로를 하기 위해서 악보 보는 거 연습하느라 피아노를 한두 달 했어요. 하고나서 바로 운이 좋아서 첼로를 했죠. 요즘엔 첼로 하는 사람이 많으니까 첼로선생도 많잖아요? 옛날엔 첼로 하는 사람이 적으니까 첼로 선생이 부산에 한두 명밖에 없었어요. 그 선생들이 대개 엄청난 실력가들이었던 거야. 부산시립교향악단 첼로 수석주자인 동아대학교 배종구 교수. 그분한테 직접 배웠죠. 지금도 살아계셔요.

**김어준** 그분이 대표님이 재능 있답디까? 으하하하하하.

**노회찬** 그분한테서 제가 3년을 배웠는데, 열심히 하란 얘긴 참 많이 들었지만, 재능 있단 얘기는 한 번도 못 들었어요.

**김어준** 하하하하. 그러면 지금도 악보 놓고 첼로를 연주하실 수는 있겠네요? 그때 배운 실력이면?

**노회찬** 그렇게 해서 끝난 게 아니고요. 서울로 고등학교를 왔는데, 음악시간에 피리도 좋고 북도 좋고 하여튼 할 줄 아는 거 아무거나 갖고 와서 쳐라, 그게 음악 실기시험이다. 그래서 첼로 갖고 왔지. 그랬더니 선생님이 눈이 휘둥그레지는 거야. 그 선생님이 과거에 음대 다닐 때 첼로를 전공했던 선생님이야. 선생님이 반가워서, 너 요새 누구한테 배우냐, 해서 혼자 끙끙대고 있습니다 했더니, 자기 친구가 첼로 좀 하는 사람이 있는데 특별히 얘기해서 싸게 해줄 테니 소개시켜줘도 되겠느냐 해서 그렇게 하겠다고 그랬죠. 그랬더니 누굴 소개시켜 주느냐 하면 그 당시 국립교향악단 수석주자.

**김어준** 선생님들은 대단히 훌륭한 분들이시네.

**노회찬** 양재표 선생이라고. 그분은 또 동아콩쿠르 첼로 심사위원장이고 이런 분이에요.

**김어준** 선생님 자랑 그만하시고, 그래서 본인은?

**노회찬** 중학교 때 첼로 배울 때도 그랬고, 고등학교 때도 그랬고, 그분들은 굉장히 전문가들이어서 그분들한테 첼로 배우러 오는 사람들은 돈도 많이 냈지만, 다 진학용으로 첼로를 한 사람들이에요. 진학과 무관하게 취미로 첼로한 사람은 나밖에 없었어요. 그래서 선생님들로부터 특별히 귀여움을 받았어요. 직업적으로 할 친구가 아니고 교양차원에서 하는 것이기 때문에 이분들이, 너한테 내가 돈 받아서 뭣 하리, 이런 식으로 애정을 갖고 배려를 더 해줘서.

**김어준** 그렇지만 재능은 없다고 하고? 으하하하하하.

**노회찬** 크크크.

**김어준** 악기를 연주하게 되면, 제 경우는 클래식 기타를 중학교 1학년 때부터 혼자 배우기 시작했는데, 작곡을 하고 싶잖아요? 괜히.

**노회찬** 당연히 했죠.

**김어준** 몇 곡이나?

**노회찬** 한 곡.

**김어준** 한 곡?

**노회찬** 당시에는 첼로도 했지만 그 덕분에 음악을 굉장히 좋아하게 돼서, 〈365곡집〉〈600곡집〉 뭐 이런 가창곡집 있죠? 이런 것들 잔뜩 사다놓고 팝송 유행가 악보 사다놓고 악보 보면서 노래도 부르고. 내가 또 리코더를 굉장히 잘 불었어요. 그건 혼자서 한 건데 피리 하나를 가지고 오페라 아리아까지 불어제끼니까 우리 뒷집에 있는 사람들이 얼마나 시끄러웠겠어. 마도로스 집이었는데, 일본 갔다 와서 좋은 리코더, 야마하 꺼 하나 사다주더라고.

**김어준** 좋은 소리 좀 내라고?

**노회찬** 하하하. 고등학교 들어가면서는 시켜서가 아니라 준비가 돼있었기 때문에, 혼자서 찾아서 듣는. 버스 타고 가다 곡을 하나 딱 들으면 그걸 악보로 옮겼어요. 잠깐 들은 곡인데 그 곡이 무슨 곡인지를 결국에 끝내 찾아내서, 그 곡을 입수해서 듣거나 사기 힘들면 그때 종로에 있는 르네상스에 갔죠. 음반 듣는 데 가서 신청해서 듣기도 하고.

**김어준** 백판도 많이 모으셨겠네요.

**노회찬** 그런데 수집에 관심이 없어선지. 옛날에도 판은 비쌌기 때문에 그렇게 많이는 못 모은 거 같아요. 100장 정도? 음악만 할 수도 없으니까. 지금도 어머니가 집에 계신데. 워낙 당시에 책을 많이 읽었기 때문에 밥 먹을 때도 책 보면서 밥 먹었어요.

**김어준** 그런 애들 참 재수 없는데. 으하하하.

**노회찬** 그런데 교과서가 아닌 책들이니까.

**김어준** 그럼 어떤?

**노회찬** 서정주 수필 읽는데, 중간에 시를 하나 써놨더라고. 옛날 《삼국유사》에 나오는 어떤 설화였는데 남여 애정관계를 소개하면서 그걸 시로써 몇 줄 표현해놓은. 〈석남화〉라는 제목의 시인데, 스토리도 좋고 감흥이 막

일더라고. 밥 먹다 곡이 막 떠올라서 잠깐, 이래서 노래를 한 곡 만들었죠. 돌 석자, 남녘 남자, 꽃 화자. 내가 죽으면 머리에 석남꽃을 꽂고, 뭐 이런.

**김어준** 고1때 작곡하신 거라. 그 곡 누구 앞에서 연주해보신 적 있나요?

**노회찬** 혼자서 했죠. 누나 앞에서 친구들 앞에서나 좀 하고.

**김어준** 운동할 때도 해보신 적 없죠?

**노회찬** 없죠. 운동할 때 무슨 그런 걸.

**김어준** 운동할 때도 여러 가지 모임이나 행사들 있잖아요.

**노회찬** 우리 운동할 때야 서정적이고 이런 곡들은 안했지.    .

**김어준** 공개적으로 연주하신 적이 없단 말씀이시네요. 어릴 때 이후로?

**노회찬** 그걸 공개적으로 연주할 생각도 안했죠.

**김어준** 연주하실만한 실력은 됩니까?

**노회찬** 그거야 간단한 거는 되긴 하는데, 문제는 내가 혼자 해놓고 스스로 대견해하는 것이지, 남을 위해 발표할 만큼은..

**김어준** 그럼 교향곡 연주 가능하세요? 누군가에게 들려줄 만큼?

**노회찬** 고2때 개교기념일 날 연주했죠, 무대 위에서. 그게 소문나니까 정신여고, 이화여고 개교기념일 때.

**김어준** 와하하하하.

**노회찬** 이화여고 갈 때 얼마나 가슴이 두근거렸는지.

**김어준** 그 나이 때는 최고의 행사라 할 수 있죠. 하하하.

**노회찬** 이화여고 유관순 기념관 강당 가서 또 연주하고. 연주하고 나니까 3천원 받았나? 옆에 이딸리아노 인가하는 음식점이 있었어요, 교문 옆에. 저녁 때 대접받고. 최고의 그거였지. 최고의.

**김어준** 하하하하. 정치인이 되신 이후로는 해본 적 없죠?

**노회찬** 밤에 하는 게 있어요, TV 프로그램. SBS에서 첼로를 연주하는 걸 담겠다 그래서 못 한다, 악기도 집에 없고. 부산에 있었으니까. 한 지가 20년 다 돼가지고 못 한다 이랬더니, 어느 날 집을 취재하러 와서 한번 하자는 거야. 그날이 5월 1일. 메이데이 행사가려고 출발해야 되는데, 오전에 와가지고. 그래서 못한다, 악기도 집에 없다 했더니, 그럴 줄 알고 악기 갖고 왔습니다. 아파트 복도에 악기 세워놨더라고. 할 수 없이 했어요. TV로 방영됐어요. 20년 만에 잡고 하려니 악보도 없고 아무것도 없는데, 그때 머릿속에 담고 있는 걸 가지고 해야 되니까 〈솔베이지송〉이라고 약간 좀 버벅대긴 했지만. 20년 만에 운전한 사람이 한 거지만 그대로 몰면 가긴 가는 것이지. 큭큭큭큭.

**김어준** 제 생각에는 정책발표보다 연주회를 많이 하셔야 될 거 같은데. 노회찬 첼로연주회. 기금모음을 그렇게 하셔야 할 거 같은데요?

**노회찬** 작년에 선거 떨어지고 마음도 울적하고, 그래서 갖고 왔는데 20년 동안 안 켜본 악기니까. 나무로 만들어진 거여서. 애지중지 보관한 것도 아니라서, 수리하러 갖고 갔죠. 보고 놀라더라고요. 악기 안에 제조연월일이 적혀 있는데 1968년인가 1969년으로 돼 있더라고요. 이렇게 오래된 악기를? 하면서. 40년이나 됐다면, 그때 돈 조금 더 썼더라면 지금 떼부자 됐을 거라고. 그때 국산 악기는 굉장히 쌌어요. 제 기억에 19,000원이었으니까. 제가 애착을 가지고 첼로를 열심히 하니까 어머니가 아버지 몰래. 아버지한테는 우리 형편에 살 수 있는 게 아니었으니까. 몰래 모아둔 돈으로 사줬지. 일본 스즈끼. 중급이에요. 그때 몇 단계 위 급을 샀으면 명품 아니라도 2, 3천만 원, 좀 괜찮으면 4, 5천만 원 하니까. 무대 위로 올라가려면 최소한 몇 천만 원짜리는 돼야 되거든요. 이름 있는 사람은 대개 억대가 되고. 그래도 저한테는 어느 악기보다 소중하죠.

**김어준** 그러니까, 어쨌든…. 연습하세요. 하하하하하.

**노회찬** 선거법상 가무제공이 금지돼 있어요.

**김어준** 크하하하하하. 가무는 안 되지만 연주는 되겠죠.

**노회찬** 유세하는 데 가수 불러다가 노래하는 거, 그거는 향응제공이거든요.

**김어준** 첼로연주를 누가 향응으로 보겠습니까? 크크크크크.

**노회찬** 물론 첼로 실력이 굉장히 좋으면 향응이 될 수도 있지만, 실력이 좀 떨어지면 고통이니까. 하하하하하.

**김어준** 고문이죠. 으하하하.

**노회찬** 음악에 대해선 제가 좀 할 얘기가 많아요. 우리 문화생활에 굉장히 중요한 부분인데, 음악이란 좋은 분야를 어떻게 활용하고 있느냐. 정책이 이렇게 가면 할 얘기가 굉장히 많긴 한데. 나 같은 경우는 부모님의 배려가 컸죠. 주변 친구들, 친구들도 유사한 놈들이 많아서 고1때 "야, 우리 집에 무슨 판 있다. (당시 금지돼 있던) 쇼스타코비치 7번 있다." 그러면 막 부러워하고, 언제 너희 집에 한 번 갈 수 있느냐 하고. 아버지 없다, 이럴 때 가서 막 듣고.

**김어준** 이상한 친구들 사귀셨네. 으하하하하. 그때는 주로 〈플레이보이〉 있냐, 이런 거 해야 정상인데. 하하하.

**노회찬** 그때 내기 이런 거 했어요, 멘델스존의 첼로 협주곡이 한 개냐 두 개냐. 대부분 첼로 협주곡은 하나씩 있는데 누가 몇 개를 작곡한 예가 있었어요. 그거 가지고 막 얘기하고.

**김어준** 상당히 재수 없는...

**노회찬** 허허허.

**김어준** 어쨌든 농담이 아니라 진짜 첼로를 연주하셔야 돼요. 나 이렇게 문화적 소양이 풍부하고 부드러운 사람이다. 이미지가 달라질 겁니다.

**노회찬** 내가 부드럽게 안 보이는 모양이죠?

**김어준** 음. 좀 서민적으로 보인다. 이렇게는 말할 수 있지만 부드럽게 보인다고는. 하하하.

**노회찬** 안 만져봐서 그래요. 만져보면 부드러운데.

**김어준** 썰렁하고요.

**노회찬** 푸하하하하하하.

**김어준** 아니 대표님 경력을 봐서 누가 부드럽게 살았다고 하겠어요? 저 사람은 틀림없이 음악도 모르고 오페라도 모르고 문화적 소양도 없고, 그렇게 생각하기 십상이죠.

**노회찬** 과거에 《러시아 혁명사》 같은 거 읽으면서 굉장히 감동했던 건 뭐냐 하면……. 《이스끄라》라고 혁명가들이 만든 신문 있잖아요? 편집진이 당시 핵심 혁명가들이었는데, 서술한 내용을 보면 문학과 예술에 대한 조예가 상당히 깊었어요. 사실 봉건시대 이전의 교양인은 귀족이었죠. 그런데 봉건시대 이후의 교양인은 혁명가였어요. 문학, 과학, 예술, 철학, 이런 것에 대한 이해가 굉장히 풍부했고, 그런 것들이 혁명에 영향을 많이 미쳤다고 생각을 했기 때문에 우리도 그런 걸 굉장히 중시해야겠다. 혁명가가 되려고 음악 좋아한 건 아니지만.

## 단팥죽과 감기약

**김어준** 첼로 독주회 많이 하셔야겠다. 정말. 하하하하. 자, 다시 초등학교로 돌아와서. 반장, 부반장, 회장 이런 거 해보셨어요?

**노회찬** 한 학기에 한 번씩 반장을 뽑았는데, 초등학교 6년 내내 반장했죠. 중학교 3년 내내 반장했고.

**김어준** 반장하다보면 학생회장하고 이런 것도 하잖아요?

**노회찬** 초등학교 말에 학생회장 선거가 있었는데 별로 욕심이 없었어요. 어머니가 그런 걸 시키려고 하는 사람이 전혀 아니었고. 뽑긴 뽑았는데 내 친구가 학생회장을 했죠.

**김어준** 권력의지가 별로 없으셨네.

**노회찬** 서울대 교수를 하다가 암으로 돌아가셨는데, 김장권이라는 친구였는데. 학교 성적으로 보면 라이벌이라고 볼 수 있는데, 난 한 번도 라이벌이라고 생각 안 했지만.

**김어준** 그럼 대표님이 더 공부 잘하셨어요?

**노회찬** 아뇨, 그 친구가 좀 더 잘했어요. 난 비슷했다고 보는데 본인은 자기가 좀 더 잘했다 그러더라고요.

**김어준** 하하하하.

**노회찬** 난 그 당시 중학교만 들어가면 됐지 1등이냐 2등이냐 관심이 전혀 없었고. 사실 학교도 간신히 들어갔죠. 전 과목 시험 쳐서 한 개 반까지 합격했거든요. 두 개 틀리면 낙방인데, 하나 틀리고 들어갔으니까 간신히 들어간 거죠.

**김어준** 자랑을 이렇게 이상한 방식으로 하시네. 하하하. 그러니까 학생회장은 아니고, 원래 공부 잘하면 반장 시키니까, 그 정도셨네 그럼?

**노회찬** 공부만 잘한 건 아니고.

**김어준** 푸하하하하하하하.

**노회찬** 몰려다니는 걸 굉장히 잘했죠. 요즘 애들과 달리 당시는 외식이라거나 그런 풍토가 없었죠. 초등학교 4학년 때까지 쭉 같은 남녀 합반이었는데. 5학년 때부터 바꿔요, 남자 반 따로 여자 반 따로. 4학년 말에 반이 흩어지게 된 거예요. 그래서 제가 애들 열 몇 명에게, 우리가 헤어지는데 그냥 헤어질 수 있냐, 그래서 단팥죽 집에 예약했어요.

**김어준** 단팥죽 집에 예약? 크크크.

**노회찬** 지금 생각하면 요만한 애들. 예약을 하고 그때 단팥죽이 15원이었는데 그 집 방이 살림방이었는데, 찹쌀떡하고 단팥죽 파는 집. 살림방 좀 비워 달라 해서 회식을 하고.

**김어준** 인생 최초의 회식. 하하.

**노회찬** 예. 회식을 하고 헤어졌는데 지금 생각하면 참 어린 놈이 나이에 걸맞지 않은 행동을 한 거 같은데, 그런 걸 많이 했어요. 사람들 막 몰고 다니면서. 한 번은 담임선생님이 임신을 해서 대리교사가 왔어요. 대리교사니까 아무래도 애들 관리를 밀착해서 안 하고 우리도 선생님을 무섭게 생각 안 하고. 대리교사가 그날따라 좀 늦게 오는 거 같더라고요. 그래서 내가 "야, 가자" 해서 한 7, 8명 조직해서 학교에서 가장 가까운 애의 집으로 가서 실컷 놀다가 학교 끝날 때쯤 "학교 가자", 이런 식으로 막무가내식 행동을 많이 했죠.

**김어준** 골목대장 비슷하게 어린 시절 보내셨네요.

**노회찬** 그렇죠. 중학교 때는 한창 반항기였을 때인데, 조금이라도 부당한 행위 같은 게 있으면 못 참고 선생님한테 바로 대들어서 엄청 많이 맞았어요. 주먹으로 얼굴 맞기. 꽃병으로 머리 맞기. 빳따. 뭐 이런 거.

**김어준** 무슨 일로 그 시절 중학생이 선생님한테 반항한 겁니까?

**노회찬** 과도하게 학생들을 나무라거나, 우리가 별로 잘못하지 않았는데도 부당하게 벌 받는다거나.

**김어준** 제일 기억에 남는 사건은요?

**노회찬** 오히려 그 뒷날 이야기부터 하고 싶은데, 내가 나중에 용접 학교를 다니고 있을 때. 영등포부설 기계공고 직업학교를 다니고 있었는데, 다들 직장 다니고 와서 저녁에 용접을 배우는데 한 친구가 과제를 안 해왔어요. 선생님이 약속한대로 몽둥이로 때리겠다는 거야. 그때도 내가 반장이었거든요.

**김어준** 하하하하. 그래도 반장 정도는 꼭 하셔야 되는군요.

**노회찬** 나이 때문에 반장한 거죠, 다른 사람보다 내가 나이가 많았으니까. 일하다 다쳐서 팔에 기부스한 사람을 과제를 안 해왔다고 약속대로 때리겠다는 거야. 엎드려 받쳐라는 거야. 엎드리기도 힘든 사람에게. 부당하다 싶어 반항하는 의미에서 "제가 대신 맞겠습니다", 딱 이랬지. 그러면 선생이 "앉아" 이럴 줄 알았는데, "너, 나와!" 이러는 거야.

**김어준** 하하하하.

**노회찬** 더 기분 나빠진 거야. "니가 뭔데" 이러면서. 10대 때려도 되는 거를 20대를 때리는 거야. 또 이런 일이 있었는데, 고등학교 1학년 때 세계사 시간에, 우리 학교 동기들한텐 유명한 일화인데. 굉장히 권위주의적인 선생이 있었어요. 미국 인디언 얘기를 막 한참 했어요. 너무 과장되게 얘기하니까 애들이 픽픽거리고 하니까 선생이 기분이 안 좋아진 거야. "너희들 이거 텔레비전에서 못 봤어?"하니까 애들이 전부다 "못 봤어요" 하니까 선생이 진짜 화가 난거야. 화낼 일이 아닌데.

**김어준** 무시당한다고 생각해서.

**노회찬** "방금 못 봤다고 한 놈들 다 일어나" 이렇게 된 거야. 그때는 분위기가 싸늘해진 거죠. 아무도 안 일어난 거야. 나는 일어났죠. "너 진짜 못 봤어?" 이러는 거야. 그때 뭐라 그랬냐면 "집에 텔레비전이 없습니다." 그때 내가 서울에서 자취할 때라 진짜 텔레비전이 없었거든. 대든다고 생각해서 그 자리에서 무한대로 맞았어요.

**김어준** 싸대기를?

**노회찬** 싸대기를 양쪽으로 무한대로. 맞고 나니까 기분이 좀 그랬고. 내가 볼 때는 선생님이 과도했고 좀 어른답지 못하다. 그렇게 생각했지만 그래도 묘하게 폼 잡는다 그랬는지 선생님으로 하여금 학생을 때리게 만든 건 내가 아니다. 그렇게 억울하고 맞아놓고 교무실로 갔죠. 그 양반 아마 내가 항의하러 온 줄 알았을 거야. 가서 "죄송합니다" 딱 이랬지. 그런데 사과를 안 받았어요.

**김어준** 에이 치사하다, 선생님.

**노회찬** 이게 굉장히 유명한 사건이 돼 가지고 요즘도 친구들 만나면 얘기를 하는데. 쫌 아니다 싶으면 일어나서 대드는. 모난 돌이 정 맞는다고 엄청 많이 맞았죠.

**김어준** 선생님이 그런 애들 싫어하죠. 그럼 초등학교 때 이런 놀이는 안 해보셨어요? 아이스케키. 고무줄 끊기. 왜 남자애들이 여자애들에 대한 관심을 그렇게 표현하잖아요. 그런 거 안 해보셨어요?

**노회찬** 아이스케키는 내 처음 들어보는 건데.

**김어준** 여자애들 치마를 확 들치고 도망가는 거 있잖아요.

**노회찬** 그런 거는 우리 때는 주변에서 별로 안했고. 나만 안 한 게 아니라 주변에서도 안 했고.

**김어준** 고무줄 그런 거는?

**노회찬** 그런 거는 있었는데 나는 그 반대편에 있었죠. 그런 애들 잡아다 쥐어 패버렸지.

**김어준** 아하하하. 여자애들 보호한다고?

**노회찬** 어, 우리 반 애들. 난 반장이니까.

**김어준** 으하하하. 난 반장이니까? 하하하하. 그럼 여학생들에 대한 관심을 어떻게 표현하셨습니까?

**노회찬** 3학년 때 어떤 여학생이 전학 왔어요. 굉장히 맘에 들었어. 어떻게 할까 이러다가, 학기 초에 남자 여자를 같이 앉히는데 키순으로 하지 않고 무작위로 남자 줄 서, 여자 줄 서, 이래가지고 한 명 한 명씩 짝을 지어서 앉히는 거야. 순간적으로 걔 옆에 앉으려고 걔가 어디쯤에 있나 막 세어서 나도 거기에 딱 섰지. 앉고 보니까 다른 데 앉은 거야. 눈물이 나오려 그러더라구. 하하하하.

**김어준** 그건 혼자만 하신 거고. 상대가 직접 알도록 표현한 적은 없어요?

**노회찬** 표현한 적이 있었죠. 그때 우리는 우표 모으기가 유행이어서. 서로 우표 물물교환도 하고 이랬는데, 일본 우표 어디서 하나 얻은 게 있어가지고 그 애한테 선물로 준 적이 있어요.

**김어준**  그게 답니까? 으하하하.

**노회찬**  다른 애 같으면 그것에 상당한 거하고 바꾸는 거였는데, 그 애한테는. 그냥 주면 내 의도가 드러날까 봐 걔 물건 중에 하나를 이거하고 바꾸자 해서 부등가 교환한 적은 한 번 있었죠.

**김어준**  부등가 교환. 하하하하. 그 여자아이가 대표님 뜻을 눈치 챘나요?

**노회찬**  눈치 챘을 거예요, 아마.

**김어준**  그걸 어떻게 아세요?

**노회찬**  사실 모르지. 내가 원래 1등이었는데 걔가 오면서 2등 했거든. 걔가 공부를 잘했으니까. 일기장에도 써놨어요. 걔 이름. 일기장 지금도 갖고 있어요, 오늘도 시험 봤는데 걔한테 졌다. 나로선 굉장히 충격이었지. 늘 1등만 하다가 걔 때문에 2등 해 가지고 원수를 갚겠다, 이런 식으로 써놨지. 담임선생님이 연필로 성적은 그렇게 보면 안 된다 이래가지고…….

**김어준**  그럼 첫 번째로 관심을 가진 여자가 그 아이네요?

**노회찬**  네.

**김어준**  우표준 게 끝이었나요?

**노회찬**  그건 아니고 그 뒤에도 이러저런 일들이 있었죠. 지금 다 얘기해도 소용없는 일이고.

**김어준** 지금 다 얘기해주십쇼. 하하하하. 그럼 그분과의 인연은 어디까지 이어졌어요?

**노회찬** 대학 다닐 때.

**김어준** 오호, 대학 다닐 때까지. 예전 인터뷰 때 대학 시절 첫사랑이었다고 한 분이 그분인가요?

**노회찬** 예.

**김어준** 그러니까 초등학교 3학년 때 전학 온 아이를 대학 가서 다시 만난 거네요?

**노회찬** 예.

**김어준** 그런데 첫사랑에 실패하셨다면서요?

**노회찬** 이루어지지 않았으니깐 실패지만, 그렇게 성공 실패의 개념으로 보진 않아요.

**김어준** 그럼 연애 하긴 하셨어요?

**노회찬** 으ㅎㅎㅎㅎㅎ.

**김어준** 아, 하긴 하셨구나. 그 얘긴 좀 더 자세히.

**노회찬** 아하하하하. 그런 얘길 왜.

**김어준** 다른 얘긴 다른 사람들이 물어보겠죠 뭐. 이런 얘기는 저밖에 더 묻겠습니까. 어쨌거나 이 이야긴 좀 있다 또 묻기로 하고, 약력 보다가 이상한 게 있어서요. 그게 어디서도 설명이 되어 있지 않던데, 72년에 중학교를 졸업하고 경기고등학교를 76년에 졸업한 걸로 돼 있더라고요. 그럼 한 해가 비잖아요.

**노회찬** 복잡한 일이 있는데, 중학교 졸업하고 부산고등학교를 시험 쳤어요.

**김어준** 평준화되기 전에?

**노회찬** 떨어졌어요. 부산에서 유명한 사건이 된 거죠. 부산중학교에서 부산고등학교에 어떻게 들어가느냐 하면, 한 반에 60명이었는데 1등부터 45등까진 평균적으로 합격이에요. 가장 밑에 말고는 다 들어가는데 내가 반에서 1, 2등 했거든. 전교 10등 내외인 성적이었죠. 그런데 떨어진 거야.

**김어준** 왜요?

**노회찬** 많은 사람들이 일부러 떨어졌다고 말했지요. 사실은 그게 아닌데. 애들은 그렇게 생각하는 거지.

**김어준** 왜 떨어졌어요? 진짜로?

**노회찬** 시험 치기 며칠 전에 감기에 걸렸어요. 감기약을 세게 지었는데 너무 몽롱했어요. 그때 체육시험도 봤는데 턱걸이를 일곱 갠가 해야 되는데 그걸 못했죠. 당시 스무 개씩 하던 때였는데. 그런데 여섯 개만 하고 내려오고. 나도 왜 떨어졌는지 몰라서 곰곰이 생각해보니까 그것 말고는 설명이 안 되는 거야. 실기 보는 날도 그랬으니까, 필기 볼 때는 더 했던 거죠. 누나가 공부를 잘했어요. 경남여중 다녔는데 당연히 경기여고 간다고. 집에서는 첫딸인데 서울에 아무도 없어서 유학보내기가 힘들잖아요. 그래서 누나한테 브리태니커 사전 사줄게 하고 꼬셨죠. 물론 그 사전 끝내 안 사줬지만. 달래고 달래서 가라앉힌 거야. 누나가 그때 타격을 많이 받았죠. 난 누나보다 2살 아래였는데 당연히 중3때부터 경기고등학교 간다. 그래서 그쪽 준비를 많이 했죠. 그런데 집에서 못 가게 한 거야.

**김어준** 아, 그래서 일부러 떨어졌다?

**노회찬** 집에서도 그렇고, 아이들도 그렇고, 쟤는 일부러 떨어졌다. 실은 일부러 떨어진 게 아니었어요. 그럼 난 왜 경기 갈려 그랬느냐. 그때가 사춘기 때여서, 부모님하고 좀 떨어지고 싶었어요. 왜냐면 집이 가까워서 초등학교를 걸어서 다녔어요. 중학교는 초등학교보다 더 가까운 곳에 있었어요. 내가 부산고등학교를 가게 되면 부산고등학교는 중학교와 운동장을 같이 쓰는. 그러니까 미칠 거 같은 거예요. 고등학교 3년을 부산에서, 부모님 아래서 초등학교보다 더 가까운 곳에 다닌다고 생각하니까 끔찍했던 거예요. 경기가 대단해서가 아니라, 나갈 수 있는 명분이 서울 가는 거였으니까. 그래서 경기고등학교 가고 싶었는데 집에서 못 간다니까 난 포기한거고. 갈려고 일부러 떨어진 건 아닌데 하여튼 그렇게 됐어요.

**김어준** 부모님께선 그러면 아 얘가 일부러 떨어졌으니까 다음엔 경기고를 보게 해야겠다. 이렇게 생각하셨겠네요?

**노회찬** 떨어진 뒤에 부모님이 어떻게 할래, 묻는데 나는 경기 가겠다 얘기 안했어요. 엄청난 사건이었기 때문에. 고등학교 아예 포기 하겠다, 검정고시 보겠다. 솔직히 체면도 말이 아니고. 거기에서 탈락했으니까. 황망한 거지. 그래서 대학도 안 간다. 바로 사법시험 쳐서…….

**김어준** 한 큐에 해결하겠다? 하하하하.

**노회찬** 어린 애 생각인거고. 집에서는 할 수 없다. 집에서도 재수시켜 가지고 부산고등학교 또 집어넣기에는 쪽팔리고. 알았다, 서울 가라. 그래서 72년도에 서울에 왔죠. 그게 내 인생에 가장 큰 전환점이 된 거죠. 지금도 생각하면 내가 아마 부산에 있었으면 이 길에 안 들어섰겠죠. 부산에 있었으면 반항심은 극대화되었을 거 같고, 친구들과 어울려서 이상한 길로 빠졌을 가능성도 매우 높아요.

**김어준** 인문학적 소양 있는 지방건달, 하하하하.

**노회찬** 서울로 오면서 철이 든 거지. 나 혼자다 보니까. 친구들도 처음엔 없었을 거 아니에요. 재수하는 처지에 친구 사귀고 돌아다닐 처지도 아니고. 그러다보니까 사회를 보기 시작한 거예요.

**김어준** 보통은 가정을 벗어나면 사회가 안 보이고, 당구장이 보이고 여자가 보이는데...

**노회찬** 절제력은 좀 있었던 거 같아요. 술이니 담배니 여자니 이런 거는 하면 안 되는 걸로 스스로 테두리를 쳐버렸고. 공부만 하는 건 아니었고 관심은 무궁무진 많았으니까. 대성학원 다녔는데 매달 시험 치르는데 첫 시험에서 2등 했어요. 두 번째 시험에서 1등한 거예요. 1등 하면 한 사람에게만 학원비가 면제돼요. 졸업할 때까지 계속 1등 했거든. 당시 학원비가 2만 원 정도 됐는데 집에서 그 돈은 네가 잘해서 그런 거니까 네가 써라, 그러더라고. 그 돈 가지고 책도 사고 영화 많이 보고. 그때 산 책이 《중국공산당사》인가.

**김어준** 으하하하하. 고등학교 재수하면서 《중국공산당사》라... 으하하하하.

**노회찬** 함석헌 씨가 쓴 《뜻으로 본 한국역사》, 《다리》지, 《씨알의 소리》 모으기 시작하고.

**김어준** 그런데 왜 그런 책을 사셨어요? 다른 책은 수준이 안 맞아서?

**노회찬** 갈 데가 없고 혼자였으니까 책방에 많이 갔어요. 그때는 교보문고도 없을 때였고. 아, 광화문에 범우사가 있었고, 종로서적은 고1때부터 갔고요. 학원이 광화문에 있었기 때문에 그 범주를 많이 안 벗어났어요. 그때 알게 된 책이 《다리》라는 잡지였는데 그걸 매개로 해서 조금 조금씩 넓혀간 거예요. 그거 보니까 서울대생 내란음모사건, 10월 유신. 10월 유신이 내가 재수할 때였어요. 너무 놀라서. 그때 시험문제에 자주 나오던 일이었기 때문에. 대통령제에서 국회해산은 안 된다, O냐 X냐, 이런 거. 국회해산했다고 라디오에서 들리니까 집에 와서 책 찾아보고. 내가 알던 대로라면 국회해산할 수 없다고 되어 있는데, 방송에선 방금 들었고. 그래서 국회로 갔죠.

**김어준** 국회로? 중학생이? 참 이상한 양반이네.

**노회찬** 네. 버스타고 국회 갔더니 장갑차가 있고, 중앙청에 갔더니 탱크가 있고.

**김어준** 궁금해서 가신 거예요?

**노회찬** 궁금했죠, 사실이냐 아니냐. 장갑차를 보고 이게 사실이구나. 해산됐구나. 나라가 뒤집히는 줄 알았어요. 대통령이 헌법을 어겼으니까. 그런데 그 다음날 잠잠한 거야. 그것도 나한테는 몹시 궁금한 거야. 대통령이 초헌법적인 일탈행위를 했는데. 그때 〈다리〉지 같은 걸 보면서 아, 세상이 이렇구나. 부모나 교과서로부터 배우지 못한 것들에 대해 눈을 뜨기 시작하고 꿰장히 호기심이 생기는 거야.

**김어준** 교과서가 아닌 걸 볼 시간이 1년 있었던 거네요?

**노회찬** 네. 그래서 청계천에 가서, 그 당시 폐간된 직후였는데 《사상계》를 샀죠. 한 권에 15원짜리도 있고. 그런 걸 한 권씩 두 권씩 사다 보니까 3분의 2는 이해 못할 내용이고, 3분의 1은 이해가 되는데, 완전히 새로운 세계가 있는 거예요. 거기에 빠지기 시작했던 거죠.

**김어준** 감기약이 자생적 운동권 하나를 만들었네요? 으하하하. 결국 감기약이! 그래서 고등학교를 들어갔는데 그 때도 반장했어요?

**노회찬** 아니죠. 그때는 이미 나는 반장 같은 거는 우습게 아는. 《문학과 지성》, 《창작과 비평》 읽었으니까. 보니까 그런 애들이 있는 거야. 바로 모였죠. 서클을 만들었지.

**김어준** 부산에서 촌놈이 올라오면 무시하지 않던가요?

**노회찬** 우리 반에 지방에서 온 사람이 3분의 1 이상 됐거든.

**김어준** 아, 명문이라서?

**노회찬** 그땐 지방에서 올라온 애들은 대체로 생활수준도 없고. 3분의 1은 완전히 최고위층 애들이었고, 나머지 3분의 2는 보통이었는데, 지방 아이들끼리 모여서 계를 하나 만들었어요. 한 달에 한 번씩 탕수육 먹는 계. 돈 모아서 한 십여 명이 탕수육 한 그릇 먹는. 그날만 기다리는 거야. 시험 끝난 날. 공부를 해야 되겠다. 그런 생각이 많이 들었어요. 학습서클을 내가 주도했어요. 그때 사실 반푼수면서. 잘 모르면서 아는 척하는. 촉발은 사회 정치에서부터 시작된 건데, 이걸 제대로 알려면 공부를 해야 한다. 공부하려면 뭐부터 해야 되느냐, 아무도 안 가르쳐주니까. 그럼 공부의 근본은 철학 아니냐. 그럼 철학은 어디서부터 해야 되느냐. 교재는 내가 추천하겠다. 종로서적 갔어요. 그때 산 게 《서양철학사》. 책값도 엄청 비싼 거. 2,800원인가 하드커버였고. 만물의 근원은 철학에 대한 이해로부터 출발해야한다. 그러니까 애들이 아무 소리도 못하는 거예요. 아리스토텔레스부터 시작하는데, 아 이게 머리가 아픈 거야. 플라톤쯤 가니까, 야 이제 그만하자. 한 몇 달 하다가 아무 재미도 없잖아. 그건 그만두고 그 다음부터는 《문학과 지성》에 나온 거를 보기 시작했죠.

**김어준** 반장은 왜 안 하셨어요?

**노회찬** 그때 관심사는 이미 어른 비슷하게 돼 버린 거예요. 학도호국단 체계에 대한 부정적인 인식, 이런 거. 중학교 때는 아예 몰랐는데 그런 데 대해 거부감이 강했던 거죠.


## 엠마뉴엘 부인이 포르노라고요?

**김어준** 중고등학교 때 좋아하는 여학생 없으셨어요?

**노회찬** 옛날에 좋아했던 사람에 대한 추억 같은 게 있었지만, 그 당시 나만 그런 게 아니라 요즘하고 많이 달랐죠. 입시제도가 있어서 한 반에 한두 명 정도가 연애도 하고 그랬지 다른 친구들은 그런데 관심 자체가 없었어요.

**김어준** 그래도 고등학생 정도 되면 여고에 관심이 생기게 되고, 시화전도 하고 축제도 하고 왔다갔다 교류도 하고 그러잖아요.

**노회찬** 하죠. 나는 별로.

**김어준** 버스 타고 등하교 하다가 눈에 들어온 여학생이라도 없었어요?

**노회찬** 예.

**김어준** 어허.

**노회찬** 나만 없었던 게 아니라 다 없었어.

**김어준** 아니, 연애는 안 하더라도 저 여학생 참 예쁘다. 하다못해 하숙집 주인 딸이라도.

**노회찬** 관심이 다른 데 팔려 있었으니까. 그때는 국가와 민족과.

**김어준** 푸하하하하하.

**노회찬** 아니 실제로 김일성을 어떻게 봐야하느냐. 두 달에 한 번씩 치르는 시험이 끝나면, 내가 자취를 하고 있었으니까 우리 집에 모여서 빈대떡 몇 장에 술 좀 취하면 그런 이야기들을 했죠. 전쟁 일어나면 우리가 총을 어디다 겨눠야 되느냐. 남이냐 북이냐. 이거 가지고 한 시간을 토론하고 이랬는데.

**김어준** 미친 거지, 애들이. 푸하하하하하. 아니, 그러면 기회가 아니라 관심이 없었던 거네요?

**노회찬** 당시 풍토가 그랬어요. 고등학생들이 활발하게 미팅하지 않았던 거고.

**김어준** 그렇더라도 자연스럽게 올라오는 욕구는? 그럼 자위행위는 언제 맨 처음 하셨어요? 하하하하.

**노회찬** 그게 기억이 나나?

**김어준** 푸하하하하. 이게 말이 안 되는 거야. 전 중1때라는 게 정확히 기억이 나거든요. 그리고 언젠지 어떤 상황이었는지 어떻게 정보를 얻었는지도.

**노회찬** 없었던 기억을 만든다는 건 조작이고. 기억도 사후적으로 계속 정리가 돼요. 내가 요즘은 안 하는데 40대 초반까지는 몇 년도, 몇 년도를 떠올리면서 제 인생에 있어서 이 해가 어떤 의미였는가. 어떤 일이 가장 기억에 남는가. 해마다 정리를 했어요. 40대 초반 지나면서부터는 어느 때부턴가 그거 안하고 대충 살아가고 있는데. 72년도, 73년도, 74년도, 그런 정리하는 과정에서, 지금 생각하면 참, 고3때 우리가 모였어요. 몇 개의 그룹이 있었는데, 진로문제를 이야기하면서 대학을 가야 되느냐 말아야 되느냐. 남들이 볼 때는 경기고등학교 애들이 모여 가지고 대학 가야 되느냐 말아야 되느냐 얘기하는 것 자체가 어불성설인데. 패가 두 패로 갈렸어요. 나는 어떤 입장이었느냐면 데모하기 위해서는 대학 가야 된다. 소수파는 대학 가서 데모하는 게 그 데모가 무슨 데모냐. 학생운동 아니냐. 학생운동이 사회를 바꾸는 걸 봤느냐. 아니다 이거지. 그러면서 걔들은 나쎄르 이야기를 했어요. 나쎄르 이야기하면서 우리는 육사 가야 된다, 육사.

**김어준** 미친 거지. 푸하하하하.

**노회찬** 4·19혁명 실패한 거 보지 않았느냐. 육사 가서 적당한 때에 쿠데타를 일으켜서 급진적인 민족주의를. 나쎄르 같은 그런 걸 해야 된다. 격론 끝에 의견통일이 안 돼서, 좋다 그러면 각자 알아서 하고 나중에 다시 보자 했고. 결국 4명이 육사시험을 봤어요. 봤는데 다행히 육사가 특차였거든. 4명이 다 떨어졌어요. 안 떨어졌으면 우리 역사가 어떻게 바뀌었을지 몰라요.

**김어준** 하하하하.

**노회찬** 그 4명 중에 이름 얘기하면 아는 사람도 있고 그래요.

**김어준** 혹시 이종걸 의원?

**노회찬** 이종걸은 유순해서 육사 갈 팀은 전혀 아니었고.

**김어준** 으히히히. 그래서 자위를 언제 했는지가 생각 안 나신다고요? 퉁 쳐서 중학교 땝니까 고등학교 땝니까?

**노회찬** 우리한텐 자위하면 자립, 자위, 자강!

**김어준** 푸하하하하하하. 미친 거지! 최소한 고등학교 때는 하셨죠? 주요한 신체 일부인데 그 기능이 궁금하지도 않으셨어요? 하하하.

**노회찬** 그런데 그걸 왜 그렇게 집요하게?

**김어준** 언제 성적으로 자각이 일어났느냐. 그게 궁금한 거죠. 늦은 사람도 있고 빠른 사람도 있는데 그런 사건도 그 사람을 이루는 일부니까.

**노회찬** 태어나서 언제 처음 코를 풀었는지 기억이 안 나거든.

**김어준** 그거는 기억 안 나죠, 아무도. 푸하하하.

**노회찬** 그러니까 마찬가지 자연적인 생리현상인데.

**김어준** 아니 예를 들어서 누구와 처음으로 섹스 한 거, 이거 누가 기억

못합니까. 다 기억하지. 마찬가지죠. 정말 기억 안 나십니까?

**노회찬** 기억 안 나. 고문해 봐.

**김어준** 크게 중·고·대로 나누면요?

**노회찬** 우린 수사를 많이 받아봤기 때문에. 하하하.

**김어준** 그럼, 해보긴 해보셨죠?

**노회찬** 우린 법률상식도 좀 있고.

**김어준** 하하하. 해보긴 해보셨죠?

**노회찬** 기억이 안 나.

**김어준** 그럼 기분은 생각나십니까? 푸하하하.

**노회찬** 기억이······.

**김어준** 전 처음에 정말 놀랐거든요. 중학교 1학년 때인데, 친구한테 들으니깐 그렇게 하면 기분이 좋다는 거예요. 그런데 해보고 깜짝 놀랐어요. 한 번도 겪어보지 못한 기분인데, 동시에 몸에서 이물질이 나오니까. 내가 병에 걸린 건 아닐까 걱정도 되고, 짜릿하니까 계속 하게 되는 거예요. 그러다보니까 죄의식이 생기고. 그런 과정을 당연히 겪으셨을 거 아닙니까?

**노회찬** 우리는 그때 책을 많이 읽어서.

**김어준** 책으로 하셨어요, 그럼? 푸하하하하. 책 사이에……? 하하하하하.

**노회찬** 대신 안 겪은 일까지도 많이 알고 있었지.

**김어준** 아하, 정보는 있었다?

**노회찬** 나는 뭐, 제일 가까운 사람한테 안 한 얘기는 다른 데 가서도 잘 안 하니까.

**김어준** 그거야 가오 상하니까 안 하시는 거고. 정말 기분도 생각 안 나세요? 장소는?

**노회찬** 이거는 인터뷰가 아니라 취조지 취조.

**김어준** 장소도 생각 안 나세요? 그러면 크게 나눠서 20대 전인가요, 후인가요?

**노회찬** 그게 기억이 날 리가 있나.

**김어준** 푸하하하. 친구들 중에 혹시 쉬는 시간에 우리 인체에 대해 공부 좀 하자면서 《플레이보이》나 《펜트하우스》, 조잡한 만화, 《선데이서울》 이런 거 들고 와서 보자고 하는 친구들 있었죠?

**노회찬** 어디나 다 있죠.

**김어준** 그걸 처음 본 게 몇 학년 때입니까?

**노회찬** 유독 조숙한 친구가 있었는데 중3때. 중3, 2학기 때.

**김어준** 중3 2학기 이걸 기억하시는데 어떻게 그걸? 하하하하하.

**노회찬** 나한테 보라고 줬는데 별로 관심이 없었거든. 비공식적으로 만든 사진첩 같은 건데. 입시 앞두고 예민해서인지 몰라도. 집에 가서 보라는 걸 앉은 자리에서 보고 그냥 줬어.

**김어준** 그때 정신적 충격은 없었어요?

**노회찬** 전혀 없었어.

**김어준** 처음 봤는데도? 남녀의 교접사진을 처음 봤는데도?

**노회찬** 옷도 안 입고 그런 사진이었는데 별로 뭐.

**김어준** 푸하하하하하. 고등학교 때는 그런 친구 없었어요?

**노회찬** 없었어요. 고등학교 때 이미 사회화가 많이 돼 있는 상태여서, 주로 E. H. 카아의 《역사란 무엇인가》 뭐 이런 책.

**김어준** 미친 거죠? 다. 푸하하하.

**노회찬** 친구들끼리 모여서 '여자란 무엇인가' 이런 얘기는 거의 안했죠.

**김어준** 일종의 발육부진? 내지는 일종의 지체인데! 그럼 대학에 들어가서야 비로소?

**노회찬** 대학가서는 정신 없었죠. 옆에서 감옥 가고 이러는 상황인데.

**김어준** 참, 고등학교 졸업하고 나서 대학은 어떻게 가신 거예요, 한 3년 비던데?

**노회찬** 대학입시 떨어지고 그 다음 해 신검 받고 군대 갔죠. 내가 학교 1년 늦게 들어갔기 때문에 바로 군대 갔어야 됐었어요. 갔다와서 대학 들어간 거죠. 그 과정에서 이미 수배 비슷하게 돼서, 경찰서 불려 다니고. 내 친구들이 이미 학생운동하고 있었을 때고, 나도 같이 하다가 관악경찰서도 불려가고.

**김어준** 일병 제대시던데 그러면 방위로 갔다 오신 거예요?

**노회찬** 예.

**김어준** 왜 방위로 가셨어요?

**노회찬** 그때가 베이비붐 세대여서 3급만 돼도 방위로 갔어요.

**김어준** 눈 때문에?

**노회찬** 예. 고졸에 눈 때문이면 다 방위였으니까.

**김어준** 그래도 총 3년?

**노회찬** 아니죠. 내가 76년도에 졸업하고 신검 받고 77년도에 입대하고 78년도에 제대했죠. 그러니까 그 해에 시험 쳤지. 그때는 이미 아무 학교나 가자, 이런 마음이 돼서.

**김어준** 고대가 아무 학교는 아니죠. 하하하하하.

**노회찬** 그런데 시험 보러 갔더니 내 친구가 감독하러 들어왔더라구.

**김어준** 군대 있을 때 공부하셨나 봅니다.

**노회찬** 그때도 밤낮 술 먹고 스터디하고, 뭐.

**김어준** 그러면 고등학교 졸업하고 시험 본 건 서울대였겠네요?

**노회찬** 그렇죠. 그땐 뭐.

**김어준** 어느 과?

**노회찬** 철학과. 그때까지만 해도 철학으로부터 시작해야 된다는 생각이 상당히 강했고.

**김어준** 그러면 소위 학창시절에 좌절은 두 번이네요? 부산고를 못 가신 거 하고, 서울대 못 가신 거 하고.

**노회찬** 그게 뭐 큰 좌절이라고. 그때 이미 내가 혁명을 꿈꾸던 사람인데 뭐.

**김어준** 푸하하하하하하하. 첫 연애는 대학 때 하셨죠?

**노회찬** 아니, 그때도 첫 연애라고 볼 수는 없죠.

**김어준** 좋아하기만 하고? 찻집에서 차 한 잔 하고. 손도 못 잡고?

**노회찬** 손은 잡았죠. 만나면 우린 악수를 하니까.

**김어준** 하하하하. 그건 악수고요. 조물락 조물락 해야지 손을 잡은 거지.

**노회찬** 손 정도는 잡았어요.

**김어준** 그게 첫 번째 연애입니까?

**노회찬** 일단 미팅이란 걸 안 했어요.

**김어준** 사모님 몇 년도에 만나셨죠?

**노회찬** 처음 본 것은 85년도인데, 만나기 시작한 것은 87년도.

**김어준** 그러면 79년에 대학을 들어가셨죠? 87년도니까 8년 간. 그 사이에 연애가 한 번도 없었고?

**노회찬** 없었습니다.

**김어준** 그러면 사모님이 첫 연애이자, 첫 키스 상대이고, 첫 경험의 상대이기도 하고?

**노회찬** 그렇죠.

**김어준** 이런 일이! 푸하하하하.

**노회찬** 자랑할 일도 아니고, 떠벌릴 일은 아닌데.

**김어준** 그럼 첫 경험을, 아니 첫 키스를 서른에 했네요? '노회찬 첫 키스, 서른에!' 푸하하하하.

**노회찬** 어릴 때 전학 온 여학생. 어린 나이에 마음에 품고 거기서 벗어나질 않은 거죠. 새롭게 사람을 사귈만한 조건이나 분위기가 아니었고. 대학 와서도 미팅 같은 거에 별 관심이 없었어요. 당시에 운동에 생각이 좀 있는 사람 중에 대개 1학년 초에 하다가 안 해버리고. 나는 대학 들어가서 어릴 때 그 학생을 찾았지. 찾아서 몇 번 데이트도 하고 그랬어요.

**김어준** 같은 학교 다니셨나요?

**노회찬** 아뇨, 그 친구는 서울대 다녔는데. 학교는 기록하지 마시고.

**김어준** 뭐 어때? 서울대 학생이 몇 명인데?

**노회찬** (얼굴이 빨개짐.)

**김어준** 우하하하하하. 별걸 다 걱정하시네.

**노회찬** 관념적인 생각일 수도 있는데 고민을 많이 했었죠. 그때는 이상한 합리화 같은 게 있었어요. 사실 굉장히 좋아했는데, 드디어 대망의 길을 떠나야 하는. 한 몸 투신해서. 그게 모순되더라고요.

**김어준** 혁명의 길로 떠나야하는데?

**노회찬** 좋아는 하고. 지금 생각하면 연결해도 아무 문제가 없는데, 당시에는 좋아하니까 어떤 시련이 기다리고 있을지 모르는 것 때문에. 좋아하는 사람 데리고 떠날 수 있느냐. 이 친구는 앞으로 행복했으면 하는 마음이 굉장히 강했고, 좋아한 만큼. 그런 마음이 강했고. 고민이 많았어요. 81년도에 그것 때문에 한 달간 절에 가 있었어요. 전북고창에 참당암이라고. 사회과학서적 잔뜩 배낭에 지고 가서 여름 한 달을. 거기서 마음정리 싹 다 한 거예요. 부모님 문제, 내가 장남이니까. 여자친구 문제. 모든 것에 대한. 한 달 동안 마음 정리를 했죠. 마치 세속적으로 추구하던 모든 것을 놓아버리고 출가하는 심정이었죠. 그 후 15년이 지난 후에 그 절을 다시 찾아갔어요, 일부러. 나한테는 굉장히 마음에 남아있는 절인데.

**김어준** 전환점이 됐으니까.

**노회찬** 방 몇 개 있는 거는 고시준비생들에게 다 내주고, 방이 없는 거야. 그래서 명부전이라는 데 들겠느냐 이거야. 난 들겠다. 명부전은 죽어서 극락과 지옥을 결정하는 데잖아. 방안에서 박쥐가 날고 밑에서 찬 기운 올라오는 그 방에서. 통일신라 때 지은 절이거든. 그 절에서 한 달을 있었어요. 수염 이렇게 기르고. 모시적삼 비슷한 삼베옷 입고. 그 절에서 나왔을 때 찍은 사진도 하나 있는데.

**김어준** 정치인의 길을 떠나는 첫 걸음 아닙니까, 그게.

**노회찬** 아, 당시 전기가 안 들어왔던 그 절에서 지내면서 촛불을 켰던 촛대까지도 아직 가지고 있어. 나 혼자서 결의를 한 거지. 나는 간다. 노동운동으로. 그때부터 학생운동도 손을 떼기 시작하고, 본격적으로 노동운동 준비하기 시작했어요. 그래서 용접도 배우고. 그런데 내 친구들이 나를 볼 때, 거의 다 운동을 했던 사람들인데, 자기들은 사귀다가 결혼도 하고 그러는데 나는 결혼을 안 한 상태로 제일 늦게까지 있었던 거지. 미안하니까 친한 친구들이 여러 차례 소개 시켜줬어요. 많이 거절하다가, 오랫동안 마음에 둔 사람하고도 헤어졌는데 새롭게 누구 만나고할 기분도 안 나는 거고, 사양했는데 할 수 없이 본 사람도 있어요. 예의상 한 번 만나고.

**김어준** 상대도 관심을 보이던가요?

**노회찬** 그거 얘기하면 그 사람들한테 실례가 되고. 그러다가 내 아내를 만나게 된 거기 때문에. 실제로 이 계통에서 화려한 과정이 아니었지.

**김어준** 화려한 과정이 아닌 정도가 아니죠. 하하하. 연애 한 번하고 결혼한 건데 뭘. 하하.

**노회찬**  여자 문제와 관련해서 경험이 많은 게 좋은 거라 생각하지 않아요.

**김어준**  이상하신 분이시네. 아니 연애를 해야 사람에 대한 이해도 깊어지고.

**노회찬**  물론 연애는 굉장히 중요하게 생각하는데.

**김어준**  자기에 대한 이해도 깊어지는데.

**노회찬**  연애는 성공하는 게 좋죠. 여러 번 한다는 얘기는 다 실패했다는 얘기 아니에요?

**김어준**  아니죠. 연애는 성공 아니면 실패만 있는 게 아니죠. 이 사람은 이래서 좋고, 저 사람은 저래서 좋으니까. 그런데 연애야말로 마음대로 안 되는 거잖아요. 못 해보셨으니까 알 리가 있나!

**노회찬**  이렇게 설명을 드리고 싶은데. 제가 바둑도 안 하고 포커도 안 해요.

**김어준**  그런 거하고 상관없죠.

**노회찬**  내 얘기 들어보세요. 왜 안 했느냐. 일부러 안 했어요. 빠질까봐 경계한 거죠.

**김어준**  바보 같은 생각이죠. 하하하하.

**노회찬** 바둑 두는 사람이 쓸데없는 일하고 있다고 생각하진 않지만, 제 처지에서 그걸 양립시키는 것이 힘들기 때문에.

**김어준** 하하하. 너무 심각하시다. 그리고 연애는 취미활동하고도 다른데?

**노회찬** 다르죠. 지금 내 처지도 마찬가지죠. 사람이 모든 일을 다 잘할 수 있다고 생각하지 않아요. 한두 가지라도 열심히 하면 감지덕지다 생각하고.

**김어준** 그거랑 연애는 다른 거라니깐요. 하하하하하.

**노회찬** 욕망을 접은 거죠.

**김어준** 연애를 하면 상대를 내 맘대로 할 수 없고, 상대에 대한 리액션만 통제가 가능하잖아요. 그런데 연애가 마음대로 안 되니까 성질도 나고 짜증나고 화도 나고 그러다보면 자기 바닥도 드러나고, 자기가 어떤 사람인지 스스로 알게 되는, 그런 경험을 하게 되는 건데.

**노회찬** 그러니까 내가 살아왔던 과정과 그 당시 사회상황이. 사회에 대한 인식 때문이기도 하겠지만.

**김어준** 대표님 시절에도 다 연애했거든요!

**노회찬** 연애했는데 내 주변에 나하고 유사한 사람들은 거의 다 연애 한 번만 했어요. 다들 그렇게 소박한 연애를 했죠.

**김어준** 그거 속으신 거예요. 으하하하하하. 다른 사람들 안 한다고 얘기했겠죠. 어쨌든 딱 한 번 연애하고 결혼하신 거고, 지금 사모님이 유일한 사랑이자 유일한 상대이자 유일한 키스 상대였거니와 앞으로도 죽을 때까지 그럴?

**노회찬** 그게 뭐 어때서요?

**김어준** 그렇게 사는 희귀한 분들도 있죠. 하하하하하하. 그러면 포르노는 본 적 있으세요, 포르노? 하하하하하.

**노회찬** 본 적 있어요.

**김어준** 언제 보셨어요?

**노회찬** 그때가 고등학교 졸업하고 친구 집에 가서 봤어요.

**김어준** 직접 한 게 아닌 거는 고백을 하시네. 하하하하하.

**노회찬** 그때는 그런 거 귀한 때였어요.

**김어준** 보시고 충격 안 받으셨어요?

**노회찬** 이상하게 간접경험이 많아서 그런지 실제로 처음 봤는데 별로.

**김어준** 뭔가 몸에 힘이 솟거나 그런 것도 없고요?

**노회찬** 유명한 건데. 〈엠마뉴엘 부인〉이라고.

**김어준** 엠마뉴엘은 포르노가 아니죠. 하하하하.

**노회찬** 아냐, 그거 금지된 거야.

**김어준** 포르노라 함은 삽입장면이 적나라하게 드러나는 건데. 그건 에로영화라 불러야 돼죠.

**노회찬** 그 친구는 지금 미국에서 변호사를 하고 있는데, 그 친구네 집안 어른이 갖고 온 거. 그때만 해도 비디오 시설 있는 집이 많지 않았으니까 친구 집에 몰려가서 이리저리 얘기하다가 볼래? 해서 호기심에 한 번 봤죠.

**김어준** 그건 에로영화예요. 진짜 포르노를 못 보신 거네요.

**노회찬** 그게 포르노예요!

**김어준** 푸하하하하. 나름대로 상업영화 중에 예술성도 있다고 하는 거고, 그야말로 섹스에 집중하는 진짜 포르노는?

**노회찬** 지난번에도 《씨네 21》에서 장항준 감독하고 얘기하다가 말했는데, 〈감각의 제국〉인가? 그거 하고 또 하나 있어요. 그런 걸 굉장히 노골적으로 다룬 무슨 '분꼬'인가 뭔가도 봤어요. 일부러 본 거죠, 사실은. 감동적이지 못하더라구. 예를 들면 〈애마부인〉, 〈선데이서울〉. 중학교 때는 호기심에 많이 봤어요. 우리 집에도 〈선데이서울〉 있었어요. 고등학교 들어가니까 재미없더라구.

**김어준** 고등학교 때 〈선데이서울〉이 더 이상 재미없었다고? 유치하고?

**노회찬** 애들 보는 거지. 80년대에 〈애마부인〉 봤어요. 근엄한 금욕주의자라 안 본 게 아니고. 촌스럽게 뭘.

**김어준** 모른 거지 그 세계를. 하하하하하.

**노회찬** 난 결코 모른다고 생각 안 해. 촌스럽다고 생각해.

**김어준** 그 세계가 나름대로 얼마나 즐거운 건지 모르신 거죠, 잘.

**노회찬** 내가 더 많이 안다고는 할 수 없을지라도 모른다고는 할 수 없어.

**김어준** 하하하하하하. 대화가 안 통해. 그럼 사모님은 누구 소개로 만나신 거예요?

**노회찬** 내가 소개해 달라고 부탁을 했어요.

**김어준** 처음으로?

**노회찬** 처는 당시에 공개적인 활동을 하던 사람이었죠. 단체에 직함도 갖고서, 인천에선 꽤 유명한 사람이었어요. 70년대 말에 집안사정 때문에 중학교만 졸업하고, 언니 주민등록증 빌려가지고 대성목재에 취직도 하고 어렵게 자라왔어요. 그러다가 유동우 씨란 사람을 만나가지고 《어느 돌멩이의 외침》이란 책에 나오는 그 노조에서 부지부장을 했어요. 그러면서 노동운동에 눈을 처음 뜨고, 연속으로 해고 당하고, 감옥도 몇 차례 갔다 오고. 1978년인가 '부활절 사건', 부활절 날 여의도 광장에서 예배할 때 동일방직 해고자들과 함께 뛰쳐 올라가서 마이크 잡은 그중의 한 명이었어요. 70년대에 감옥을 두세 번 갔다 오고, 수없이 해고 당하고 해서 나중에는 김근태 씨 등과 더불어서 조화순 목사와 인천산업선교회 실무자로 일하고 그런 상태여서 인천에서는 널리 알려져서 공개적으로 활동하는 사람이었고요. 80년대에 위장취업자, 학생운동출신 노동자들이 누님 누님하면서 따랐는데 나는 그때 수배중이어서 못 나서고 처를 지켜보다가.

**김어준** 뭘로 수배중이셨어요?

**노회찬** '깃발 사건'이라 해서, 당시 여러 가지 불법유인물 때문에. 팜플렛을 내가 쓴 게 아닌데 오해 받아서 내 가까운 여러 사람들이 끌려가서 고문 받고 당했어요. 나는 운 좋게 7년째 피해 다녔던 상황이고, 인천에서 인민노련하고 있었던 상황이었죠. 그때 얘기는 들어서 알고 있었는데 어떤 사람인지는 모르고 있었고, 얘기 들을 때마다 굉장히 좋게 얘기하더라고요. 듣다보니 사람에 대해 끌리게 되고. 대화를 나눈 적도 없는데 인간성이나 품성 이런 게.

**김어준** 외모를 정확하게 본 적도 없는데?

**노회찬** 멀리서는 봤죠. 그런데 외모는 그렇게 인상적이거나 그렇지 않았어요. 평범한. 인간적으로 만나고 싶은 생각이 들더라고요. 그러던 차에 처가 마지막으로 하고 있었던 게 해고노동자협의회라고, 전국에서 최초로 85년도에 만든 조직에서 사무국장을 하고 있었어요. 대표를 한 사람이 오순부라는 대우중공업 해고노동자였는데, 형님 아우하면서 친하게 지냈던. 제가 이분한테 망설이다가 만나게 해줄 수 없냐 했더니 무슨 말인지 알아듣고.

**김어준** 동지적 관심이 아니라 여자로서의 관심이었네요. 처음이네요?

**노회찬** 처음이죠. 87년에 수배중이니까 집에도 못 내려가고 그랬는데. 그런 사람들, 갈 데도 없고 한 사람들 20여 명이 관악산 등산을 했어요. 그때 나도 껴서 같이 갔는데 난 목적이 처 때문에. 그날 그분이 언질을 줬나봐. 남자 한 명이 너를 좀 만나고 싶어 한다. 등산 같이 가는데 끝나고 우리 집에 부를 테니까 너도 와라. 이렇게 된 거야. 나중에 얘기 들으니까 별 생각은 없었지만 그래도 그런 얘기 들으니까 누군가 하고 봤는데 아무리 봐도 없더래.

**김어준** 아무리 봐도 없더래? 푸하하하하.

**노회찬** 다 아저씨들이고 아무도 없더래. 특히 그중에 나는. 저 사람은 무조건 아니다 생각했다 이거야. 제일 나이 들어 보였으니까.

**김어준** 지금 풍채가 그때 풍채인가요?

**노회찬** 그때는 지금보다 말랐죠. 허리 27이었으니까. 끝나고 집에 갔어요. 여러 명이 오는 바람에 흐지부지됐지. 한 번 더 부탁했지. 따로 만나게 해 달라. 동인천역 앞 서점 앞에서 길거리에서 보는 걸로. 난 얼굴 알고 있으니까. 바로 옆에 있는 중국집에 가서 내 처는 짜장면 시키고, 나는 짜장면 곱배기 시키고.

**김어준** 이런 건 다 기억하시면서? 푸하하하하하.

**노회찬** 먹고서 낮이었는데 오비 호프 가서 500 한 잔씩 먹고. 단도직입 적으로 말했지. 나를 설명하기가 참 힘들겠더라구. 수배자고, 이렇게 얘 기하기도 그렇고, 그래서 대략.

**김어준** 나는 키스도 못 해봤고? 푸하하하하.

**노회찬** 같이 일하던 인민노련 후배들 중에 내 처를 이미 그전부터 잘 알고 있던 이름을 댔죠. 그러니까 아, 아, 안다고 그러더라구. 사람 처음 봤을 때 대개 징검다리를 놓잖아요. 그래서 노동운동을 하고 있는데 서로 잘 모르겠지만 사귀고 싶다. 결혼하자 그랬죠.

**김어준** 결혼하자고요? 처음 만나는 자리에서요?

**노회찬** 네.

**김어준** 미친 거지. 푸하하하하하.

**노회찬** 그때 우리는 바빴으니까.

**김어준** 크하하하하.

**노회찬** 그 자리에서 진지하게 답변 해주더라고. 당시만 해도 자기는 노 동운동을 굉장히 중시하고 열심히 하려는 사람인데, 남자와 달리 여자들 은 결혼하면 운동을 계속 하기가 어려워지는 상황이 왕왕 있다. 그때 조화순 목사와 이총각 동일방직 노조지부장, 이영순 콘트롤데이타 노조지부장 등 독신이었잖아요. 몇 사람이 자기들끼리 수년 전에 결혼하지 말자, 운동에 매진하자, 약속을 했다는 거야. 그런 얘기까지 꺼내면서 관심을 보여줘서 고맙지만 생각은 없다.

**김어준** 남자가 마음에 안 든 거죠. 하하하하하.

**노회찬** 한 시간 정도 얘기했나? 딱지를 맞은 거죠. 가만히 생각하니까 가슴도 아프고, 그렇다고 원망할 수 있는 것도 아니잖아, 오래 사귄 게 아니니까.

**김어준** 고등학교 때 느낄 감정을 서른이 넘어서? 크크크. 처음으로? 크크크.

**노회찬** 87년 9월에 신영복 선생의 《감옥으로부터의 사색》이 처음 나왔어요. 당시 《노동의 새벽》도 그랬고, 좀 좋은 책 나오면 주변사람들한테 선물을 많이 했거든. 《노동의 새벽》은 아마 수십 권 선물했을 거야. 이것도 너무나 좋아했기 때문에 그 사람한테 선물 하나 해야겠다 싶어가지고.

**김어준** 몇 달 지난 뒤에요?

**노회찬** 그때가 헤어지고 한 석 달 정도 지났을 때. 편지를 썼어요. 그 사람은 공개공간에서 활동했으니까. 편지를 전략적으로 썼지.

**김어준** 인생에서 첫 연애편지네요?

**노회찬** 열심히 일하는데 괜한 얘기해서 마음이 심란한 건 아닌지 모르겠다. 그러면서 또 한 자락, 나는 여전히 변하지 않았다. 보채는 것도 아니고 자연스럽게 깔았죠.

**김어준** 다들 그렇게 해요. 푸하하하하.

**노회찬** 나는 그때 내가 굉장히 솜씨 있게 썼다고 생각했는데 답변이 없었죠. 관계를 맺고 있는 후배한테 얘기를 했죠. 그 후배는 굉장히 기뻤던 거예요. 자기가 좋아했던 두 사람을 맺어주고 싶었던 거예요. 나보고 막 선택 잘했다는 거야. 고무시키는데 방법이 있어야 말이지. 그 친구가 만나서 슬쩍 운을 떼어봤더니 사람은 괜찮더라고 얘기했다는 거야.

**김어준** 그 한마디에 희망을 걸고?

**노회찬** 사실은 그때 대쉬할 겨를도 안 됐는데, 88년도에 국회의원 선거가 있었어요. 오순부라는 분을 꼬셔서 당도 없으니까, 노동자후보로 무소속 출마시켰어. 책임을 져야 되는데 나는 수배중이고. 황선진 이런 사람이 선대본부장을 맡고 나는 연설과 기획, 이런 정책 책임자로 드나들었어요. 내 처가 선거운동본부에 결합을 한 거야.

**김어준** 그걸 계획하신 건 아니고요?

**노회찬** 선거운동이 대개 9시나 10시쯤 끝나고 해서 자연스럽게 데이트하게 된 거죠. 1시까지 옛날 주택가 골목을 걸어 다니면서, 혹은 계단에 앉아서. 마음을 터놓고 얘기하더라구. 연애를 한 거죠. 어떤 날은 얘기하다보면 밤새하는데 없었으니까, 얘기하다보니까 새벽이 된 거야. 춥기도 하고 어디 들어갈 데는 없고. 그래서 생각해 낸 게 버스를 타자. 버스종점까지. 사람도 별로 안 타니까. 버스 타고 오고, 그러면서 연애했죠.

**김어준** 그렇게 연애를 몇 개월 하셨어요?

**노회찬** 88년에 쭉 연애하다가 그 해 여름에 무위도로 놀러가자 했어요. 그해 추석 때 여자 후배 하나 데려 왔더라구. 셋이서 가서 골뱅이 까서 소주 한 잔하고. 오자마자 다시 청혼했죠. 결혼하자.

**김어준** 1년 만이네요.

**노회찬** 하니까 다시 망설이고 부담스러워하고. 집요하게 응낙을 받아냈고. 우리 집에 가자. 부산에 가서 부모님에게 얘기하고. 부모님은 내 신변에 관해서 걱정이 많았던 때고. 언제 잡혀갈지 모르는데, 내가 수배생활 당하고 있었으니까. 결혼은 어떡할지 안 할지 걱정이 많았는데, 어느 날 나타나서 결혼하겠다고 하니까 반갑고 고마운 거예요. 그래서 그해 12월 달에 결혼한 거예요. 일사천리로 밀어부쳤죠.

**김어준** 결혼하기 전에 키스 해보셨어요?

**노회찬** 결혼을 하기 위한 모든 준비를 다 했죠.

**김어준** 아니 키스해 보셨냐고?

**노회찬** 당연히 했죠.

**김어준** 결혼 전에 같이 자기도 하고?

**노회찬** 왜 거기에 관심이 많지?

**김어준** 푸하하하하. 관심을 가질 수밖에 없게 하잖아요, 지금. 푸하하하하.

**노회찬** 난 사랑하면 같이 잘 수 있다고 생각하지, 결혼해야만 같이 잔다거나 이런 구닥다리 생각은.

**김어준** 그러니까?

**노회찬** 연애를 늦게 하게 된 사정이 있어 늦게 한 거지.

**김어준** 대표님은 20대에 연애 했으면 잘 하셨을 거예요. 연애편지도 잘 쓰고. 내가 보기에 로맨티스트라고, 기본적으로. 로맨티스트가 연애를 멀리했으니, 하하하, 딱 한 번밖에 안 해봤으니.

**노회찬** 인생은 모르는 거예요.

**김어준** 푸하하하하하하. 바뀌었어! 결혼 한 번 해보니까.

**노회찬** 하하하하하하.

소녀시대와 카라

**김어준** 소녀시대 아시죠?

**노회찬** 예.

**김어준** 소녀시대 멤버를 구분하세요?

**노회찬** 그야, 다 다르겠죠.

**김어준** 으하하하하하하.

**노회찬** 같을 수가 있나?

**김어준** 푸하하하. 그중에서 아, 얘는 소녀시대다 라고 구분이 가냐고요?

**노회찬** (묵묵)

**김어준** 카라는 아세요, 카라?

**노회찬** 들어봤어요. 아, 그런 이름을 놓고 맞출 수 있느냐?

**김어준** 트웨니원 이런 여성 그룹들은?

**노회찬** 그 전에 토끼소녀는 내가 구분하는데.

**김어준** 푸하하하하. 토끼소녀는 구분 안 해도 돼요. 똑같기 때문에. 푸하하하.

**노회찬** 쌍둥이인데도 구분할 줄 아는 분별력이 있다는 거예요, 제가.

**김어준** 푸하하하하하.

**노회찬** 그 정도 능력은 갖고 있는 사람이에요, 저.

**김어준** 푸하하하. 눈썰미를 여쭤보는 게 아니고, 그쪽에 관심 있느냐 이거예요. 요즘 대중문화나 대중스타들 아시냐고.

**노회찬** 알죠.

**김어준** 그럼 소녀시대 중에 누구 가장 좋아하세요?

**노회찬** 카라!

**김어준** 푸하하하하하하하하하하하하하. 어디 컨닝하실려고? 하하하하하하하하. 카라는 그룹이에요. 하하하하하하.

**노회찬** 아, 그런가? 하하하하하하하하.

**김어준** 그럼 이건 어떨까요? 이건 취향에 관한 질문인데 좋아하는 영화? 최근에 본 영화? 이런 영화 좀 얘길 해보죠.

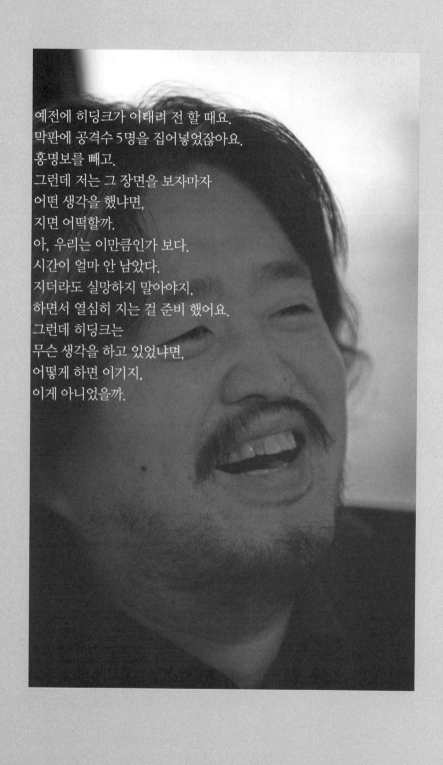

예전에 히딩크가 이태리 전 할 때요.
막판에 공격수 5명을 집어넣었잖아요.
홍명보를 빼고.
그런데 저는 그 장면을 보자마자
어떤 생각을 했냐면,
지면 어떡할까.
아, 우리는 이만큼인가 보다.
시간이 얼마 안 남았다.
지더라도 실망하지 말아야지,
하면서 열심히 지는 걸 준비 했어요.
그런데 히딩크는
무슨 생각을 하고 있었냐면,
어떻게 하면 이기지,
이게 아니었을까.

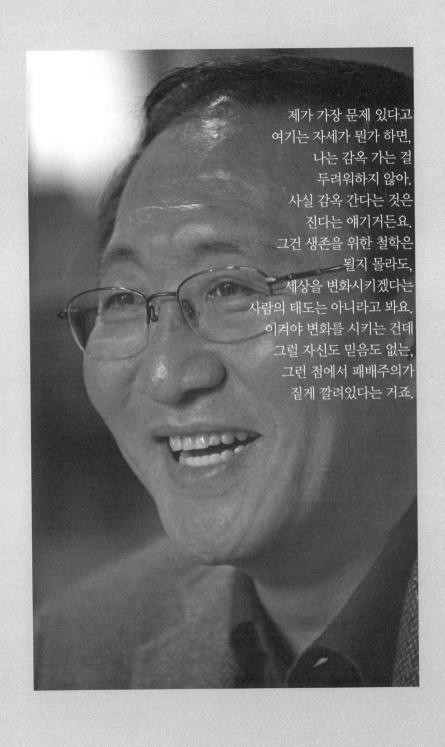

제가 가장 문제 있다고
여기는 자세가 뭔가 하면,
나는 감옥 가는 걸
두려워하지 않아.
사실 감옥 간다는 것은
진다는 얘기거든요.
그건 생존을 위한 철학은
될지 몰라도,
세상을 변화시키겠다는
사람의 태도는 아니라고 봐요.
이겨야 변화를 시키는 건데
그럴 자신도 믿음도 없는,
그런 점에서 패배주의가
짙게 깔려있다는 거죠.

**노회찬** 찰리 채플린 영화 여전히 다 좋고. 〈대부〉도 좋고. 최근 본 것 중에 인상적이었던 한국영화는 〈워낭소리〉. 외국영화 중에서는 〈로큰롤 인생〉이라고. 제천국제영화음악 영화제에서 작년 개막작이었는데. 올해 개막작은 〈솔로이스트〉라고. 그것도 좋고.

**김어준** 최근에 찾아가서 본 영화는?

**노회찬** 〈워낭소리〉도 봤고.

**김어준** 〈해운대〉니 〈국가대표〉니 보셨어요?

**노회찬** 〈해운대〉는 봤죠. 그건 박중훈 나왔기 때문에 안 볼 수가 없죠. 〈국가대표〉는 아직 못 봤어요.

**김어준** 〈올드보이〉 봤어요?

**노회찬** 네.

**김어준** 〈올드보이〉 찾아가서 보셨어요? 박찬욱 감독 영화도 다 보고?

**노회찬** 그럼요. 박찬욱 감독, 봉준호 감독, 김기덕 감독 영화는 거의 다 봤고.

**김어준** 영화는 많이 찾아보시네요, 의외로? 연애는 못하시면서? 푸하 하하.

**노회찬** 어느 해인가는 그해 개봉한 영화 다 본적도 있어요.

**김어준** 〈닥터 지바고〉, 〈누구를 위해 좋은 울리나〉 이런 거는?

**노회찬** 〈닥터 지바고〉는 한 10번 봤고요. 처음 본 게 69년 12월에 학교에서 관람 가는 거 단체로 따라갔다가 눈 위에서 말 타고 총 쏘는 거 말고는 기억도 안 나는 영화였는데.

**김어준** 69년 12월이요? 아니 69년 12월을 기억하시는데? 푸하하하하.

**노회찬** 참, 코엔형제들 영화도 좋아해요. 재미있고 자극적인.

**김어준** 성룡 영화는?

**노회찬** 성룡 영화는 자극적이지 않고요. 초기에 오히려 〈외팔이〉 시리즈.

**김어준** 〈영웅본색〉 이런 거는요?

**노회찬** 재미있게 봤죠. 홍콩 느와르 많이 봤어요. 〈지존무상〉 이런 거.

**김어준** 그때 감옥에 있지 않으셨어요?

**노회찬** 감옥에서 봤죠. 감옥에 있을 때 정치범들 운동도 따로 시키고. 일반수들은 영화를 보는데 우리는 영화를 못 보게 하는 거야. 분리해야 되니까 섞어서 못 본다. 그래서 따졌지. 그럼 우리 따로 보겠다. 했더니 당신들 열 몇 명을 위해서 스크린 설치할 수 없다. 그럼 비디오로 보자. 그랬더니 그쪽에서 난감해 하는 거야. 조사해 봤더니 규정에는 일주일에 한 번씩 보게 돼 있더라구. 보는 목적이 뭐냐, 교정 교화 아니냐. 이게 교정 교화에 도움 되느냐, 아니지 않느냐. 우리가 고르겠다. 그래서 〈월간 비디오〉를 매달 넣어 달라. 내가 고르면 자기들이 밖에서 빌려와서 트는 거예요. 그런데 우리 취향이 있으니까. 그때 나는 다큐멘터리 8부작 〈실크로드〉같은 거.

**김어준** 감옥에서? 푸하하하하. 감옥에서 〈실크로드〉 보면 뭐합니까?

**노회찬** 그리고 8시간짜리 〈전쟁과 평화〉 있잖아요. 그러니까 학생 애들이 전쟁 때는 보는데 평화 장면 나오면 졸고 막.

**김어준** 하하하하. 연극이나 오페라는?

**노회찬** 연극은 요즘처럼 바빠도 일 년에 4, 5편 정도 봐요. 연극에 세 번인가 까메오로 출연했죠.

**김어준** 오페라는?

**노회찬** 오페라는 요새 잘 안 봐요, 너무 비싸서. 요즘 뮤지컬에 맛을 들여서. 〈레미제라블〉이라고 지금도 너무 좋아해요. 음악적으로도 훌륭하고. 진보적 시각에서 다뤄서 너무 감동적이더라고요. 영국에 96년도 처음 갔을 때 초연한 극장이 있어요. 쎄인트 앤소니 팔레스에 가서 싼 암표 구해서 보고. 그 다음에 국회의원 때 갔는데 같이 간 사람들이 귀족들이 가는 골프장 가면서. 난 안 간다 하니까 그러면서 내가 조건 건 게 골프장 간 거 가지고 문제 안 삼을 테니까 저녁에는 내가 가자는 대로 가자. 그래서

〈레미제라블〉 단체관람 시켰어요. 낮에는 그쪽에서 미안하니까 자동차, 기사, 외교관 붙여주더라구. 나보고 어딜 갈 거냐. 유명한 백화점 갈 거냐 하는데 쇼핑할 돈도 없고. 외교관 데리고 하이게이트 묘지에 가서 맑스 무덤에 장미꽃 바치고. 저녁에 〈레미제라블〉 보러갔는데 난 두 번 봤는데도 너무 재미있는데 이 사람들 골프 치고 오니까 코 골고 조는 거야. 얼마 전에 〈오페라의 유령〉이라고 LG아트센터에서 봤는데 누가 좋은 자리 표를 줘서. 요즘엔 훌륭한 오페라 우리나라에 많이 안 와요. 상업적으로 뮤지컬을 많이 돌려서. 또 너무 비싸. 좋은 자리는 20만 원 30만 원 줘야 되니까 그런 자리는 내가 못 가죠.

**김어준** 만화책은요?

**노회찬** 만화는 66년도 초등학교 4학년 때 끊었어요.

**김어준** 그러니까 이런 건 기억한다? 66년도 초등학교 4학년 때 만화책 끊은 거? 이런 건 다 기억해. 푸하하하하.

**노회찬** 5학년 때부터는 중학교 입시준비를 해야 되니까, 담배 끊는 거 비슷하게. 난 늘 만화방에 갔던 사람인데.

**김어준** 그 이후로 만화를 한 번도 안보셨어요?

**노회찬** 안 보다가 다 커서 봤죠. 성인만화 나올 때. 허영만, 이현세. 〈공포의 외인구단〉. 도망다닐 때 갈 데 없으면 500원이면 밤새 보면서 라면 하나 끓여먹고. 그리고 우리는 만화방 선택할 때, 라면 먹을 때 다꽝(단무지) 주는 집은 안 가. 김치 나오는 집.

**김어준** 으하하. 그때 가장 감동적으로 본 게 〈공포의 외인구단〉?

**노회찬** 〈공포의 외인구단〉은 참 재미는 있었는데. 이런 말이 실례될 줄 모르겠지만 일본풍 비슷한, 사무라이 정신 같은 게 거기 많이 있더라구. 허영만의 〈오! 한강〉, 박봉성, 강풀만화도 재미있게 봤고. 얼마 전에 강철수 작가를 해장국집 〈청진옥〉에서 밤 12시 넘어서 둘 다 술이 이래돼서 만났는데 그 양반이 날 후원해주겠다고.

**김어준** 일본만화 〈드래곤볼〉 이런 거는?

**노회찬** 제가 먹고살기 위해서 책 대여점을 했어요. 만화가 아무래도 잘 나가니까. 〈드래곤볼〉이 제일 잘 나갔던 만화 중 하나예요. 애들 보는 거라 재미있게 본 기억은 안 나고.

**김어준** 만화방 주인도 하셨구나.

**노회찬** 예.

**김어준** 연체료 꼬박꼬박 받으셨어요, 그때?

**노회찬** 어… 연체료는 거의 안 받고. 집에 있는 사회과학 서적도 중간에.

**김어준** 아무도 안 빌려갔죠? 하하하하하.

**노회찬** 하하하하.

**김어준** 요즘 나오는 〈신의 물방울〉 이런 거는 들어보셨어요?

**노회찬** 와인 다루는 일본 만화죠? 그건 보고 싶은데 시간이 없어서 못 봤고. 후배 하나가 생선가게 시리즈 줘서 그거 보고 있어요.

**김어준** 텔레비전에서 미드, 미국드라마는?

**노회찬** 〈프렌즈〉도 좀 봤고.

**김어준** 그건 너무 오래된 거고.

**노회찬** 〈섹스앤씨티〉

**김어준** 것도 오래된 거고. 〈가십걸〉 이런 거 들어보셨어요?

**노회찬** 그건 못 봤어요. 〈CSI〉도 봤고. 〈위기의 주부들〉 이거는 참, 나도 미국문화를 이해하려고 노력하는 사람인데, 특히 이거는 실제로 그런 건지 극적으로 표현한 건지 잘 모르겠더라구. 너무 충격적이라서.

**김어준** 미드를 일부러 챙겨서 보시진 않고?

**노회찬** 시간이 그런 거 볼 때가 주로 언젠가 하면 1시쯤. 난 한 시간 정도는 쉴 권리가 있어. 자는 건 쉬는 게 아니니까. 내 처는 자라고 그러는데 너무 바빴던 날은 케이블 이리저리 돌리다보면 다 시시하고. 한 시간이 얼마나 소중한 시간인데 12시 넘으면 다 너저분한 것만 하고.

**김어준** 너저분하다는 건 야한 거 말씀하시는 거죠? 하하하하하.

**노회찬** 아니 야하다고 뭐라 그러는 게 아니라 야하더라도 내용이 있고 그런 게 있잖아. 너무 한심하더라구.

**김어준** 〈24시〉 이런 거 보셨어요?

**노회찬** 드라마예요?

**김어준** 네. 〈덱스터〉 이런 거는?

**노회찬** (묵묵)

**김어준** 미드 좋아하는 사람은 꼭 챙겨보는 건데?

**노회찬** 난 뭐 미국드라마 좋아해서라기보다는 그 시간대 나오는 것 중에 선택해야 되니까.


## 신용불량자 부부가 사는 법

**김어준** 아이는 왜 없으세요?

**노회찬** 노력을 했는데 안 생기더라구. 제대로 같이 산 게 감옥에서 나온 뒤부터였어요. 92, 93년도. 둘 다 나이가 꽤 됐어요. 몇 년 간 노력했는데 안 돼서 병원은 양방 한방 다 다녔는데. 할 수 있는 노력은 다 했어요.

내 처는 아이를 좋아하니까 입양을 하자. 그것도 좀 알아봤지. 난 없으면 없는 대로 살지 했는데 처가 애를 키우고 싶어 해서. 입양을 하러 갔는데.

**김어준** 조건이?

**노회찬** 예. 조건이 안 되더라구.

**김어준** 하하하하하하. 신분이 불량하여?

**노회찬** 나한테는 큰 아픔이고 상실감 같은 게 지금도 좀 있어요. 내가 노동운동도 하고 별짓 다 해본 사람인데도 막상 내가 아이가 없게 되다 보니까 새삼 딱 드는 생각이 모든 걸 다 갖추고 사는 경우가 참 드물구나. 뭔가 하나를 자기가 갖고 싶은 데도 갖지 못하고 사는 경우도 있구나. 이것도 하나의 운명으로 받아 들여야 되는 거 아니냐.

**김어준** 아이 포기한 게 그러면?

**노회찬** 마흔 조금 넘어서. 의학적으로 안 되니까. 물론 혹시 모르지, 아직 기능이 왕성하니까.

**김어준** 아, 그러니까 다른 연애를 통해서? 히히히히히.

**노회찬** 아니, 그런 뜻은 전혀 아니고.

**김어준** 저도 사실 아이에 대한 욕심은 없는데. 아쉽잖아요. 뭔가, 허전하고.

**노회찬** 그렇죠. 남들이 볼 때는 제가 평범치 못하게 살아온 것으로 보이지만, 자연스럽게 사는 걸 중시해요. 억지로 뭘 안 하고. 아이도 그렇게 보는 거죠. 아이 있는 게 자연스럽고 좋은 거죠. 그런데 없는 상황을 어떻게 받아들일 것인가. 불운한 것으로만 볼 거냐. 그렇게만 보진 않아요. 한탄에만 빠져있으면 누가 봐도 그건 아니잖아요. 아프지만 딛고 일어나면 박수쳐 주잖아요. 딱딱하게 들릴지 모르지만 그 이후로 내 아이는 아니지만, 그러나 아이들이 좀 더 잘 사는 사회. 이런 게 더 나한테 각별하게 됐죠.

**김어준** 갑자기 생각난 건데, 왜 하필 용접을 택해서 자격증 따려고 하신 거예요?

**노회찬** 두 가지 이유가 있었는데, 우선 기능 익히기가 다른 기능보다 쉬웠어요. 선반, 밀링보다는 익히기가 쉬웠어요. 두 번째는 더 흔해요 이게. 그래서 쉽게 취직할 수 있는. 그때는 도망 다니다가도 취직할 수 있는 걸 연구 많이 했어요. 누구처럼 보일러 기사할 거냐. 그거 아니다. 토론도 많이 했고. 내린 결론이 용접이다, 해서 용접했고.

**김어준** 실제 용접공 생활은 몇 년 하셨습니까?

**노회찬** 길진 않았죠. 3년. 하다가 집 털리고 이러니까 짐 다 놔두고 도망가고. 직장도 옮겨야 되고. 그때 용접 같이 배울 때 만났던 형 아우 하던 사람들 3명 정도 지금도 만나요.

**김어준** 고등학교 동창이네요.

**노회찬** 그렇죠. 부부끼리 같이 모이기도 하고, 처갓집이나 강화도에 놀러가기도 하고. 자주 봐요.

**김어준** 그렇게 쫓겨 다니시고 감옥도 가시고. 사모님도 돈 버는 직업이 아니었고. 어떻게 먹고 사셨습니까?

**노회찬** 그건 스스로 생각해도 미스터리죠. 나만이 아니고 우리 비슷한 처지에 있는 사람들끼리 얘기할 때 그런 질문 받으면 자기가 생각해도 대견하고 대단하고 미스터리라고.

**김어준** 하다못해 월세나 최소한의 식비, 교통비, 기본적으로 유지해야 되는 비용들이 있잖아요. 다른 거 안 하더라도. 어떻게 해결하셨어요?

**노회찬** 혼자서 살 때는, 노동운동할 때는, 친구들이 주기적으로 돈을 모아서 줬어요. 고등학교 친구들이. 고등학교 친구들이 한 명 한 명 대학 다닐 때 감옥 가기 시작했거든. 그 친구들 돕기 위해서 뜻 있는 사람들이 모여서 예를 들면 만 원씩 내자 했는데 한 십만 원 걷고. 그런데 술 먹어버리면 8만 원.

**김어준** 하하하하하.

**노회찬** 그게 관행이 되어서 오랫동안 많은 도움을 받았죠.

**김어준** 그래봐야 부정기적이고 얼마 안 되잖아요?

**노회찬** 결혼 뒤에는 처는 소액이었지만 단체에서 받는 돈이 있었고. 나는 번역도 하고. 빚을 많이 졌죠.

**김어준** 빚을 어떻게 졌어요? 금융권에서 돈을 안 빌려주는데?

**노회찬** 금융권에 진 빚도 있고요. 천만 원짜리 보증 세워서 마이너스통장도 만들고. 그런데 그 이상은 돈을 빌릴 수가 없었기 때문에 주로 친구 내지 친지들에게 언제까지 갚겠다고 하고. 한 번은 많이 갚았었어요. 10년 전에 3천만 원 빚 있었는데, 책 하나 써서. 조선왕조실록에 관련된 책을 썼는데 그게 많이 팔렸어요.

**김어준** 정치인 노회찬 이전에?

**노회찬** 예. 국회의원 되기 전이었으니까. 그런 것 말고도 특히 《매일노동뉴스》하면서 빚을 졌는데, 그 빚은 지금도 못 갚고 있고, 일부는 빌려준 사람이 포기하거나.

**김어준** 하하하하하. 헌금 했다고 생각하시는구나. 하하하하.

**노회찬** 나는 끝까지 갚겠다고 얘기하고 있죠.

**김어준** 그래서 지금 꼭 갚아야하는 액수가 얼마 남았어요?

**노회찬** 은행 빚이 9천만 원 있고. 선거 때문에 1억짜리 마이너스 통장 열었는데 일 년 지나니까 천만 원은 갚아라. 그래서 9천만 원 마이너스인데 잔고가 120만 원 남았나. 갚아야 될 돈이 9천만 원 가까이 되는 거지. 은행 빚은 그 정도 있고, 그 다음으론 개인채무인데.

**김어준** 됐고요. 하하하. 그래도 국회의원이었기 때문에 1억이나 마이

너스 통장 만들어 줬네요?

**노회찬** 그렇죠. 국회의원 처음 됐을 때에는 《매일노동뉴스》 오래 하면서 진 빚 때문에 막판에는 카드 돌려막기 했어요. 신용불량을 세 개나 맞았지. 신용불량인 상태에서 출마할 순 없잖아요. 그래서 친지들에게 돈을 빌려서 메우는 바람에 채무가 생겼는데. 국회의원 돼서 어떤 은행에서 가장 좋은 카드를 만들어주겠다고 막 방에까지 찾아와서 싸인도 딱 했는데, 그 다음날 전화 와서 죄송하지만 카드발급 대상이 아니십니다, 하더군.

**김어준** 하하하하.

**노회찬** 아니 국회의원이고 매월 세비가 고정적으로 나오는데 왜 안 되느냐 했더니 은행신용도가 낮아서. 한 번 신용불량 맞으면 갚아도 2년인가 까지는 카드 재발급이 안 된다 그러더라구. 그래서 기다렸다가 나중에 다시.

**김어준** 그럼 지금도 빚이 1억 가까이 되는 거네요?

**노회찬** 그렇죠.

**김어준** 갚을 확률이 그렇게 높지 않네요? 하하하하하.

**노회찬** 바빠서 그렇지 부지런히 책도 쓰고 강연도 다니고 뭐 이러면.

**김어준** 그럼 집은 어디?

**노회찬** 노원구 상계동 보람아파트.

**김어준** 거기는 어떻게 들어갔어요?

**노회찬** 전세.

**김어준** 전세금은 어떻게 마련하셨어요?

**노회찬** 전세금은 원래 쭉 전세로 살았기 때문에. 원래는 결혼할 때 인천에 부모님이 마련해주신 쪼끄만 아파트가 한 채 있었어요.

**김어준** 아, 그게 가격이 올라서?

**노회찬** 그거는 가격이 안 올랐어요. 너무 적은 아파트라서. 17평짜리 아파트였는데, 인천은 또 부동산이 안 오르잖아요. 가격이 안 오르고 서울로 이사 오면서 그걸 팔았더니 전세비도 안 돼 가지고 부모님한테 돈 좀 빌려서 전세를 살다가, 노원구는 싸니까 노원구로 옮겼죠.

**김어준** 얼마짜립니까?

**노회찬** 지금 1억 1,500짜리 전세.

**김어준** 음. 1억 1,500만 원. 평생에 걸쳐서. 제가 2년 전에 선글라스 있냐고 질문 드렸더니 하나 있다고?

**노회찬** 완전 정통 선글라스예요. 레이벤, 라이방 제품.

**김어준** 낚시용이라고 그때 말씀하셨는데 낚시용 선글라스면 레이벤을 모방한 거 아닌가?

**노회찬** 아뇨, 안경점에서 낚시용이 아니라 레저용이라고. 다리가 접히는 까만 뿔테에 고전적인.

**김어준** 실제 레이벤이에요?

**노회찬** 예. 레이벤이라고 쓰여 있어요.

**김어준** 하하하하하하하. 언제 어떤 일로 구입했어요?

**노회찬** 유일하게 스트레스 푸는 게 1년에 두세 차례 낚시 가는 건데, 굉장히 눈이 부셔서 편광했는데 너무 불편해서 아예 돗수 넣은 선글라스를 하나 사야겠다고 생각했죠. 안경점에 갔는데 레이벤이 있더라구. 그런데 값이 그렇게 안 비쌌어요.

**김어준** 그래서 하나 밖에 없으세요?

**노회찬** 선글라스가 두 개 있을 필요가 있어요?

**김어준** 옷도 한 벌만 있으면 되죠. 크크크크크.

**노회찬** 선글라스를 일 년에 몇 번 안 끼니까. 국회의원 된 후에도 야외에 나갈 때 그거 끼면 내가 되게 멋있게 보이는데, 보좌관들이 끼지 말라고. 멋있지 않다고.

**김어준** 하하하하하.

**노회찬** 내가 그거 끼고 거울을 몇 번 봤는데 굉장히 멋있었거든요. 견해의 차이로 못 끼고 있지.

**김어준** 옷은 지금까지 사신 것 중에 제일 비싼 게 얼마짜립니까?

**노회찬** 사십 몇 만 원?

**김어준** 아래 위 한 벌?

**노회찬** 예.

**김어준** 국산양복 브랜드 같은데?

**노회찬** 당연하죠. 굉장히 흔한 건데.

**김어준** 백화점 가서? 국회의원 되고나서?

**노회찬** 2007년도 대선 예비경선 때.

**김어준** 대선용으로? 하하하하하하.

**노회찬** 그전에도 양복은 샀지. 지금은 철거 됐지만 여의도에 중소기업 전시관에서 8만 원, 10만 원 짜리.

**김어준** 브랜드 있는 건 유일하게?

**노회찬** 우린 옷걸이가 좋기 때문에 웬만한 거는 다 잘.

**김어준** 양복은 몇 벌?

**노회찬** 지금은 여러 벌 있죠.

**김어준** 여러 벌이라 하심 열 벌은 있나요?

**노회찬** 아니, 그건 아니고.

**김어준** 하하하하하. 다섯 벌?

**노회찬** 그 정도 되죠. 계절마다 한 벌 이렇게. 저한테는 양복 입는 일이 훨씬 많아요. 정치하다보니 교복이에요. 그러니까 제가 사복이 없어요. 양복 이외의 옷이 거의 없고. 지금 이 옷도 텔레비전 나간다고. TV에서 캐주얼로 나오라고 해서 일부러 산 옷이에요.

**김어준** 그건 브랜드가 뭐예요?

**노회찬** (상표 뒤적거리더니) 마에스트로.

**김어준** 마에스트로?

**노회찬** 양복을 옛날로 치면 교복처럼 매일 입으니까. 우리는 한 번 입으면 옷에 대한 애착이 많으니까 계속 입거든.

**김어준** 옷에 대한 애착이 많으면 옷이 많죠! 하하하하하.

**노회찬** 같은 옷을 한 3개월씩 입으니까 몇 년 입으면 헤져요. 헤지면 그때 가서 하나 또 사고 그러니까 옛날 껀 안 남아있죠. 이번에도 사십 몇만 원 주고 산 옷이 겨드랑이가 틀어졌어요. 지난 10월에 지방을 방문했는데 기자회견장에 들어가는데 터져서 안감 하얀 게 보이더라구. 스카치 테잎으로 바르고 기자회견 했는데 버리긴 아깝더라구. 다른 데는 안 헤졌는데. 그래서 매장 갔더니 내 얼굴도 알아보고 그래서 공장에서 고쳐주겠다 그래서 맡겨놨죠.

**김어준** 구두는요?

**노회찬** 하나 신으면 떨어질 때까지 신는데.

**김어준** 구두 제일 비싼 게 뭡니까?

**노회찬** 우린 구두는 좋은 거 신어요. 12만 원짜리 리갈. 운이 좋았는지 한 번은 목욕탕 갔는데 내 신발이 없는 거야. 다른 사람이 내 리갈을 신고 간 거야. 그래서 굉장히 당황했는데 재밌는 건 그 사람이 리갈 신는 모양이야. 놓고 갔는데 더 새 거를 놓고 간 거야.

**김어준** 푸하하하하. 그래서 바꾸게 되고? 새걸로! 하하하하하.

**노회찬** 그것도 국회의원 된 다음의 일이에요. 완전히 횡재했지.

**김어준** 안경은? 안경테는 몇 개나 있어요?

**노회찬** 이게 10년 됐어요. 똑같은 안경테를 2개 가지고 있어요. 유사시에 대비해서 깨질까봐. 10년 동안 이 테만 쓰는 거야. 제가 그런 게 있어요. 잘 안 바꾸는 거. 아까 연애 얘기도 그런 거와 비슷한 건데, 내가 놀랜게 안경이 부러졌는데 똑같은 테를 끼고 오니까 기자 중 한 명이 왜 똑같은 테를 했냐 이거야. 그래서 내가 왜 다른 테를 하느냐. 그 친구는 이왕새로 하는 거 좀 더 멋있고 안 써본 거 하면 어떠냐는데 나는 똑같은 거 해야지 일관성이 있는 거 아니냐.

**김어준** 말도 안 되는! 하하하하하하.

**노회찬** 그게 왜 말이 안 돼?

**김어준** 전혀 다른 거, 뿔테나 이런 거는 생각 안 해 보셨어요? 안경만 바꿔도 이미지 확 바뀌는데?

**노회찬** 이미지를 별로 안 바꾸고 싶은 생각도 있고. 이미지에 결함이 있다 하더라도, 이 이미지를 유지하고 싶은 생각도 있고. 마누라 바꿀 거예요?

**김어준** 안경하고 마누라하고 비교를 하다니! 푸하하하하하.

**노회찬** (묵묵)

**김어준** 아까는 섹스 하고 바둑을 비교하지 않나. 하하하하하. 하여튼 안 바꾸시는구나. 구두는 몇 켤레 있으세요?

**노회찬** 두 켤레 있는데 한 켤레만 신죠.

**김어준** 비상용입니까?

**노회찬** 그렇죠. 혹시나 싶어서. 양말은 많아요.

**김어준** 푸하하하하. 사모님도 비슷한 소비성향이세요?

**노회찬** 나보다 더하지 이 사람은. 그래도 나는 밖에 있는 거 주워 오진 않아.

**김어준** 푸하하하하하.

**노회찬** 이 사람은 옷도 주워오고, 가재도구도 주워오고.

**김어준** 경제수준과 상관없이 여자들이면 예쁜 가방, 그중에서도 흔히 말하는 명품가방 하나 정도는 가지고 싶잖아요. 그게 본성인데.

**노회찬** 전혀 그런 거 없어요. 그뿐만이 아니고 내가 비싼 가방, 명품 가방은 아니더라도 그럴듯한 가방을 들고 다니길 나는 좀 원하는데.

**김어준** 정치인 와이프이기도 하고.

**노회찬** 내 가방 들고 다녀요.

**김어준** 푸하하하하하하.

**노회찬** 거 뭐지, 시커먼 거 있잖아요. 노조기념일이나 방송국 기념일 때 보면 노트북 가방 비슷한 거, 까만 거. 이런 거 하나 선물 받아가면 달라 그래요. 그러면 그거 들고 다녀요.

**김어준** 여성용 핸드백은 없으세요?

**노회찬** 있어요. 있긴 있는데 거의 안 들고 다니지. 아줌마 가방 같은 거 하나. 그런데 내가 봐도, 싸구려라도 싸구려처럼 안보이고, 좀 수수하더라도 괜찮아 보이는 것이어야 된다고 생각하는데 이 사람은.

**김어준** 일부러 그렇게 하시는 게 아니라 취향이 그런 거예요?

**노회찬** 그렇죠. 이제는 포기했는데 옷도 막 애들 옷 같은 거 있잖아. 고3 애들이 입는 옷 같은 거.

**김어준** 고3 애들 입는 옷이라면 어떤 옷이죠?

**노회찬** 애들이 옷에 신경 안 쓰고 교복 위에 하나 덮고 막 이런 거 있잖아. 그걸 외출복으로, 행사 때도 그렇게 입고 나와요.

**김어준** 집에서 입는 옷에다 하나 걸친 정도로 대충?

**노회찬** 추리닝 입고 안 나오는 게 다행이지.

**김어준** 하하하하하. 그럴 때 나이도 있으니까 차리기도 해라, 그렇게 말씀 안하세요?

**노회찬** 본인 고집도 세고 하기 때문에 몇 번 애긴 했는데 잘못하면 자존심 건드리는 게 되고. 이게 뭐 어때서 이렇게 하는데. 일가친척 결혼식 이외에는 화장도 안 하는 사람인데.

**김어준** 파마도 안하시고?

**노회찬** 그건 몇 달에 한 번씩은 하는 거 같은데?

**김어준** 실용적인 목적 말고 순수하게 멋 내려고 구입한 거는 뭐가 있어요?

**노회찬** 없죠.

**김어준** 하하하하.

**노회찬** 아니, 멋이 있는데 더 뭘. 옷이나 이런 것들이 내 멋을 가릴까봐 걱정인데.

**김어준** 하하하하하. 스키 타보셨어요?

**노회찬** 그럴 기회가 없었죠.

**김어준** 골프는 쳐보신 적 있으세요?

**노회찬** (절레절레)

**김어준** 그러면 골프장은 가보신 적 있으시죠?

**노회찬** 페블비치라고 미국에서도 제일 좋은 골프장에 가봤어요. 나는 그런 게 있는 줄도 몰랐는데 같이 갔던 동료 의원들 하는 말이 거기는 예약도 힘든 데래요. 1년 전에 예약해야 되는 데인데 캘리포니아 바닷가에 있는. 골프 안 치더라도 거기 가봐야 된다는 거야. 가서 사진 찍고 막 그러더라구. 가긴 같이 갔지. 거기서 페블비치라고 박혀있는 모자 하나씩 다 샀어요. 난 안 샀지.

**김어준** 왜 안 사셨어요?

**노회찬** 아니 그게 나한테는 별 의미가 없어요. 페블비치란 게 우리로 치면 자갈마당.

**김어준** 자갈마당? 푸하하하하하하. 제가 왜 계속 이런 질문 드리느냐 하면, 우리나라 진보진영, 혹은 좌파들이 별로 안 멋있어요. 무슨 얘기냐 하면 대학생들이 보기에 쌔끈하고 세련되고, 그래서 아 내가 물질적이거나 사회적으로나 저렇게 성공해야겠다는 롤모델처럼 보이지 않거든요. 미국에서는 진보운동 하는 사람들이, 물론 여러 층 있긴 하지만, 할리우드 스타들이 기부도 많이 하고 아프리카 어쩌고저쩌고 하는 게, 물론 정치적 발언이 정치적 성향일 수 있지만 사실은 그게 마케팅적으로도 진보적인 사고는 쿨한 거고 멋진 거다라는 것이기도 한데, 안 멋지면 안 따라하고 싶잖아요. 물론 머릿속 생각이 멋지면 되는 거라고 말씀하실 수도 있는데 20대들이 사실 쫙 빼입은 진보운동가, 세련된 진보운동가를 보고 싶어 하기도 하는데?

**노회찬** 멋있으면 안 된다는 생각은 없어요. 멋있는 건 좋은 거예요. 그러면 내가 골프를 치면 멋있어 보일까? 그런 생각이 들었으면 골프를 쳤겠죠. 그렇게 안 보여지더라구.

**김어준** 단순히 골프를 말하는 건 아니고. 예를 들어 단지 명품 양복이 아니어도 몸에 잘 맞고 보기에 세련되어 보이는 양복을. 만약에 운동가들이 머리띠 말고 잠바 말고 세련된 양복을 입고 의도적으로 노력해서. 겉으로 보기에도 멋있어 보이는 게 좋은 거 아닙니까?

**노회찬** 그렇게 노력하고 있죠.

**김어준** 부족하신 거 같은데요. 푸하하하하하하.

**노회찬** 부족하다는 건 인정하고.

**김어준** 오래간만에 인정하네. 하하하.

**노회찬** 부족하다는 건 인정하는데 그런 걸 거부하는 건 아니에요.


홍정욱이 이겼잖아요, 씨발!

**김어준** 적극적으로 노력해야 되는 거 아닌가요?

**노회찬** 열심히 했는데 그게 멋있게 보이는 게 제일 좋은 거죠. 작위적으로 하는 거는 작위적인 거 알 거 아니에요. 내가 파마 안 하는 이유는 보기 싫기 때문에. 그나마 지금이 내가 낼 수 있는 최상의 멋.

**김어준** 그건 대표님 본인이 직접 코디를 하셨을 때 최상의 멋이고. 전문가의 도움을 받을 수도 있고 하다못해 당 차원에서라도 그런 사람을 따로 두거나?

**노회찬** 그만한 능력은 안 되는데. 늘 두기는. 제가 아까 사십 몇 만 원짜리 양복 살 때도 조용필 코디했던 분이 같이 갔어요. 그분이 골라준 거예요.

**김어준** 사람을 항시 쓰는 건 그 조직의 형편상 어렵고 하지만, 그게 어렵다고 해서 정책개발 하는 사람을 안 쓰진 않잖아요. 그것만큼, 혹은 그보다 좀 덜하더라도, 비슷한 수준으로 중요하게 진보신당의 정치인들이 대중적으로 나설 때 연출에 도움을 주고 하는. 왜냐하면 그 부분이 너무 약하니까. 그런 사람들을 둬야 하는 거 아니냐 이거죠.

**노회찬** 동의하고요. 그런데 그런 면에서 지금 왜 없느냐면, 형편상 없는 것도 있고.

**김어준** 우선순위가 떨어지는 거죠?

**노회찬** 머릿속에선 안 떨어지는데 현실 속에선 좀 그렇게 보일 수 있죠. 제가 엊그제 입은 잠바 있잖아요. 사실 그 잠바가 10년 전 잠바인데 늘 교복만 입다보니까, 한 벌밖에 없는 거지만 그거 살 때 코디가 골라준 거예요. 신경 많이 쓰고 있어요.

**김어준** 제 말은 평소에 항상 그런 노력을 기울여줄 조력자가 조직 내에 있어야 할 만큼 월등히 떨어진다 이거죠. 이 진영이.

**노회찬** 부족하다는 건 인정하는데 문제의식이 없는 건 아니고. 하려고 노력은 하고 있어요. 오늘 처음 밝히는 거지만, 제가 얼굴이 어때요?

**김어준** 얼굴이 동그랗죠. 하하하하하하.

**노회찬** 강남에 있는 피부과 병원 가서 피부 관리 3번 받았어요. 당원 중에 피부과 의사가 있는데, 늘 칙칙해 보이고 피곤해 보인다고. 그게 진보를 나타내는데 더 도움이 되느냐 하면 그게 아니라고. 오히려 진보를 낡고 칙칙하게 보는 데 일조하고 있다. 따라서 자기 피부과에 오면 확실하게 해주겠다. 그래서 6개월간 오라는 걸 안 가다가 이래선 안 되겠다 싶고, 주변에서 하도 권고해서 떨리는 가슴을 안고 갔죠. 3번 한 거예요.

**김어준** 평생 처음으로 피부과를 가서?

**노회찬** 이게 내 '처도 안 하고, 우리 어머니도 안 한 걸 난 하고 있다는 거 아닙니까.

**김어준** 대표님 얼굴은 대표님 것만이 아니니까, 당연히 해야 되는 건데. 진보신당 전체를 대표하는 사람으로서 코디가 있어야 되는 거 아닌가. 하다못해 몇 십만 원이라도 주는 코디가 있어야 됩니다. 이런 말씀을 드릴 수밖에 없는 게. GOD의 윤계상인가? 자기가 아이돌 출신이라 영화판에서 자길 무시한고 말하면서 영화판이 좌파라고 했단 말이죠. 그 친구 만을 탓할 수가 없는 게 이 친구가 좌파라고 하면 대단히 배타적이고 비타 협적이고 이런 이미지가 있는 거예요. 그 친굴 욕해도 소용이 별로 없는 게 우리나라 국민의 절반은 가지고 있을 평균적인 인상비평이거든요, 그 게. 이 사람들이 세련되지도 않았고 머리띠 두르고 자기 이익만을 위해서 이기적이고 전투적이고 배타적으로 싸우는 사람들이고 그래서 우리를 안 껴준다, 그 안에. 물론 전혀 맥락에 맞지 않죠. 그렇긴 하지만 이 정도로 말하는 게 사실은 설득대상이잖아요. 제 말은 뭐냐면, 그 사람이 받은 인 상은 TV에서 나온 거, 만나본 적이라도 있었겠어요, 그 사람이? 없죠. 그 런데 입고나온 거, 말투, 표정, 혹은 신문보도 이런 거 종합해서 자기 머릿 속에서 그림을 그린 거잖아요.

**노회찬** 그렇게 보여지는 게 문제가 있다면 고치려고 해야죠.

**김어준** 하지만 그렇게 보여지는 게 문제가 있다면 어쩌면 최우선적으 로 손을 대야하는 영역이다. 왜냐하면 대중은 가장 먼저 접하는 게 이미 지니까. 진보진영에서 대단히 정교한 논리나 정책이나, 사실 듣고 보면 굉장히 옳은, 상식적이고 합리적인 주장을 하는데 옳으면 뭐하냐는 겁니 다. 자기들 혼자 옳기만 하지. 접근하기는 이만큼의 거리가 있는데. 그 갭을 줄이는 노력보다는 자기들끼리 얼마나 정교한가 옳은가 이 얘기만 계속 반복해서 한단 말이죠. 연애할 생각을 안 해, 연애할 생각을. 결혼 할 때 연이자가 얼마여야 더 유리한가. 신혼방의 구조는 부엌의 평수가 몇이어야지 부엌활동에 가장 적합한가. 이런 고민만 하고 있거든요. 중 요하긴 중요하지, 앞으로는 그걸 좀 고려해야겠지, 라고 말씀하시는데 정책만큼이나 중요한 게 이거라는 거죠. 연애를 안 했는데 어떻게 결혼 을 합니까?

**노회찬** 전적으로 공감합니다.

**김어준** 그런데 이 얘기를 강기갑 대표한테 해봐야 청바지를 입고 나올 일도 없고, 그죠? 운신의 폭이라는 게 있는데. 그러면 거의 유일하게 노회찬 대표 정도가 그걸 구현할 수 있다 이거죠.

**노회찬** 정확하게 보셨네요. 으흐흐.

**김어준** 할 사람이 없어요, 대표님 밖에는.

**노회찬** 전적으로 공감한다니까요.

**김어준** 그럼 하셔야된다 이거죠, 적극적으로. 남사스러워 할 일이 아닌 게, 이것도 전투죠 전투.

**노회찬** 화생방전, 세균전 같은 거죠.

**김어준** 대중들에게 이미지 전쟁에서 이겨야 승리하는 거잖아요. 굉장히 중요한 전쟁인데 대단히 소홀해요. 이 전쟁에서 이기는 걸 생각하지 않고, 교본만 열심히 쓰고 있는 거 같아요.

**노회찬** 반성해야 될 대목이죠.

**김어준** 그래서 어떻게 하실 겁니까?

**노회찬** 지행합일 원칙을 갖고 있기 때문에 알면 행해야죠.

**김어준** 어떻게 하실 건데요, 구체적으로?

**노회찬** 생각 좀 해봐야죠.

**김어준** 하하하. 제가 비슷한 얘길 들었는데, 2년 전에. 아, 적극적으로 동의한다!

**노회찬** 얘기할 때는 반복해서 자주 해야 되요.

**김어준** 요즘 대학생들이 사회의식 부족하고 어쩌고저쩌고 하는데, 그 사람들만 탓할 일이 아니라고 생각하는 게, 그 사람들이 되고 싶은 사람들 기준으로 만약에 진보진영 인사들이 대단히 세련됐다면. 세련됐다는 게 꼭 옷의 의미가 아니라, 되고 싶은 사람 말이에요. 쿨하고. 그럼 그 사람을 따라하고 싶은 건데 그 사람이 지지리 고생하고 피부도 안 좋고, 양복도 세련되지도 못하고, 후줄근하고, 그러면 저런 삶의 모델도 있고 무시할 수 없고 존중하고 있지만 저 사람처럼 되고 싶진 않은 거예요, 20대들이. 그렇지 않습니까? 그렇게 되긴 싫어요, 그렇게 되고 싶어야 하는데. 안젤리나 졸리가 하면 그렇게 되고 싶은 거거든요. 따라하고 싶은 거고. 나도 저렇게 되어야지, 내가 돈 벌면 정치적 발언도 해야지 하는.

**노회찬** 그건 인정하고요, 충분히. 그런데 MB처럼 되고 싶다 이런 사람은 별로 없잖아요?

**김어준** 아니죠. 사장이 되고 싶다, CEO가 되고 싶다, 외제차가 타고 싶다, 큰 아파트에 살고 싶다, 이런 사람들 많아요. 아니 대부분일 수 있고.

**노회찬** 대중의 욕망이 표출되는 것을 무시하는 건 아니지만, 그 욕망을 다 수용할 수 있는 건 아니죠. 외제차 타고 싶다고 내가 외제차 타면서 나를 좋게 봐 달라 이렇게까지 할 순 없는 거죠. 건강한 의미에서 그런 아까 이미지 전쟁 같은 것은, 너무 우리가 경직되게 바라보고 있다는 점에서 수용하고. 이미지가 본질은 아니지만, 현실 내에 영향을 미친다면 그렇잖아요.

**김어준** 막대한 영향을 미치잖아요. 어떻게 대표님을 다 만나봅니까 사람들이?

**노회찬** 전쟁 때 저기서 막 세균전 하고 있는데 전쟁이면 총을 쏴야지 왜 세균전이냐. 세균은 전쟁의 본질이 아니다. 이래가지고 대응할 수 있는 문제가 아니기 때문에, 이미지는 이미지 차원에서 대응을 해야 되기 때문에 그런 점에서 우리가 좀 부족한 것들이 있죠.

**김어준** 실제로 이미지 전쟁이 더 큰 전쟁이에요. 전쟁 상황만이 아니라 전체 전장에서는. 실제로 진보신당은 '생각의 시장'에서 지고 있는 거예요.

**노회찬** 원래 진보나 좌파가 이런 점에 관해서 무능할 수밖에 없느냐 하면, 전 전혀 그렇게 생각하지 않아요. 과거에 성공한 일들은 다 이런 데서 이겼거든. 토지를 농민에게. 이런 거는 경제적인 이득만이 아니라 새로운 세상을 바라는 갈망, 이런 걸 충족시켜주는 이미지까지 줬기 때문에. 또 그것이 주는 시대적 요구와 맞아 떨어졌기 때문에 그게 확 수용이 됐잖아요. 우리는 지금 교과서에 그런 게 나오니까, 이쪽 이론이 원래 이러니까 이렇게 해야 된다는 식으로 너무 도식에 갇혀있는 측면들이 있죠.

**김어준** 옛날 혁명가들은 교양인이기도 하고 멋지기도 했어요. 행동도 멋지고, 외모도 멋지고, 그런데 지금은 꾀죄죄하단 말이에요. 혹은 삶의 일상적인 전투, 생계전투에서 진 사람들 같애. 그러니까 루저처럼 보인다는 거죠. 실제 루저든 아니든 간에. 그렇게 말하면 기분 나쁠 순 있지만 그렇게 보는 사람들이 다수다 이거죠.

**노회찬** 난 처음에 루저라 해서 루즈 바른 사람인줄 알았어요.

**김어준** 썰렁하고요. 그런데 이 전쟁에 대비하는 팀이 있느냐, 이것도 굉장히 큰 전쟁인데, 이거죠. 제가 알기론 없다.

**노회찬** 없다, 그래서 내가 하겠다. 이런 얘기로 이어지면 참 좋죠.

**김어준** 대체 어떻게 하실 생각이세요, 구체적으로?

**노회찬** 아니, 그래서 나는 김어준 총수한테 그런 점에서 자문을 더 많이 구해야죠.

**김어준** 선글라스 많이 사셔야 돼요. 예를 들어서 이런 상상. 선글라스를 끼고 전기로 가는 친환경차인데, 모양이 스포츠카에요. 그런 차도 있어요, 비싸지만. 그런 차에서 내려서 선글라스를 빼고 기자회견을 합니다. 이런 모습 상상해 보셨어요, 혹시?

**노회찬** 비슷한 모습을 생각 좀 해봤는데. 기아에서 한정 대수로 만든 스포츠카가 있었어요. 엘란. 엘란 중에서도 샛노란 색. 난 그걸 한 번 타고 싶었어요. 그런데 주변에 얘기했더니, 전부 다.

**김어준** 막지요? 꼭 엘란을 타고 내려야된단 의미는 아니지만, 그런 고민을 할 힘도 동기도 없다는 거죠, 현재. 그래서 맨날 지는 겁니다. 지는 얘기하니까 아픈 얘기 하나 하죠. 홍정욱. 노원병이었죠, 지역구가? 홍정욱이 이겼잖아요, 씨발. 그게 굉장히 상징적인 사건이잖아요. 평생 노동운동하시고 스타 정치인이셨고, 이쪽 진영에서는 유일한 최초의 스타 정치인이셨고, 대중적 인기도 굉장히 높고, 더구나 그쪽이 서민 거주지역이잖아요. 맞벌이도 많고, 아파트 평수도 적은. 그런데 홍정욱은 귀족이란 말이죠. 생긴 것도 그렇고, 실제 배경도 그렇고, 공부한 것도 그렇고. 하지만 그전에 대중을 위해 한 게 없어요. 그런데 걔가 빵 나타났어요. 걔는 순전히 이미지 전쟁에서 이긴 거죠. 걔야말로 스포츠카를 타고 선글라스를 끼고 멋진 양복을 입는 것이 어울리는. 이를테면 아이들이 내가 성공하면 저렇게 되고 싶다는 롤모델에 가까운 친군데, 정반대에 있는 친군데, 맞붙어서 졌어요. 평생 노력해서 쌓은 것과 그 친구가 한 방에 이미지로 쌓은 게 붙었는데 졌단 말이죠. 저는 이런 종류의 패배가 앞으로도 있을 수 있다. 물론 저도 화나고 좆 같은데, 그게 현실이고 다뤄야 될 대상이고, 실제 설득해야 될 대중이잖아요, 그 사람들이.

**노회찬** 질 수밖에 없는 싸움에서 졌다고는 생각하지 않아요. 이길 수도 있었다는 생각도. 더 열심히 하지 못한 것. 물론 악재들이 있었어요. 그거 아니었으면 이겼을 텐데. 앞으로의 싸움에서 다른 악재들이 또 나타날 텐데 그런 악재에도 불구하고 싸움은 이겨야 되니까. 이기기 위해서는 부족했던 점들을 돌아보아야 되겠죠.

**김어준** 정치상황의 관점에서 복기를 하자면 뉴타운 얘기도 나올 수 있고, 분당사태 같은 것도 작용했겠죠. 예컨대 분당의 원인을 대중들에게 설득한다는 게 상당히 어려운 문제겠죠. 그런데 말씀하셨다시피 악재의 종류만 달라질 뿐 이런 상황 분석은 사실상 의미가 없는 경우가 많죠. 상황이 좋지 않다. 그럼에도 불구하고 이길 수 있는 내공이나 이미지나 이런 게 있어야 진짜 강한 것이잖아요. 흔한 분석들 말고. 분당사태라든가, 1년 전에 MB가 당선돼서 그 여파가 계속 왔다든가, 그런 분석들 말고 개인적인 경쟁력 차원에서 이미지 전쟁에서라든가, 그런 관점에서 해석해 볼 때 부족했던 점은 뭐가 없을까요?

**노회찬** 있죠. 있는데 그것이 그러면 학력이나 외모, 그게 부족해서 졌다고 생각하지는 않아요. 나 같은 경우는 어느 편에 서서 열심히 해왔다는 거 이상으로 개인적인 매력, 내 개인적인 매력은 다른 데서 찾을 수도 있는데 그걸 못 만들어 냈죠. 사실 선거가 워낙 여러 가지 복잡한 요인의 결과기 때문에 어느 하나 때문에 이렇게 됐다고 말하기는 좀 힘들 거 같아요.

**김어준** 내가 혹여 그 사람들에게 좀 더 세련되게 접근하지 못했기 때문에 패인의 한 요인이 되었다, 이렇게 생각하는 부분 없으세요, 혹시라도? 뉴타운 이야기나 이런 정치적 상황들 말고 순수하게 개인적 차원에서. 개인적 차원에서 홍정욱이 더 매력이 있기 때문에 그렇다는?

**노회찬** 상대방하고 유사한 방식의 이미지가 아니라, 차별화된 이미지로라도 매력을 주는 다른 이미지가 있을 필요가 있다는 생각은.

**김어준** 저도 동의하는데 앞으로는 뭘 더 강조하거나 노출시킬 생각이세요?

**노회찬** 좀 더 고민해 봐야죠. 나는 그런데 원래 살아온 모습 속에서 아직 발현시키지 못한 것들을 통해 이미지를 만들어야지 나하고 전혀 무관하거나 이런 걸 억지로 만들어서는 오히려 역효과 날 수도 있다고 봐요.

**김어준** 그러면 살아온 이력의 연장선상에서 만들 이미지에 대한 연구는 해보셨어요?

**노회찬** 연구하고 있는 중이죠.

**김어준** 그 연구에 대한 질문을 오래전부터 드린 거 같은데. 아직 결과가 안 나왔네요.

**노회찬** 하하하하하하하하.

**김어준** 팀이 없단 얘깁니다. 그것만 고민하는.

**노회찬** 아, 그러니까 내용까지 자문하는 그걸 해달라는 거죠.

**김어준** 그럼 거꾸로 대표님이 왜 졌냐가 아니라 홍정욱이 왜 이긴 거죠? 그 생각 해보셨어요?

**노회찬** 많이 해봤죠. 여러 이유가 있겠죠. 일단 갑자기 오른 부동산 가격 상승이 후퇴하지 않기를 바라는 불안감이 좀 더 크고. 안정적인 정당을 선택하도록 유도한 점이 있고요, 또 하나는 영어교육 같은 거 하겠다. 이런 것들이 교육에 대해 조급해하는 학부모들에게 근거 없지만 기대감 같은 것을 불러일으킨 측면도 있는 거 같아요. 그 다음에 개발. 하도 어렵게 살기 때문에 뉴타운 등을 통해서 생활이 좀 나아지지 않을까하는 막연한 기대감도 그런 힘 있는 정당, 집권여당에 표를 몰게 하는 영향도 줬다 보고요.

**김어준** 말씀하신 해석에 동의하지 않는 건 아닌데. 그러면 홍정욱이 아니라 다른 놈을 거기 꽂아났어도 무조건 이겼을 것이냐. 그런 요인들 때문에. 전 그렇게는 생각 안 합니다. 그렇다면 홍정욱한테는 있고 대표님한테는 없는 게 뭐냐 이거죠.

**노회찬** 뭐, 머리카락이 좀 그렇고.

**김어준** 하하하하하하하. 선거가 과학으로만 되진 않잖아요. 정서적이고 심정적인 요인에 대한 분석이 분명히 있어야 될 거 같은데. 그럼 지금으로부터 6, 7개월 후죠? 지방선거. 앞으로 2년 반 후죠. 대선? 지금부터 만들어야 될 텐데 그런 전략은 있나요?

**노회찬** 좌파도 저렇게 멋있을 수 있구나, 진보도 저렇게 세련될 수 있구나, 결과적으로 그런 이미지까지 얻는 게 목표죠.

**김어준** 그래서 그걸 얻기 위한 어떤?

**노회찬** 연구!

**김어준** 그 연구는 오랫동안 하신 거 같고. 하하하. 그리고 제가 보기엔 혼자 연구해봤자 맨날 똑같을 거 같고요. 구두가 두 켤레에서 세 켤레가 된다든가. 하하하하. 그게 굉장히 심각하게 고민이 있어야 될 거 같습니다, 이 진영 내에서.

**노회찬** 알겠습니다.

**김어준** 실제 자문도 받고, 팀도 구성하고, 지금부터 연구 시작해서 지방선거에 대비한, 혹은 대선에 대비한, 왜냐하면 말씀하셨다시피 한 달 두 달 사이에 만들어지는 건 아니니까 그걸 위한 노력들도 있어야 될 거 같아요.

**노회찬** 예.

**김어준** 혼자서 연구 하시면 맨날 똑같은 거 연구하실 거 아니에요? 하하하. 대표님이 안 하시면 할 사람이 없어요. 권영길 의원님도 하실 분이 아니고, 강기갑 의원도 하실 분이 아니고. 아무도 없잖아요.

**노회찬** 다른 분들도 하려면 할 수도 있죠.

**김어준** 제가 보기에 그분들은 하려고 별로 생각을 안 하는 거 같아요. 그리고 또 한 가지. 진보진영 일반에 대해 불만 중 한 가지는, 일반인들에게 어떻게 비춰지냐면 내가 자연스럽게 가지고 있는 욕망을 배신하는 정당이다, 옳건 그르건 간에. 이런 얘기 많이 들으시죠?

**노회찬** 좀 더 설명을.

**김어준** 진보진영에서 요구하는 것들이 내가 가지고 있는, 그게 물욕일 수도 있고 속물적이지만, 자연스럽게 가지게 된 여러 욕망들에 대해 그것이 부당하거나 과욕이라고 말하는 것처럼 들린단 말이죠. 예를 들어서 1가구 1주택 문제도 어떻게 들리느냐면, 1가구 1주택도 없는 사람들은 나도 언젠간 집을 가질 수 있겠구나 이렇게 생각해야 합리적일 거 같은데, 그렇게 듣지 않고 내가 지금은 집이 없지만 앞으로 집이 생기고 돈을 더 벌면 집이 두 채일 수도 있는데 그 두 채를 뺏어갈 사람들이구나라고 듣게 되는 거죠. 그거를 왜 집도 없는데 바보 같은 생각하느냐. 우선 한 채라도 있어야지. 집이 하나라도 있게 해주는 정당이다라고 생각하지 않는다는 거죠, 지금은.

**노회찬** 홍보나 마케팅 하는 방식과 접근방식에 문제나 부족함이 있었던 것이지 정책의 본질을 바꿔서 해결할 문제는 아니라고 봐요.

## 죄의식 마케팅과 욕망 마케팅

**김어준** 저도 물론 정책의 본질에 대해 말한 건 아니고요. 마케팅 방법이 틀린 거 아니냐는 거죠. 왜 이런 말씀을 드리느냐 하면, 전 이걸 죄의식 마케팅이라고 부르는데, 그 사람들이 가지고 있는 물욕이나 속물적인 어떤 욕구들에 대해서 자책감이 들도록 하는 방식은 곤란하단 겁니다. 내가 죄인이 되기 싫으니까 아예 가까이 가기 싫은 거거든요. 이런 거하고 비슷한 거 같아요. 월드컵 직후에 축구 붐이 막 일었는데, 그때 제일 먼저 한 게 뭐냐면 한 구단 서포터 되기 운동이었어요. 큰 기쁨을 줬으니까 당연히 서포터가 돼서 K리그를 살리기 위해 축구장에 가야된다고 마케팅을 했어요. 상식적으로 보면 맞는 거 같은데, 그걸 딱 들으면 일반인 입장에서 어떤 생각이 드느냐면, 축구장 안 가면 죄인이야? 사실 이 마케팅이 굉장히 잘못된 죄의식 마케팅이거든요. 축구 부흥의 관점에서는 역사상 최대의 호기인데, 그렇다면 당시를 떠올려보시면, 최진철 선수였나요, 수비수 중에? 키 크고 헤딩 잘하는 선수가 있었어요. 그 양반이 안 섹시해요. 그런데 그 양반도 아줌마들이 섹시하다고 말했어요. 슈퍼 슬로우 화면으로 보면, 몸짱들이잖아요. 땀 흘리면서 근육들이 부딪치고. 우리나라 중계방식으로 하면 저 멀리서 잡아서 누군지도 잘 모르기 때문에 감정이입이 안 되는데, 그때는 월드컵 피파기준에 의해서 굉장히 가까이서 잡았거든요. 그러니까 남자애들이 근육이 막 뒤틀리는 게 보였던 거예요. 자빠지고 부딪치고 땀에 절어가지고. 그걸 보니깐 아줌마들이 섹시하다고 생각한 겁니다. 축구가 재밌어서가 아니라, 그거 보려고 축구를 본 거예요, 욕망이 자극된 거죠, 사실은. 그러면 그때 제일 먼저 해야 되는 게, 축구장에 카메라 대수를 늘렸어야 되는 거예요. 카메라 대수를 늘리고, 각도를 다양하게 잡고, 내가 축구장에 있는 것처럼 보여주고, 그래서 지금처럼 저 멀리 누가 누군지 모르는 선수들이 옹기종기 뛰어다니는 게 아니고, 감정이입할 화면을 자꾸 제공해서 화면에 감정이입 돼서 저 사람 보러 가야되고 이렇게. 말하자면 욕망 마케팅을 해야 되는데 그건 안 하고 너는 축구장에 안 가면 나쁜 놈이야, 당연히 가야해, 왜냐하면 이게 옳으니까, 하는 죄의식 마케팅을 했단 말이죠. 그러니까 3개월 지나니까 다 사라져버렸어요. 영원히 축구를 좋아하고 열광할 거 같더니. 똑같은 관점인 거죠. 진보진영의 마케팅이 욕망을 자극하지 않는다, 전혀!

**노회찬** 욕망만 쫓을 수는 없겠죠. 그러나 그런 욕망도 감안하고 고려해야 된다는 지적은 충분히 받아들여야 된다고 생각해요. 그 말을 들으면서 생각나는 예가 하나 있어요. 내가 아주 후회하고 있는. 지난여름에 있었던 일입니다. 내가 트위터를 하는데 어느 날, 금요일인가, 김주하 앵커가 글을 하나 올렸어요. 그 사람 트위터 열심히 하거든요. 주말이다, 토요일이 온다. 그러면서 토요일 날 가족들과 함께 어딜 가면 좋을까요. 대화하려고 그렇게 질문을 던졌어요. 난 무심코, 답을 안 했어야 되는데, 어떻게 답해버렸냐 하면, 그때 내가 용산참사문제에 몰두하고 있었던 때인데, 그게 눈에 들어오니까, 내일 서울역 앞에서 오후 5시에 용산참사 규탄대회가 있으니까 가족들과 함께 거기 가는 게 좋겠습니다. 이렇게 답을 해버린 거야. 그런데 트위터는 한번 쓰면 지울 수가 없어요.

**김어준** 하하하하하.

**노회찬** 아, 이게. 내 말을 듣고 얼마나 무안했을까. 지금 용산참사 해결 안 돼가지고 집회하는데 이런 데 가야지 쓸데없이 다른 데 놀러 가느냐. 이렇게 이해될 수 있는, 내가 원래 그 뜻으로 한 건 아닌데 아차 싶더라고요. 그런데 변명해 가면서 사과하기도 그렇고. 그래서 더 이상 얘길 안 해버렸는데. 사실은 그걸 눈여겨본 사람은 없겠지만, 용산참사 규탄은 규탄대로 해야 되는 거고, 하지만 또 그것과 무관하게 가족들과 몇 달째 외출 못하다가 날이 화창하니까 가고 싶은 사람은 갈수도 있고, 그런 걸 이해해줘야 되는데. 의도는 그게 아니었지만 결과적으로는 지금 시국이 어떤 시국인데 가족들과 놀러간단 말인가. 이런 데 와야지. 이렇게 이해될 수 있는 얘길 한 거예요. 결과적으로는.

**김어준** 그런데 그런 말만 하는 것처럼 들리거든요, 진보진영은. 그 말이 틀린 건 아니에요. 그러니까 진보진영은 거의, 언제나, 항상, 도덕적 우위에 있습니다. 대부분의 경우에. 그리고 옳은 말이에요. 합리적이고, 논리적이고, 옳은 이야기이기 때문에 반박을 할 순 없어요. 그런데 국민들이 학생이 아니거든요. 훈계 받거나 가르침을 받고 싶진 않은 거예요. 그런 얘길 듣다보면, 안 그러면 나쁜 놈처럼, 물론 안 그러면 나쁜 놈이야 말하진 않았지만, 스스로 그렇게 느껴지니까 그쪽을 안 쳐다보고 싶은 거예요. 그게 죄의식 마케팅의 한계인데, 그 마케팅으로 끌어들일 수 있는 사람 있습니다. 그래서 그 사람들끼리 운동을 하기도 하죠. 그런데 그게 확장이 안 된다는 거죠, 전혀. 대부분의 사람들이. 이게 엄청난 갭인데, 그 갭을 어떻게 넘어가느냐. 이게 니들을 죄인으로 만드는 게 아니라 우리 모두 잘 살자고 하는 거다. 너를 탓하는 게 아니라, 이게 너도 행복해지는 길이다. 이 설득을 하는 방법론에 있어서의 연구는 안 한다는 거죠. 왜냐하면 우리는 옳고, 이것이 정교하고 훌륭한 플랜이고, 다른 정책보다 우위에 있으니 이것으로 충분하다. 우리나라 진보진영의 멘탈리티가 마치 종교운동의 그것과 비슷하다, 이런 생각도 합니다.

**노회찬** 극복되어야 될 부분이죠.

**김어준** 그런데 대표님처럼 이미 대중정치를 하시는 분들은 그 한계를 느끼고 자각하지만, 그래도 안하시는 분들도 물론 있지만, 문제는 그 한계를 인식하는 것까지만 하고 구체적으로 어떻게 이것을 극복하고 연구하고 해결할 것인가에 대해 다른 것만큼의 우선순위, 혹은 그보다 더 높은 우선순위를 두고 연구하지 않는다는 거죠. 그래서 느끼는 안타까움이 항상 있어요. 나는 저 사람들이 좋은데, 저 사람들이 얼마나 좋은지 사람들이 스스로 와서 공부하고 알려고 하지 않는 한. 그건 소비자 보고 이 물건이 얼마나 좋은지 지가 알아서 공부하라 이거거든요. 장사를 하면서 팔 생각은 안 한다는 거죠. 우리 물건이 좋으니까 팔릴 거야. 우리 물건은 짱이야. 자기들끼리 이런 얘기만 한다는 거죠. 자기들끼리 옳으면 뭐해. 이런 것도 있습니다. 똑같은 맥락인데 종교는 구원으로 장사를 하는 거죠, 비유하자면. 그럼 진보진영은 뭘로 장사할 거냐. 진보진영의 장사 패키지가 잘 안 보여요, 대중들한테는. 교회를 가는 건 구원 받으려고 가는 거거든요. 절에 가는 것도 이유가 있는 것이고, 당연히. 그걸로 장사한다고 치면 그럼 진보진영의 구원은 뭐냐. 진보진영의 구원이 예를 들어 무상교육이고 서민들 모두에게 집을 가지게 하는 거라면 말이죠. 교회의 구원이 영생인데 그 사람들이 교회에 안 가고 그걸 알 수 있는 방법은 없잖아요. 그래서 교회는 일단 예배를 보게 하는데 총력을 기울이거든요. 그걸 너무 많이 해서 욕먹죠. 그런데 진보진영은 자신들의 예배당에 사람들을 끌어들이는데 대단히 무심하다. 자신들의 교리만 발표하고 있어요, 맨날.

**노회찬** (묵묵)

**김어준** 자기들만 옳으면 뭐하냐 이거죠, 계속! 하하하하하.

**노회찬** 지난번에 우리가 대담 나눴을 때에도 이런 취지의 얘기는 나도 했어요. 이건 몸에 꼭 필요하고 좋다. 그 믿음으로 대바늘로 사람 찌르려고 하니까 다른 데로 다 도망가지 않느냐. 무서워서라도.

**김어준** 무섭죠. 왜냐하면 저쪽 진영의 마케팅이 워낙 강하고, 우리나라 역사도 진보진영에 부당한 이미지를 씌우고. 사실은 그럴 수밖에 없었지만 현실조건이니까. 그게 현재 처한. 이걸 어떻게 뛰어넘어야 되는데, 뛰어넘는 방법론에 대한 연구는 굉장히 등한시하거나, 남사스러워 하거나,

덜 중요하게 생각하거나.

**노회찬** 연구 시작했습니다.

**김어준** 항상 도덕적 우위에 있는데, 도덕적 우위와 정당성만으로 정권을 잡을 수 있느냐 이겁니다. 그러면 그래도 되는데, 도덕적 우위와 정당성과 정책만으로는 정권을 잡을 수가 없잖아요. 정권을 잡을 수 없으면 평론가, 논평가, 아니면 운동가죠. 그러면 정치를 하기 위한 정당을 만들 게 아니라 시민운동을 하거나 운동조직으로 만족해야 되는 거죠.

**노회찬** 동의합니다, 전적으로.

**김어준** 동의만 맨날 하셔. 하하하. 대중들에게 진보진영, 혹은 좌파가 어떻게 접근해서 연애할 것이냐에 대한 심도 있는 방법론 연구와, 그것을 위한 팀의 구성과, 그것의 실행 없이는 다음 대선도, 다음 선거도 최고치가 지난 대선정도를 벗어나기 힘들다. 결국 반복된다. 노회찬 정도의 스타 가지고도 이 정도라면, 앞으로 노회찬 정도의 스타가 나온다는 보장도 없는데, 의원님도 일종의 별종인데 그쪽에서. 자꾸 의원님이래, 의원도 아닌데. 하하하하. 대표님이 안하면 누가 하느냐. 가끔 나와서 조언하거나 그런 사람이 아니고 상시적으로 고민하는 사람들이 있어야 된다고 봐요. 그런 조직을 만들고 그런 팀을 만들어야 된다는 거죠.

**노회찬** 예, 참 좋은 얘기죠. 전적으로 공감하고, 유사한 얘긴 나도 하는 편이긴 한데, 말만 하는 게 아니라 실천이 따라야 되고, 또 연구만 할 게 아니라 결과도 나와야하는데, 솔직히 말씀드리면 결과적으로는 별로 진척이 없는 거고, 진척이 없단 얘기는 의지나 문제의식이 부족했던 거 아니냐는 지적을 인정할 수밖에 없는 거죠.

**김어준** 예전에도 똑같은 얘기 하셨어. 하하하하. 좀 남사스러운가 봐요. 평생 그렇게 안 했기 때문에. 솔직히 엄청나게 절실하지 않은 거죠?

**노회찬** 절실해야 되는데. 머릿속으론 절실하죠. 그렇다면 실제 행동으로까지 나타나야 되는데. 그것이 우리에게 매우 부족한 점이 아닌가 생각 들어요.

**김어준** 그게 가장 부족한 점인 거 같아요. 만약 컨텐츠와 주장하는 바와 삶이 일치했느냐. 정치인으로서의 자질과 공공의식과 사명감, 소명의식, 이런 것들만 따지면 아무 것도 안 부족하잖아요.

**노회찬** 제 식으로 얘기하자면, 우리가 어렵게 일을 하다 보니까, 이기기 위해서 어떻게 해야 되느냐보다는 지지 않기 위해서 어떻게 해야 되느냐. 또는 살아남기 위해서 어떻게 해야 되느냐는 데에 너무 매몰되어온 건 사실이에요. 제가 가장 문제 있다고 여기는 자세가 뭔가 하면, 나는 감옥 가는 걸 두려워하지 않아, 감옥 가는 걸 감수하거나 감옥 가도 변치 않겠다는 말이에요. 이것은 좋은 태도긴 하지만 사실 감옥 간다는 것은 진다는 얘기거든요.

**김어준** 그리고 당한다는 얘기죠.

**노회찬** 당한다는 거죠. 당하지 않고 적을 무찔러야 되는데, 무찔러서 어떻게 하겠다는 포부보다는 패배주의가 앞서거든요. 그러니까 그 속에는 뭐가 있냐면, 이기기는 힘들 것이다, 질 가능성이 더 높다, 지더라도 변치는 않겠다, 이런 얘기라고요. 그건 생존을 위한 철학은 될지 몰라도, 변혁을 위한, 변화를 시키는, 이겨야 변화를 시키는 건데, 그 길은 많이 못 미치는, 그런 점에서 패배주의가 짙게 깔려있다. 그렇기 때문에 행태나 운동방식도 그걸 못 벗어나고 있다.

**김어준** 전 축구를 좋아해서 자꾸 축구에 비유가 되는데, 예전에 히딩크가 이태리 전 할 때요. 막판에 공격수 5명을 집어넣었잖아요. 홍명보를 빼고. 그런데 제가 그 장면을 보자마자 어떤 생각을 했냐면, 지면 어떡할까. 아, 우리는 이만큼인가 보다. 시간이 얼마 안 남았다. 지더라도 실망하지 말아야지. 하면서 열심히 지는 걸 준비 했어요. 마음속으로. 그런데 히딩크는 무슨 생각을 하고 있었냐면, 어떻게 하면 이기지, 이게 아니었을까. 전 그게 차이인거 같아요. 그 사람은 끝까지 어떻게 하면 이기지, 그 생각만 한 거죠. 그래도 질 수는 있는데. 오로지 어떻게 하면 이기지만 생각하고 있으니까 포메이션도 없고 교과서에도 없는, 공격수 모조리 때려넣기를 한 거잖아요. 방법이 그거밖에 없으니까. 우리나라 축구감독과 히딩크의 가장 결정적인 차이가 그거인 거 같은데. 후반 35분까지 지고 있으면, 내가 여기서 졌을 때 어떻게 대비해야 되나, 무슨 말로 변명해야 되나, 우린 대부분 이런 것 아닌가. 대부분 우리나라 감독들이 하는 말은, 세계의 벽은 역시 높았다거나, 아니면 잔디가 안 맞았다거나, 우리 쪽 선수가 어떻다든가, 이런 얘기를 막 준비한단 말이죠. 이 사람은 그런 준비는 지고 나서 해도 된다 이거죠. 그래서 마지막 순간까지 어떻게 이길 것인가만 생각해서 이기게 된 건데. 그래서 제 생각에는 경기는 미리 이긴 사람만 이긴다. 머릿속에 오로지. 그런데 여기는 맨날 지는 것만 생각해. 지는 건 기정사실이고, 엄청난 운이 따라주거나, 아니면 졌을 때 그 다음은 어떻게 하느냐, 이 생각만 한다는 거지. 사고방식도 그렇고, 대처할 때도 그렇고. 그래서 비유하자면 히딩크와 옛날 우리나라 국가대표 감독하고 멘탈리티 차이가……. 에이, 여기까지만 할까요?

**노회찬** 너무 같은 생각을 얘기하니까 내가 뭐 따로.

**김어준** 하하하하. 이긴 게임만 이긴다. 이겁니다, 저는!

**노회찬** 사실은 내가 우리 동료들한테 가장 강조해서 얘길 많이 하는 게 오늘 이런 얘기들이거든요. 그런데 내가 또 앉아서 얘길 들으니까 나도 할 말 없는 거죠.

### 만남, 그 후

몇 년 전 그를 만나 이렇게 물었었다. 정치를 통해 어떤 세상을 만들고 싶으냐고. 한 마디로 와 닿게 대답해 달라고. 그는 삶의 보편적 질을 언급하며 이렇게 답했었다. "모든 국민이 악기 하나쯤 연주할 수 있는 사회"를 만들고 싶다고.

브라보.

진보적 결의와 인문학적 소양의 그 절묘한 동거. 이미 어린 시절 정치적 출가를 한 그가, 사욕에 흔들리지 않는 삶을 그렇게 오랜 세월 지켜내면서도 동시에 경쾌하고 발랄한 태도를 견지할 수 있는 힘은 바로 거기서 나오는 것이다. 그리고 그래서 그는 지금까지 대한민국에서 한 번도 존재한 적 없었던 유형의 진보 정치인이다.

그의 건투를, 빈다.

# 바그너를 좋아하세요?

# 변영주, 노회찬에게 묻다

이 대담이 있기 전, 나는 2010년 지방선거를 앞두고 진보진영의 단일화를 목표로 만들어진 〈2010연대〉에서 주최하는 박원순 변호사와 유시민 전 장관의 토론회에서 사회를 보았다. 토론회를 준비하기 전까지 나는 지방선거에서 진보진영이 단일한 대오로 승리를 쟁취해야 한다는 대의에 대해 의문을 가진 적이 없었다. 그러나 토론회를 진행하면서, 혹은 그 뒤 인터넷 등에서 네티즌들이 너무도 당연한 진리처럼 반MB을 외치며 단일화를 촉구할 때마다 나는 흔들리곤 했었다. 그 목소리들이 크고, 단호하고, 명쾌할수록 내 마음은 흔들리고 한없이 침잠하고 있었다는 것이 적절한 표현일지도 모르겠다.

이명박 정권과 한나라당을 반대하면 그것 하나로 우리는 모두 친구가 될 수 있을까? 실현 가능성 이전에 그것은 정당한가? 아니, 더 거슬러 가 보자. 이명박 정부 이전에 우리 모두는 함께 진정으로 행복했었나? 만일 지금으로부터 3년 후 이 단일한 대오의 진보진영이 집권한다면, 이 정권의 이름은 무엇이며 어떤 희망의 실현을 약속할 수 있을까? 그 또 한 번의 기회가 과거처럼 다시 실망감을 안겨 준다면 우리는 다시 희망에 대해 이야기할 수 있을까? 질문은 어지럽게 꼬리에 꼬리를 물고 다가왔다.

진보란 무엇일까? 누군가는 좌파라고 읽기도 하지만, 이 진보라는 단어는 그보다 빈번하게 민주라는 이름으로 통칭되면서, 어떤 누군가에 의해 지난 십 년의 민주당 집권기간이라 읽기를 요구받기도 한다. 진보는 언제까지 이렇듯 모호한 상태로 남아 있어야 할까? 언젠가 나는 진보신당의 교육과 경제 정책의 각론들에 대해 비판한 적이 있는데, 같은 당의 누군가에게 심하게 공격을 당하고 말았다. 너는 왜 진보신당에 교육정책이 없다고 추궁하느냐는 반론이었다. 진보신당에 물론 교육과 경제 정책이 없는 것은 아니다. 내 비판의 내용은 이런 것이었다. 어떤 두려움으로 인해 자신의 아이를 밤 10시까지 학원에 보내기로 결정해 버리고만 학부모에 대해 왜 서슴없이 정치적 비판을 하느냐는 것이었다. 왜 진보신당은 주식이나 펀드에다 꿈을 저당 잡히며 끝내는 말아먹고야 만 시민들에게 당신의 욕망이 문제라고 비판하느냐는 것이었다.

나는, 욕망은 무조건적인 비판의 대상이 되어선 안 된다고 생각한다. 진보는 그 말을 선점하는 자들이 가져가는 선험적 진실이 아니라, 사교육의 소비자로 전락하거나 자산 증식의 허망한 꿈에 사로잡힌 사람들에게 지금까지와는 다른 삶의 가능성과 희망을 줄 수 있을 때 확보되는 경험적 진실이다. 진보는 어디까지나 당대적 진실이다. 반 이명박 연대가 뭉치면 승리한다고 말하기 이전에 이명박을 지지하는 40%의 사람들에게 당신의 지지가 당신을 행복하게 해주지 못한다고 친절하게 설득할 수 있는 그 무언가에 대해서부터 먼저 이야기해야 하는 것이 아닐까? 그때 비로소 진심 어린 연대와 통합이 시작되는 게 아닐까?

영화감독으로 16년을 지내며 아주 조그마한 성공과 큼지막한 실패를 거듭해 오면서, 나는 영화감독으로서 관객이란, 또는 대중이란 무엇일까를 고민해 본적이 있다. 결국 나는 영화와 대중의 만남은 결과론적인 것이라는 생각에 이르렀다. 내가 영화에 대해 어떤 숭고한 마음을 갖고 있는 것과 별개로, 진정성은 대중이 그 영화를 평가할 수 있는 기준점이 못 되었다. 오히려 영화와 대중의 관계는 지극히 물질적(fetish)이며 경험적인 것이라 할 수 있다. 만든 자의 진심과 대중의 진심이 만나는 것이 아니라, 만든 자와 대중의 욕망이 어떻게 예술적으로 일치 하는가가 영화와 대중의 관계라고 생각한다.

그런 면에서 내가 몸담고 있는 진보신당의 노회찬 대표에게 궁금한 것은, 앞에서 중얼거리듯 써버린 나의 두 가지 고민 안에 있다. 하나는 진보주의자로서의 그의 각론적인 행동에 관한 궁금함이고, 다른 하나는 좌파인 노회찬이 정치인으로서 어떻게 대중 안에서 사랑받으려 하는가라는, 영화로 따지면 흥행이 결국 결과가 되는 현실 속에서 그가 마음속에 품고 있는 대중과 자신과의 관계에 대해서였다. 머릿속에 엉켜있는 실타래의 뭉치들처럼, 나의 첫 질문은 명료하지 못하고 경쾌하지도 못했다.

# 절망 뒤에 찾아오는 것들

**변영주**  저는 지금의 정세가 명백하다고 믿는 사람들이 가끔 신기하기도 하고 때로 부럽기도 합니다. 이명박 정부에 대해서건, 혹은 지금 벌어지고 있는 다양한 말도 안 되는 사건들에 대해 분명 저 자신도 분노하는 것은 사실이지만, 솔직히 그 대안에 대해 명백한 관점이나 의견을 갖고 있지 못하다는 것, 그리고 희망보다 절망이 먼저 보인다는 생각을 많이 하곤 하는데요, 예를 들어 한나라당이 재집권에 실패한다고 가정할 때 과연 우리에게 그 다음은 준비가 되어 있는가? 이를테면 적어도 지난 십 년의 민주당 정부보다 더 나은 무엇인가가 준비되어 있고, 건설될 수 있는가 라는 것 말입니다. 어쩌면 더 큰 절망이 내장되어 있는지도 모른다는 생각을 합니다.

그런데 그 절망에 대한 예감은 제가 어떤 무언가에 대해 신뢰하지 못한다는 데서 오는 것이라 생각하는데요. 2008년의 촛불 시위에 참여 하면서, 그곳에서 사실 자신은 대선 때 이명박을 지지했었다고 말하는 3, 40대들을 보며 그런 생각을 했었습니다. 당신이 지지했던 이명박의 실체는 이제 알았다고 치고, 이명박을 지지했던 당신의 결심 그 안에 존재하는 어떤 마음, 예컨대 원칙에 위배되어도 나의 자산증식이 우선이라는 생각과 같은, 저는 그것을 스스로 사회적 윤리로부터 자신을 분리시킨 것이라고 생각했는데요, 그런 면에서 소위 386이라고 불리던 우리 세대가 오히려 지난 대선 때 이명박을 지지하는 것을 보면서 절망했던 것이 큰 것 같습니다. 혹시 기억 하실지 모르겠는데, 지난 세기에 소비에트가 붕괴했을 때 그때 제가 모 문화운동단체 사람들과 같은 사무실을 쓰고 있었는데, 어느 날 소비에트가 붕괴한 후 갑자기 바람을 피우거나 사생활에 구멍이 뚫리는 선배들이 막 생기는 거예요.

**노회찬** 으흐흐흐.

**변영주** 자기가 놀거나 즐기지 못했던 이유, 바꿔 말해 자신의 욕망에 충실하지 못했던 이유가 소비에트의 지령이었던 것처럼, 그 어떤 패배감이 그 사람의 세계관뿐만 아니라 스스로 신념처럼 되뇌던 인생을 사는 윤리나 도덕까지도 붕괴시켰던 걸 봤던 경험이 있거든요. 그때 그들을 보며 그들의 사생활에 실망을 하게 되었다는 것이 아니라, 스스로 자신을 엄청난 피해자로 규정하면서 이제 나는 내가 하고 싶은 건 다 하고 살 거야 라며 개인의 역사를 청산해버리는 것에 실망을 했던 것 같습니다. 그것과 비슷한 감정이 지난 대선 때 우리 세대의 선택이었습니다. 이명박을 지지했다는 것은 보수적이다 아니다 라는 문제가 아니라, 바로 자신의 인생에서 살아가는 원칙과 기준점을 무너뜨리는 것이었다고 생각하는 거예요.

그런 점에서 우리는 어떻게 반성할 것인가 라는 문제가 먼저 확인되고 반성이 선행되지 않으면 한나라당 재집권을 막는 걸로 행복해지는 게 아니라, 그래서 만들어지는 또 다른 미래 역시도 많은 사람을 행복하게 해주지 못할 것이라는 생각이 드는 것입니다. 그런 고민을 하고 있는 상태에서 며칠 전 노 대표님 홈페이지에 있는 프로필을 다시 읽어 보았는데요, 놀라울 정도로 인생의 궤적에서 거의 한 번도 다른 데를 들렀다 가지 않으신 거 같다는 느낌을 새삼 받았습니다. 인민노련에서부터 진정추를 거쳐 국민승리21로, 다시 민중당을 거쳐 민노당, 지금의 진보신당까지. 대부분의 우리들은 인생의 여러 지점에서 끊임없이 새로운 선택들을 하잖아요. 현실문제와 부닥쳐서라거나, 아니면 이것이 더 옳은 길이라고 믿기도 하면서. 그래서 그런 지속성, 어떤 세상이 오더라도, 여전하다고 믿는 삶의 지속적인 어떤 것, 일관적인 어떤 것을 자신의 삶에서 지키기로 결심했던 순간들이 있었을 것 같습니다.

**노회찬** 어려운… 매우… 좀 깊게 생각해야 되는 대목들인데, 정답을 얘기하기보다는 느낀 대로 얘기하고 싶은데. 돌이켜보면 저 역시도 꿈과 현실 속에서 많이 왔다 갔다 했던 거 같아요. 어떤 경우에는 꿈을 포기할 수 없다는 이유로 걸어가기도 하고 또 어떤 경우에는 현실이 중요하다는 판단으로 계속 가기도 했던. 89년 말에 베를린 장벽이 무너지면서 일련의 일들이 벌어졌잖습니까? 사실 89년 이전까지 주변에 관계를 맺었던 동료 내지 선후배 사이에서 주로 발생했던 것은 개인의 문제였어요. 머리로는 이 일을 해야 되는데 집에서 반대하고, 이런 갈등 속에서 개인이 무너지는 경우도 많이 봤고, 할 수 없이 끌려가듯이 도피하는 경우도 있었지만, 반면 많은 사람들이 어려움을 감수하면서 일을 하는 걸 봤어요. 그런데 89년에 사회주의 체제가 무너지면서 상황은 좀 달랐지요. 저는 그때 감옥에 있었는데, 이걸 우리는 어떻게 수용할 것인가. 이건 예상치 못했던, 그러나 엄연한 현실이었으니까.

저는 아마도 동요를 안 한 사람 중 한 사람이었을 거예요. 뭔가 하면, 저는 어떤 막연한 예감이었지만, 망할 수도 있다고 봤거든요. 그리고 이제까지 제가 추구했던 거는 소비에트는 아니었다는 거죠. 소비에트에도 제가 추구했던 것들이 많이 담겨져 있긴 했지만, 그것이 가장 이상적인 사회라고 굳게 믿었던 것도 아니고, 특히 스탈린주의에 대해서는 상당히 비판적이었죠. 그걸 무조건 교조적으로 따르는데 대해서는 문제의식을 갖고 있었단 말이죠. 물론 현실 사회주의가 무너짐에 따라서 사회주의를 추구해왔던 운동이 받는 타격이 워낙 크기 때문에 걱정이 되었던 건 사실입니다. 그때부터 저만이 아니라 제 주변에 있던 모든 사람들이 자기 사상검열에 들어갔어요. 소련이 무너졌는데 내 생각을 계속 유지할거냐 말거냐, 그래서 정말 진지하고 성실했던 동료들 중에 아예 운동자체를 그만둔 경우도 있었어요. 그건 뭔가 하면, 사회주의에 대해서 배신당했다는 감정보다는, 우리보다 훨씬 좋은 조건에서 사회주의 사회를 만들려고 했던 사람들도 저렇게 실패하는데 이렇게 척박한 땅에서 뭐 되겠느냐. 거의 가망이 없지 않느냐. 마음 한쪽에 의지해왔던 이념체계가 현실에서 파탄 나는 걸 보면서 이제 나는 보통사람으로 살아야겠다. 그런 사람들이 여러 가지 길로 갔어요. 공부하러 유학 간 사람도 있었고, 사법고시 치러 간 사 람도 있었고, 시민운동 쪽으로 등등. 그게 1차였어요.

그 다음으로는 92년도 대선. 백기완 선생이 나간 대선이었는데, 12월 달에 딱 끝나고 1월 달에 일련의 사람들이 나갔어요. 두 번째 나간 사람들 은 뭐냐 하면, 첫 번째 나간 사람들하고 같은 생각이었는데, 그래도 현실 에서 고생하는 사람들이 있는데 의리 때문에라도 대선까지는 치러주고 나가자, 이래서 대선까지 치르고 나갔어요. 재미있는 게 사법고시 합격자 중에 운동권 출신들이 많이 나온 해들이 있어요. 그거 보면 그 사람들이 공부를 언제 시작했느냐를 알 수 있는데요. 90년부터 시작한 팀들이 있는 데, 그 사람들이 93, 94년 정도에 다 합격을 해요. 그 다음에 92년 대선 마 치고 93년에 시작한 사람들이 그로부터 한 3, 4년 후에 돼요. 그때 우리 인민노련 출신으로 사시에 합격한 사람이 열다섯 명 정도 돼요. 그 사람 들도 시기적으로 그 둘로 나눠지죠.

그때 저는 어떤 생각이었느냐. 감옥에 이진경 씨와 같이 있었는데, 둘 이서 약속을 했어요. 야, 우리 진짜 가보자. 우리가 이상적인 사회로 굳게 믿었던, 결코 복제판을 만들자고 했던 건 아니지만 우호적인 생각을 했던 것 또한 사실이 아니냐. 우리가 생각했던 이상들이 현실에서 제대로 실현 되지 못했던 것이든, 왜곡되었던 것이든, 또는 우리가 알지 못했던 어떤 부작용들이 생겨 낳는지에 대해서 현장으로 가보자. 그 친구는 91년도에 출소했고 나는 92년도에 출소했는데, 바로 갈려고 했는데 여권을 안 주더 라고요. 그래서 결국엔 96년도에 같이 갔어요. 현장 다 봤어요. 저는 망할 만하니까 망했다는 생각을 갖게 되었지만, 그러면서도 그 사회가 추구했 던 여러 소중한 가치들이 함께 떠밀려 내려가는 것을 보면서 굉장히 마음이 아팠습니다. 그 후로도 여러 가지 생각을 동시에 갖고 있었는데 정반대편의 생각 하나는, 시간이 갈수록 우리가 생각했던 것만큼 안 되는 것 가지고서 절망하는 경우들도 있을 수 있지만, 저는 솔직히 제가 이 길을 처음 떠날 때 생각했던 것보다는 굉장히 잘되고 있다는 생각도 드는 거예요.

87년도 7, 8월 노동자대투쟁이 벌어졌을 때 저는 살아생전에 그런 일이 벌어질 거라고 예상을 못했었거든요. 당시 20대 후반 나이에 노동운동에 뛰어들면서 제 인생은 인생 말년까지 거의 전두환 같은 독재체제는 계속될 것이고, 우리는 밤낮 도망 다니거나 감옥에 들락거리게 될 것이라고 전망했고, 그래서 용접도 배우고 했는데 말이죠. 그런데 어느 날 갑자기 이런 일이 터지는 걸 보고 너무 놀랐던 거예요. 그래서 아, 우리의 논리적 사고로 역사의 역동성을 재단해낼 수 없는 거구나 하는 느낌도 들었고요.

저는 더 이상 현장에 있을 필요가 없다고 생각했고요. 자발성에 기초해서 운동이 이루어져 나가니까. 그럼 내가 뭘 할 거냐 해서 진보정당 한 건데, 사실 진보정당 가지고 제일 고생한 사람 중에 하나가 저일 겁니다. 당은 2000년에 만들어졌지만, 본격적으로는 92년부터 시작했고, 그전부터 따지면 88년부터 이 작업을 해왔던 것인데 초기에 얼마나 멸시와 천대를 받았나. 특히 우리에게 제일 괴로웠던 것은 같은 운동진영에서 보여준 냉소와 비판이었죠. 민주정부 세워야 되는데 쟤들 뭐하는 짓이냐는 시각도 충분히 있을 수 있지만, 그러나 과도하게 짓밟혔던 것이죠. 92년도에 제가 진정추 처음 할 때 중앙당에 상근자가 열다섯 명인가 됐었어요. 정말 깃발 하나 들고 나중에는 옮기다 옮기다가 강서구까지 사무실이 옮겨갔었죠. 고난의 세월 끝에 당은 창당됐는데, 저는 진심으로 너무 기뻤습니다. 그때 어떤 생각이었냐면, 제 인생의 목표의 반은 이루어졌다, 반이나 이루어졌다. 창당을 한 것만으로도.

80년대부터 오랫동안 함께 활동했던 사람들 중에서 오히려 가까웠던 사람은 창당을 더 늦추자고 했어요. 예를 들면 황광우, 주대환 선생 같은 사람들은. 이분들은 창당하면 당의 이름을 걸고서 4월 총선에 나가야되는데, 자신들이 볼 때 한 석도 못 얻게 될 게 분명하다. 창당하자는 사람들은 보랏빛 꿈을 갖고 있다. 따라서 보랏빛 꿈이 깨질 때 다 도망갈 거다. 그것까지 감안해서 창당하지 말고 준비조직 정도로 선거를 지혜롭게 넘기고, 그래서 사람들이 타격을 안 받게 만들고 그 뒤 창당하는 게 더 지혜롭다는 주장이었어요. 그러나 저는 그분들에 비해 좀 더 낙관적이었죠. 그렇지 않다. 과거하고 다르다. 이번에는 하면 그냥 가는 거다. 이렇게 우겨가지고 2000년 1월 30일에 창당했던 것이죠.

최근에도 어느 분이 유시민 씨 말을 인용하면서, 진보정당이 10년이나 됐는데 지지율이 그게 뭐냐고 묻던데 저는 결코 동의하지 않습니다. 현재 지지율이 낮은 건 물론 반성해야 될 점이 많지요. 지지율이 상관없다고 얘기할 수 없는 거니까. 우리나라는 사례가 없다보니까 다른 나라의 경우와 비교하거나 견주어보곤 하는데, 그런데 다른 나라 진보정당운동에서 우리의 경우처럼 창당한지 4년 되는 2004년에 13%의 지지율을 얻는 등 빠른 성장을 한 예가 없어요. 냉정히 보자면 분단된 상황에서 수십 년간 터부시했던 일이 환경이 달라지니까 빠른 속도로 성장한 측면이 있다고 봅니다. 그래서 저는 어느 지점까지 확산되거나 수용되는 데는 시간이 더 걸릴 수 있다고 생각했습니다. 2000년 당을 만들 때 제 예측으론 한 10년 쯤 되면 국회의원은 두세 명 나올 거다. 그리고 나는 안 될 거다. 어차피 진보정당에서는 노동자들을 앞세워야 되니까. 더구나 개인이 지역구에서 국회의원에 당선될 가능성은 높지 않으니까. 그렇게 보면 지금까지의 성장은 저의 예측보다도 빨랐던 셈이지요.

2000년과 2004년에 출마하고 2008년에도 출마해서 세 번 다 떨어진 친구들이 있어요. 이 친구들은 남들이 6% 나올 때 10%나 15% 나왔던 친구들로 지지율이 잘 나왔던 경우지요. 선거를 치를 때마다 기대가 더 높아왔는데, 2008년 선거에서 밑으로 떨어지자 굉장히 좌절하더라고요. 햇

수로 거의 10년 가까이 세 번이나 시도했는데 희망이 없다. 이런 말이 나오고. 나는 평생한 사람인데, 나도 그렇게 좌절하지 않는데 몇 번 했다고 좌절하느냐고 질책도 했지요. 어디서 출발했느냐가 다 다르기 때문에 제 생각만 강요할 수는 없다고 보지만, 앞으로 한 10년 정도는 더 참고 해야 되지 않느냐는 생각을 갖고 있지요.

저는 지금 현실을 보는데 있어서도 이명박만 물러가면 잘될 거라고 이야기하는 사람들에 대해서 쉽게 동의할 수 없습니다. 일반인들이 그런 생각을 갖는 건 하나의 염원이니까 이해가 되지만, 운동을 전문적으로 하는 사람들이, 특히 정치하는 사람들이 그런 생각을 갖는 건 문제를 제대로 보지 못하거나 자신들의 이해관계를 투영하고 있다는 생각을 하지 않을 수 없습니다. 제가 볼 때 한나라당은 지난 20년보다 더 빈번히 집권할 가능성이 커졌고, 내일 당장 대통령 선거를 해도 한나라당이 승리할 가능성이 더 크다는 것이지요. 이 말을 하는 이유는 근거 없는 낙관론이 이러한 현실을 변화시키는데 도움이 안 된다는 판단 때문입니다. 사태를 냉정하게 보아야 한다는 말은 패배주의와 다릅니다.

이명박 정권이 물러나면 좋은 세상이 오니까 반MB로 단결하자는 사람들은, 특히 민주당이나 지난 정권에 참여했던 인사들은 왜 오늘 이런 상황이 오게 되었는지에 대한 정직한 자기반성을 먼저 보여주어야 한다고 생각합니다. 좀 가혹하게 말하자면, 노무현 대통령이 극단적인 선택을 하지 않았다면 정치 전면에 나설 수 없었을 사람들이, 추모 국면 이후 과거 자신의 정치 행적에 대한 이야기는 쏙 집어넣고 반MB를 외치는 모습은 아무래도 어색하게 보입니다. 자신들이 잘못해서 정권이 넘어갔는데 그 잘못에 대한 반성이나 개선에 대한 노력 없이 현 정권에 대한 원망이 쌓이면 당연히 자기들이 또 집권하는 것이다? 진보정당에 대한 비관과 불신은 잔뜩 유포시키면서 자신들을 중심으로 단결하면 다시 좋은 세상이 온다는 낙관을 퍼뜨리는 것은 정직한 태도가 아닌 것이지요. 시지프스와 같은 노력을 국민들에게 언제까지 반복하라고 강요할 것인가 하는 겁니다. 힘들게 바위 올려놓고 또 굴러 떨어지고.

같은 상황을 반복하지 않으려면 판을 바꿔야 되는 것이죠. 그렇지 않으면 당장 다음 선거에서 한나라당을 물리치더라도 다음에는 더 빈번히 한나라당이 복귀할 근거를 만들어주게 된다는 겁니다. 현실을 만만하게 안 보려는, 다시 말해 근거 없이 낙관적으로 보는 걸 반대하면서 동시에 그 반대편인 극단적인 냉소로 빠지지 않는 태도가 중요하다고 보는데, 실상 이것은 동전의 양면과 같은 것이거든요. 그러면 앞으로 전망 없느냐. 지금까지와는 다른 낙관의 근거를 만들어야 한다는 거죠. 지난 60년과 완전히 다른 정치도 할 수 있는 거 아니냐. 일제 식민지 지배도 36년 이상 가지 않았듯이 한국의 보수 양당구도도 영속적으로 간다고는 보지 않거든요. 우리가 지식과 논리로서 예측한 거 이상의 역사의 변화의 역동성에 대한 신뢰는 상당히 있는 편이죠.


## 번쩍하는 황홀한 순간

**변영주** 저는 그런 순간이 있거든요. 제가 지금 마흔네 살인데요, 서른 살 때 지금과 같은 생각을 하고 이런 사람이 될 줄 꿈에도 몰랐던 부분이 분명히 있어요. 저는 30대까진 공격적이었던 사람이었던 것 같습니다. 어디를 가든 비판적이었고 날이 서있었던 것 같고요. 그때 제 별명이, 제가 되게 좋아하는 선배가 지어준 별명이 싸움닭이었어요. 그런데 그게 어떤 순간이 딱 오면서, 그건 마치 거울로 나 자신을 응시하게 되는 순간 같은 것이었는데, 그날 이후 가치관이나 생각하는 방식이 변하기 시작하더라고요. 예를 들어 누군가와 논쟁을 하게 되면 내가 그 논쟁에서 이기고 싶어지는 것이 아니라, 논쟁이 끝난 뒤 내가 더 많은 것을 그를 통해 배우게 되었으면 좋겠다는 마음 같은 거요. 영화에 대한 가치관도 좀 바뀌고, 세상을 살아가는 가치관도 바뀌고, 신기하게도 어느 순간, 어떤 경험의 순간이 그 이후의 나를 결정해 버리는 그런 순간이 있는 것 같거든요.

**노회찬** 아주 극적인 경우는 아니더라도 저도 몇 번 있었죠. 사회적으로, 시대적으로 약간 좀 조숙한 환경에 있었는데, 고등학교 때 거창하게 얘기하면 정신적 방황 같은 그런 걸 많이 했어요. 사춘기 때니까 도대체 산다는 게 뭐냐. 그때는 대학도 가야 되고, 어린 나이에 앞 길 생각하면 깜깜하고, 주변에 교회 다니기 시작한 친구들도 있었고, 그때 우리는 편지 한 번 썼다하면 스무 장씩 썼어요. 친구는 처음부터 끝까지 교회 다니라고 쓰고, 그러면 그냥 묻어두면 되는데 저는 그때 서울에 혼자 있었기 때문에 어릴 때 친구들하고 편지 이외에는 교류하는 방식이 없었어요. 관심 없으면 묻어두면 되는데 그때는 또 왜 그랬는지 성경 사다가 다 읽고나서 나는 이렇게 생각한다고 막 쓰고. 이런 게 일종의 진리탐구라고도 할 수 있는데, 그걸 친절히 가르쳐주는 사람이 없었으니까 책을 통해서 깨닫고 싶었던 거죠. 성경 다음으로는 불교였어요. 탄허 스님이라고 학승으로서 굉장히 유명한 분이었는데 《화엄경》을 번역하신 분이에요. 그때는 그분이 그렇게 유명하신 분인 줄 몰랐어요. 청계천에서 《화엄경》 강독하는 공부모임에도 몇 달 다녔지요. 함석헌 선생을 찾아간 것도 그런 일환이었는데, 그러다 맹자나 노자, 장자 등 유교와도 만났지요. 어찌 보면 철없이 자라다가 세상에 눈뜨기 시작한 것이었는데, 세상을 어떻게 바라보고 나는 어떤 자세로 살아야 되는가의 가장 기본이 되는 것들을 그때부터 알아가기 시작했던 것 같아요.

다음으로 큰 전환의 계기를 맞았던 것은 이른바 맑스주의를 공부하면서부터였지요. 그때는 20대였는데 역사와 개인에 대해 생각을 참 많이 했어요. 스스로 다행스럽게, 대견하게 생각하는 것은 소위 혁명가들을 볼 때 깊이 공감하면서도 비판적으로 거리두기를 할 수 있었던 거예요. 그 사람들이 추구하는 삶과 실천에 감동해서 닮고 싶었지만, 인간적 역사적 한계도 함께 봐야 한다고 생각한 것이죠. 그러니까 레닌의 한계도 보이고, 스탈린의 문제도 보이고, 트로츠키는 또 어떤 유형의 사람이었을 것이라는 그런 것에 관심이 많았어요. 만약 트로츠키가 내 앞에 있다면 저 사람의 개인적 습성은 어떨까, 이런 것에서부터 시작해서 그래서 사람을 어떻게 봐야 되는가, 그러면 나는 어떻게 살아야 할까, 그런 고민들을 했던 것이죠.

거기서 얻은 지혜 같은 게 있다면, 그건 완전한 사람은 없다는 판단이지요. 그 후로는 사람을 대하는 법이나 감정이 굉장히 많이 편해졌어요. 벽 같은 것, 원한 같은 것, 시간이 지나도 이런 것이 남지 않더라고요. 저는 역사와 개인에 대해 생각하면서, 개인의 역할은 아주 중요하지만, 그렇다고 특정 개인이 역사를 바꿀 수 있다는 데 대해서 동의하지 않게 되었어요. 그리고 조금씩 나이 들어가면서, 사람이 인생을 살아가는데 그렇게 많은 일을 할 수 없다는 결론에 비교적 일찍 도달한 편이에요. 여러 가지를 잘하는 것도 대단한 거지만, 능력만 있으면, 한 가지라도 열심히 하는 게 중요하다. 나에게 그게 뭐냐. 내게 잘 맞고, 잘하고, 의미부여를 할 수 있는 일이 뭔가. 그게 운동이라고 생각했던 것이죠. 이거 하나는 열심히 하고 싶고, 그래서 열심히 하기 때문에 감수해야 되는 여러 가지 것들, 하고 싶은 거 못한다거나, 불편하거나, 고통스럽다거나하는 것들은 당연히 감내해야 될 일로 생각하며 살아왔어요.

저는 어쩌면 한 우물 파야 된다는 문제의식을 가지고 한 우물을 판 게 아니에요. 결과적으론 그렇게 보일지 몰라도 실은 체념도 거기에 끼어 있는 것이고, 그 과정에서 결론에 도달한 거죠. 그러다보니까 마지막에 저한테 남는 건 뭐였는가 하면 어떤 현실성과 합리성이었어요. 이 역시 하다가 안 되면 다른 일을 할까라는 생각은 없어졌기 때문에 얻은 습성인지 몰라요. 이 일하는 것만 남아있으니까 이 일을 잘하려면 합리성과 현실성이 있어야겠다, 이런 거죠. 저는 책을 찾아 읽으면서 그런 능력을 길렀다기보다는 저의 판단을 항상 반추해서 검토했어요. 내 판단이 옳았을 수도 있고, 약간 잘못됐을 수도 있고, 또는 완전히 잘못됐을 수도 있는데, 그러면 그때 내가 어떠어떠한 이유 때문에 그런 판단을 했는가. 그때 제대로 살피지 못한 게 무엇이었느냐, 이걸 계속 반복했어요.

흔히들 좌파하면 이상(理想) 이러는데, 실제 성공한 좌파들을 보면 그지없이 대중적이고 현실적이었다는 거죠. 예컨대 영국 노동당이 1902년에 창당되었죠. 그때는 노동자들, 당원이 된 노동자들의 절반 이상은 자기 이름도 못 썼거든요. 지금은 그때보다 훨씬 조건이 좋잖아요. 사회주의 운동 초기에 사람들은 훨씬 더 어려운 조건에서도 자신의 꿈을 현실적인 걸로 만들려고 부단히 노력했고, 좌절을 거듭했지만 의미 있는 성취를 이루어내기도 했어요. 그래서 너무 쉽게 조금 해보고는 안 된다. 이렇게 얘기할 수 없는 거 아니냐는 것이죠.

물론 사람이란 게 자연적인 수명이 있기 때문에 인생에서 어디까지 할지는 모르겠지만, 그럼에도 내 인생에서 할 수 있는 것만 하겠다는 건 반대해요. 장기표 선배가 어느 날 "앞으로는 내 인생에서 가능한 것만 하겠다. 내가 살아서 이룰 수 없는 것을 다른 사람들에게 이루자고 얘기하는 거는 무책임한 것 아니냐"고 했을 때 전 동의가 안 되었어요. 특정 개인이 역사를 바꿀 수 있다는 생각에는 동의하지 않지만, 개인의 사정에다 역사가 요구하는 과제를 끼워 맞추는 것처럼 무모한 일이 어디 있느냐는 것이죠. 그건 거꾸로 다른 사람들에게 이상을 현실로 바꾸려는 노력을 포기하라는 요구로 변하게 되는 것이거든요. 역사가 요구하는 것 중에서 내가 열을 할 수 있으면 열을 하는 거고, 아홉을 할 수 있으면 아홉을 하는 거고, 기왕에 좀 더 노력해서 열하나 정도하면 나는 굉장히 시간을 잘 보낸 것이고, 내가 못해도 얼마든지 다른 사람들이 오히려 이 일을 더 잘할 수도 있는 것이죠.

저도 40대엔 고민도 많이 했지만, 요즘엔 거의 안 해요. 부닥치는 일 이외의 고민들은 정리가 많이 되었지만, 간혹 제 생각이 맞는가는 한 번씩 다시 점검하는 경우들이 있죠. 예컨대 신영복 선생 같은 분들과 얘기한다거나 말씀 들으면서 다시 한 번 비춰보기도 하고.

**변영주** 그런 분이 있으신가요? 제 경우는 대학 다닐 때가 제 인생에서 가장 비겁했던 시절이었다고 생각해요. 진심으로. 무서운 게 너무 많았고 모 아니면 도를 선택해야 됐던 상황들이 많았던 거 같거든요. 대학 2학년 때, 그러니까 스무 살 나이에 지금 생각하면 왜 그랬을까 싶은데, 비겁하게 살 것인가, 노동자로 살 것인가를 스물한 살에 결정해야 되는 게 너무 힘들었던 기억이 있습니다. 또는 당시의 물리적인 폭력 같은 것. 이건 좀 멍청한 생각일지 모르지만 작년 촛불 문화제할 때 문득 혼자 그런 생각을 했어요. 아, 요즘 경찰은 참 신사적이어서 다행이다. 예전엔 정말 폭력적이었잖아요. 이런 생각을 할 정도로, 겁도 참 많았었거든요. 그러던 어느 날 제가 가장 하고 싶은 영화를 선택하면서 점점 용감해지는. 그러니까 살면서 제가 처음 용기 있는 사람이 되었던 것은 영화를 시작한 이후 이었습니다.

그런데 그 후로 제 인생에서 중요했던 사람들이 있었어요. 89년, 90년에 독립영화를 할 때 현대중공업에 관한 다큐멘터리를 만든 적이 있어요. 1년 넘게 울산에서 지냈었는데 그때 권용목 위원장이 저한테는 스승 같은 분이었어요. 그분과 얘기하면서 '아, 인생은 이런 거구나', 내가 영화하면서 이런 걸 놓치지 말아야겠구나, 그런 생각을 하게 되었지요. 인생에 있어서 너를 가르친 두 부류를 얘기하라면, 아마 권용목 위원장을 비롯한 당시 현대중공업의 해고된 노동자들과 〈낮은 목소리〉를 할 때 만났던 위안부 할머니들이었다고 생각을 해요. 2009년에 돌아가신 권용목 위원장이 나중에 뉴라이트 이쪽으로 가셨잖아요. 전 사실 그걸 전혀 모르고 있다가 3년 전에 울산에 한미 FTA관련 강의를 하러갔다가 얘길 들었어요. 아, 그분들 잘 계시냐고 철없이 물어보다가. 나를 흔들게 하는 게 아니라 되게 슬프다, 절망하게 만드는 게 아니라 참 슬프다, 이런 느낌이 들었어요. 흡사 내가 60이 넘어서 어느 날 우연히 후줄근해진 첫사랑을 만날 때 이런 감정일까? 그랬습니다. 대표님한테 그런 인물이 있습니까?

**노회찬** 좀 늦게 만난 편이죠. '스승이 없다' 라는 얘기를 오랫동안 해온 편인데요, 고등학교 때도 뭔가 문제의식이 있어서 같이 공부하다 실패도 했는데, 딱히 가르쳐주는 사람도 바라보아야 할 사람도 없었어요. 그러니 비용이 더 많이 들었다고도 볼 수 있죠. 많이 헤매고, 이것도 보고 저것도 보고. 노동운동할 때도 세대가 그래선지 그해에 우리 학교에서 현장으로 간 사람이 두 명인가 세 명밖에 안 되던 그런 때였어요. 몇 년 있다가 갑자기 엄청나게 몰려들었지만. 책도 없고 가르쳐주는 사람도 없고 그래서 혼자서 했지요, 모든 걸.

그 후에 선배라는 분들, 유명한 운동선배들을 만나게 되고, 감옥에서도 같이 지내고. 그러다가 92년인가, 신영복 선생을 처음 만났어요. 저는 그 만남을 굉장히 오랫동안 기다려왔던 셈인데, 87년 8월 무렵 가톨릭 쪽 신문에서 그분 글을 봤고, 9월 달에 《감옥으로부터의 사색》이 나온 뒤 읽고서 감동을 많이 받아서 없는 돈에 책을 사서 다른 사람들에게 나누어주고 그랬지요. 89년도에 감옥 들어간 뒤에도 그 안에서 또 읽었고요.

그런데 신촌에서 술을 한 잔 하면서 신영복 선생한테 처음이자 마지막으로 야단을 맞았습니다. 제가 스승이 없다, 그랬거든요. 정확한 표현은 기억이 안 나는데, 믿고 따를 선배가 없다, 그 얘기는 그러나 당신한테는 기대감을 갖고 있다는 마음 때문에 했던 거거든요. 그런데 올바른 자세가 아니다, 딱 한마디로 정색하고 말씀하시더라고요. 굉장히 흠모하는 분한테서 꾸지람을 들었기 때문에 생각을 많이 했어요. 스승이 없다는 말은 오만하거나 잘못되었거나, 나아가 배움이 무엇인지도 모른다는 의미이기도 하지요.

이를테면 신영복 선생을 저는 롤모델로 생각해요. 인생을 어떻게 대하는가, 사람을 어떻게 대하는가, 운동을 어떻게 대하는가. 운동의 기법보다는 운동에 대한 기본자세와 철학 이런 데 관해서 가장 많이 닮고 싶고 배우고 싶은 스승이죠. 아무리 생각해도 이래야 될지 저래야 될지 망설여질 때 머릿속에 그분을 떠올려보니까요. 그분이라면 이 상황에서 어떻게 했을까, 생각하면 답이 나올 때도 있지요. 운명적으로 우리에게는 스승이 없을 거야, 이렇게 생각하며 오랫동안 지내왔는데 좀 늦게, 어찌 보면 늦은 것도 아니지만 예상 밖의 큰 기쁨이라고나 할까, 그런 느낌을 가지게 된 것이죠.

나이가 들면서, 나이 든단 얘기를 참 안 써야 되는 직업인데, 전혀 다른 차원에서 이 문제를 바라보게 된 점도 있어요. 가족들 모이면, 누님이 한 분 있고 남동생이 하나 있는데, 그리고 워낙 연로하시지만 부모님이 다 계신데, 집안에서 저의 특징이 두 가지로 정의가 내려져 있어요. 쟤는 어려서부터 지금까지 자기 하고 싶은 일은 다해온 사람이다. 또 하나는, 집안 대소사에 요즘은 좀 신경을 쓰지만, 쟤는 자기 결혼식에만 온 사람이다. 이 두 가지인데요.

**변영주** 으하하하.

**노회찬** 내가 우리 형제들 결혼식에 못 갔거든요. 어머니 아버지 환갑 때도 못 갔고. 다 수배니 뭐니 이래가지고. 그래서 쟤는 자기 결혼식 때만 나타난다. 사실 저는 하고 싶은 대로 다 하면서 살아온 셈이죠. 살아오면서 나보다 먼저 깨달아서 나를 가르쳐주는 사람이 왜 없나하는 생각을 오랫동안 가졌지만, 그런데 지금 과거를 반추해 보면 굉장히 스승이 많았다는 생각을 하게 되는 것이지요. 나를 대신해 가장 역할을 해온 동생도 그렇고.

예컨대 김문수도 스승이었다 이거예요. 사실 한동안 나는 그 사람의 정치적 태도와 관련해서 옛날에는 꽤 괜찮은 사람이 변절했다 라고 하거나, 장기표 선배는 왜 저렇게 중간에 포기했을까, 이렇게 정치적인 차원에서만 재단했었어요. 그런데 지금 와서 생각해보면 과연 내가 그분들을 그렇게만 보면서 살아왔던 건 아니었거든요. 김문수의 부지런함, 장기표의 진지함, 이런 것들은 참 돋보이던 것들이었죠. 장기표의 경우, 늘 몽상가처럼 보일 정도로 진지하게 무언가 꿈을 꿔보는, 21세기는 뭐냐, 세계 속에서 대한민국은 뭐냐, 이런 보통은 잘 안 하는 생각들을 쉬지 않고 하는, 그지없이 진지함. 생각을 들여다보면 유아독존적인 면을 가지고 있지만 생활 속에서는 굉장히 따뜻한 태도. 이런 것들을 봐왔던 거예요. 이제 와서야 보이는 게 아니라, 그런 것들 보면서 흉내 내기도 하고 배우기도 하고 해왔다는 거죠.

어찌 보면 이재오도 스승이죠. 제가 감옥에서 나왔을 때 제일 먼저 들은 얘기가 "이재오 다 질렸다", 저 사람 민정당 사무총장하면 참 잘할 거 같다는 것이었어요. 그만큼 부지런하고 철두철미했다는 얘기였죠. 나는 민중당의 전 기간을 감옥에 있었고, 나오니까 민중당 거의 말기였지요. 바로 이재오 씨 등과 민중당 했던 후배들이 나한테 하는 얘기가 그랬던 거죠. 그때는 물론 한나라당 가기 전이에요. 같이 일을 많이 안했지만 나는 그 양반이 어떤 유형의, 어떤 특징과 문제를 갖고 있는 분인가 하는 게 머릿속에 딱 그려지더라고요. 특히 현실적인 수완가로서의 능력은 높이 평가받았던 것이죠. 그분이 맡았던 역할이 나중에 나도 맡았던 역할이었기 때문에 늘 마음속으로 이재오의 장점을 배우려고 했던 게 있었더라고요. 어찌 보면 이렇게 스승 속에서 살아온 것이다, 요즘은 그런 생각들을 많이 하지요. 인간관계를 일부러 매끄럽게 하기 위해서가 아니라 일을 하는

데는 계속해서 에너지와 새로운 영양분이 필요하기 때문에 그런 쪽으로 많이 보려고 하는지도 몰라요.

**변영주** 사람한테 상처를 받는 유형의 인물은 아니시네요.

**노회찬** 왜요, 나도 사람인데. 말하자면 상처는 받는데 기스가 잘 안가는 편이라고나 할까.

**변영주** 하하하. 그러니까, 그걸 어떤 유형이라 해야 할까요?

**노회찬** 으하하. 어찌 보면 그건 생존본능일지도 몰라요. 안 좋은 기억은 맹렬하게 잠재의식 속에서 지워버리는, 그래서 좋은 것만 남아있는. 가끔 힘들 때 좋은 것들 몇 개씩 꺼내가지고 아픈 데를 마취시키는 거 비슷하게.

**변영주** 예전에 운동하실 때도 증오의 힘보다는 건설의 힘, 혹은 의무의 힘보다는 내가 잘하는 일이기도 하지만 이거래서 즐겁다는 힘이 더 컸었나요? 아주 옛날부터?

**노회찬** 그런 편이었을 거예요. 그건 세속적으로 보면 처세일수도 있고, 살아가는 방편으로 마음을 굳혔던 점도 있을 거예요. 과거에 문학이나 영화를 참 많이 봤었거든요. 고상한 문학적 취향이 있어서라기보다는 다양한 사람들의 다양하게 살아가는 방식들이 나오잖아요. 고등학교 1학년 때, 그 무렵 문학잡지 네 권을 정기구독하고 있었는데, 그 중에서 본 단편 하나가, 주인공이 납작하고 작은 술을 주머니에 넣고 다니기 편하니까 이걸 가지고 다니며 고민에 빠지고 이런 얘기예요. 그때 나는 고량주라는 그 납작한 술을 처음으로 소설책에서 봤거든요. 진짜 저런 게 있는가, 한번 따라해 보고 싶은 거예요. 가게 가서 찾아보니 납작한 게 있더라고요. 그때는 제가 술을 안 마셨고 어쩌다가 맥주 한 모금 했을 때인데, 그게 얼마나 독한 술인지도 모르고 책상에 딱 앉아서 소설에 나오는 분위기대로 고량주를 따라서 세 모금에 한 병을 다 마신 거죠. 먹고 몇 분 지나니까 토가 나오는데 세상에! 나는 박연폭포처럼 벽에 토하다가 죽는 줄 알았어요. 그런 게 저한테는 세상을 하나하나 알아가는 방편이었죠. 어떻게 살아야 되는가, 또 어떤 마음과 자세로 세상을 바라봐야 되고 인간관계를 맺어나가야 되는가.

사회적 존재로 처음 출발할 때가 휴머니즘이었죠. 지금도 여전히 다른 것은 다 왔다가도 가고, 마치 계절에 따라서 옷이 바뀌는 것처럼 달라지기도 하지만, 여전히 변하지 않고 있는 거는 휴머니즘이고요. 인간을 실망시키는 것은 인간이고, 인간의 가장 무서운 적 또한 인간이지만, 그럼에도 불구하고 인간에 대한 신뢰 없이는 못산다는 생각. 오히려 그것까지 놓아버리게 되면 겁이 나는 거죠. 내가 그걸 놓아버리게 될까 겁나서 죽어도 그건 쥐고 있는 거예요. 두려운 거죠. 존재의 이유를 찾지 못 할까봐 그것만은 안 놓으려고.

**변영주** 부럽네요. 저는 마흔 살 넘어서야 알게 된 건데. 타인에 대해선 신뢰하고 배울 것을 얻고, 나에 대해선 의심하고. 내 의심의 도덕성은 언제나 나를 의심하는 것에서부터 시작된다는 것이다 같은 깨달음 말이죠. 아마도 대표께서 끊임없이 어떻게 사는 거지? 사랑은 뭐지? 이런 것을 향해 걸어갔던 게, 운동을 향해서 걸어갔다기 보다는 궁금함을 향해 걸어갔던 게 결국은 거기서 지속성이 나온 게 아니었나 하는 생각이 듭니다. 그런데 정치인 노회찬과 인간 노회찬은 다를 수 있다는 생각이 드는 게 신념 내지 이념과 관련된 부분입니다. 이를테면 노 대표님이 방황하던 고등학교 시기서부터 지금까지 일관된 자기 삶을 가졌던 것과 상관없이 다양한 대중과 만나는 부분이 있고, 진보세력이 집권하더라도 노무현 정부에서 그랬던 것처럼 어떤 것들에 대해 타협을 보거나 포기하거나 그 정도가 아니더라도 어쨌든 최선을 선택하지 못하는 상황이 올수도 있지 않습니까. 그런 면에서 정치인 노회찬에게 있어 원칙이란 인간 노회찬의 그것과 다를 거 같아요.

**노회찬** 아무래도 그렇죠.

**변영주** 제가 올드한 생각일지 몰라도, 저는 기본적으로 아직까지 사람들이 모르기 때문에 보수적인 부분이 있다고 생각하거든요. 사람들이 모두 반공주의자기 때문에 보수적인 게 아니라 사실은 모르기 때문에 그런 면이 많다고 봐요. 모르는 것은 두려워하는 거잖아요. 노 대표님 홈페이지를 들어갔는데 약력이나 이런 걸 보면 노동계급이 어쩌고, 스스로 좌파이고, 그런 것들을 감추지 않고 대중에게 공개하시더라고요. 우리가 흔히 이야기하는 대중적이라는 말로 유화시키거나 다듬지 않고 무척 직접적인 언어로 홈페이지를 구성하셨더군요.

**노회찬** 다른 평가는 있을 수 있는데, 한나라당이나 민주당 정치인이라면 아마 손 좀 봤을 거예요. 그런데 하고 있는 일이 꼭 그걸 다 그렇게 까발려야 되는 건 아니지만, 그 바탕 위에 서있기 때문에 그렇게 하지 않은 것이죠. 그로 인해서 약점도 있지만, 그 몇 줄 뺀다고 해서 약점이 메워지는 건 아니라는 판단 때문에 그대로 둔 거죠. 오히려 저는 있었던 사실을 감추거나 미화하거나 하는 데에 대한 고민을 하기보다, 내가 살아온 과정을 잘 전달한다는 게 뭘까 하는 생각을 할 때가 많아요. 아이 없는 문제가 아프게 다가오는 것도 그 지점이에요. 조카들이 커나가는 걸 보고, 말을 알아들을 수 있는 나이가 되니까. 조카들은 벌써 대학 다니고 대학원 다니고 이러는데 해주고 싶은 얘기가 많아지는 거예요. 내 애가 있었더라면 앉혀놓고 얘길 참 많이 했겠구나, 이런 생각이 들어서 그걸 한번 글로 써볼까 하는 생각을 했어요. 그래서 가상의 딸을, 애가 있었다면 열아홉 살 딸이라고 가상해놓고, 내 딸 누구에게 주는 글 이래가지고 내가 하고 싶은 얘기, 딸한테만 할 수 있는 얘기를 하는. 딸아이에게 이야기하는 방식이 있을 거 아니에요. 그런 방식으로 쭉 그렇게 살아온 이야기는 물론이고, 예를 들면 옷 입는 거, 이런 것 가지고도 딸하고 대화를 나눌 수 있을 거 아니겠어요?

**변영주** 《자주 고름 입에 물고, 옥색치마 휘날리며》 이후에 최고일 거 같다는 생각이 드는데요.

**노회찬** 하하하.


## 독립영화와 상업영화

**변영주** 대표님하고 제가 실제로 만났던 첫날인데요. 진보신당 창립대회 말고 창준위라고 해야 되나요? 그날이 노 대표님을 처음 뵌 날이었어요.

**노회찬** 그래요? 난 그전에도 봤는데.

**변영주** 그렇구나. 그런데 그날 제가 거기 갔다는 이유 하나만으로 급하게 시키시는 바람에 창준위 결의문 같은 것을 앞에 나가서 대표로 낭독했잖아요. 읽다가 울컥하고 울었는데 제가 근래 2, 3년 동안 그렇게 창피한

적이 처음이었어요.

**노회찬** 푸하하하하하.

**변영주** 왜 울까. 슬프지도, 감동적이지도 않은 결의문 같은 걸로. 너무 너무 창피해서 집에 가면서 곰곰이 생각했어요. 내가 왜 울컥했을까. 그건 아마 내가 정치인은 아니지만 인생을 살면서 누군가를 지지하는 첫 걸음을 내딛는 것 같은 느낌, 관성적인 것이 아니라 첫 걸음 같다는 느낌이 저를 많이 벅차게 했던 거 같다는 생각이 들었습니다. 그래서 이제, 민노당에서 진보신당으로 바뀌는 순간의 정치인 노회찬에 대해서 여쭤보고 싶은 건데요. 어떠셨어요? 언제 결심하셨어요? 아, 나가야겠구나. 이걸로는 안 되는 거구나 하는 것 말입니다. 사실 민노당을 나간다는 게 저 같은 사람하고는 무척이나 다른 입장에서 생각하셨을 거잖아요.

**노회찬** 사람들이 알고 있는 것보다는 훨씬 나중에 결심을 했었죠. 만감이 교차하는 심정이었고, 나가게 될 것 같다는 판단은 그 해 10월이었어요. 그 전에 2007년 10월에 가까운 사람들하고 MT를 갔는데 몇 사람이 이후의 진로나 전망과 관련해서 분당해야 되겠다, 하는 게 맞다, 그렇게들 말했어요. 처음엔 반대했죠. 처음에는 그냥 나오자는 얘기로 생각하고 쓸데없는 얘기 하지마라 그렇게 했는데.

**변영주** 잠깐, 그전에 한마디만 하면, 대통령 후보 경선 할 때 그렇게 민노당 내에 노 대표님에 대한 안티가 많다는 거 알고 계셨어요, 아니면 놀라셨어요?

**노회찬** 안티가 많았다기보다는.

**변영주** 말도 안 되는 소문도 되게 많았던 걸로 기억을 하고 있습니다.

**노회찬** 예상은 했지만, 그렇게 저열하게, 또 그렇게 강하게 제기될 줄 사실 몰랐어요. 굉장히 실망했죠. 자기들의 목표와 이해관계를 위해서는 수단 방법을 안 가린다는 걸, 그전에는 그럴 수도 있다 봤지만 저렇게까지 실제로 나올 줄은 몰랐죠. 그렇지만 실망했어도 그것 때문에 앞으로 일을 같이 못할 거라고는 생각하지 않았어요. 이미 당을 만들 때에는 그만한 각오는 했었지요. 진보를 이야기하는 사람들도 자기 이해관계를 위해서는 얼마만큼 독해질 수 있는가에 대해서 어느 정도는 알고 있었기 때문에 견뎌야 된다고 각오하고 시작했어요.

조직에 대해서 신비화하는 경향이 제게 있다고나 할까? 92년도 감옥에서 나왔을 때 민중당이 해산되고 진정추가 만들어졌지요. 누가 봐도 저는 당연한 진정추 멤버예요. 하지만 감옥에서 3년씩이나 있다가 나온 사람이니까 당연히 집에서도 그렇고 제 주변에서 저를 개인적으로 아끼는 사람들은 6개월 내지 1년 정도는 관망해야 된다고 했지요. 진정추에 있는 사람들은 반대로 저에게 의존하면서 빨리 와서 사태를 수습해달라고 하고. 그때 제가 조건을 걸었어요. 일단 한다, 대신 아무 직책도 안 맡는다, 백의종군한다. 이걸 받아주면 들어가고 안 그럼 안 들어간다고 했지요. 그걸 받아줬어요. 그 해 말까지인가 그냥 직책 없이 매일 아침 일찍 출근해서 쓸고 닦고 했지요. 그때 저는 이력서도 냈어요. 깜짝 놀라는 거야. 조직 내에서 나를 모르는 사람도 없고, 어찌 보면 고참 선배 격인데. 사진까지 붙여서 이력서까지 딱 냈어요. 그 전날 혼자서 목욕도 하고. 정말 목욕재계를 했어요. 남들이 보면 과거에 함께 일했던 그 사람들이 다시 모여 하는 거지만 조직이잖아요. 이 조직에 들어가면 별일이 다 벌어질 수가 있는데, 항상 조직을 우선시하고 수용하고 갈 수 있느냐고 내 스스로에게 다짐하고 들어갔어요.

민주노동당 만들 때도 그런 마음이었어요. 그랬기 때문에 분당 얘기 나왔을 때, 대선 때 그렇게 홍역을 치렀지만 그것 가지고 조직을 깬다거나 이런 건 상상도 하지 않았어요. 아, 여기서 내 뜻을 펼치려면 시간이 많이 걸리겠구나, 그런 생각은 들었지만 일부 후배들이 그런 얘기할 때도 말도 안 되는 소리라 했지요. 나아가 이건 안 되겠다 싶어서 다들 불러다놓고 분당하면 안 되는 이유 다섯 가지를 정리해서 얘기했었어요. 그런데 이 사람들이 말 안 듣고 나갔죠. 나가서 나보고 왜 안 나오느냐. 거기서 저런 놈들하고 붙어가지고 뭘 하려느냐고 오히려 공격을 하는 거예요. 그래서 내가 너희들도 다 똑같다. 파쇼하고 싸우다가 파쇼한테 배운다고, 너희들도 다 똑같다. 패권주의 때문에 나간다고 했는데, 나가서 하는 짓 보면 또 하나의 패권주의다.

그런데 참 난처하게 된 거죠. 나를 지지하는 사람들이 먼저 나가버렸으니까. 그러면 이해관계를 쫓아서 나가느냐, 아니면 대의명분으로 있을 것인가 고민되는 상황이었는데, 나는 있으려고 했어요. 깬다는 거는 상상하기도 힘든 일이었기 때문에. 막판에 대의원 대회에서 일심회 사건 처리하는 것 보고, 또 혁신안 부결되는 거 보면서 이건 나가는 게 아니라 쫓겨나는 거다, 그렇게 생각을 했죠. 민노당 만드는 과정에서 지난 십여 년간 고생했을 뿐만 아니라, 만든 뒤에도 전농을 들어오게 한다거나, 어찌 보면 저의 정치적 반대파들을 설득해가면서 들어오게 만든 사람이 저인데 그들 때문에 나가게 되니까 만감이 교차하는 거죠. 지금 서서히 지우고 있어요. 하나씩. 나쁜 기억들을. 많이 지워져가고 있어요.

**변영주**  정치인으로서 노 대표께서 선택을 해야 하는 상황이 오고 만 것인데요. 그럼에도 불구하고 총선 이후로 상황을 미루는 것이 정치인으로서 보다 영리한 행동은 아니었을까, 그런 생각은 안하셨나요? 설마 대표님께서 진보신당 만들면서 잘 될 거라고 생각은 안 하셨을 거 같거든요.

**노회찬**  으허허허. 그렇죠. 앞길을 전망하기 힘들었죠. 그때 저만이 아니라 나왔던 사람들이 나가면 더 낫다, 더 좋아진다는 확신이 강했느냐 하면 결코 그렇지 않습니다. 그런 사람이 있었다면 그건 진짜 낙천주의자일 테고요. 다들 나가면 어렵다고 생각했지요. 사무실이고 뭐고 다 놓고 나왔으니까. 물질적인 것만이 아니라 정신적, 정치적으로도 그렇고 더 어렵다, 어렵지만 우린 안 나갈 수 없다. 큰 배에 불이 나가지고 거기 있으면 다 죽는다고 판단을 했던 거고, 나와서 조그만 구명정에 올라탔는데 이 구명정으로 저 거친 바다에 항해를 계속 할 수 있을 것인가에 대해서는 아무도 자신하지 못했던 거죠. 그랬기 때문에 만들면서 제2창당을 얘기했던 이유도 이것이 온전한 큰 집이 아니란 인식이 다들 있었기 때문이지요. 허허. 오늘 제일 밑바닥에 있는 얘기를 많이 하는 거 같아요.

**변영주** 유시민 전 의원하고 대표께서 〈2010연대〉에서 주최하는 풀뿌리 민주주의 토론회에서 말씀하시는 것을 비교해 봤습니다. 유시민 전 의원의 경우, 이 사람 정말 프로구나, 어떻게 사람을 제대로 후리는지, 좋은 의미에서 놀라울 정도였습니다. 사실 이거는 좀 다른 얘긴데, 독립영화와 상업영화, 전 지금 상업영화 쪽에 있지만, 이 두 가지를 가르는 중요한 기준점은 독립영화는 진정성에서부터 시작해서 진정성으로 끝나는 거지만, 상업영화는 진정성은 의미가 없다고 생각해야 되는 것은 아닌가. 그건 마음속에 품어야 하는 거라고 생각하거든요. 왜냐하면 진정성은 굉장히 상대적인 개념이니까요. 그런데 유시민 전 의원은, 이 사람은 정말 상업영화다, 그리고 어쩌면 그것이 이 사람에게 장점일 수 있겠구나. 어떻게 보면 그건 정치인으로서 약점은 아니지 않습니까. 정치인으로서는 뭐든 할 수 있는 상태가 되었구나하는 생각이 들었거든요. 저는 어떤 생각을 하냐면, 노 대표나 심상정 전 의원 두 분을 볼 때마다, 내가 정치인 중에서 인간적으로 이 둘을 좋아하는 이유는 이들은 지금 그 사이에서 갈등하고 있기 때문이라고 생각을 해요. 그런데 대중들은 그렇지 않지 않습니까. 예를 들어 흥행을 요구하고. 저는 그런 말 들을 때가 제일 힘들어요. 야, 변영주 너도 좀 흥행영화 만들어. 그런데 또 그건 만들기 싫거나 안 만드는 것의 문제가 아니라 결국 어떻게 살 것이냐는 문제이기도 해요. 실상은 흥행영화라는 말도 주관적인 거잖습니까. 대중적이라는 말 역시 주관적이라는 생각도 들고요. 그래서 노 대표께 여쭤보고 싶은 건, 당신 개인의 갈등을 지우고 정치인으로서 그 다음 과정으로 가는 원칙들이에요. 인간 노회찬의 원칙하고는 다를 거 같거든요.

**노회찬** 아주 예리하게 짚으셨는데, 그게 고민이 많이 되는 대목이죠. 정치인인 우리한테는 중요하고요. 생각은 정리돼 있어요. 끊임없이 갈등하는 면은 있지만, 2003년에 한 인터뷰였는데, 2002년 대선 때 토론 몇 번 나가니까 노회찬 신드롬이었단 말이 나올 정도의 상황이었는데 저한테 묻더라고요. 앞으로 직업정치인이 되면 대중이 요구하는 대로 가야될 텐데 하고 말이지요. 저는 이렇게 말했어요. 쇼는 안한다. 진보를 대중화시키기 위해서 그전에 하고 싶었던 여러 시도를 하고 싶고 더 다가서는 게 훨씬 더 중요하다고 생각은 하지만, 없는 걸 있다고 하거나 있는 걸 없다고 하는 식으로 쇼를 할 순 없다. 그렇게까지 하면서 정치를 하고 싶지는 않다.

지금도 마찬가지예요. 그렇게까지 정치를 해야 되느냐. 그렇게 하면 당장 정치적인 이익이 있을 수 있다는 생각은 들어요. 그런데 민망한 거죠. 흥행이나 상업성을 포기했다기보다는, 독립영화의 진정성을 가지면서 흥행이 잘되기를 바라는 방법은 없을까. 진정성으로 인해 흥행이 잘되는. 확률이 낮고 별 현실성 없는 상상이라 하더라도 어쩔 수 없는 면이 있다고 봐요. 보수정치라면 정치인 개인의 권력, 이해를 중심으로 하기 때문에 별짓 다해도 보수정치라는 하나의 지향과 형식이 충돌하지 않는다고 봅니다. 그러나 진보정치를 그런 식으로 해버리면 굉장히 위험할 수도 있다고 봐요. 그러니까 흥행을 추구함으로써 얻지 못했던 새로운 게 있을 수는 있는데, 적지 않은 것이 또 빠져나가는, 혹은 버려야 되는, 결과적으로 그게 더 안 좋다는 거죠.

**변영주** 구체적인 예로 탈당, 신당 창당, 여기서부터 이야기를 다시 해보면, 판단하실 때 우선적으로 어느 것이 더 이익이라고 생각하셨어요? 이건 정치인으로서의 선택을 말합니다. 예를 들어서 이 당에 문제가 있고 결국 깨질지도 모르겠다는 판단이 섰을 때 여러 가지 방법 중에서 총선 이후로 일단 미루고 민주노동당의 이름으로 지역구에서 당선된 후 탈당을 해도 의원직은 유지되지 않습니까? 어느 것이 옳다 그런 것 말고요. 한편 어느 것이 결국은 대의를 위해서 좋을 수 있겠다고 선택하는 부분, 혹은 정세판단일 수도 있겠는데요. 어떤 판단이 들었나요, 당시에?

**노회찬** 당 내부에서는 제가 경험이 꽤 있는 편이에요. 가장 현실적인 판단을 하는 사람으로 자타가 인정하는 편인데, 당시에 일련의 사람들은 지금 분당하더라도 선거 치르고 해야 된다, 선거 전에 분당하면 훨씬 손해기 때문에. 또 어떤 사람들은 지금 탈당하는 게 더 이익이다. 민노당은 망할 거니까. 이렇게 서로 다른 관측들이 있었어요. 저는 분당 자체를 반대했다는 이유도 있고, 시간을 번다는 의미에서도 일단 총선 후에 다시 생각하자는 거였어요. 제가 아는 정치현실로 보면 부르주아 정치인들은 그렇게 서로 싸워도 선거를 앞두고선 다 모인다. 선거에서 이겨야 되니까. 선거 6개월 전도 아니고, 한 달 앞두고 분당하면 우리가 아무리 좋은 취지에서 정당하게 나왔더라도 우리 존재를 알아줄 사람이 누가 있느냐. 잘 모르는 사람을 누가 찍느냐. 선거공학적으로 지금 하면 안 된다. 그렇게 말을 하고 있었습니다. 그런데 나가지 않을 수없는 상황이 된 것이죠.

그때 나는 선택을 해야 됐었죠. 선거는 한 달 앞으로 다가왔고, 나가면 분명히 선거득표와 관련해서 손해일 거 같은데, 나 혼자라도 남아서 국회의원 당선돼서 뒤에 가도 받아는 줄 건데, 그렇게 갈 거냐 아니면 손실을 감수하고 지금 나갈 것이냐 고민 많이 했죠. 제 나름대로 정치적인 칼라도 있는 건데 손해 보더라도 어떤 게 노회찬 식이냐. 내가 인생을 사는 법, 혹은 내가 정치를 하는 방법은 무엇이었냐. 이익을 더 얻고자 이 상황에서까지 남아있는 것, 선거에서 몇 표 더 얻으려고 남아있는 것은 나한테 안 맞다. 그리고 무엇보다 그렇게 하고 싶지가 않았어요. 분당을 반대했던 사람이지만 막판에 나갈 때에는 나가서 물에 빠져 죽는 한이 있더라도 나가는 게 맞다 판단을 했죠. 앞으로 어떤 유사한 일이 나타나도 아마 똑같이 할 겁니다.

**변영주** 그랬는데 결국 총선 결과는 진보신당이 객관적으로 참패했죠.

**노회찬** 예.

**변영주** 의외로 시민들은 종북문제나 혹은 그와 비슷한 문제제기에 관심이 없었고, 민노당은 민주당보다는 노동자 서민들을 위한 당이야, 라는 그 가치관을 깨지 않은 거거든요.

**노회찬** 이미지가 남아있죠. 반면 여기는 이미지가 없죠. 적어도 일반인들에게는.

**변영주** 예. 총선 참패를 당시 뉴타운 정책이다, 아니면 민주노총에서 민노당에게 비판적 지지를 해줬다, 이런 건 다 나중 문제고 결과적으로 정치적인 판단에서 노 대표님이나 심 의원님이나 당시 진보신당의 중심점이었던 분들이 이것까지 각오한 일이었는지요. 정치적인 판단 속에서요.

**노회찬** 제가 볼 때 그걸 알았던 사람은 저하고 심상정 대표 정도. 두 명만은 아니겠지만, 우리는 계속 얘기를 나눠왔고, 우리는 알았죠.

**변영주** 그런데도 불구하고 다시 지금 그런 일이 있어도 그런 선택을 할 것이다?

**노회찬** 그래야죠, 어쩔 수 없어요. 불가항력이라기보다는 선택이니까. 이렇게 해도 되고 저렇게 해도 선택을 할 수 있는데 제게는 잘 안 되는 부분이 있어요. 사석에서 후배들과 술 한잔하면 하는 얘기가 있는데, 인생이 한 번밖에 없거든. 인생이 두 번 세 번 있으면 요렇게도 한 번 살아보고 저렇게도 한 번 살아볼 텐데 한 번밖에 없기 때문에 잘 살아야 된다 이거야. 이 시간은 가면 다시 안 오고. 삶이나 인생에 대해 애착이 큰데, 그래서 굉장히 잘 살아야 된다는 것이죠. 자기가 볼 때 누구 눈치 보는 일 없이 마음에 흡족한, 자신 있는, 손해 보더라도 판단을 해야 된다는 거죠.

결혼할 때 가장 사랑하는 여자와 결혼하지 가장 돈 많은 여자하고 하지 않잖아요. 인생에서 매 순간은 결혼상대 구하는 것만큼 소중한 순간들인 거죠. 그럴 때 추구하는 가치나 이런 것이 반영되어야지 가치를 배신하고 이익을 얻으면 뭐하냐 이거죠. 가치를 지키면서 이익을 얻으면 더 좋겠는데 둘 중에 하나를 버려야 된다면 이익을 버려야지, 가치를 버릴 순 없다는 거죠. 그건 나중에 삶이 불행할 거예요. 삶이 스스로 떳떳하지 못한데. 남들이 안 알아주는 것은 참을 수 있단 말예요. 그런데 자기가 자기를 안 알아주면 이건 굉장히 골치 아픈 일이에요. 존재가 흔들려 버리는데.

바그너를 좋아하세요?

**변영주** 이런 상상을 한 번 해보시지요. 어느 방에서 한 시간 동안 쉴 수 있어요. 그냥 쉬는 거예요. 그리고는 가장 즐거운 상태에서 그 방을 나오셔야 돼요. 그 방은 원하는 세상의 모든 음악을 다 들을 수 있는 방입니다. 어떤 음악을 제일 많이 듣거나, 제일 먼저 들으실 거 같으세요?

**노회찬** 음. 한 시간 정도라면…….

**변영주** 아니 시간에 구애받지 마시고요. 더 많은 시간이 있을 수도 있다고 생각하시고요.

**노회찬** 그럴 때 즐겨듣는 음악들이 있어요. 주로 교향악들인데, 그중에서도 가장 많이 알려진 베토벤의 〈운명〉이나 차이코프스키의 〈비창〉같은 거? 개인적인 취향인데, 스케일이 크고 서사적인 것을 들을 때는 음악 자체에 몰입하는 면도 있지만, 거의 악보를 외우다시피 머릿속에 들어가 있는 것이 있기 때문에 그런 거 들으면 분위기가 잡히는 면이 있어요. 그냥 그 분위기에 올라타는 거죠. 주로 역사, 인생 같은 큰 스케일의 음악. 산에 올라가면 사소한 것들 생각 잘 안 나잖아요. 크게 한번 보잖아요. 교향곡들 말고 소품들이라면, 기악곡? 소나타 이런 것 들을 때에는 인생사의 단편 단편을 달래거나, 생각이 잘 정리 안 될 때에 문득 한 번 틀어놓으면 분위기 덕을 좀 보기도 하죠. 혼자 그럴 수 있는 시간 여유가 있다면 30분짜리 몇 개라도 쭉 들으면 좋겠죠.

**변영주** 바그너는 어떠세요?

- 바그너를 좋아하세요?
- 바그너는, 좀 세죠.
- 저는요, 사람들에게는 숨기고 싶은
취향이라는 게 있다고 생각하거든요.
저 같은 경우는, 사실 진짜 바그너를 좋아해요.
그게 거의 작년까지
제 인생의 비밀 다섯 가지 중에 하나였어요.
남들한테 절대 공개할 수 없었고,
동료들이 우리 집에 놀러오면 CD장에서
바그너 음반 쫙 빼서 숨겼었거든요.
저는 〈스타워즈〉나 〈반지의 제왕〉같은
서사극을 진짜 좋아해요.
그런데 보통 그런 영화 보러 가면
고개를 숙이고 가죠.
독립영화 하던 시절엔 특히나.
심지어 저를 알아보는 관객들은
변영주가 왜 이런 영화도 보느냐는
눈길을 보내기도 하고요.
그런데 나중에 영화를 하면서 느끼게 된 건데,
아 이게 내 전공 장르가 되는 거구나,
나의 세계관과 맞지 않다고 생각하고 버렸지만
끝내 버리지 못했던,
내가 매혹 당했던 어떤 것들이
결국엔 내 영화 안에서 스타일이나 장르로
실현이 되는구나 하는
생각을 했습니다.

**노회찬** 아, 바그너는 좀 세죠.

**변영주** 서사적이지 않습니까?

**노회찬** 서사적이죠. 바그너도 좋아하는데, 차이코프스키와 베토벤을 좀 더 좋아하는 편이죠. 바그너는 곡마다 다르긴 한데, 우울하거나 침잠해있을 때 빵 틀면 불끈불끈하는 그런 걸 얻기도 하죠.

**변영주** 바그너는 파시즘과 연결되지 않습니까? 베토벤 교향악을 좋아한다고 하셨는데 세계적인 베토벤 지휘자 중에는 프루트뱅글러 같은 나치 부역자도 있었단 말입니다. 이런 것들과 자신의 세계가 상치되는 순간에는?

**노회찬** 고민 많이 한 대목이에요. 고등학교 때 고민 많이 한 것 중 하나가 히틀러가 클래식 좋아한단 얘기를 들었던 거예요. 그전까지 음악을 워낙 좋아하고 빠지다 보니까, 음악 좋아하는 사람은 다 착한 사람이다. 대개 산 좋아하는 사람들이 산 좋아하면 착한 사람이다 하는 것처럼. 그렇게 생각하다가 히틀러도 좋아했다. 특히 바그너를. 그러자 굉장히 실망했어요. 이렇게 좋은 음악인데, 음악 좋아한다고 다 좋은 사람은 아니구나. 음악을 좋아하면서 태연히 유태인 학살을 도모할 수 있다니. 그런 예야 허다하지만, 그래서 그 무렵 바그너는 약간 꺼려지는 면이 있었어요. 그러나 저는 철저하게 분리하려고 해요. 예술지상주의자는 전혀 아니지만, 개인의 정치적 신념과 예술을 무조건적으로 연결시켜서 해석하는 것은 안 된다. 지금은 그런 생각을 갖고 있지요.

**변영주** 그래도 남들 앞에서 마음 놓고 듣기는 뭐하지 않으세요?

**노회찬** 그거는 넘어섰죠. 카라얀도. 음악만이 아니라 인간도 좋다, 그런 반열에는 세우지 못하지만, 그것 때문에 배척하는 건 아니라고 보죠.

**변영주** 반면에 절대로 듣지 않을 거 같은 음악은? 난 정말 이런 음악은 싫어, 이런 거 있지 않습니까?

**노회찬** 저는 음식 대하는 태도가 이 세상에 맛이 없는 음식은 없다. 맛의 차이는 있지만 맛이 없는 음식, 버려야 될 음식은 없다. 이런 거예요. 음악도 그래요. 들으면 안 되는 음악은 없다고 봐요.

**변영주** 그래도 이런 음악은 취향이 아냐. 듣기 싫어. 이런 음악 없으세요?

**노회찬** 아, 잘 안 듣는 음악? 글쎄요⋯⋯. 가끔 가사에 거부감을 느끼는 대중가요도 있긴 한데 기본적으로 모든 음악은 인간의 감정의 표현인 만큼, 제 취향을 떠나 존재의의는 있는 것 같아요.

**변영주** 트로트도 좋아하세요?

**노회찬** 굉장히 좋아하죠. 헤어졌다 다시 만난 애인이랄까. 고등학교 때는 장르를 안 가렸으니까, 그때 이미 저한테 우리나라의 거의 모든 유행가 악보가 다 있었어요. 일제시대부터 전해오던 트로트들까지. 예컨대 〈겨울 나그네〉하면 전집 악보를 다 가지고 있었으니까. 악보 가지고 연주도 했는데 운동하면서부터는⋯⋯ 운동하는 사람이 트로트를 들으면 돼? 이런 게 아니더라도 안 되더라고요. 그때는 경직돼 있었고, 실제로 안 불렀어요. 그 당시 어느 정도였는가 하면, 인민노련 들어갔을 때 바로 저하고 연결되는 사람, 나중에 제가 서울로 전국 사업을 하러 가면서 인민노련 대표가 됐는데, 이 사람하고 제일 자주 만났는데 인민노련 전체 시간을 통틀어 술 몇 번 먹었느냐. 헤어질 때 한번 먹었습니다. 우리끼리는 술 먹은 적이 없어요. 유일하게 황광우만 술 먹는 거 허용됐어요. 쟤는 술 먹어야 글을 쓴다 이래가지고. 술 먹으면 안 된다는 규율도 없었어요. 자기비판하고 그런 것도 아닌데 생활이 그랬던 것이죠. 그런 생활 속에서 뽕짝 이런 거는 안 되었죠. 그럼 클래식은 됐냐. 음악 자체가 거리가 먼 생활이었죠. 감옥에 있을 때는 더 그랬죠. 두 시간 세 시간씩 메들리로다 운동가요만 부르는 분위기. 무슨 책 한 권 다 떼자, 이런 분위기였죠.

감옥에서 나온 뒤로도 한동안은 음악, 특히 클래식은 못 듣겠더라고요. 한참 시간이 지나면서 다시 멀어졌던 음악과 만났는데, 당연히 뽕짝도 포함되었죠. 나훈아 열렬한 팬이 우리 집에 있기도 하고. 어느 날 나훈아 인터뷰한 걸 봤어요. 그걸 보고 느낀 게, 산봉우리라는 게 어느 하나라도 정상에 오르면 다 보이는구나. 그 사람이 노래 하나만 알고 세상을 모르는 사람이라는 생각이 전혀 안 드는 거예요. 노래만 한 사람이지만, 노래를 통해서 세상의 많은 것을 보고 느끼고 스스로 정리를 해내고 있구나, 그런 느낌을 강하게 받았어요. 처음에 광주사태는 당연히 간첩 때문에 벌어진 일로만 알고 있었는데, 그 후에 새로운 사실을 알게 되자 그 엄혹한 시기에 광주희생자 유가족들 부탁으로 노래도 한 곡 만들어주고, 그걸 자기 비용으로 취입했다는 이야기도 그렇고. 자기 눈으로 자기 생각으로 세상을 보고 반추하고 고민하는구나. 그 사람의 프로정신은 놀라울 정도였어요. 돈 주고 자기 노래 듣는 사람들에게 자기는 뭘 할까 이런 거죠.

**변영주** 이런 걸 여쭤본 이유가요. 숨기고 싶은 취향이라는 게 있다고 생각하거든요. 나와 맞지 않는다고 생각하는데, 그런데 그게 땡기는. 저 같은 경우는, 사실 진짜 바그너를 좋아해요. 그게 거의 작년까지 제 인생의 비밀 다섯 가지 중에 하나였어요. 남들한테 절대 공개할 수 없었고, 동료들이 우리 집에 놀러오면 CD장에서 바그너 음반 쫙 빼서 숨겼었거든요. 저는 〈스타워즈〉나 〈반지의 제왕〉같은 서사극을 진짜 좋아해요. 그런데 보통 그런 영화 보러 가면 고개를 숙이고 가죠. 독립영화 하던 시절엔 특히나. 심지어 저를 알아보는 관객들은 변영주가 왜 이런 영화도 보느냐는 눈길을 보내기도 하고요. 저는 또 오페라나 피겨스케이팅 구경하는 거 진짜 좋아해요. 어려서부터 좋아했었던 건데, 이것도 이를테면 부르주아적인 취미다 해서 거세당한 측면도 있었던 거 같고요. 이런 건 언제나 저에게 숨겨진 취미생활인 거였죠. 절대 남들한테 얘기하지 않는.

그런데 나중에 영화를 하면서 어느 날 나이가 들어서 느끼게 된 건데, 아 이게 내 전공 장르가 되는 거구나. 나의 세계관과 맞지 않다고 생각하고 버렸지만 끝내 버리지 못했던, 내가 매혹 당했던 어떤 것들이 결국엔 내 영화 안에서 스타일이나 장르로 실현이 되는구나 라는 생각을 했습니다. 그래서 결국 그 사람을 잘 알기 위해서는 그 사람의 숨겨진 취향을 알아야 한다고 생각해서 여쭤 본 것이고요. 또 하나의 이유는 대표께선 그런 적이 없으신가 하는 건데, 저는 노동가요 중에 김호철 씨가 만든 노래를 다 싫어했었어요. 왜 저런 노래를 불러야 되지? 요즘도 가끔 파업 현장을 갈 때, 예컨대 기륭전자 해고 노동자들이 구로역에서 문화제를 할 때였을 거예요. 저는 다함께 율동하면서 손을 잡고 인사하고 이런 거 진짜 싫어하거든요. 어제 노 대표께서 〈2010연대〉 풀뿌리 민주주의 토론회를 하실 때 저는 오마이 뉴스 TV로 봤는데 중간에 아 못 보겠다, 이러고 껐다가 다시 켰어요. 이명박 탈과 호빵 탈 쓰고 나온 그 부분이요. 내 취향이 아니라서 못 견디겠는 거예요. 아직도 부끄러운 기억 중 하나가 뭐냐면 기륭전자 문화제 갔을 때 사람들이 다 같이 손을 잡고 율동을 하는데 그 순간 저 혼자 무슨 생각을 했냐면, 아 젠장 카메라 들고 올 걸. 그러면 여기서 빠져서 찍는 척이라도 할 텐데. 정치인이라면 그런 게 훨씬 많을 거 같다는 생각이 드는 거예요.

**노회찬** 하하하. 동시에 정치인이라면 그런 걸 얘기 안하죠.

**변영주** 정말 그런 거 없어요?

**노회찬** 진짜 싫다는 것까지는 아닌데 율동패 있죠? 율동이 단조롭고 예술성도 솔직히 좀 적고 해서. 운동가요를 들어봐도 최근 창작가요 보면 좋은 게 별로 없어요. 그런데 대해서 내가 책임질 일이 아니라 가만있지만 좀 불만이죠. 음악이란 게 얼마나 대단한 건데. 부를 때 다 돈 주고 데려와서 직업으로 하는 거니까 좋은 음악이어야 하는데. 새롭게 자꾸 창작하는데 음악성이나 이런 것들이 많이 떨어지고. 민주노총의 무슨 가 무슨 가 하는 것들 표절이 너무 많고.

**변영주** 으하하하하.

**노회찬** 일본 노래나 다른 나라 거 표절이 너무 많아요. 노래 팀들이 부르는 거 보면 그런 게 싫은 거예요. 별로 음악성이 없는 노래를 운동권 노래라는 이유로 행사에서 부르기 때문에 굉장히 즐거운 것처럼 박수쳐야 하는 그런 게 말이죠. 앵콜하는 거 이해가 안 되는 거예요. 그걸 자꾸 앵콜해 가지고 더 듣고 하는 거. 이 얘기해서 나중에 무슨 욕을 먹을지. 하하하.

**변영주** 크크크크크. 대표께서 가장 좋아하는 운동가요가 있습니까? 부르는 거 말고 듣는 걸로 가장 좋아하는?

**노회찬** 〈그날이 오면〉. 그리고 음악적으로 봤을 때 가장 훌륭한 노래가 뭐라고 묻는다면 〈사계〉. 저는 그건 음악적으로 대단히 훌륭하다고 생각해요. 가사까지 다 포함해서. 문승현 음악이 괜찮은 거 같아요. 김호철도 괜찮은 게 있고.

**변영주** 하하하.

**노회찬** 김호철은 〈진짜 노동자 2〉인가, 약간 뽕짝처럼 나온 거 있잖아요. 감옥에서 나왔을 때 거기에 굉장히 저항했어요. 편지도 막 썼어요. 그런 식의 대중성 확보는 올바른 길이 아니다. 다른 식으로 대중성이 확보돼야지 음악 망치고 있다. 이런 식으로 정색하고 썼는데, 지금은 그 생각을 그대로 갖고 있진 않아요. 그땐 참 그 노래 싫었거든요.

**변영주** 저도 참 싫어했는데. '닭똥집이 덜덜덜~' 뭐 이런 노래들.

**노회찬** 지금은 무감각해졌는데, 아 그때는 그것 때문에 편지를 한 장 썼다니까요.

**변영주** 제가 알기로는 대표께서도 자기 취향이 명백하신 분 아니세요? 정치인으로서 부닥칠 때 마음속에서 그걸 극복하는 비결이 있나요? 즐기시나요? 아니면 참으시나요?

**노회찬** 참죠. 즐기는 경우도 있지만, 즐겁지 않은데도 즐길 순 없는 거고. (한숨 쉬고) 인생에는 참아야 될 일이 참 많아요. 하하하.

**변영주** 푸하하하하.

**노회찬** 그리고 이제는 정치적 효과 같은 걸 생각 안할 수 없기 때문에 묻어두죠. 다른 사람이 다른 경우에 그걸 건드릴 수도 있는 것이기 때문에요. 또 제가 모든 걸 다할 순 없으니까요.

**변영주** 2009년 상황에서 얘기를 하고 싶은데, 뭐 어제를 예로 들죠. 어제 전 네티즌 질문들이 되게 재미없었거든요. 심지어 걱정이 되는 게 뭐냐면, 자기는 이명박을 죽이고 싶은데 대표께서 죽이고 싶은 사람 있냐. 이런 식 이야기들 말이지요. 이명박을 죽이고 싶다는 말처럼 사실 쓸모도 없고, 힘도 없으며, 재미도 없는 말은 없다고 생각하거든요. 바꿔 말하면, 저는 대표께서 민노당 시절부터 누구보다 먼저 네티즌이나 젊은 친구들의 문화와 손을 잡은 분이셨다고 생각해요. 그리고 지금도 소위 인터넷상에 다양한 방식으로 소통하는 것에 대해서 진보신당 관련된 사람들 중에서는 진중권 선배와 노 대표님이 가장 적극적으로 활용하는 분이라고 생각을 하거든요. 그런데 저는 사실 논쟁이 인터넷 상에서 가능하다고 생각하지 않거든요. 이 세상에서 어떤 정치적인 견해든 댓글만큼 후진 정치적 견해는 없다고 생각하는 편이고, 나아가 인터넷에 의견을 개진하는 게 여론이라고 얘기하기도 좀 뭐하다고 생각하는 부분도 있는데요. 이처럼 저는 인터넷을 통한 활동에 대해서 부정적인 입장이고요. 더 가혹하게 이야기한다면, 진보신당이야말로 더 이상 게시판에 글 쓰는 걸 중단하고 지역으로 흩어져야 될 때는 아닌가 생각할 정도로 진보신당의 가장 후진 틀이 당원게시판이지 않습니까? 그럼에도 불구하고 인터넷이라는 곳이 대표님에게 무기가 되는 이유가 궁금할 때가 있어요.

**노회찬** 말씀하신 측면이 분명히 있는데 그것만 있는 건 또 아니니까. 인터넷이 아니고서는 만날 수 없는 사람들과 만나게 되는 장으로서의 역할을 하잖아요. 어쨌든 다양하게 배출되는 여러 견해나 감정들을 짧은 시간에 폭넓게 접할 수 있기 때문에 우선 인터넷의 효용가치는 있는 것 같고요. 그러나 다른 한편으로 분명한 것은 생산적인 토론이 쉽진 않다는 것이죠. 최근에 '듀나의 영화게시판' 사람들도 한번 만났고, '디비디 프라임' 사람들도 한번 만났는데 먼저 놀랐던 것은 그 사람들이 벌써 7, 8년 전부터 정치 사회문제를 중심으로 온라인상에서 대화와 토론을 해왔다는 것인데, 그렇다고 토론이 잘돼서 결론에 명쾌히 도달하거나 그렇지도 않아요. 자기 생각이 잘 변하지 않고 배출만 하는 경우도 많고, 때로는 부딪혀서 어떤 게시판의 경우 한 친구가 대판 싸우고 게시판에서 나갔다가 몇 달만에 다시 슬그머니 복귀를 했다는 이야기도 들었어요. 그 안에서도 그런 거예요. 비교적 양질의 대화를 나누는 게시판 내에서도 막 싸우기도 하고 일방적인 얘기만 내뱉기도 하는 경향들이 꽤 있는데, 그래도 전 그게 없는 것보단 낫다는 생각을 갖고 있지요. 진보신당 게시판은 제가 유일하게 좌절감을 느끼는 장소예요.

**변영주** 으흐흐.

**노회찬** 과거에 그런 폐단이 많아서 이 당에서는 좀 다르게 되어야 되지 않겠느냐 생각도 있어서 초기엔 일부러 분위기 진작용으로 글도 좀 쓰고 이랬는데, 엉뚱한 문제 가지고 너저분한 논쟁이 벌어지면서 일단 가기가 싫어졌지요. 문제는 가기 싫으면 안가면 되는데, 그 게시판이란 게 당원들의 얼굴처럼 인식되고, 바깥에 있는 분들이 당을 쳐다볼 때 대부분이 찾는 장소이기도 한데 그래서 당의 첫인상이 이래서 되겠느냐는 걱정이 굉장히 크지요. 그렇다면 게시판을 없애버리면 어떨까. 그건 또 아니고.

**변영주** 작년 촛불 정국서부터 노 대통령 돌아가시는 때까지, 그전부터 따지자면 노 대통령을 지지했던 분들, 그 중에서도 젊은 친구들이 굉장히 많이 진보신당에 들어왔다가 게시판 생활 일주일 만에 전부 다 탈당하지 않습니까. 진보신당 게시판의 한 축은 출신성분에 대해서 인민재판을 하는 공간일 정도로, 노 대통령을 지지했던 사람에게 가입하자마자 반성문 쓰게 했잖아요. 그럴 때 사람들은 황당해서 돌아갔고. 게시판에 글을 쓰는 대부분 사람들이 젊은 친구들이라고 생각하는데, 자신들이 좌파적인 생각을 갖고 있건 보수적인 생각을 갖고 있건 중도적인 생각을 갖고 있건 이것이 2009년도에 가장 대표적인 논쟁방식이거나 이야기 서술방식인 거 같아서 되게 절망했을 때가 있었어요. 어떤 누구도 자신의 사고를 개방시켜서 함께 이야기하지 않는다는 거죠. 거의 대부분 토론회를 보자면, 네티즌 의견뿐 아니라 방청객 의견도 그렇지만 실제 그 사람의 얘기를 듣고 싶은 게 아니라 자기가 원하는 답변을 하길 바라는 질문들이 훨씬 많잖습니까. 요즘 가장 유행하는 질문 톤인데, 나는 너를 A라고 생각하는데 A라고 대답해! 라는 질문을 던졌는데 A라고 대답안하면 화내잖아요. 이런 것들에 대해 정치인, 아니면 선배로서, 혹은 동시에 운동가로서 어떤 고민을 하세요? 이런 것들이 분명히 한국 사회에서 심각한 문제일거 같거든요.

**노회찬** 다른 쪽 사람들은 둘째 치고, 소위 진보를 좋아하고 진보를 지향하는 사람들 속에 가장 부족한 것이 다원주의, 다양성에 대한 이해와 관용의 태도가 굉장히 부족하다는 생각을 합니다. 자기하고 견해 다르면 그것이 작은 일이든 큰일이든 선을 확 그어버리는. 예를 들면 나는 김치를 더 좋아하고 저 사람은 시금치를 더 좋아하고, 그러면 김치도 있고 시금치도 있는 밥상에서 밥을 같이 먹을 수 있는 것인데, 그렇게 안 하려고 한다는 거죠.

저는 노무현 정부는 역대 정부 중에서는 그래도 상대적으로는 나았던 정권이라고 자주 얘기하거든요. 그 얘기를 하게 되면 그런데 당신은 왜 노무현 정권에 대해서 비판했어? 이게 양립할 수 있는 문제인데, 또 양립하는 게 오히려 더 맞는데 말이지요.

저는 진보가 진보답지 않으면 보수를 이길 수 없다고 봐요. 자기가 지향하는 가치가 진보라는 이유로 자신의 모든 것이 다 합리화될 순 없는 것이고, 끊임없이 진보는 진보적인 방식으로 풀려고 노력해야 하는데 오히려 바깥에서 진보세력을 볼 때 편협해 보이는 것이 현실이고 이것이 전혀 근거가 없는 건 아니라는 것이죠. 물론 과도하게 비판하는 면도 있지만 우리가 근거를 제공했다는 거죠. 이 싸움은 끝이 없는 거 같아요.

**변영주** 그러니까 대표께서 지금 말씀하신 건 크게 두 가지인 것 같습니다. 보수와 진보로 명백하게 사람들을 나누기에는 모두가 너무 다양하다는 것이 하나고. 또 하나는 진보는 고리타분하다는 것 말입니다. 이건 좀 다른 이야기 같은데 전자부터 말하면 저는 정말 그 견해에 동의 안하거든요. 보수는 부패로 망하고 진보는 분열로 망한다는 말을 무슨 유행어처럼 쓰는데요, 전 진보야말로 오히려 끊임없이 분열해야 한다고 생각을 해요. 제가 질문 드린 것은 논쟁방식과 태도의 경직성 문제이지 분별의 문제는 아니었어요. 오히려 선험적인 전제나 강박이 긍정적인 의미에서의 차이와 분별을 가로막고 있다는 것이고 개방적인 토론을 불가능하게 만든다는 것이죠. 저는 진보라는 가치는 너무나 당대적이기 때문에, 즉 영원불멸의 가치라기보다는 굉장히 상대적이고 우리는 지금 어디에 서 있는 거지? 라는 질문을 계속 해봐야 되기 때문에 오히려 분열할 정도로 고민하지 않으면 안 된다는 생각을 합니다. 그렇다면 대표께서 생각하는 2009년, 그리고 일정 시점까지의 중요한 진보의 가치란 어떤 건가요?

## 욕망이라는 모호한 대상

**노회찬** 정치적으로는 한나라당-민주당 체제를 극복해서 보수와 진보

양자 구도를 정립해야 한다는 게 1차적으로 중요하다고 보고요. 사회 경제적으로는 반신자유주의, 즉 신자유주의와 확연히 선을 긋는 새로운 경제 패러다임을 도출해내야 하는데, 이것이 현실에서 실현가능한 프로그램이 될 수 있는 수준으로 구체적이고 정교하고 치밀하게 다듬어져야 하는 것이지요.

낡은 진보, 새 진보의 문제가 있는데, 낡은 진보는 진보가 아니라고 얘기할 수는 없다고 보고요. 낡은 것도 사실이고, 또 낡아 보인다는 문제가 있는데, 잘못하다가는 목욕물 버리려다 애까지 버리는 경우도 있거든요. 예컨대 계급 계층문제는 잘못 풀면 굉장히 낡아 보여요. 그러나 저는 그것이 지금도 굉장히 중요하고 살아있는 하나의 준거라고 보는데, 그것을 감동적으로, 현실감 있게, 설득력 있게 제시하지 못한 무능력이 문제인 것이지, 계급 계층 따지는 것 자체가 낡은 패러다임이다 이렇게 보는 건 아니라는 거죠. 토지를 농민에게. 어느 시점까지 이것처럼 황당무계한 얘기가 어디 있었겠어요. 수 백 년 이상 토지가 경작하는 사람 소유가 아니라 그것을 가진 사람이 독점하는 것은 하나의 인간 삶의 철칙이었던 현실에서는. 너무나 이상주의적이고 급진적인 것이었죠. 소유관계를 바꾸겠다는 것이었으니까. 그러나 그게 그 당시에 수많은 사람들에게 절절하게 와 닿았기 때문에 대중적인 동의가 이루어졌고, 그게 실제 혁명의 동력이 됐잖아요. 지금도 사실 마찬가지예요. 얼마만큼 급진적이냐 아니냐의 문제가 아니라, 얼마만큼 사람들 마음을 사로잡느냐, 또 그에 앞서 사람들의 삶에 그것이 얼마나 절박한 문제인가가 사회적 진보를 실현하는 갈림길이라고 생각합니다. 그런 점에서 진보적 가치를 자꾸 후퇴시키는 방향이 아니라 그것을 현실에서 절박하고 설득력 있는 제안으로 만들어가는 노력을 해야 하는 것이지요. 투박한 채로 꺼내놓고, 하다가 좀 안되면 버려 버리고 또 그걸 반복하고, 이런 식으로 하다 보니 나중에는 정체성 문제도 생기는 것이지요. 다른 한편으로는 상대성의 문제가 있는데, 윗물이

맑아야 아랫물이 맑다는 말처럼 옆 동네가 괜찮아야 그 옆집도 괜찮다는 거예요. 그 나라의 진보는 그 나라 보수의 투사체이다, 거울에 비친 모습이라고 볼 수 있어요. 3류 보수 옆에 1류 진보가 있기 힘들어요.

**변영주** 진보란 경제적으로 신자유주의를 반대하는 것이라고 하셨잖아요. 거기에 대해서 유시민 씨가 뭐라고 했느냐면 모든 걸 신자유주의로 뭉뚱그려서 비판하지 마라는 것이었고, 노 대통령 같은 경우 며칠 전 나온 책을 보면 한미 FTA를 받아들인 것 자체가 문제가 아니라 노동문제 쪽, 예컨대 노동시장유연화, 이런 것을 받아들인 것이 잘못되었다는 이야기가 있거든요. 방금 대표님께서 신자유주의라고 함축하셨던 것들을 다시 분리하는 얘기들로 보이는데요.

**노회찬** 저도 그 대목을 유심히 봤는데, 노동시장의 유연성과 관련해서 그걸 받아들인 건 잘못했다는 이야기는 늦었지만 뒤늦게라도 그렇게 고백한 것은 긍정적으로 평가하고 싶고요. 노무현 대통령은 이런 게 있더라고요. 여전히 본인은 진보이고 싶은 것이고, 진보가 아니라는 지적은 못 받아들인다는 것이 그것이죠. 신자유주의자로 몰리는 것에 대해서는, 신자유주의적 정책을 몇 개 쓰긴 했지만 그렇게 몰리는 것은 거부하고 싶었던 것이죠. 신자유주의적 정책 몇 개 쓰면 보수냐, 진보라 하더라도 신자유주의 정책 몇 개 쓸 수 있는 거 아니냐. 이렇게 생각했던 거 같아요. 그러면서 예로 든 게, 그러면 독일의 사민당이나 영국의 노동당이 신자유주의정책을 몇 개 받아들였는데 그렇다고 그들이 보수정권이냐, 그렇게 물었더라고요. 그걸 보면서 저는 하여튼 이 양반은 어떤 경우에든 진보는 안 벗어나고 싶어 하는구나 그런 생각이 들었어요.

보수 진보는 신자유주의 이전부터 있어왔죠. 신자유주의냐 아니냐를 가지고 보수 진보를 다 얘기할 순 없지만 신자유주의를 어떻게 바라보느냐가 보수와 진보를 가르는 중요한 준거가 되는 건 사실이죠. 그러면 신자유주의를 부분적으로 수용한 토니 블레어는 뭐냐. 그는 진보정당을 우경화로 이끈 사람이죠. 그럼 왜 영국 노동당을 여전히 진보정당으로 부르느냐. 100년 이상의 역사를 갖고 있고, 오랜 기간 동안 진보정당으로 해왔기 때문에 지금 하고 있는 단면 하나만 놓고 보면 한국의 민주당과 다를 바 없는 지점도 있지만, 그러나 여기에 깔려있는 두터운 역사와 뿌리들이 있는 거거든요. 또한 신자유주의 정책 몇 개 했다 하더라도 여전히 진보정당으로 인정해야 될 다른 대목들도 많아요. 우리나라에도 안 알려진. 어쨌든 종합적으로 신노동당 노선은 실패했고, 그 운영도 잘못됐다, 그래서 드디어 내년에 노동당이 정권을 내놓게 돼 있다는 말이죠. 더구나 좌파들이 당을 뛰쳐나가서 또 당을 만들었어요. 이건 프랑스를 비롯해서 신자유주의를 좌파정당에서 받아들였던 나라에서 거의 동일하게 생기는 현상이에요. 그런데 우리나라의 경우 민주당은 본디부터 보수정당이었고, 여기다가 신자유주의까지 얹힌 거 아닙니까. 그러니까 이것은 노무현이란 개인이 진보적 마인드를 갖고 있었다고 해서 달라질 문제가 전혀 아니란 거죠.

**변영주** 바로 그 지점인데요. 현실정치에서 같이 얘기해봐야 되는 것이 두 가지 부분인 거 같아요. 진보신당의 정책이 구체적으로 얼마만큼 좌파적이고 얼마나 설득력을 갖추고 있는가라는 고민이 이쪽 한편에 있다면, 다른 한편으로는 지금 정국에서 이명박을 반대하는 것이 좌파라고 하는 말도 안 되는 공식이 실질적으로 우리나라 사회에서 좌파 우파의 논쟁이건 진보 보수의 논쟁이건 무엇이라고 부르건 그 논쟁을 완전히 중단시키고 있단 생각이 들거든요. 저는 작년 촛불문화제할 때 소고기 수입을 반대한다는 건 좌파의 가치도 아니고 우파의 가치도 아니라고 생각하는데, 그런데 그것을 좌파의 가치로 만들어버린 측면이 있다고 봅니다. 여기에

다 이명박 정부의 일련의 반민주적인 행태가 일거에 '이명박=독재', '반이명박=민주' 라는 구도를 만들어내고, 다시 이것이 이명박에 반대하면 진보라는 식의 의식으로 만들어져간다는 사실입니다. 저는 이럼으로 인해서 진보의 축, 좌파의 축이 무엇인가를 분별해내고 구축해 가는 일이 훨씬 더 힘들어졌다고 보는 것이죠. 왜냐하면 다시 거대담론과 싸워 버려야하는 시점으로 온 건 아닌가. 개인적으로 저는 민주 대 반민주의 싸움만큼 진보나 좌파가 힘들어지는 건 없다는 생각이니까요. 민주주의라는 대의를 위해, 사실 그 민주주의라는 것도 무척이나 주관적인 의미인데, 그럼에도 불구하고 희생해야 되는 것이 늘어날 것이고, 지금도 그렇고 앞으로도 대표께서 무조건 단일화 하라는 압박을 예전보다 더 심하게 받을 거라 생각 하거든요. 이제 본격적인 선거철이 되면. 어떻게 설득할 것인가라는 문제 말입니다.

**노회찬** 굉장히 위험한 발상이죠. 다들 이명박 싫어한다. 그리고 이명박 정권을 극복하자 한다. 이런 말들을 하죠. 그런데 과연 이명박만 물러가면 더 좋은 세상이 오느냐. 더 나쁜 이명박, 똑같은 이명박이 오지 말란 보장은 어디 있느냐. 이런 질문들은 생략되어 있어요. 이명박 정권을 그렇게 싫어하면서도 다른 야당 세력들은 한나라당보다 더 지지율이 낮다는 것, 이건 뭘 의미하느냐는 겁니다. 그래서 왜 이명박 정권이 등장했는가를 봐야하는 거예요. 왜 이 정권이 등장했는가를 설명해내지 못하면 이후에 이명박 같은 사람이 못 나오게 할 방도도 못 찾을 것이라는 것이죠.

그러면 이명박 정권은 왜 등장했느냐. 역대 정권 중에서 가장 좋은 정권 다음에 나타났지요. 대통령 뽑을 때마다 더 좋은 대통령, 더 좋은 정부가 들어섰는데 왜 이런 정권이 등장했느냐. 여기엔 민주 대 반민주 구도로는 해결하지 못하는, 그래서 사회경제적 민주주의를 추구하는 과정에서 보수 대 진보로 재정립되는 단계로 나아가지 못하고 멈추어버린 데서 발생하는 문제가 있는 겁니다. 이 문제가 안 풀리다 보니까 안 풀리는 원인을 다른 지점에서 찾는 게 아니라, 노무현 김대중이 진보개혁세력이니까 진보개혁 세력 하에서 경제가 망쳐졌다. 보수가 잘한다는 보장은 없지만 그래도 남은 건 보수밖에 없지 않느냐는 대중심리가 발생했던 것이죠. 보수가 경제를 들고 나왔고 그래서 정권이 넘어갔기 때문에 이 상태는 지금도, 아니 당분간 변하지 않고 있는 상황이기 때문에 계속해서 민주 대 반민주라는 유효성을 거의 잃은 것이지요. 민주가 밥 먹여줘? 이 질문에 답하지 않고서 이명박은 독재니까 안 된다는 주장이 통하겠냐는 겁니다. 처음부터 이명박이 싫었던 사람들 빼고 한나라당과 이명박을 독재로 보는 사람이 얼마나 될까요. 보수가 밥을 먹여주겠다고 나섰는데 그 밥은 기껏해야 밥은 찬밥이니까 우리가 따뜻한 밥을 먹여주겠다 라고 나서는 게 아니라, 쟤는 독재니까 나쁜 놈이에요. 그러니 우리 다 모입시다. 이건 우리 스스로도 속이는 것이 아닌가 하는 것이죠. 실제로 이명박과 차이가 거의 없는 부분이 보수 쪽으로 가고 진보 진영이 사회경제적 민주주의의 과제를 가지고 진검승부를 해야 보수 대 진보의 양자 구도가 성립되면서 명분과 결집이 비로소 가능할 것이라 보지만, 민주라는 걸로 몽땅 묶어서 가자고 하면 국민들이 안 쳐다볼 것이고, 또 망한다고 보는 거죠.

**변영주** 과연 안 쳐다볼까요? 그걸 쳐다보는 세력이 30% 이상 있는 거 아닙니까? 민주당과 국민참여당의 지지율을 합치면 바로 그런 부분들이라고 생각을 하거든요.

**노회찬** 세력은 꽤 되는데 게임에선 진다는 거죠. 독재냐 민주냐, 그걸 가지고 갈라버리면. 우리 사회에 시급히 해결해야 될 게 뭐냐고 물으면, 민주주의가 10%고 경제성장이 70%, 여전히 이렇게 나오니까요.

**변영주** 그럼 대표님 말씀은 지금 사람들이 얘기하는 것처럼 30%의 소위 범민주계열로 단일화를 하더라도 진다라고 말씀 하시는 거죠?

**노회찬** 그렇죠. 44 대 40이에요. 한나라당, 친박연대, 자유선진당이 44고, 이쪽 다 합치면 40이고, 생각 없다가 16이죠. 물론 비등비등하다고도 볼 수 있는데, 유시민 씨가 얘기할 때는 저쪽 30%다, 나머지가 70%이니까 뭉치기만 하면 이기고도 남는다는 것이죠. 그게 아니라는 겁니다. 이런 건 있을 수 있어요. 반작용의 힘이죠. 지금 못하니까. 이명박이 경제 푼다 해서 뽑았는데 이명박이 경제 못 푸니까. 이래서 반작용이 있을지 모르는데 반작용으로 이기면 위험하다는 거죠. 반작용으로 이기면 그 다음 반작용은 또 저쪽으로 갈 텐데. 그래서 제가 이 구도대로 간다면 한나라당 집권이 더 빈번해질 것이다. 그래서 아예 시간 걸리더라도 그런 가능성조차 완화시키는 새로운 판으로 가야만 된다. 그 얘기가 어느 정도 멀리 들리든 간에 우린 계속 그렇게 대항할 수밖에 없죠.

**변영주** 그런 면에서 좌파의 가치는 하나일 수 있어도, 좌파정당의 가치는 개별적이고 당대적일 수 있다고 생각을 하는데요. 김대중 노무현 정부를 거치면서 이명박 정부란 결론이 나온 데에는 일반 국민들이 신자유주의의 달콤함을 맛본 것, 저는 맛본 게 분명히 있다고 생각해요. 바꿔 말하면 뉴타운을 얘기할 때, 사실 용산도 마찬가지잖아요. 피해자의 관점에서 봤을 때는 굉장히 명쾌하게 답이 하나가 나오지만, 그런데 그 뉴타운을 지지하는 수많은 사람들이 있지 않습니까. 그랬다가 실패한 사람들이든, 주식 올라서 여유자금이 생기면 우리 아이 학원 보낼 수 있구나 라고 생각했던 사람들의 그 마음, 또는 펀드 때문에, 저희 아버님도 마찬가지지만 은퇴자금 홀딱 잃고 자기의 무능을 탓하는 어르신들, 이런 마음 있잖습니까. 좌파의 가치에서 보면 망해도 싼 사람으로 보일 수 있어요. 그렇지 않습니까. 사교육이나 이런 걸 통해서 아이를 어떻게든 외고에 보내고 싶어 하고 그래서 아이가 성공하길 바라는 마음조차도 사실 좌파의 가치에서 보면 바꿔져야 되는 가치라고 얘기할 수 있을 겁니다. 이를테면 진보신당 의 가치가 주식시장이 활발해지거나 펀드가 잘되거나 내지는 학원 열심 히 다녀서 공부만 열심히 하면 누구나 출세할 수 있거나 이런 건 아닐 테 니까요. 그런데 또 반대의 입장에서 그분들에게 니들 성격을 고치거나 인 생관을 고치거나 삶의 목표를 바꾸라고 얘기할 순 없는 거잖아요.

**노회찬** 신자유주의가 달콤하게 여겨지는 대목은 있다고 보는데, 그 달 콤함은 오래가지 않는다는 거죠. 로또가 처음 나왔을 때 나도 일확천금을 할 수 있다고 상상하는 건 달콤한 거지만 몇 번 해서 꽝되면 더 이상 로또 를 안 사기도 한다는 거죠. 심지어는 공기업 민영화 같은 것을 보더라도 공기업에 있는 사람들 중에도 민영화하면 더 생산성이 높고 효율적으로 돌아갈 수도 있다고 여기는 사람들도 있더라고요. 대처가 나타났을 때, 병든 영국 자본주의를 고치겠다, 신자유주의로 가자했을 때 격렬한 저항 도 있었지만 사실상 다수의 국민이 지지했기 때문에 대처가 당선되고 장 기집권까지 한 것이겠죠. 그러나 장기집권 하는 과정에서 브리티쉬 레일 로드니 뭐니 다 민영화했지만 오히려 더 안 좋아지는 걸 깨닫는데 10년 이상 세월이 걸렸던 거고, 그래서 96년도에 정권이 바뀌었고, 민영화된 것도 다 공기업으로 전환하는 과정이 있었던 거예요.

작년 선거 때 왜 은평에서는 문국현이 됐고, 노원에서는 노회찬이 떨어 졌느냐. 핵심적으로는 뉴타운 때문이에요. 재미있는 것은 은평 쪽이 서울 에서 제일 먼저 시작되었던 탓에 이미 작년 총선 할 때에는 은평에서는 뉴 타운이 별 볼일 없다는 것이 대중적으로 각인돼 있었어요. 초기에는 기대 했다가 실제로 분양하고 보니까 더 적은 평수에 돈을 더 내야하고 떠나야 되니까 뉴타운이 별로다 이렇게 된 거예요. 그런 것들도 사실 많이 반영이 된 거예요. 그런데 노원구는 그 변화가 올해 왔어요. 올해 드디어 집 있는 사람들이 저를 찾아온 거예요. 세입자가 아니라 가옥 소유자들도 이게 돈 되는 게 아니라는 걸 알고는 얼마 전 400명이 모였어요. 지역에 있는 단체하고 같이 공청회를 했는데, 그 사람들이 이제 와서 이대로 살겠다 이거예요. 얼마 전에 장위동 갔는데요. 장위동 요새 뉴타운 재개발 하고 있는데 장위시장 생선가게 아줌마가 내 손 꼭 잡더니 뉴타운 얘기하는 거예요. 시장 순방하고 있는데 갑자기. 어렵게 해서 볼품없지만 집을 한 채 마련해서 식구들끼리 오순도순 솔직히 잘 살고 있다. 자기들은 이 정도라도 행복하다. 그런데 이거 없어지고 아파트 들어가야 되는데 못 들어가는 거예요. 1억씩 어디서 융자 받아야 되며, 집은 더 좁아지고. 이거 좀 막아달라는 것이죠. 내가 이만큼 힘들게 살아가는데 정부가 도움준 게 있느냐. 내 힘으로 살아왔다. 그런데 왜 나를 너희들이 이러느냐, 이런 거예요.

신자유주의 경제는 강자가 더 강하게 되는 정책인데, 나도 강자가 될지 모른다, 내가 강자가 되면 더 나을 수 있다, 처음엔 이런 상상을 하게 되죠. 그게 신자유주의가 주는 착시효과일 수도 있고 단맛일 수도 있죠. 그런데 그 달콤함을 과연 모든 사람이 누릴 수 있느냐, 또 그 달콤함이 오래 가느냐, 그렇지 않다는 거죠.

**변영주** 그렇다면 대중들이 갖고 있는 이기심, 내 자식만 잘되기, 우리 집만 잘되길 바라는 그 이기심으로부터 정치인 노회찬은 어떻게 싸울 건가요?

**노회찬** 일단 인정해야 된다고 봐요. 이기심이라는 것은 좋은 거든 나쁜 거든 가치판단 이전에 생래적으로 나올 수밖에 없는 자연적인 현상으로 인정해야 된다. 과거 기억이 나는데, 우리 대학교 때는 중국에 모택동 살아있을 때였어요. 모택동이 반대파들을 처단할 때 내세웠던 게 주자파라는 것이었어요. 자본주의로 달려간다 해서, 달릴 주자 써서 주자파라 그랬거든요. 그런데 어떤 책에서 봤는데, 거기서 마오가 인간의 본성은 원래 주자파라는 놀라운 얘기를 해요. 도덕적으로 규탄하지 않고 이렇게 이야기하는 걸 보고 이 사람 되게 현실적으로 보고 있구나, 하고 생각했던 것이 지금까지 기억에 남아있는데 그게 사람들의 자연스러운 욕구라고 봐요.

뉴타운을 우리가 다 수용할 수 없으니까 설득을 하는데 이 설득이 쉽지 않다는 걸 인정해야 될 거 같고요. 그렇다고 해서 그 노력을 포기할 수는 없고, 그래서 여러 가지를 동원하는데 사례 같은 거죠. 예를 들면, 겪어봐라 그러면 알 것이다. 그러면 그것은 운동이 아니잖아요. 겪기 전에 이야기를 해야 되니까. 그래서 이미 겪은 쪽의 사례, 이론만 얘기해서는 별로 납득이 안가니까 실제 어느 지역에서 이러이러하게 됐다라고 사람들을 끌고 가서 얘기하면 되기도 하거든요. 얼마 전 SSM이 노원에 들어올 계획이라고 상인들이 여기로 몰려왔어요. 좀 막아달라는 거였어요. 저도 가서 목소리를 보태고 해서 하나는 막았어요. 막기 전에, 그러니까 롯데가 포기하기 전에 언제 들어올지 모르지만 건물은 사놓고 수리하고 있을 무렵인데 상인들이 이런 얘기를 해요. 진보신당이 어쩌고, 우리가 일체 내색을 안 했는데 상인 한 분이 하는 얘기가 용산에 사람들 올라갔을 때 자기는 테러리스트라고 생각했다. 그런데 자기가 SSM으로 당하고 보니까 이제 그 사람들 심정을 이해하겠다. 지금 억울하고 분통이 나서 가스총 들고 어딘가 올라가고 싶다는 거예요. 그러면서 작년에 당신 안 찍은 게 후회스럽다는 거예요.

**변영주** 으히히히.

**노회찬** 기본적으로는 사람들이 착각을 하는 걸 나무랄 수는 없다. 그러나 본인에게도 이로운 게 아니기 때문에 알려줘야 되고 또 같이 힘을 합해서 막아내야 되는데 다양한 방법을 쓰면서 더 효과적인 방법을 고민해낼 수밖에 없고, 결국에는 가장 설득력 있는 건 똑같은 사례를 물질적으로 보여주는 거라는 생각을 했어요. 사실 용산에 온 사람들 중에 외부에서 왔다는 사람들, 그 사람들 제가 하나하나 다 아는 사람들이에요. 그중에 몇 사람은 실제로 그전부터 아는 사람들인데, 본인이 바로 초기에 모르고 당했던 사람들이에요. 당하다가 싸우다가 깨우쳐가지고 얼마나 그게 절박했으면 생업 접어두고 유사한 사례가 나타나면 가서 알려주고 그런 사람들이거든요. 그러니까 설득력이 더 있는 거죠.

**변영주** 예전보다 좌파가 중산층을 설득하기가 더 쉬워진 세상이 됐거든요. 완전히 중산층을 무너뜨렸기 때문에 훨씬 더 설득하기가 쉬워졌는데도 불구하고 사례를 얘기해주는 방식에 있어서 제대로 이 사람들에게 당신의 문제라고 얘기하는 디테일들이 부족한 것이 결국은 좌파를 구태의연하게 느끼게 하는 건 아닐까. 이건 또 이어서 가는 얘긴데요, 요즘 텔레비전을 보면 우리나라 돼지고기 광고하는 게 있어요. 혹시 대표님 보셨습니까?

**노회찬** 못 본 것 같은데.

**변영주** 우리나라 돼지를 먹자, 이런 광고인데요. 돼지들이 막 푸른 벌판에서 자유롭게 놀고 있는 것을 배경으로 우리 돼지가 안전하다는 얘기를 해요. 그런데 그 광고를 보면서 무슨 생각을 했느냐면 우리나라에 몇 퍼센트의 돼지가 저러고 있을까 하는 거예요. 대부분의 돼지들은 가장 잘 못된 환경에 있잖아요. 이 말을 하는 이유는, 왜 진보의 농업정책은 언제나 농가부채 해소라든가 이런 거에 있고 소건 돼지건 혹은 무엇이건 간에

독립영화와 상업영화,
전 지금 상업영화 쪽에 있지만,
이 두 가지를 가르는 중요한 기준점은
독립영화는 진정성에서부터 시작해서
진정성으로 끝나는 거지만,
상업영화는 진정성은
의미가 없는 것이지요.
그건 마음속에 품어야 하는 거라고
생각하거든요.
왜냐하면 진정성은
굉장히 상대적인 개념이니까요.
그런데 유시민 전 의원을 보니까,
이 사람은 정말 상업영화구나,
정치인으로서는 뭐든 할 수 있는
상태가 되었구나하는
생각이 들었어요.

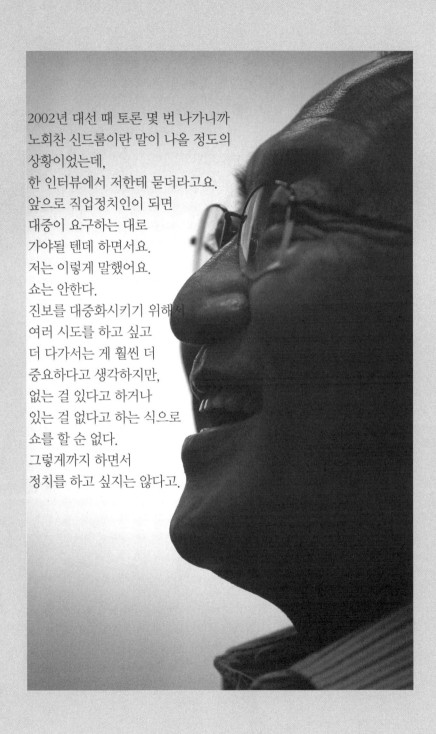

2002년 대선 때 토론 몇 번 나가니까
노회찬 신드롬이란 말이 나올 정도의
상황이었는데,
한 인터뷰에서 저한테 묻더라고요.
앞으로 직업정치인이 되면
대중이 요구하는 대로
가야될 텐데 하면서요.
저는 이렇게 말했어요.
쇼는 안한다.
진보를 대중화시키기 위해서
여러 시도를 하고 싶고
더 다가서는 게 훨씬 더
중요하다고 생각하지만,
없는 걸 있다고 하거나
있는 걸 없다고 하는 식으로
쇼를 할 순 없다.
그렇게까지 하면서
정치를 하고 싶지는 않다고.

과감하게 유기농이어도 좋고 인간다운 농업이어도 좋은데 왜 이런 것으로의 전환을 정책으로 얘기하지 못할까, 이런 생각이 문득 들었었거든요. 다른 예로 진보신당은, 〈낮은 목소리〉 만들면서 많이 느꼈던 건데, NL이나 민족주의자 말고 좌파로 분류된 사람들은 거의 이런 문제에 관심이 없어요. 일본군 위안부 문제에 관심이 없단 말입니다. 어떤 행사에도 진보신당은 오지 않아요. 과연 이것이 민족 문제냐. 위안부 문제가 사실은 세계 파시즘 전쟁에서 언제나 있어왔던 일이고, 그런데도 불구하고 좌파의 가치를 얘기함에 있어서 굉장히 관성적이거나 이런 부분들이 있는 거 같아요.

**노회찬** 중요한 대목입니다. 몇 가지가 섞여 있긴 한데 일단 관성적이라는 데 공감합니다. 몰두하는 이슈도 자신들에게 익숙하고 자신들이 오래 전부터 설정한 것에 갇혀있어요. 새로운 이슈개발에 진취적이지 못해요. 이슈를 개발할 뿐 아니라 그걸 좀 더 구체화시켜서 가까이 가는 노력이 너무 부족하지요. 진보신당에서 생활진보라는 캐치프레이즈 내건 거는 반성에서 나온 것인데 그 반성이 과연 충분했느냐, 저는 충분치 못했다 보거든요.

### '친절한 진보 씨'를 위하여

**변영주** 작년 촛불문화제 얘기 다시 해보지요. 그때 재미있는 친구들이 많이 생겼잖아요. '82쿡닷컴' 주부들도 그렇고 '소울드레서'도 그렇고 '쌍코' 같은 것도. 그런데 그런 자연발생적인 행동을 하는 네티즌들을 대하는 전형적인 두 가지 태도가 있다고 생각합니다. 와, 당신들 참 훌륭해요 라고 칭찬만 잔뜩 늘어놓거나, 아니면 하지만 그럼에도 불구하고 니들이 뭘 알겠느냐 라는 태도. 사실 그 두 가지 태도가 본질은 같은 거라고 생각합니다. 이용하고 싶어 하거나, 무시하는 거죠. 그런 면에서 우리 좌파에는 진심어린 꼰대가 없다는 생각이 듭니다. 그 안에 들어가서 함께 고민하며 동의하지 않는 것에 대해서 예의 있게 문제제기를 하는 것 말입니다. 좌파에게 젊은 친구들과 소통하라고 하면 꼭 우리 아버지가 손녀랑 놀아 보겠다며 "……했삼" 이러고 있는 것과 비슷한 행동만 하는 것 같고.

**노회찬** 으흐흐.

**변영주** 조금 전에 생활 진보란 말씀도 하셨는데, 좌파가 사람들에게 얼마나 유용한가, 얼마나 당신의 끔찍한 미래를 예견하고 있는가를 보여주지 못한다는 점도 있어요. 우린 고리타분해라고 반성하면서 행사장에 랩퍼만 부른다고 새로워지는 건 아니지 않습니까? 그런 면에서 고민을 덜 한 건 아닌가라는 생각도 듭니다.

**노회찬** 새로운 걸 받아들이지 못하는 점도 있지만, 본질적인 문제를 풀어가는 데 있어서도 진보적이지 못하다는 게 더 문제인지 모르지요. 예컨대 비정규직 문제 같은 것을 보면, 비정규직이 가장 중요하다는 데에는 이견이 없어요. 너무나 당연한 건데, 문제는 이 문제를 어떻게 푸느냐, 보다 현실적으로는 왜 우리는 비정규직을 가장 중요하게 생각하는데 비정규직 당사자들로부터 자신들의 친구, 벗으로 평가를 못 받고 있느냐는 것이죠. 그 원인을 찾아내고 개선하려는 노력이 자꾸 시도가 돼야 되는데 여전히 원론적인 비정규직 철폐 이야기만 하고, 비정규직 사업장에서 일 벌어지면 따라가서 도와주는 걸로 자족해하는. 비정규직 당사자들 태반이 스스로 비정규직이라는 자각도 별로 없이 내가 능력이 안돼서 좀 안 좋은 직장에 다니고 있다, 조금 더 좋은 직장에 갔으면 좋을 텐데 하는 수준인데 그들에게 자연스럽게 다가가는 일들을 만들고 평판이 생겨나고 키워나가는 그런 지난하고 복잡한 과정을 거치려고 하지 않는다는 거예요.

　이전에는 노동자란 말만 잘못 써도 의심받던 시기에 주민등록증 가짜로 위조해서 위장취업하고, 사람 하나 설득하는 데 6개월 걸리면 성공한 거고, 1년 지나서 모임 하나 만들면 정말 대단하다, 이렇게 생각하면서 집요하게 또 정교하게 설득해서 바꾸고, 사람 하나 바꾸려면 신뢰가 필요하니까 일요일만 되면 그 피곤한 몸을 이끌고 같이 놀아주고 그랬죠. 그때는 그걸 했는데, 지금은 더 좋은 조건인데 그렇게까지 안하거든요. 왜 안하느냐, 몇 가지 가설을 세워놓고 있는데, 그때는 왜 그걸 감수했느냐. 그땐 목표가 혁명이었거든. 혁명이면 목숨도 바쳐야 되는데 이 정도야 우습게 생각했다는 거죠. 목표가 굉장히 크고 확신에 차 있었다는 거죠. 그런데 지금은 목표가 진보정당 내에서도 자신이 국회의원 한 번 되는 게 거의 전부인 경우도 있고, 과연 진보가 집권하면 혁명이냐, 집권하면 세상이 획기적으로 좋아지느냐, 거기에 대한 확신도 없는 거예요. 지금보다 더 나아진다는 기대 정도는 있지만. 그러다 보니 일은 열심히 하는데 옛날처럼 정말 철저하게 하나하나 따져가면서 하진 않아요. 어느 사이 우린 자기 자신에게 철저하지도, 다른 사람들에게 친절하지도 않은 사람이 되어버린 거죠.

**변영주**　친절하지도 않고, 설득하려고 노력도 안하는 것 같은 부분이 엄연히 있다고 생각하시는 거죠?

**노회찬**　불행히도 좌파 앞에는 '친절한'이란 개념이 안 떠오르지요. 좌파하면 좀 건방진, 비판만 하는, 냉소적인, 이런 이미지가 먼저 떠오르고. 원래 좌파의 힘은 그게 아닌데 말이에요.

　오히려 패기나 자신감이 떨어져 있는 것 같고요. 얼마 전에 민주노총 금속노조 대의원대회를 다녀왔어요. 끝나고 오랜만에 왔으니까 차나 한 잔 하자 해서 음식점 들어갔는데 같이 간 사람이 단병호 위원장과 현직인 임성규 위원장이었는데, 그런 얘길 하더라고요. 금속 대의원들 왜 저렇게 분위기가 썰렁하냐 그러니까 다른 금속 간부 출신이 우린 처음부터 그랬는데 요즘은 더 그렇다는 거예요. 자기들끼리 모여서 중요한 결정 내리는데 박수도 안친대요. 앞에서 노래 불러도 그냥 시큰둥하고. 물론 다 그렇진 않아서 사회보험노조, 보건의료노조 같은 데는 분위기가 발랄하고요. 그런데 분위기가 칙칙한 데는 12년에서 15년째 하는 사람들, 신산을 다 겪어서 이제는 웬만한 데 감동 안 하고 나쁘게 말하면 타성화 됐다고도 볼 수 있지요. 좋게 얘기하면 겉은 그렇지만 속은 안변했다고 할 수 있지만.

이건 당 쪽도 마찬가지에요. 많이들 지쳐있지요. 개혁당 쪽 분위기하고 항상 비교가 되는데, 거기는 호떡집에 불난 것처럼 분위기가 그런데, 여기는 몸은 지쳐있고 의지만 살아있는 그런 모습들인 거죠. 이걸 어떻게 바꿀 것인가 고민이죠. 그러면 왜 그러냐. 이긴 적이 별로 없는 사람들이기 때문인지도 몰라요. 조직이란 것은 큰 싸움이 아니더라도 작은 성취들, 활력을 유지해 나가는 데 필요한 그런 것들이 있어야 하는데, 늘 패배하면서 우린 교훈을 얻었다, 이렇게만 갈 수는 없는 일이잖아요. 승리란 것은 선거에서 나오는 승리가 가장 큰 쾌감을 주겠지만, 선거가 아니더라도 활동 속에서 뭘 하나 실현해 낸다거나, 그런 것들이 자주 많이 만들어져야겠다는 생각을 갖게 되더라고요. 단순히 그냥 세계관과 철학, 인식을 바꾸는 작업만으로 저절로 바꿔지지가 않기 때문이지요. 경험이 주는 것도 크니까요.

**변영주** 진보신당의 활동 전체가 그렇다는 게 아니라, 어떤 지점에서 친절하지 않은, 내지는 당대적이지 않은 거 같은 게 있는 것 같아요. 비록 이놈의 이명박 정부 때문에 세상은 다시 원칙이 중요한 세상이 되어 버렸지만, 좌파에겐 언제나 지속적인 원칙 다음에 존재하는 개별적인 대안과 대응이 필요한 것은 아닐까 하는 거죠. 노 대표님이 하셨던 토론회 그 1회가 박원순 변호사님이었는데, 너무나 훌륭하신 분이고 말씀도 감동이 있었지만, 박원순 변호사님 말씀에는 뭐랄까요. 너 착하게 살아야 한다, 욕심 내며 살지 마라, 취업이 안 되는 학생들에게 넌 왜 연봉 3천, 4천만 원만 생각하니, 그러지 말고 시민단체에 와서 간사 일을 해. 그냥 네가 욕심을 버리면 되잖니 라는 성숙한 개인의 인격을 요구하는 그런 것들로 채워져 있다는 것이죠. 감동은 있지만, 사실은 참 의미는 없는 이야기 아닌가 라는 생각을 많이 했거든요.

**노회찬** 그렇게 얘길 했어요? MB 얘기가 그건데. 허허허허.

**변영주** 인간으로서 올바로 사는 것은 중요한 가치지만 모두에게 그런 걸 요구할 순 없는 것처럼, 좌파가 모든 사람에게 횃불과 낫을 들라고, 그렇지 않으면 무능하거나 용기가 없다고 얘기해서는 안 되는 것처럼 뭔가 다른 태도가 필요하다는 생각을 해요. 사람들의 욕심은 자연적인 것이기 때문에 친절하게 설득하고 함께 가야되는 것이라고 생각하는데, 그것이 어떻게 구체화될 지가 가장 궁금해요.

**노회찬** 문제의식은 있다고 봐요. 부족한 것이 분명하지만 그래도 문제의식은 있다고 말하고 싶네요. 지난 10년간 깨달아오면서 문제의식을 어떻게 물질화, 구체화 하느냐, 눈에 보이고 손으로 만져질 수 있게, 느껴질 수 있게 하느냐가 남은 과제죠.

**변영주** 절망이 더 큰 시기인거 같다는 말들을 하지요. 그런데 그 절망이 내용적인 절망이라는 거예요. MB 때문에 힘들어서도 아니고, 대학에서 강의하게 되면 아이들이 보수적이어서 절망하는 게 아니라 아이들이 상처를 받고 있어서 절망하게 되는 거 같아요. 저는 아이들이 겁에 질려 있다는 생각을 할 때가 많습니다. 많은 사람들이 요즘 대학생들이 보수적이다, 자기밖에 모른다고 하는데 전 그렇게 생각하지 않고 오히려 애들이 겁에 질려있다, 무서워한다, 라는 생각을 하거든요. 결국 그렇게 만든 건, 우리 후배들만은 절대로 그런 삶을 살게 하지 않겠다고 결심했던 우리 세대가 만든 거잖아요. 정치인이거나 진보신당 대표가 아닌, 이 세상을 좌파로 살아왔던 인간 노회찬으로서 정신적인 절망감과 어떻게 싸워나가야 되는가에 대해 어떤 지혜가 있다면 알려주시죠.

**노회찬** 문제의식은 비슷한데 절망으로 진단할거냐는 데는 약간 저어되는 면이 있어요. 절망이란 게 더 이상 희망이 없다는 말이기도 하잖아요. 희망이 멀어져 보일 수는 있는데 현 상황을 두고 어려움을 강조하는 차원은 이해가 되는데, 앞으로 희망이 없다고 말하고 싶지도 않고, 그렇게 얘기하는 게 올바르다고 생각지도 않아요. 세상이 분명 많이 변했습니다. 자신의 인생이 지닌 가능성의 확장이라는 면에서 보면, 그리고 단지 살아가는 것이 아니라 삶을 영위한다는 면에서 보면 더 나빠지고 절망할만한 측면이 많은 것이 분명합니다.

상황은 각박하지만, 그러나 인간 이성에 대한 믿음을 포기해선 안 된다고 생각합니다. 제가 촛불집회 가서 놀랬던 건 그날 그 자리에 그렇게 많은 사람이 촛불 들고 온 것도 놀라웠지만, 촛불 들고 나올 준비가 된 사람들이 우리 사회에 이미 짧지 않은 기간 동안에 형성되어 있었다는 것이었어요. 서로 소통 교류가 되어 있다가 어느 날 갑자기 특정한 계기에 오프라인으로 나왔다는 것이죠. 우리 사회에서 일어나는 변화를 우리가 잘 몰랐었다는 거죠. 어쩌면 상황은 변했는데 낡은 방식의 운동을 하다보니까 거리감이 더 멀리 느껴지는 게 아니냐는 생각도 듭니다. 집회 같은 걸 봐도 우리는 89년 방식으로 아직도 하고 있단 말이죠. 사람들의 세태만 문제

삼을 게 아니라, 새로운 문화, 생활세계에 맞춰줘야 되는데 못 따라가는 게 분명히 있는 거 같아요. 예컨대 인문학 부분은 어떤가요. 비인간화되어 가는 사회에서 인문학이 더 목소리를 발해야 하는데 그나마 빈약하게나마 유지됐던 인문학 같은 것도 다 없어지는 거 아니냐는 겁니다. 또 다른 예로 신문을 들 수 있는데, 과거에 보면 '이 달의 소설', '이 달의 시' 이런 코너가 있어서 평론가들이 그 달에 발표된 거 쭉 싣는데, 지금은 평론도 거의 안 실리잖아요. 실리는 건 오늘의 운세 같은 것이고. 문제는 세상은 그렇다 치더라도 진보진영도 그런 것 같다는 거죠.

너희도 그런 것 아니냐는 말 앞에서 답할 말이 없다는 것은 말씀하신 그 절망이 다른 무엇이 아닌 진보의 절망이고 그것의 투영이 아닌가 하는 것이죠. 이 문제에 대한 해법이라는 게 정말이지 어려운 문제인데, 저는 우선 진보의 기본원리는 실사구시라고 생각을 공유해야 한다고 생각해요. 진보가 이상은 있지만 실사구시가 없으면 꿈으로 끝날 수밖에 없기 때문에 실사구시가 생명이라고 봐요. 우린 제대로 실사구시하고 있는가. 그 관점에서 끊임없이 현실을 정확하게 이해하는 것과 현실을 이상에 가깝게 가려는 노력을 하고 있는지 점검을 해야 되고 방법론에 있어서도 새로운 시도들이 계속 나와야 되요.

우리만의 집회를 언제까지 해야 되느냐, 별 효과 없는 일을 계속 되풀이해야 되느냐, 그런 점에서 저는 자본주의 기업으로부터도 배울 게 많다고 봐요. 마케팅 측면에서요. 어떤 광고회사 쪽에서 들었는데, 과자 만드는 회사에서 초콜릿을 출시하기 전에 이 초콜릿의 타깃을 정할 때 중3 여학생에게 맞출 거냐 아니면 고1여학생에게 맞출 거냐 가지고 격론을 벌였다고 해요. 그리고 각 학교 앞으로 가서 시제품 나눠줘서 반응체크하고 비교해서 둘 중의 어느 하나로 잡고 그걸로 광고로 풀었다고 해요. 상당히 정교하게 하고 있다는 거죠. 이런 표현이 적합하지 않을지 몰라도, 우리는 진보를 파는 건데, 혹은 넓히려는 건데 정작 수용자들은 생각하지 않고,

물어보지도 않고, 알려고도 하지 않고, 자기 생각대로 해놓고 이렇게 좋은 초콜릿을 왜 안 먹지? 아직 멀었구나, 라고 생각해 버린다는 겁니다. 신진보, 새로운 진보 혹은 진보의 재구성이라는 것도 그렇게 고답적이고 고상한 관념이 아니라, 이런 문제를 해결해 나가는 시도와 과정이 새로운 진보의 길이 아닌가, 진보의 혁신이 아닌가 하는 생각을 해 봅니다.

### 만남, 그 후

어떤 자리에서 만난 대학 3학년인 한 친구가 나에게 물은 적이 있다. 당신의 대학 시절과 지금 가장 다른 것이 무엇이냐고. 나름 진지하게 질문한 것일 텐데, 난 그 친구의 바람과는 다르게 조금 엉뚱한 대답을 했던 기억이 있다. 우리가 너희였던 시절, 우리는 남자 선배에게 오빠가 아니라 형이라고 불렀다고. 그리고 지금도 우리 삶의 공간에서 남자 선배에겐 형이라고 부른다고. 내가 어느 날, 너희를 가르치던 수업 시간에 어느 여학생이 남자 선배에게 오빠라고 부르는 것을 보며 얼마나 당황했는지 모른다고.

노회찬 대표와 만나고 난 후, 난 이런 생각을 했다. 우리에게 다양한 희망이 있을 수 있다면, 바로 지금 지혜를 얻을 수 있는 선배에게 형이라고 부르며 나에게 기운을 달라고 졸라 보는 것도 희망이 아닐까? 너저분해 보일 정도로 쓸데없는 고민만 하고 있으며, 누군가 너는 좌파냐 라고 물으면 수줍게 고개를 끄덕이겠지만, 그래서 너희가 세상에 어떤 희망을 줄 수 있는데 라고 묻는다면 나도 모르게 얼굴이 굳어지며 그건 아직 잘 모르겠다고 얼버무리고 마는 나이 마흔 넷에, 여전히 섣부르기만 한 나 자신에게, 그와 나의 세 시간 가량의 대화는 '회찬 형'이 조심스레 나에게 가르쳐준 지혜의 전달식 같은 순간이었다. 그리하여 이제는 그것을 다시 내 후배에게 전달하는 것이 나의 새로운 임무는 아닐까.

2부 우리는 아무래도 미래로 가야겠다

# 제3장

# 우리는 미래로 돌아가야 한다

만남_ 그 세 번째

# 진중권, 노회찬에게 묻다

대한민국의 풍경은 앞으로 가는 듯 뒤로 걷는 마이클 잭슨의 춤을 정확히 닮았다. 한국 사회가 퇴행 현상을 보이는 건 한마디로 MB로부터 비롯된 문제다. 그의 비전 자체가 산업화 초기에 머물러 있기 때문이다. 박정희식 속도전에 대한 MB의 병적 집착 덕에 여의도가 4대강 예산을 두고 날치기판을 준비하는 동안, MB 흉내내기에 바쁜 오세훈은 광화문에 설치한 스노우보드 도약대에서 '2009 스노우보드 잼' 쇼를 벌였다.

문제는 이렇게 '미래 전망'(prospect) 대신 '과거 회고'(retrospect)가 모든 분야에서 한국 사회를 지배하고 있는 동안 야당은 물론이고 진보진영이 이에 대해 전혀 대응하지 못했다는 사실이다. MB를 욕 하는 건 쉽다. 그러나 CEO MB의 '선진국가' 구상이나 오세훈의 '디자인 서울' 프로젝트가 아무리 조악한 것이라 해도 진보진영이 그것을 넘어설 대안을 제시하지 못한다면 한국의 미래는 다시 MB의 후예들에게 횡령당하고 말 것이다.

진보진영은 과거를 향한 퇴행(retroject)이 아니라 미래를 향한 투사

(project)를 할 준비가 되어 있는 것일까. 미래를 향해(pro) 한국을 다시 쓰는(gram), 즉 프로그래밍 능력을 비축해 온 것일까. 포스트디지털 문화로 진화하는 세계 속에서 시대적 의제를 설정하고, 그것을 실현시키는 전략을 프로그래밍할 능력을 갖추지 못한다면 도태되는 것은 MB가 아니라 어쩌면 진보진영 전체일지도 모른다. 도대체 MB가 어떻게 대통령이 될 수 있었겠나? 그는 프로젝트를 던졌다. 결국 뒤로 던진 셈이지만, 앞으로 던지든 뒤로 던지든 뭔가를 던진 사람은 MB밖에는 없었다. 대중은 믿어서 찍는 게 아니라 믿고 싶어서 찍는 것이다.

진보진영은 이제 세계를 해석하는 데서 벗어나서 세계를 제작해야 한다. 과거에는 인간을 '서브젝트'(주체)라고 불렀지만, 다가올 미래에서 인간은 '프로젝트'(기획)이다. 진보의 가치를 포기하자는 제안이 아니다. 우리 사회가 어디로 가야하고 무엇을 해야 하는지, '삶의 질' 관점에서 대안을 프로그래밍하자는 제안이다.

이른바 '민주대연합'이라는 것도 물론 중요하다. 그러나 당장 눈앞의 다가온 선거에 매몰될 것이 아니라 이 시대착오적인 세력으로부터 정권을 찾아오기 위해서는 장기적 포부를 지녀야 한다. MB, 물론 최악이다. 그러나 중요한 것은 MB의 지금을 비판하는 게 아니라 MB의 이후를 기획하는 것이고, 필요한 것은 비난이 아니라 MB의 대안을 프로그래밍하는 것이다. 이 대담의 주제 역시 한마디로 이렇게 요약할 수 있다. 백 투 더 퓨처(Back to the Future)! 우리는 다시 미래로 돌아가야 한다.

# 괴물은 어떻게 탄생했나

**진중권** 저는 이번 대담에서 내년 지방선거나 이후 대선에서 선거연대를 어떻게 하고 이런 차원의 문제가 아니라, 진보개혁세력의 미래 전략과 관련된 문제를 이야기해 보고 싶다는 생각입니다. 물론 이 이야기를 하기 위해서는 다른 문제들도 같이 이야기되어야겠지요.

미국 대선을 보아도 오바마 당선에 '진보센터'(CAP · Center for American Progress)를 포함하여 민주당 3대 싱크탱크가 큰 역할을 한 것으로 알고 있습니다. 공화당에도 '헤리티지 재단'과 같은 보수주의 싱크탱크가 여럿 있고요. 그런데 한국 진보진영의 경우, 비교하기도 좀 그렇지만 정책연구소라고 하면 기껏해야 당에 왜소한 형태로 존재하는 게 현실입니다. 그렇지만 다른 한편으로 당 밖을 쳐다보면, 진보개혁성향의 여러 연구소, 또는 시민단체 소속의 연구소들이 여러 개 존재하고 있지요. 가령 '김광수 경제연구소'가 대표적인 예인데, 저는 요새 거기서 나오는 걸 많이 읽는 편입니다. 최근 저는 그런 단체들을 아우르는 제대로 된 진보개혁의 싱크탱크 하나를 만들고 거기서 사회개혁의 청사진을 제시하자는 제안을 한 바 있는데요. 한편으로는 이명박 정부가 역주행을 하고 있는 것을 비판해야 하지만, 다른 한편으로는 그렇기 때문에 더욱 더 우리라도 앞으로 나가야 하지 않겠느냐는 것이 제 생각인 것이지요. 그걸 저는 '백 투 더 퓨처 프로젝트'라 표현한 바 있습니다.

바로 이 주제를 이번 기회에 이야기해 보았으면 하는 것인데, 이 이야기를 하기 위해서도 먼저 사전 질문 몇 가지를 드려야 할 것 같습니다. 이른바 역주행에 대한 이야기인데, 지금 정치도 그렇고, 경제, 문화도 그렇고, 우리 사회에서 현재 광범위하게 일어나는 역주행 현상을 비판하는 목소리들은 많지만 원인을 냉정히 되돌아보는 진단은 상대적으로 적은 것 같습니다. 대표께서는 이 역주행의 문제를 어떻게 진단하고 계신지요?

**노회찬** 역주행이 두드러지게 일어나고 있는 것은 사실인데, 저는 이 문제를 단순히 이명박 정권 전과 후로 나누고, 두 시기를 대립적으로 보는 것만으로는 바람직하지도 충분하지도 않다고 봅니다. 이명박 정부 이후의 전반적인 역행현상이 지금 직접적으로 우리 피부에 와 닿는 건 사실이지만, 냉정히 살펴보면 그 이전에도 그런 일들이 없지 않았다는 것이죠. 오히려 우리가 스스로 자문해 보아야 할 물음은 따로 있습니다. 즉, 87년 6월 항쟁이라는 우리 역사의 큰 분기점이 있었는데, 그 87년 이래 20년 동안 우리가 한 일은 군부독재 퇴각시킨 것 이외에는 뭐가 있었느냐는 겁니다. 어찌 보면 그 기간 동안 이루어진 것들이라는 게 이른바 절차적 민주주의의 진전 말고는 별로 없었거든요.

물론 탈권위주의의 전개나 절차적 민주주의 자체의 의미를 과소평가하는 것은 아닙니다. 하지만 오랜 숙원이었던 군부독재 퇴각을 통해 민주화는 이루어냈어도 정작 우리 사회가 어떤 모습, 어떤 체제하에서 먹고 살아갈 것인가, 이 부분에 대한 광범위한 논의나 고민은 없었습니다. 정치적 민주주의에 내포된 사회경제적 민주주의의 가능성을 실현하기 위한 의미 있는 시도가 과연 존재했었는가 하는 것이지요.

대신 사회 밑바닥으로부터, 단말마 같은 비명소리와, 외침과 충돌은 있었습니다. 하지만 전반적인 사회 디자인, 시스템 디자인 차원에서의 진지한 노력이 없었고, 그것은 진보진영 쪽도 마찬가지여서 그것을 추동해낼 세력화가 턱없이 부실했다고 할 수 있습니다. 2000년의 민주노동당 창당이 어찌 보면 정치영역에서 그러한 일들을 해보자라는 시도로 자리매김할 수는 있겠지만, 민주노동당의 힘은 대단히 미약했고, 주어진 조건조차 제대로 활용하지 못하는 가운데 오히려 진보정치 자체도 역행하는, 후퇴하는 상황에까지 이른 것이 아닌가 하는 생각입니다.

**진중권** 절차적 민주주의란 말로 간단히 요약하셨지만, 김대중 정권하

고 노무현 정권 10년을 거치면서 나름대로 평가해줄만한 다른 업적 같은 게 있지 않았나요, 그럼에도 불구하고?

**노회찬** 물론 있었죠. 평가에 인색할 필요는 없겠죠. 87년 이후로 노태우 정권까지도 포함해서 6.29선언에서 약속되었던 부분, 다시 말해 제한 적이나마 오랫동안 지체되었던 정치적 민주화를 실현해나가는 일들은 계속 추진되어 왔고, 그것이 특히 김대중 정권이나 노무현 정권 들어서서는 더 빠른 속도의 진전을 보인 것은 사실입니다. 그리고 우리 사회에 워낙 부족했던, 이른바 사회적 재분배와 관련된 초보적인 시스템이 갖추어지기 시작했던 것 또한 사실입니다. 예컨대 노태우 정권 때부터 준비를 해서 그 이후 정권들을 거쳐 오면서 국민연금제가 도입되고, 건강보험제가 도입되어 정착되어 오기도 했지요. 특히 김대중 정부 때는 최하층, 기초 생활수급자들에 대한 사회복지제도가 부분적으로나마 실현되었습니다. 이런 일들이 꾸준히 진행되어온 게 사실이지만. 그러나 이 초보적인 복지

부문의 실현도 절대적인 양 자체가 여전히 부족한 수준이었고, 무엇보다 다른 부문을 돌아보자면 특히 97년 IMF 이후로는 이러한 사회적 재분배의 진전을 무색하게 할 만큼의 자본 중심의 노동시장유연화라거나, 사회 양극화를 더 격화시키는 정반대의 다른 부정적인 정책들이 추가되었다는 것입니다. 때문에 그간에 있었던 복지 분야의 진전 하나만 놓고 긍정적으로 보기는 어렵다고 생각합니다.

**진중권** 두 정권이 끝난 다음에 국민들은 그때까지와는 다른 방향의 역선택을 해버렸습니다. 사실은 방금 말씀하신 두 정권의 실패, 진보진영에서 비판적으로 바라보는 바로 그런 문제들이 두 정권이 실패할 수밖에 없었던 이유고, 또 노무현 전 대통령 자신도 그렇게 얘기한 바 있지요. "나의 실패는 결국 사회적 양극화를 막지 못한 것"이라고. 어떻게 보면 아주 솔직한 고백인데, 문제는 이 사태 앞에서 국민들이 외려 역선택을 해버렸다는 것이거든요.

**노회찬** 객관적으로 볼 때 김대중, 노무현 정부는 정부수립 이래 들어선 정부 중에서 가장 나은 정부였다고 생각합니다. 1987년 대통령 직선제가 실시된 이래 선거를 할 때마다 상대적으로 나은 정부가 들어선 셈이었습니다. 그렇다면 노무현 정부 다음에는 이 정부의 한계를 뛰어넘을 수 있는 더 나은 정부가 들어서야 하는 것인데, 그러나 현실은 역사를 20년 뒤로 후퇴시키는 이명박 정부가 들어선 것입니다. 왜 이렇게 됐느냐? 이것을 규명하지 못하면 이명박 정부를 극복할 수 없다는 것, 다음 번 대선도 마찬가지일 것이라는 것, 이게 제 문제의식의 출발지점입니다.

김대중, 노무현 정부를 경험한 국민들이 이명박 정부를 선택한 것은 앞서 두 정부가 해결하지 못한 것, 아니 오히려 악화시킨 것에 대한 극복 욕구 때문입니다. 지난 10년 동안 정치적 민주화가 진전된 것은 사실이지만, 비정규직의 급증, 사회적 양극화 심화 등 노동자 서민의 생활이 더 어려워진 것 또한 분명한 사실이거든요. 문제는 이명박 정부를 출범시킨 국민들의 선택을 어떻게 볼 것인가 하는 점입니다. 이를 국민들의 낮은 정치의식 탓으로 돌리는 것에 저는 결코 동의하지 않습니다. 그렇게 되면 앞으로도 답이 없거든요. 잘못된 선택을 한 국민들이 당해봐야 안다는 식의 답밖에 없잖아요. 사회적 양극화가 심화되는 속에서 경제 문제의 해결을 바라는 국민들의 욕구는 정당한 것이죠. 문제는 그 선택이 왜 민주당이나 진보정당이 아니었느냐 하는 점인데, 민주당은 지난 10년간의 서민경제 파탄에 대해 책임을 갖고 반성해야 하는 것이고, 진보정당은 대안세력으로 평가받지 못한 점에 대해 스스로 반성해야 하는 것이죠.

**진중권** 방금 말씀하신 평가들에 대해, 특히 노무현 정부에 참여한 인사들은 히스테리 반응을 보였고 지금까지도 그러합니다. 수구세력만이 아니라, 진보세력들도 무책임하게 정부를 비판하며 발목을 잡았다, 나아가서는 대통령은 21세기를 사는데 국민은 20세기에 머물러 있다 등등, 이런 억울하다는 반응을 보인다는 것이죠.

**노회찬** 남 탓을 할 문제는 아니겠지요. 국민들이 노무현 대통령을 선택한 것은 이제 서민대통령이 나와야 한다는 열망이 있었기 때문이고, 그가 심어준 이미지대로 친서민 정책을 펼 것으로 기대했던 것이죠. 그러나 각종 통계와 지표가 말해주는 것처럼, 참여정부 하에서 오히려 서민들의 삶의 질은 더 떨어졌습니다. 국민의 기대에 부응하지 못한 점을 반성해야지요. 그리고 진보세력들이 대통령 발목 잡아서 할 일을 못했다는 이야기는 지나가는 소가 웃을법한 얘기입니다. 진보세력들이 격렬하게 반대했던 정책은 이라크 파병. 비정규직 법안, 한미 FTA 추진 등입니다. 이 정책들을 어떻게 통과시켰습니까? 참여정부가 집권여당인 열린우리당을 추동해 한나라당의 협조 속에 통과시키거나 막무가내로 추진했었지 않습니까? 참여정부 사람들이 즐겨 이야기하는 "깨어 있는 시민들의 조직된 힘이 세상을 바꾼다"는 말 백 번 옳은 얘기입니다. 그런데 국민의 정부와 참여정부 하에서 이들 '깨어 있는 시민들의 조직된 힘'을 어떻게 다루었습니까? 시민운동이나 민중 부문에서 새만금 반대하고, 이라크 파병 반대하고, 쌀 시장 개방을 반대하고, 비정규직 차별 철폐를 요구하고, 한미 FTA 졸속추진을 반대할 때 이들의 얘기를 경청이라도 했나요? 어떤 경우 듣는 척도 안 했지요.

만일 97년 이후 10년 동안 한나라당 정권이 통치했다면 사회적 양극화가 더 심하게 벌어졌을 것은 분명하겠지요. 하지만 역사에서 이런 가정은 설득력이 없죠. 다른 사람이 했으면 더 어려웠을 것이기 때문에 지난 10년 간 벌어진 사회 양극화를 양해해 준다, 이런 것은 현실에선 존재할 수 없는 논리거든요. 더구나 의회권력까지 석권하고서도? 그 결과 등장한 것이 바로 이명박 정권인 것입니다. 이제는 보수 세력들이 '진보개혁이 실패한 서민경제 우리가 살리겠다'고 나섰던 것이고, 그것을 부정할 수 있는 근거가 약했고, 막아설 수 있는 준비가 부족했던 것이죠.

저는 진보세력의 책임 문제를 회피할 생각이 결코 없습니다. 이 과정에서 진정으로 아쉬웠던 건 제대로 된 진짜 진보세력들의 역할이었습니다. 이른바 자유주의 개혁세력들이 사회 양극화를 더 심화시켰다면, 제대로 된 진보세력들이 이것을 막아내고 보완해내는 대체세력으로 등장해야 했는데, 그러기에는 우리 스스로도 정립이 안 되어 있었던 것이지요. 2000년 이래 수년간 국민들이 진보세력에게 일정한 지지를 보내주었음에도 불구하고, 그 요구조차 제대로 반영 못함으로써 우리 스스로 주저앉아버린 거죠. 결국 국민에게 남은 선택은 '한나라당의 손을 잡을 거냐 말 거냐'는 것이었습니다. 여기에서 한나라당은 '밥은 먹여주겠다'고 나왔던 것이고, 물에 빠진 사람들은 그 지푸라기라도 잡을 수밖에 없었던 것이지요. 그래서 저는 오늘의 결과를 국민 탓으로 돌려서는 안 된다고 생각합니다. 국민들이 착시현상에 빠진 것은 분명하지만, 하지만 그 착시를 누가 불러일으켰는가. 지난 10년의 집권세력과 진보정당세력이 각기의 책임 층위를 분명히 하고 여기서 다른 모색을 시작해야 하는 것이죠.

그렇다고 한다면, 지금 이 시점에서 이 과제를 어떻게 풀어갈 것이냐 하는 문제를 좀 근원적인 차원에서 고민할 필요가 있다고 생각합니다. 한국 정치의 토대가 되는 부분에서부터 발상의 전환 같은 게 있어야 하지 않을까 하는 것이지요. 저는 최근 1948년 제헌의회 속기록을 재미있게 봤습니다. 결국 한 나라를 세우는 데 있어서 룰을 정하는 과정이 헌법을 만드는 과정인데, 물론 모든 룰이 헌법에 다 담긴다고 생각하진 않지만, 당시 헌법제정을 하나의 계기로 해서 교육문제라거나 여러 가지 사회 시스템에 대한 사회적 합의를 만들어내는 과정이 나름대로 치열히 시도되었다는 사실이 다시 한 번 환기되어야 할 필요가 있다고 생각합니다. 어찌 보면 개헌 수준이 아니라 제헌과 같은 그런 차원의 전혀 새로운 시각에서의 구상과 전망이 있어야 되는 게 아닌가, 그것을 또 국민들에게 설득하고 동의를 얻어가는 과정이 향후 정치 일정 속에 도입되어야 한다고 이야기하고 싶은 것이죠. 물론 이것이 가능할 것인가에 대해 낙관하진 않지만, 시민사회나, 사회와 문화 각 영역에서 광범위하게 공감대가 형성되어 간다면 반드시 실현해보고 싶은 과제입니다.

**진중권** 민주당 정세균 대표나 노무현 정권에서 보건복지부 장관을 했던 유시민 씨의 경우처럼 87년 체제의 기반이 되는 헌법이나 잘 구현하자는 주장도 있습니다. 민주주의를 제대로 누리려면 국민이 그 비용을 지불해야 한다. 주권자로서의 권리를 잘 알고 그 권리를 적극적으로 행사하는 국민들만이 기본권을 제대로 누릴 수 있다. 그러므로 대한민국 국민은 헌법의 기본권을 누리는 데 들어가는 비용을 아직 충분히 지불하지 않았다,

그런 의미에서 '후불제 민주주의' 다, 이런 표현도 쓰고요. 방금 하신 말씀이 거기에 대한 답변이거나 다른 견해라고 봐도 될까요?

**노회찬** 현행 헌법의 정신이 헌법 문구로만 묶여 있을 뿐 현실에서 살아있는 지침이나 기준이 되지 못하는 경우가 많은 것은 사실입니다. 국민 다수가 헌법 정신을 제대로 알고 있지 못하거나, 자기 권리를 찾지 못하고 있는 것도 사실이고요. 그러나 그것을 국민들이 헌법의 기본권을 누릴 비용을 아직 지불하지 않은 것으로 상황설정을 하는 것은 타당하지 못한 자세입니다. 그것은 절대권력과 그것을 따르는 몽매한 군중이라는 상황을 설정해 놓고 대중을 계몽하려는 오만한 자세일 수 있습니다. 대통령은 앞서가는데, 국민이 이해 못한다는 괴상한 논리의 복사판이기도 하고요. 이명박 정권이 등장한 것도 국민이 어리석어서인 것이고, 참여정부의 잘못은 아니다, 사실은 이렇게 말하고 싶은 것이겠지요.

87년 6월 항쟁에서 국민들은 직선제 개헌을 요구했고, 지금의 헌법에 찬성함으로써 이미 비용을 지불한 것입니다. 이제 와서 국민들에게 헌법 공부나 시키겠다는 겁니까? 문제가 있다면 국민들이 승인한 헌법을 국민들이 위임한 입법권 등을 통해 구체적인 법률로 만들지 않은 입법부의 책임이고, 헌법정신에 따라 행정을 하지 않는 행정부에 책임이 있는 것입니다. 삼성재벌이 노골적으로 무노조경영을 하고 있는 현실은 어떻게 보아야 합니까? 헌법은 단결권을 보장하고 있는데 노동조합을 만들어 단결하지 않고 있는 삼성그룹 직원들이 헌법을 실현하는 비용을 지불하지 않은 것으로 보아야 합니까? 그렇지 않습니다. 문제는 헌법상 보장된 국민의 기본권을 일개 재벌이 경영방침으로 무력화시키고 있는 데 대해 입법, 행정, 사법부가 일치하여 이 반헌법적 폭거를 비호하고 있다는 사실입니다.

**진중권** 좀 다른 이야기지만, 이전에도 개헌 논의들이 있었습니다만, 서로 다른 정치적 이해관계로 이 정권이 들어선 이래 개헌 이야기들이 산발적으로 나오고 있습니다. 어떤 국면에서 개헌 요구가 급격히 제기될 수도 있다고 생각하는데, 이 문제에 대해서 진보진영은 어떻게 대응해야 할까요? 분명히 의제 자체가 선거구 조정이나 대통령 중임제 정도로 한정될 것 같은데, 어떤 복안 같은 것을 생각해 보신 적이 있나요?

**노회찬** 헌법 개정이 시급한 정치적 과제라고 생각하진 않습니다. 앞서 48년 제헌의회 말씀을 드린 것은 지금까지의 정치적 논의의 질을 전환하는 계기를 만들어내야 한다는 차원에서 말씀을 드린 것입니다. 문제는 개헌이라는 것이 권력을 가진 쪽에서 제기하면 급격히 그쪽으로 휩쓸려갈 수밖에 없게 되는데 그럴 경우를 대비해야겠지요.

다만 원론적으로 말씀드린다면, 만일 헌법 논의가 긍정적인 차원에서 제기되고, 또 헌법에 손을 대게 된다면 마땅히 국민들이 먹고 사는 문제를 중심으로 다루어야 할 것입니다. 국민의 기본권 조항을 확장하고 보완하는 것, 교육, 환경, 건강, 주거 등의 문제에 진일보한 노선을 채택하는 일 등이 그것입니다. 이어서 영토문제 등 비현실적인 남북관계 관련조항을 손보아야 할 것입니다. 그것이 아니라 권력체제문제를 중심으로 개헌 문제가 논의되는 것은 국민을 위한 개헌이 아니라 당략적 발상의 개헌이라는 것을 분명히 해둘 필요가 있겠습니다. 4년 중임제 개헌이 많이 거론되고 있습니다만, 그 부분 역시 대통령 임기나 중임 허용문제가 권력분산보다 더 중요하지 않다는 점도 아울러 말씀드리고 싶고요. 사실 정치영역에서 보자면 권력체제조항 개헌보다 더 중요한 문제는 선거제도의 개혁 문제입니다. 현재의 국회의원 소선거구제가 보수양당체제와 이를 뒷받침하는 지역패권주의를 유지 온존시키는 핵심제도라는 점에서 권력체제조항 개헌보다 훨씬 중요하고 시급한 과제는 바로 국회의원 선거제도의 개혁입니다.

**진중권** 다른 주제로 넘어가 보지요. 앞서 진보진영의 책임 문제를 거론하셨으니까, 이번엔 다른 차원에서 몇 가지 묻겠습니다. 이른바 자유주의 개혁 세력은 민주당 세력들이고, 그 사람들은 어떻게 보면 한나라당과 크게 다르지 않다고 보고요. 반면 진보세력이라고 하는 분들 같은 경우에는 아직까지도 사회변화에 대해서, 예를 들어 우리 사회가 산업사회에서 정보사회로 넘어왔다는 데에 대한 인식이 없는 것 같아요. 자꾸 산업혁명적인 틀에 머물러 있다는 느낌이 드는 겁니다. 이에 반해 대중들은 이미 정보화 사회의 신체를 갖고 있는데 이들의 입장에서 보면 진보세력을 자처하는 사람들이 굉장히 낡아 보이거든요. 그러니까 단지 분배, 평등, 복지, 이게 좋다는 건 대중들이 다 알지만, 문제는 뭐냐 하면 그것을 어떻게 할 것인가, 이런 부분인 거 같아요. 다른 말로 하면 진보개혁세력의 성장전략은 무엇이냐, 대중이 묻는 것은 바로 이것이거든요. 진보에는 성장전략이 없어 보이는데, 이게 사실 아닌가요?


## 진보, 그래서 대안이 뭔데?


**노회찬** 지금 그 지적에 공감하면서, 우선 현실 인식에 관한 부분부터 말씀드리겠습니다. 성장전략이 없다는 부분은 분리시켜서 이어서 말씀을 드리고요.

말씀하신 것을 제가 잘 이해했다면, 진보세력이 산업혁명시대의 경제적 관점에서 문제를 제기하거나 대안을 제출하는 데 그쳤고, 그 이후 정보화시대 자본주의의 변화와 발전단계에 부응하는 대책을 내놓지 못했다는 것인데 물론 그 점은 분명히 있습니다. 굉장히 중요한 대목이기도 하고요. 그런데 저는 먼저 그 이전에 전통적인 분배정책조차도 제대로 이야기를 못 꺼냈고 자본주의 발전 수준에 맞는 정도의 사회적 통합의 기반도 갖추지 못한 채 신자유주의의 공세를 맞아 급격히 사회적 양극화가 진행되는 상황에 제대로 대응하지도 못했다는 이야길 먼저 하고 싶습니다.

2004년 민주노동당이 13.4%를 얻고, 나중 20%까지 올라가고, 그 결과로 10석을 얻었을 때 그나마 가장 대중들의 관심을 모았던 부분은 무상교육, 무상의료, 부유세였단 말이죠. 사실 그건 굉장히 거친 거대담론이었고, 또 변화하는 현실을 충분히 반영해서 세련되게 조율된 정책 콘텐츠도 아니었습니다. 그럼에도 불구하고 그런 것조차 우리 정치에는 없었기 때문에 제법 많은 사람들에게 기대감을 불러일으켰던 겁니다. 지난 10년간 경제적으로 점점 어려워지고 서민들의 고통이 늘어나는 상황에서 변화의 가능성, 변화의 상, 이런 것들에 대한 대중의 욕구가 컸다는 거죠.

물론 국민들이 민주노동당이 상황을 즉각 변화시켜 줄 것이라 기대했을 리는 없습니다. 그럼에도 불구하고 이제까지와는 전혀 다른 목소리로, 이제까지 이뤄지지 않았던 문제제기를 제대로 하는 세력에게, 즉 과거 한나라당도 못했고 집권 민주당 세력도 하지 못했던 새로운 가능성과 필요성을 제기하는 세력에게 일정한 힘은 줘야 된다는, 집권까지 가능할 거라 믿지는 않지만 저런 사람들이 더 떠들 수 있도록 공간은 열어줘야 된다는 생각, 이게 2004년 총선의 결과였고, 그 이후의 기대감이었지요. 대중은 기대를 걸었지만, 문제는 정작 당사자들은 공약을 그렇게 내걸었으면서도 실제 10석을 가진 후 한 일은 전혀 그런 것이 아니었다는 거죠. 당내에서도 문제가 제기되었지만, 무상교육, 무상의료, 부유세 공약은 선거 이후 실종되어버리고 말았습니다. 물론 1년 수개월이 지난 후에야 그것을 추진하는 운동본부가 만들어졌지만, 그것 역시도 사진 한 번 찍고 끝나버렸단 말이죠. 바로 그것에 대한 응징이 2005년 10월의 재보궐 선거에서, 그리고 2006년 지방선거 등에서 계속해서 지지율이 낮아지는 것으로 나타났다가, 최종적으로는 2007년 대선 때 민주당과 함께 심판받는 결과를 낳았죠. 무상교육, 무상의료, 부유세 도입은 사실 단번에 실현시킬 수 있는 과제가 아니었습니다. 그럼에도 13% 넘는 지지가 몰린 것은 그와 같은 민생문제의 근본적 해결을 주창하는 세력의 형성이 매우 중요하다고 국민들이 보았기 때문이죠. 그래서 국회의원 10명을 뽑아 줬습니다. 그러나 의석을 갖게 된 민주노동당은 자신에 대한 국민의 요구를 대변하는 데 불성실했던 것입니다. 권력을 쟁취하는 과정에서는 나름대로 현실적 고려를 많이 했지만, 권력을 쟁취한 다음에는 자신들이 요구받은 것을 이행하기보다는 자기가 하고 싶었던 것, 자기가 먹고 싶었던 것을 먼저 꺼내놓고 먹었던 셈이지요. 이것이 제가 말씀드리고 싶은 첫 번째 요점이고요.

두 번째 말씀하신 부분은, 아주 중요한 문제라고 생각하는데, 촛불이 바로 그걸 말해줬다고 생각합니다. 사실 촛불 때 다들 놀랐고, 응급조치로 결합은 적극 했지만, 이 사태를 어떻게 해석해야 되는지 정작 알지 못했습니다. 이 변화가 언제부터 시작된 것이며, 이 변화를 우리는 왜 이제야 알게 되었는가. 이 변화가 오프라인에서는 2008년 5월부터 서울 시청역 앞에서부터 나타났습니다. 하지만 직접 부딪쳐보니, 그것이 이미 수년 전부터 디지털세계, 사이버 공간에서 이루어져 왔고, 그 안에서 어느 정도 형성되었던 힘들이 특정한 계기를 통해 바깥으로 쏟아져 나온 것에 불과하다는 점을 깨닫게 된 거죠. 우리는 그간에 이루어졌던 변화를 솔직히 알지 못했습니다. '소울드레서' 라는 게 있고, 거기서 정치토론도 하고 있는 줄 어떻게 알았겠습니까. 요즘 제가 많이 접속합니다만, '디비디 프라임' 사이트라거나, '듀나의 영화게시판' 이란 데도 있습니다. 제가 물어봤더니, 그곳에서는 이미 7, 8년 전부터 정치토론을 해왔다는 거예요. 그런 게 있었기 때문에 광우병 사태가 일어나니까 즉각 모금해서 신문광고도 하고, 판이 벌어지니까 뛰쳐나갔을 뿐이라는 거죠. 그런데 이런 변화에 대해서 우리는 전혀 알지도 못하고 있었다는 겁니다. 그래서 예측도 불가능했던 것이고, 벌어진 사태를 해석하는 데에도 시간이 걸릴 수밖에 없었지 않았나 생각합니다. 그러면 이런 변화된 조건에서 진보적 의제들을 어떻게 이야기할 수 있을까. 끼워 넣기 식으론 먹히지도 않을 것이고, 소통하는 방식과 내용이 다 재검토 되어야 된다고 봅니다. 소통 방법부터 모르니 의제 자체가 낡았고, 전략이 없다는 인상을 주는 것은 당연할 테고요.

**진중권** 이번에 당직자들에게 아이폰을 쏘셨더군요. 그런 인식의 변화를 반영하는 조치인 것 같은데, 아이폰을 통해 구체적으로 어떤 효과를 기대하십니까? 실제 그런 효과를 현실화시킬 방도 같은 것은요?

**노회찬** 1990년대 초반 핸드폰이 처음 한국에 등장했을 때 저는 당시에 이른바 운동권에서 최초로 핸드폰을 사용하는 사람이 되었습니다. 가지고 다니는 '손전화'! 얼마나 편리하고 활동에 도움이 될 것인가? 그렇게 생각하고 저는 사업하는 후배에게 백 5십만 원 가량 하던 모토로라 휴대폰을 사달라고 요청했지요. 그 후 제 꿈은 언제 어디서든 인터넷에 접속하는 것이었습니다. 인터넷은 이미 정보의 바다요, 여론형성의 광장이고 대화와 소통의 천국 아닌가? 이 인터넷을 집과 사무실 책상에 앉아야만 들어갈 수 있다면 이처럼 답답한 일은 없는 것이지요. 그래서 저는 90년대 말 정부가 IMT 2000정책추진을 발표했을 때부터 꿈이 현실로 되는 날을 기다려왔는데 현실화되는 데는 시간이 걸렸지요. 그래서 거액을 들여 소형 노트북인 넷북(Netbook)을 구입하고 무선 모뎀도 장착하고 그랬었지요.

그러다가 미국에서 아이폰이 처음 등장했다는 소식을 들었을 때 저는 비로소 어딘가에 문제가 있다는 걸 느끼기 시작했습니다. 뉴욕 시민들이 출근하는 길거리에서 휴대폰으로 이메일을 확인해보고 답장을 보내며 업무처리를 하는 동안 서울 시민들은 세계 최고 수준의 휴대폰으로 DMB를 보거나 고화질 사진찍기에 열중하는 등 여가만 즐기고 있었던 것이지요.

인터넷 초고속망 보급률이 세계 최고 수준이고 핸드폰 보급률과 수출액이 세계 최고인 나라에서 휴대폰을 통한 인터넷 접속이 안 된다는 사실은 쉽게 납득이 가지 않는 일이었던 것이지요.

지난여름 삼성이 제트폰 출시한다는 소식을 들었을 때 혹시나 했어요. 무선인터넷을 쉽게 사용할 수 있는 근거리 통신망 Wi-Fi 접속 기능이 내장되어 있는 것이기 때문이었지요. 그러나 세계 80여 개 국가에 수출하고 있다는 삼성 제트폰을 정작 국내에선 만날 수 없었습니다. 이제나 저제나 하며 기다렸더니 제트폰에서 Wi-Fi 기능을 빼고 대신 액정과 카메라 성능을 다소 높여 다른 이름으로 국내에 출시된다는 것이었습니다. 삼성전자의 한 고위관계자가 하는 말이, 이렇게 된 것은 국내 이동통신사의 요구 때문이라는 것이었습니다.

즉각 블랙베리를 구입했는데 너무 놀랐습니다. 버튼만 누르면 바로 이메일을 읽고 답장을 보낼 수 있고, 단추를 한 번 누르면 트위터에 접속할 수 있었으니까요. 오바마가 대통령선거에서 백만 명이 넘는 팔로워들에게 메시지를 보냈다는 사실이 어떻게 가능한지 실감하게 되었던 것이죠.

저는 지금 블랙베리와 아이폰을 둘 다 쓰고 있습니다. '좌사우포', 즉 왼쪽엔 사과(애플사의 아이폰) 오른쪽엔 포도(블랙베리)라는 쌍권총을 찬 것이지요. 제 식으로 왜곡된 한국 IT 정책의 폐해를 체험하고 무선통신 세계의 변화와 발전을 체감하기 위해서입니다. 얼마 전 트위터 사용자들의 이웃돕기 기부모임에 가서 이런 고백을 한 적이 있습니다. 트위터를 사용하면서 나 스스로 진화하였다고요. 트위터 번개를 통해 평소 도저히 만날 수 없었던 많은 사람들을 만나게 되고, 블랙베리와 아이폰을 통해 피상적으로 이해했던 한국 IT 정책과 산업의 문제점도 알게 된 것이지요.

서울시청 앞에서 동절기 강제철거를 반대하는 주민 기자회견에 참석해서 이분들 사진과 사연을 바로 트위터에 올리니까 수백 명의 트위터 친구들이 이를 다시 확산시키더군요. 용산참사 연내 해결을 촉구하기 위해 국

무총리를 만난다고 글을 올렸더니 바로 격려와 유의해야 할 사안을 보내
왔고요. 인터넷 접속권이 이젠 국민의 기본권이 되어야 하며 서울 어디서
나 무선인터넷을 무상으로 이용할 수 있어야 한다고 제안하자 격려가 쏟
아졌어요. 진보운동이란 것이 무엇인가요? 그것은 사람들에게 다가가고,
사람들과 더불어 세상을 변화시키는 노력이지요. 진보가 끊임없이 진화
해야 하는 이유도 다름 아닌 여기에 있는 것이지요. 저 자신을 통해 진화
하는 한 인간의 모습을 보여주고 동시대인들에게 희망을 잃지 말 것을 당
부하려는 몸짓으로 이해되길 바라고 있습니다.

**진중권** 다시 앞의 얘기로 돌아가서, 네티즌들 만나보면 '오케이, 무상
교육, 무상의료 다 좋다'는 겁니다. 그런데 중요한 건 재원이거든요. 재원
에 대한 구체적인 방안이 없는 한 자기들끼리 떠드는 정치구호로 들릴 수
밖에 없는 것이고, 애초에 그렇게 운명 지워진 게 아닌가 생각한다는 겁
니다. 예를 들어 소수 정당이라는 것은 공약을 실현시키는 데서 넘을 수

없는 물리적인 장벽과 언제나 맞닥뜨리게 되는 게 사실입니다. 하지만 대중들이 가진 생각은, 단지 소수라서 안 될 것이라고 체념하기 이전에 대체 그 돈을 어디서 마련할 것이냐는 고민은 해 보았는지 하는 의구심을 가지고 있다는 겁니다. 공약의 실현을 위한 최소한의 청사진을 제시한다든지, 대중에게 '저 공약은 믿을만하다, 꼼꼼한 검토를 한 다음에 내놓은 생각이다', 이런 느낌을 주어야 하는데 사실 진보진영에서 내놓는 공약은 약간 주먹구구식이라는 불신이 있거든요.

**노회찬** 솔직히 말씀드리면, 그 불신은 진보진영 스스로가 제일 많이 가지고 있었다고 말씀드릴 수 있습니다. 늘 소수파의 입장에 있었던 좌파의 고유의 콤플렉스라고도 볼 수 있죠. 워낙 우리가 검증된 바가 없기 때문에 우리를 바라보는 사람들로부터 너무 이상주의적인 게 아닌가, 현실가능성이 있느냐는 문제제기를 지속적으로 받아왔습니다. 그런데 실제로 현실가능한지에 대해서 우리 스스로도 검증을 해보지 않았기 때문에 자신을 믿지 못했던 겁니다.

공약과 재원을 연결시키는 작업이 이루어졌던 것은 2002년 대통령선거 때입니다. 당시 공약을 내면서 가장 두려워했던 것은 이 공약이 그럴 듯하나 현실가능성이 있느냐, 특히 돈 문제와 관련해서 말이지요. 대부분의 공약이 이것이 실현되려면 어느 정도의 재원이 필요한가, 그리고 그것을 어떻게 충당할 것인가 하는 문제들과 대면해야 하죠. 예컨대 이 재원을 충당하는 데 있어 모든 걸 세금을 걷어서 한다면 세상에 못할 사람이 없단 말이죠. 그렇다면 합리적으로 세금을 더 걷기도 해야 되지만, 다른 방식으로는 어떻게 가능할까? 그래서 저희들은 국방예산을 어떻게 줄이고, 또 다른 불필요한 예산을 조정해서 나오는 금액이 어느 정도고, 이걸 가지고 1차 년도와 2차 년도에서 어느 정도 이 정책을 실현할 수 있을지를 제시했습니다. 예를 들어 무상교육은 하루아침에 이루어지는 것이 아니므로, 1단계로는 고등학교 무상교육을 해보자는 식이지요. 또 취학 전 아동들에 대한 보육을 놓고는 재정과 관련된 프로그램을 함께 제출하기도 했습니다. 그리고 그 이유 하나만으로 당시 한국정책학회에서 최우수 공약으로 선정되기도 했었지요.

2004년에는 국회의원 선거가 있었습니다. 대선과 사정은 달랐지만, 이 때에도 무상교육, 무상의료는 최종목표이므로, 그 목표로 가는 순서를 어떻게 하고, 그때그때 드는 비용을 어떻게 할 것인가 상정해 보려 했지요. 실제 대학교 무상교육까지 가려면 아무리 예산을 조정한다 해도 증세 없이는 불가능하죠. 그래서 국회의원 선거 때에는 당장에 해낼 수 있는 것, 즉 무상교육에 1·2·3·4단계가 있다면, 1단계는 현재 시점에서 증세 없이 가능한 부분으로 보고, 2단계부터는 추가적으로 어느 정도 필요할지 계산을 다 해놓은 상태였습니다. 다만 그것을 피부에 와 닿게 바로 이해가 되도록 좀 더 정리를 할 필요는 있었다고 생각하지만.

**진중권** 알겠습니다. 정부 차원에서 그간 신성장동력이니 어쩌고 떠드는 얘기들은 많았지만, 결국 이제 와서 보면 결국 상당부분 삽질에다 녹색만 조금 칠한 듯한 느낌이 듭니다. 여기에 대한 진단도 있어야 할 것 같습니다. 세계경제 속에서 한국경제는 어디까지 왔고, 지금 어떤 문제에 가로막혀있고, 그걸 돌파하려면 어떤 산업과 정책이 필요하고, 그러려면 정부는 어떤 역할을 해야 하는지 등등에 대한 청사진이 있어야 하지 않겠습니까? 이른바 세계적 기업이라는 삼성을 들여다봐도, 아직도 '모방적 기술'이라고 할까, 소니라든지 다른 외국회사 제품들을 들여와 뜯어다가 역으로 디자인해서 약간의 맥락만 바꿔서 제품을 만드는 경우가 많거든요. 스스로 기술을 키우려 하지 않다 보니, 중소기업에서 기술을 갖다 쓸 필요가 없고, 그러다보니 핸드폰 뜯어보면 내부의 부품과 소재는 대부분 다 일본산입니다. 그래서 대기업이 아무리 잘 나가도 트리클 다운(Trickle Down)이 잘 안 되는 거죠. 이렇기 때문에 한국경제 자체를 한 단계 도약시킬 대안 같은 것들도 만들어줘야 되지 않을까 하는 것이지요. 왜냐하면 삼성의 경우 직접 겪어봐서 아시겠지만, 이 대재벌이 한국경제를 이끌어간다는 느낌만 있지, 사실 이 자본의 지배가 어떻게 한국경제를 가로막고 있는지에 대한 인식은 거의 없는 상태거든요. 그런 부분에 대한 진보 쪽의 고민들이 있어야 되지 않을까요.


## A4 용지 한 장의 청사진

**노회찬** 저는 특히 성장의 문제는 산업정책 차원에서 봐야 된다고 봅니다. 실은 산업정책이란 말 자체가 산업에 대한 국가의 개입을 의미하는 것입니다. 지금도 모든 것이 시장에서 다 이루어지도록 방치되어 있지는 않고, 상당 부분 국민 세금을 가지고 국가가 산업정책에 개입하고 있습니다. 기업 차원에서 해내기 어려운 규모라거나, 국가적 필요에 의해서 또 산업 발전전략에 따라서 새롭게 일으켜야 될 분야에는 국가적 투자를 하고 있지요. 이러한 산업정책이 제대로 되고 있느냐 안 되고 있느냐, 그리고 무엇이 더 효율적인 분야이냐, 더 나은 성과를 낳을 수 있는 분야이냐를 따져봐야 합니다. 물론 흔히 얘기하는 '성장동력'이라는 것이 꼭 국가만이 책임지는 것이 아니고 시장에서 자연스럽게 형성되기도 합니다. 하지만 목적의식적인 국가의 역할과 관련해서 진보진영도 이 문제를 대단히 중요하게 생각해야 됩니다.

이 점에 관해서는 진보 쪽이 확실히 부족한 것들이 많다고 생각합니다. 이제까지 분배문제는 그나마 지속적으로 제기하였지만, 국가 차원에서 추진해야 하는, 성장동력을 키워 내거나 또는 형성해나가는 활동과 관련해서는 제대로 됐는지 안됐는지, 아니면 이게 문제가 있다면 대안은 무엇이어야 되는지에 대해서 적극적인 개입과 비판과 대안제시가 대단히 부족했다고 생각합니다. 예를 들어 독일이 환경산업을 성장동력으로 해서 백만 개 일자리를 창출했다, 그런데 정부는 뭐 하냐 이런 비판 정도에 머물렀던 것이죠. 이렇게 하는 게 어떻겠느냐는 적극적인 제안, 물론 정권을 담당하고 있지 않은 야당, 특히 군소야당 입장에서 정교한 산업전략을 내는 게 쉽지 않지만, 아이템이라도 적극적으로 제출할 필요는 있거든요.

예를 들어 김대중 정부나 노무현 정부 같은 어찌 보면 친서민을 표방한 정부조차도 일자리 문제 해결에 실패했는데, 여기에는 두 가지 문제가 있다고 봅니다. 하나는 일자리를 창출하는 정책과 동시에 그와 반대되는 노동시장유연화 정책을 썼다는 근본적인 한계입니다. 다른 하나는 그나마 보완재로서 일자리를 창출할 때에도 이를 산업조직과 연결시키지 못했다는 것이죠. 그러다보니까 일자리 대책이라는 것이 전시행정이라고 부를 수밖에 없는, 희망근로니 뭐니 인턴제니 뭐니 해가지고 대책 없이 일회적으로 돈만 뿌려대는 사업으로 전락해 버린 겁니다. 앞의 두 정권은 국가가 개입하는 성장동력을 통해서 일자리 문제까지 해결하려는 전망을 갖지 못했습니다. 물론 성장동력을 마련하는 일은 일자리 문제를 해결하기 위한 목적에 최우선 순위를 두고 있는 게 아니지만, 성장동력을 마련하는 가운데 일자리 문제까지도 함께 감안하는 그런 역할을 할 수도 있겠지요. 기업체제와 관련된 문제의식도 적극적으로 변화되고 진전된 것이어야 한다고 봅니다. 예를 들어 원천기술을 갖고 있는 중소기업들을 육성하는 문제는 국가적인 지원 없이는 불가능합니다. 그런데 지금도 보면 국가가 추진하고 있는 산업 전략과 중소기업 지원 대책이 따로 놀고 있습니다. 중소기업도 희망근로 하듯이 인턴제 하듯이 지원해줘야 된다는 식이지요.

**진중권** 말하자면, 돈 좀 떼어서 나눠주는 식으로?

**노회찬** 예, 그런 식으로죠. 정책 실천을 통해서 기술력을 보유한 중소기업에 기반한 성장동력을 활성화한다거나, 이렇게 나아가지 못했다는 거죠.

**진중권** 제가 가장 지적하고 싶었던 부분이 바로 그런 부분입니다. 분배, 복지 좋지만 가장 중요한 게 일자리 문제거든요. 이 문제하고 앞으로 한국 사회 성장모델이라고 할까, 이게 원래는 서로 연동되어 있는 것인데, 국민은 종종 양자선택을 강요받는단 말이죠. 성장이냐 분배냐. 그렇게 물으면 국민들 대다수는 성장 쪽으로 답을 합니다. 그게 보수이데올로기가 갖고 있는 힘인데, 사실을 말하자면 성장 없는 분배 없는 거고 분배 없는 성장 없는 것인데, 양고리가 있다 한다면 한쪽만 계속 얘기해오지 않았는가. 이들이 어떻게 유기적 연관을 맺고 있는지에 대한 설득력 있는 논의가 없었단 생각이 드니까, 좌파들이 얘기하는 건 뜬구름 잡는 얘기다, 그런 건 증세를 해야만 가능한 거다, 이런 생각들을 사람들은 자연스럽게 가지게 되는 것 같습니다. 그래서 대중들에게 몇 마디로, 예컨대 A4 용지 한 장 분량으로, 우리 경제가 뭐가 문제고 앞으로 어떻게 해야 되며 방법은 뭔가, 그렇게 요약될 수 있는 최소한의 청사진의 제시, 또는 논리 제시가 필요하지 않느냐는 생각이 듭니다.

**노회찬** 아주 절실하다고 생각합니다. 진보신당도 평등, 생태, 평화, 연대라는 4대 가치를 내세우고 있는데, 국민의 입장에서 보면 추구하는 가치는 있지만 총체적으로 이 나라를 어떻게 하겠다는 건지 상이 잘 안 그려질 수 있다고 생각합니다. 특히 경제문제, 먹고 살아가는 문제를 어떻게 해결하겠다는 총체적 마스터플랜을 제시해야겠지요. 사실 일자리 문제는 복지의 최우선이죠. 비정규직 철폐 같은 주장은 옳지만, 그것으로 일자리 문제를 다 설명할 수는 없겠지요. 노동집약에서 자본 및 기술집약 사회로 이미 들어선 우리나라에서 성장이 고용을 수반하지 않는 것은 불가피한 현실입니다. 그렇다면 대기업이 고용을 창출하지 않는 조건에서 공공부문에서의 일자리 창출, 국가 주도의 신성장동력 부문에서의 일자리 창출, 마지막으로 중소기업 차원에서 일자리 창출을 위한 지원 등이 제시되어야 합니다.

일자리 창출이 산업정책과 연관될 수밖에 없는 상황에서 산업정책에 대한 비판적 검토와 대안 제시는 필수적인 과제입니다. 그런 점에서 우리에게는 산업정책에 대한 비판 같은 것도 거의 없었다는 생각을 합니다. 최근 이동통신 문제 때문에 파고들면서 보니까, 그야말로 국가가 자본에 끌려가는 실태를 확인할 수 있었죠. 예컨대 굴지의 이동통신회사 같은 경우, 해당 정부부처를 담당하는 직원이 53명이나 있다고 해요. 그래서 어떤 문제가 발생할 때마다 정부가 해야 될 일을 기업에서 만들어서 주는 거예요. 관료기구는 사실 대자본의 행정서기 이상 역할을 하고 있지 못하는 거죠. 이것을 시장에서의 자유경쟁이라고 하지만, 사실은 독과점 체제가 자기 이익실현을 위해 시장을 왜곡시키고, 그 피해는 고스란히 소비자들에게 전가하는 거죠. 그래서 소비자들이 높은 요금을 내게 될 뿐 아니라, 결과적으로는 산업자체가 왜곡되면서 IT 산업의 갈라파고스(Galápagos)화, 즉 먼저 시작됐지만 따로 진화하는 이런 상태가 된 거죠. 일본 소니처럼 IT산업에서 초기의 월등한 지위가 점점 낙후되는 것하고 배경은 다르지만 결과적으로는 비슷한 처지에 처하게 된 거죠. 이런 점에서 그야말로 책임 있게 산업정책과 관련해서 대안을 내놓고, 일자리 문제와 중소기업 문제를 어떻게 해결할지 전망도 보여주면서 복지를 함께 이야기해야 된다고 생각합니다. 그렇지 않을 경우에는, 국민들이 비록 집안에 숟가락이 부족해도 가장이 많이 벌어오면 일단은 먹는 건 해결되는 거 아니냐는 생각을 갖게 되거든요. 비록 분배구조가 취약해도 성장이 많이 되면, 어쨌든 식구들이 더 많이 먹는 건 사실 아니냐 하는, 이런 생각을 갖는 것이지요. 그런데 과연 그런 식으로 더 많이, 제대로 벌어올 수 있느냐를 점검할 필요가 있고, 아울러 대안의 제시도 있어야겠지요. 대안의 제시 없이 숟가락만 나눠주겠다고 해서 설득력이 생기지는 않을 테니까요. 그런 점에서 오히려 성장문제는 정치의제로 반드시 끌어들일 필요가 있습니다. 단순히 좋은 성장과 나쁜 성장을 구분하는 데서 그칠 게 아닌 것이지요. 물론 복지나 노동 3권의 문제는 당연히 게재되어야 되겠지만, 거기서 그치지 않고 성장 자체의 발전전략도 함께 가져야 한다고 생각합니다.

**진중권** 중소기업 문제를 조금만 더 말씀드리고 싶은데요. 부품과 소재라는 것들이 전적으로 외국에 의존하다보니까, 중소기업들이 원천기술들을 담당하여 바닥에서 깔려서 위로 올라가는 바틈업(bottom up) 식으로 되지 않아요. 우리 같은 경우는 위에서 아래로 내리꽂는단 말이죠. 왜 그러냐면 중소기업 같은 경우 기술을 개발할 경우에 대기업에서 회계감사가 나와서 납품단가를 깎아버린다거나 하는 불공정한 거래관행 같은 것들이 있거든요. 결국엔 중소기업이 대기업이 원하는 대로 싼값에 해주는 거죠. 그러다보니 고급노동력도 필요 없고, 비정규직 쓰는 거고, 원천기술들이 개발 안 되니까 역으로 외국에서 갖다 쓰게 되는 거고요.

**노회찬** 중소기업 하는 분들과 단체간담회를 가진 적이 있는데, 기술개발이 어려운 이유는 두 가지라고 해요. 하나는, 기술개발에 드는 막대한 재원인데, 한마디로 시간과 비용을 감당하기 어렵다는 겁니다. 둘째는, 어렵사리 기술을 개발했다 하더라도 대기업과의 거래관행, 즉 대기업에서 중소기업 하나는 얼마든지 날려버릴 힘을 가지고 핵심기술은 빼가면서 반대급부는 부실하게 주는 그런 관행 때문에 기술개발을 할 풍토가 전혀 안 돼 있다는 것이죠. 그러다보니 시키는 일만 할 수밖에 없습니다. 그 때문에 기술개발문제는, 특히 중소기업의 경우에는 개별기업에만 맡길 수가 없습니다. 지금도 모든 걸 기업에만 맡기지 않고 국가가 하는 부분도 있긴 합니다. 가령 산학연대와 같은 것을 통해 국가적 차원에서 투자를 해서 중소기업처럼 자력으로 기술개발을 하기 힘든 기업에 국가가 기술개발의 상당부분을 책임지고, 그 기술을 이전시켜서 사업을 할 수 있도록 하는 시스템이 필요하지요.

그런데 우리의 현실은 이와 역행하고 있습니다. 대덕연구단지의 경우를 봅시다. 지난 10년 사이에 있었던 많은 변화 중의 하나는, 국가적인 지원 하에서 기초기술부터 시작해서 장기적인 기술을 개발하는 대덕연구단지 같은 곳에 언제부턴가 독립채산제 개념을 집어넣기 시작했다는 것입니다. 그러다보니 석박사급 연구원들이 거의 다 비정규직화 됐어요. 비용 줄이기 위해서. 팀장급 이상의 고참연구원들은 독립채산제에 경영개념을 집어넣는 통에 영업상무 노릇을 해요. 기업체 만나서 우리 기술 사달라고 술대접 한다는 얘길 들었거든요. 원래 대덕연구단지 같은 곳은, 앞서 말했듯이 이윤 벌어들이기에 급급한 일반기업들이 쉽게 하지 못하는 투자를 국가차원에서 해서 그 기술을 기업에 넘겨서 기업이 활용하도록 만드는 일을 해야 하거든요. 독립채산제의 도입으로 인해 연구소에서 자꾸 하나 만들어서 하나 파는 일만 하게 되다보니, 국가의 기초기술에 대한 투자 자체가 급격히 감소하는 결과를 낳고 있습니다. 질병예방과 관련된 의료기술도 마찬가지지요. 환자를 한 명이라도 더 많이 봐야 돈을 더 버는 일선병원에서는 불가능한 얘기거든요. 그렇다면 돈벌이와 무관한 곳에서 돈을 써가면서 기술을 만들어내야 되는데, 그런 부문에 대해 올해 얼마치를 팔았느냐를 기준으로 계속 검열해서 기업 평가와 연구소 평가를 하여 인사고과에 반영해 버리면, 오히려 기술개발에 저해요소가 될 수밖에 없는 거죠. 그런 것들이 지금 벌어지고 있는 상황입니다.

**진중권** 이명박 정권이 강행하는 지금 4대강 사업만 해도 22조가 든다고 하는데, 사실 이것도 얼마가 더 들어갈지 모르지 않습니까. 보상비도 제대로 계산하면 4배 정도가 더 나오는데 축소하고, 예산 여기저기에 숨겨놓고 말이지요. 문제는 돈을 쓰는 것이, 지난 번 경제위기를 거치면서 그래도 한국경제가 투명해진 부분이 있지 않았습니까. 그것이 지금 위기를 견딜 수 있게 하는 내성으로 작용하는 부분도 있고요. 그런데 지금은 한국경제가 업그레이드됐다는 느낌이 있어야 되는데 오히려 이분들이 하는 일이 70년대, 80년대의 토목경제, 토건경제로 돌아가는 거 같아요. 한국 부르주아들의 시각과 전망이 이렇게 제한돼 있었던가, 이런 느낌까지 받거든요.

**노회찬** 밖에서 보면 의외로 들릴지도 모르겠는데, 저는 경제는 경제논리로 풀어야 된다, 경제를 정치논리로 풀면 안 된다는 생각을 기본적으로 갖고 있습니다. 정략적 목표를 달성하기 위해 경제를 왜곡시켜선 안 된다는 의미에서죠. 98년도 이후 IMF에서 빨리 졸업하는 치적을 삼기 위해서, 특히 당시 선거를 앞두고 신용카드를 남발해서 당장에는 경제성장률이

6%까지 올라갔지만 실은 경제에 엄청난 멍이 들고 많은 신용불량자들을 양산했단 말이죠. 이런 게 문제인데, 4대강 사업 같은 경우도 전형적으로 그런 일이라고 봐요. 2008년도에 있었던 일이고, 올해도 그런 일이 있었습니다. 워낙 대통령 지지도가 낮으니까 실적 올리기 위해서 정부가 한 일이 뭐였지요? 미국발 경제위기의 파장이 닥쳐오면서 전반적인 수출도 퇴조하고 경제 불황기에 접어드는 상황인데, 이런 국면에서 근원적으로 경제의 체질을 개선하기보다는 모든 관공서나 국가기관에다가 올해의 예산을 조기집행해라, 말하자면 12월까지 써야 될 돈을 최대한 7월까지 당겨서 다 쓰라고 했어요. 그래놓고서 그것을 일일이 다 점검을 해서 목표를 빨리 달성하면 30억씩 40억씩 막대한 포상금을 주는 해괴한 짓을 했어요. 그래서 어떤 일이 일어났냐 하면, 매월 장애인 활동 보조하는 사람들에게 주는 예산이 있습니다. 가령 만 명을 활동 보조한다면, 그에 따라 매월 지급되는 예산이 있는데 그걸 당겨 쓰다 보니 처음 몇 달 동안은 2만 명, 3만 명에게 지급이 되고, 그 기간이 지나고 나니 돈을 다 써버리는 바람에 정작 지원 받아야 할 장애인 대상자들에게 활동보조를 못 해주는 그런 상황이 된 거죠.

**진중권** 비슷한 얘기를 들었는데, 도서관에서 도서 구입비를 상반기에 90%를 집행하라 그래서.

**노회찬** 그렇게 되면 하반기에 나온 책들은 못 사는 거죠.

**진중권** 그렇겠죠. 그래서 도서구입의 경우 조기구매가 불가능하며 불합리하다는 사실을 조목조목 설명해줬더니 위에서 나온 감사관이라는 분이 "이유와 설명이 왜 필요합니까, 위에서 시키니까 해야지", 이렇게 얘기했다 그러더라고요.

"이 땅의 진보는
아직 거울에 비친 자신의 모습을
두 눈으로 직시하는 것을
두려워 하고 있다.
우리에게 던져지는 물음은
진보가 정당한가 아닌가가
아니라, 오히려
이 참을 수 없는 세상에
저항할 능력이 있는가 없는가
하는 것이다."

**노회찬** 그런 행정편의주의적이고 정략적인 목표가 있기 때문에 경제를 왜곡시키는 일들이 생겨나는 거죠. 가장 대표적인 게 4대강 사업이라고 봅니다. 결국엔 4대강 사업도 그렇고, 부자감세도 그렇고, 재정적자로 이어질 수밖에 없습니다. 그와 같이 다음 정권에 어마어마한 빚더미를 떠넘기더라도 있는 동안에 빚을 내서라도 본때 있게 해보자는 식으로 경제를 운영하는 자체가 큰 문제인 거죠. 한 가지 더 말씀드리자면, 제가 경제는 경제논리로 풀어야 된다는 생각을 갖게 된 게 삼성 때문이에요. 삼성그룹은 노동조합을 만들려고 하면 노동자들에게 늘 설득하는 논리가 있어요. 노동조합 만들었을 때보다 더 잘해주겠다. 이게 무슨 말이냐면, 그러니까 경제비용을 줄이기 위해서 노동조합을 막는 게 아니란 말이에요. 더 많은 이윤보다 더 중요한 것은 사업장 독재라 보는 거죠. 사업장 민주주의를 허용하지 않겠다. 내 맘대로 하겠다는 얘기입니다.

**진중권** 경제적 비용에 대한 고려보다는 커뮤니케이션의 일방성을 유지하겠다는 얘기겠는데……. 그런데 놀라운 건 삼성의 그런 전략이 실제로 먹힌다는 거 아닙니까. 기업으로서는 성공적인 것 아닙니까.

**노회찬** 노조가 있을 때보다 더 해주니까요. 실제로 더 잘 해줬어요.

**진중권** 이해가 참 힘든 현상이거든요. 봉건적인 구조를 갖고 있는 기업이 현상적으로는 대한민국에서 제일 잘 나가고, 세계에서도 비교적 잘 나가고 있거든요. 어쨌든 어차피 경제위기를 맞으면 정부에서 재정을 투입해서 나름대로 위기에 대응하는 건 당연하지 않습니까. 방향 자체가 4대강이라든지 이렇게 가는 게 아니라면. 대표께서는 22조의 돈을 투입을 해야 된다면 어떤 방향에 투입하는 것이 옳을 거라 생각하십니까?

**노회찬** 우리나라 출산율이 보스니아 다음으로 낮은, 170여 개 국 중에서 가장 낮다는 기사가 얼마 전에 나왔습니다. 가장 대비되는 나라로 칠레를 예로 들 수 있어요. 칠레에 좌파 대통령이 등장하면서, 0세에서 4세까지 무상교육, 무상보육, 무상의료까지 실시하겠다, 국가가 책임지겠다, 이렇게 해서 실질적으로 유아원을 수천 개를 지었어요. 출산율이 상당히 높아졌거든요. 결국에는 돈을 이렇게 써야 된다고 생각해요. 희망근로니 뭐니 이런 식으로 바다에 돌 던지는 식이 아니라, 기본적으로 생활 자체를 개선하고 사회적 문제까지 해결하는 방식으로 돈을 쓰는 것이 성장에 더 도움이 된다는 것이죠. 우리는 이미 수출과 성장에만 의존해서 경제가 발전하기 어려운 단계에 진입을 한 상태입니다. 수출이 박정희 시대처럼 국민들 전반의 가처분소득, 즉 구매력을 높여주지 못하고 있다는 것이 현실이지요. 이것은 수출의 성과가 노동집약에서 자본집약으로 가면서 발생하는 현상인데, 경제가 노동집약적이었을 때는 수출에 노동자들이 대거 동원되면서 그 과실을 나누어가졌던 측면이 있었다면, 경제가 자본집약적으로 변하면서 수출의 과실이 몇 개 기술력이 있는 분야에만 떨어지는 것이죠. 그렇기 때문에 22조가 결국은 국민들이 낸 세금이라면, 사회적 재분배 차원에서 국민들의 구매력을 높이는 방안을 고민해야죠.

예를 들면 실업자들과 영세 자영업자들에게 월 70만 원씩 지불하는 데 약 4조가 든다고 해요. 50만 명의 비정규직을 정규직으로 전환하는 데 연 3조원이 들고요. 심지어는 대학등록금을 절반으로 줄이는 데 연 4조원이 들고. 그리고 노인들 틀니 해주는 데 연 1조가 들어가고. 이와 더불어 특히 교육과 의료문제, 그리고 일자리 창출에 돈을 써야 된다고 생각합니다. 4대강 사업은 사실 일자리 창출 효과가 극히 적고, 대부분의 돈을 건설회사가 가져가거나 토지보상비로 나갑니다. 이 사업이 MB 정권 최대의 비리게이트가 될 거라고 하더군요. 한편으로는 4대강 사업에 대한 정보를 미리 알고 부동산 가격 상승을 노려서 투기한 사람들 문제가 있고,

다른 한편으로는 턴키방식의 계약이라서 굴지의 대형 건설 회사들이 담합하는 문제가 있기 때문이지요. 이미 비리의혹을 사고 있지 않습니까? 이 사업의 목표가 국민들에게 깨끗한 물을 제공한다는 것이라고 하던데, 지금도 먹을 만한 물 아닌가요? 특히 전체 4대강 사업의 60%가 낙동강 수계 관리에 들어가는데 최대목표가 수질개선이라고 합니다. 하지만 낙동강에서 가장 물을 많이 먹는 쪽이 부산이에요. 인구가 많으니까. 하지만 부산은 이미 낙동강을 포기하고 진주 남강에서 물을 끌어들이려고 1조 6천억인가 들여서 공사를 하고 있단 말이죠. 그러니까 이 사업의 실효성 자체가 굉장히 의문이 드는 거죠.

**진중권** 왜 한다고 생각하세요?

**노회찬** 하나의 이벤트죠. 몇 가지 이유가 있겠지요. 먼저 건설 산업을 통한 경기부양이라는 정략적인 목표가 있는 거 같습니다. 그건 잘못된 판단이죠. 건설 산업 자체는 경기부양이 될지 몰라도, 건설 산업이 전체 경제에 미치는 영향이라거나 건설 산업의 고용 인력이 전체 산업인력에서 차지하는 비율 이런 것들은 대단히 낮거든요. 1%도 안 되는데. 이건 현 정권이 산업 전략에서 토건밖에 아는 게 없기 때문에 그런 것 같습니다. 또 청계천 사업처럼 하나의 이벤트를 통해서 정치적 문제를 돌파하려는 측면이 있는 게 아닌가 싶기도 하고요.


## '묻지마 연대'는 정치공학이다

**진중권** 이명박 정권 들어와서 경제 패러다임뿐만 아니라 정치적 패러다임도 후퇴했다는 것은 주지의 사실이죠. 손석희, 김제동, 정관용 씨 예에서 보듯이, 정치적 민주주의에서도 일정 정도 후퇴가 일어나고 있지 않습니까. 그러다보니 또다시 민주, 반민주 구도로 대립구도가 갈려지면서 진보적 의제를 다시 제기하기가 힘들어졌다는 점이 있지요. 뭔가 진전된 맛이 있어야 되는데 이 사람들이 경제만 거꾸로 되돌리는 게 아니라 정치까지 거꾸로 되돌리는 바람에 진보적 의제가 부각되기 힘들어진 측면도 있는 것 같습니다. 올해 현상적인 수준에서는 정치적 의제들이 더 부각되지 않겠습니까? 경제문제라는 게 말로 하기에는 참 어려운 문제이고, 시각적 차원에서 직관적으로 보이는 건 정치적 문제이다 보니 또다시 진보적 의제가 거기에 잡아먹힌다고 해야 할까요? 과거 민주정권의 실패에 대해 책임져야 할 주체들이 노무현 전 대통령의 죽음을 계기로 슬그머니 정치의 전면에 재등장하면서 선거 구도를 복잡하게 만들고, 선거의 주 의제가 후보단일화 문제로 돼가고 있는데요.

**노회찬** 예. 그런 문제가 있죠. 사회경제적 의제와 정치적 의제가 따로 놀게 되는. 그러다보면 책임의 층위가 분명해지기 어렵고, 진보적 의제들을 다시 반MB 뒤로 유예시켜버리는, 그리하여 왜 이명박 정권이 등장했는지, 역사를 되풀이하지 않으려면 무엇을 해야 하는지, 어떤 정치적 주체들이 성장해야 하는지, 이런 문제들이 실종되어버리는 결과를 가져오게 되지요.

**진중권** 그렇다고 그 싸움을 안 할 수도 없는 거 아닙니까. 이른바 반MB 연대에 대해서. 반민주냐, 반민중이냐, 이런 것들이 약간 달라진 맥락이지만, 구태의연한 방식으로 또다시 재연되고 있는데?

**노회찬** MB에 대한 지지율이 낮아지는 경우에도 MB 반대를 외치는 정치세력들에게 왜 지지가 옮아가지 않는가하는 점을 분석해 봐야 합니다. 국민들은 정치적 민주주의와 관련해서 다소 이것이 후퇴했다 하더라도 배가 고픈 상태는 아니다, 다시 말해 아주 심각하다고 보지는 않는다는 겁니다. 경제문제에 한해서는 여전히 배고프고 아쉽다는 생각을 갖고있지만, 정치적 민주화에 대해서는 포만감이 그렇게 꺼진 상태는 아니라는 거죠.

사람들은 김제동 사태를 보면서 대체로 "한심하다. 웃긴 놈들이다. 정치보복이다"라고 생각했습니다. 그러나 적극적으로 반발하는 것은 주저했지요. 배경을 따져보면 크게 두 가지가 있는데, 하나는 지난 20년간의 역사적 진전에 대한 이른바 수구세력들의 반격이 존재합니다. 이들은 그동안 정치적 기득권을 상실한 상태로 지내왔지요. 니들이 권력을 쥐고 마음대로 하지 않았느냐, 우리도 그렇게 할 뿐이다. 이건 분명 정치보복 차원의 행위들인데 마치 권력게임처럼 보이게 만들려고 하고 있지요. 이명박 정권 등장 이후 통치방식과 관련해서 후진적인 방식에 의존을 많이 하는 경우들이 눈에 띄는데, 가령 작년에 일어났던 국방부 장관의 불온도서 리스트 건을 생각해 봅시다. 그건 어찌 보면 5공식 행태라 할 수 있습니다. 하지만 그렇다고 해서 우리나라가 5공으로 돌아갔느냐? 그건 그렇지는 않다는 거죠. 그 사건은 세간에 희화화됐거든요. 출판사들이, 우리 출판사도 불온서적 냈다 광고까지 하는 과정에서 말이지요. 정치적 민주주의라는 것은 한 걸음 한걸음 나가기가 쉽지 않아서 그렇지, 그렇게 쉽게 후퇴하지는 않습니다.

다른 하나는 민주주의에 대한 위기의식과 관련된 사회구성원들의 감각이 변화되었다는 측면이 있습니다. 그것이 비록 나이브한 것이라 하더라도 말입니다. 선거가 합법적으로 치러지고 쿠데타 일어날 가능성만 없으면 되는 거 아니냐. 다른 사람 비판했다고 끌려가서 고문 당하던 과거와는 다르지 않느냐. 그것만 아니면 되는 거 아니냐. 정치보복이라는 주장에 대해서도 마찬가지지요. 그건 민주당이 정권 잡았어도, 아마 방식이 좀 더 세련됐을지 몰라도, 비슷하지 않았겠느냐, 이렇게 보는 겁니다. 다시 말해 이명박 정권의 등장도 선거라는 민주적 절차의 과정이고, 지금의 상황도 거기에서 크게 벗어난 중대 사태로, 핵심적인 사안으로 보지 않는다는 것이죠.

이러한 문제에 대해 오판하게 되면 저는 또 다시 2007년 꼴이 난다고 봅니다. 당시 우리 사회에 시급한 해결과제에 대해 여론조사를 해 보니, 민주주의를 얘기한 사람이 10% 정도고, 경제성장이 70% 넘는 걸로 나왔어요. 당시에 정치적 민주주의에 대한 포만감이 꽤 있다는 거죠. 국민들은 지금도 경제문제가 심각하고 여전히 부족하다는 생각을 갖고 있는데, 이 문제에 접근하지 못하고 저들이 미디어법 강행을 포함해서 모든 걸 망쳐놨다는 식으로만 접근해서는 민심을 잡을 수 없다는 거죠. 그런 점에서 저는 반MB 자체를 부정하는 것은 아니지만, 반MB의 실천적 내용의 중심 맥락을 잡는 데 있어 사회경제적 의제들에 대한 대안을 중심으로 한 연대이지 않으면 또 한 번의 실패를 거듭할 수밖에 없다는 주장을 하는 것입니다.

**진중권** 단도직입적으로 묻지요. 국민참여당이 곧 창당예정입니다. 최근까지 여론조사 보니까 지지율이 꽤 높게 나오더라고요. 민주당에서 바짝 긴장하고 예민해진 측면도 있는 것 같고요. 이럴 경우에, 민주노동당 당시 유시민 씨와 사표논쟁 벌였고, 그 이후 열린우리당 때에도 또 한 번 싸웠던 기억이 나는데, 비슷한 구도가 또다시 반복될지 모르겠습니다. 어떻게 보십니까, 이 친노 신당에 대해서?

**노회찬** 정치인들은 현실적 이해관계를 무시할 수가 없고, 또 그걸 중심으로 판단을 하는 것이 불가피한 면이 있다고 생각합니다. 그럼에도 불구하고 정치공학적으로 이 문제에 접근할 때에는 장기적인 문제, 본질적인 문제를 놓치는 폐단이 매우 클 거라고 보는 거죠. 저는 한국정치의 발전을 위해서는 보수와 진보의 양대 축으로 쉬프팅(shifting)하는, 그런 전환을 해야 된다고 봅니다. 그런 목표 하에서 보면, 걸림돌은 오히려 우선적으로 민주당이에요. 민주당이 한나라당보다 못해서가 아니라, 한나라당은 변화의 가능성이 아예 없다고 보이기 때문에 역설적으로 그렇습니다. 한편으로 보면, 민주당은 하나의 정책정당이라기보다는 당선되기 쉬운 조건을 가진 '당선자동맹체' 죠. 그 안에는 보수도 있고 개혁도 있고 진보도 있고 다 섞여있어서 현대적 의미의 정당이라고 보기 어려운 당입니다. 한나라당, 민주당, 자유선진당까지, 지지율 내지 의석 점유율이 높은 정당을 보면 모두 3김이 만든 정당입니다. 3김시대는 끝났지만, 후 3김시대라고 얘기할 수 있을 정도로 3김이 만든 당은 그대로 남아서 기능을 하고 있단 말이죠. 그래서 보수와 진보의 양대 축으로 가려면 민주당이 해체되어야 한다는 것입니다. 보수는 보수대로 가고, 다른 일정 부분은 진보로 오는 그런 분별정립이 정치발전의 굉장히 중요한 계기가 될 것이라고 생각합니다.

그러면 친노 신당이라 할 수 있는 국민참여당은 어떻게 볼 것이냐? 국민참여당은 우리 정치가 보수와 진보로 분별정립하는 과정의 촉매제가 될 것이냐? 그럴 가능성이 전혀 없진 않지만, 현재까지는 그렇진 않다고 봅니다. 국민참여당은 민주당 바깥에 있지만, 실은 민주당 헤게모니를 장악하기 위한 하나의 진지, 기지로서 작동하게 될 것이고, 또 본인들도 그렇게 얘기하고 있습니다. 결국 변화 없는 민주당의 주인 자리를 누가 차지하느냐의 게임으로 가고 있는 거죠. 국민참여당의 창당발기인 30명의 면면이나, 지난 번 천호선 씨가 나와서 토론한 것을 봅시다. 민주당과의 차이가 뭐냐, 왜 당을 따로 만들었느냐고 묻자, 새로운 이념적 정책적 분별정립이라고 얘기하지 않고, 그저 '정책이념상 큰 차이는 없지만 당 운영방식이 다르다', 이렇게 얘기했단 말이죠. 그런 점에서 저는 국민참여당은 결국 민주당의 외곽분파라고 주장할 수밖에 없죠.

개인적으로 저는, 만일 국민참여당이 자신의 노선에 대한 반성적 성찰을 통해서 노선의 부분적 수정을 공식적으로 천명한다면 굳이 과거를 따질 필요가 없다는 생각도 합니다. 그런 것이 전제된다면, 진보의 한 영역으로 간주하면서 진보를 재결집하는 데 또 하나의 세력으로 인정할 수도 있겠지요. 친노 신당 창당으로 정치무대에 복귀하려는 몇몇 인사들이 아니라, 사회경제적 의제들의 중요성을 명확히 인식하지는 못하지만, 이 당을 지지하는 사람들의 변화에 대한 열망은 민주주의의 소중한 자산이라 생각하기 때문입니다. 그러나 지금 국민참여당을 주도하는 과거 참여정부 인사들의 언행을 보면, 내년 지방선거와 관련해서도 진보대연합에 참여하는 것은 마이너리그를 형성하는 것으로 간주하여 상당히 부정적인 태도를 취하고 있거든요. 오히려 자신들은 메이저리그 소속으로 민주당과 게임을 벌이고 있다고 보는 것인데, 그런 점에서 국민참여당이 자신의 성격을 분명히 할 필요가 있다고 봅니다.

**진중권** 일각에서는 그쪽(국민참여당)도 그렇고, 창조한국당, 민주노동당, 진보신당까지 합쳐 당을 하나로 만들자, 이런 제안까지 나오고 있지 않습니까? 이것이 바람직하냐를 떠나서 현실적인 가능성도 별로 없다고 보지만, 어떻든 그런 범주가 아니더라도 보수 양당구도에 맞서는 진보정치세력들의 연대가 통합된 당의 형태가 되어야 한다는 논의가 반드시 제기될 것 같은데, 이런 문제들에 대해 어떻게 생각하시는지.

**노회찬** 거듭 말씀드리지만, 저는 한국정치가 선진화 되려면 반드시 보수와 진보의 양축으로 정치지형이 재편되어야 한다고 생각합니다. 진보신당의 존재이유도 여기에 있습니다. 진보신당은 창당 때부터 진보의 재구성을 내걸었습니다. 진보적 가치의 재구성을 통해 과거 진보정당운동의 성과는 계승하되 낡은 잔재는 과감하게 혁신하자는 것이죠. 그렇기 때문에 처음부터 '제2의 창당'을 선언하면서 출범하였던 것입니다. 그러면 제2의 창당을 어떻게 할 거냐? 그 세력 범위와 추진 방식에 대해서 저는 이번 지방선거가 끝나자마자 당내 의견수렴과 당론 확정과정을 거쳐 본격적으로 추진할 생각입니다. 그 방향에 관해서는 2009년 1월 마들연구소 창립 심포지움에서 저의 입장을 이미 밝힌 바 있습니다. 반M연대를 얘기하지만 민주당이 한나라당을 꺾을 대안으로 보긴 어렵다는 것은 비단 저만의 생각이 아닐 것입니다. 지금의 상황을 두고 보면 현존하는 야당 중 어느 당도 대안이 되기 어렵습니다. 그렇기 때문에 2012년 대선을 위해서도, 중장기적으로 진보 보수의 양대 축으로 정치구도를 구축해 가기 위해서도, 새로운 강력한 진보정당의 출현은 매우 중요하고 시급한 과제입니다. 저는 지방선거에서 진보정치세력들의 선거연합, 즉 진보대연합을 형성하여 선거를 치르고 이를 바탕으로 선거 후에는 정당 바깥의 진보세력까지 폭넓게 규합해서 대중 속에 뿌리내리는 넓고 강력한 새 진보정당을 건설할 수 있다고 봅니다. 현 정당체제는 3김 시대 이후 새 정치체제가 형성되기 전 과도기의 잠정적 체제입니다. 3김은 물러갔지만 3김이 만든 당이 제 1, 2, 3당 아닙니까? 새 정치판이 요구되는데 과거의 기득권세력들이 기득권 수호동맹을 맺고 있는 상황이기도 합니다. 정치의 새판 짜기는 새로운 강력한 진보정당의 출현으로 이뤄질 수밖에 없으며, 진보신당은 이를 자신의 조직적 사명으로 이미 선언한 상태입니다.

**진중권** 그렇다 하더라도 반MB 선거연합은 우선 지방선거부터 내내 중요한 정치적 이슈가 되겠지요. 그래서 묻고 싶은 것입니다. 선거연합은 실제로 가능할까요? 얼마나 현실성이 있을까요?

**노회찬** 선거연합이라는 것은 정치연합과 통합 사이의 단계라고 봅니다.

반드시 통합해야 되는 것은 아니라 하더라도, 거의 준통합 내지 한 지붕 두 가족 정도가 될 수 있는, 다시 말해 연립정부를 만들 수 있는 수준 정도는 되어야 합니다. 그래야 선거연합이 명분이 있고 각 정당에 도움이 되지요. 한 번의 선거를 위해, 거기서 더 나은 성과를 위해 임시방편으로 하는 것은 국민들의 눈에는 야합으로 보일 수밖에 없거든요. 서로 다르다고 따로 살림 살면서, 특정한 게임에 같이 묶어서 이익을 얻는 것은 자칫 잘못하면 국민들의 선택권을 제한하는 것일 수도 있습니다. 일회적인 연대를 위해서 '갈등의 요소를 덮자'고 하는데, 이 갈등의 요소가 중요한 사회경제적 민주주의의 방향 차이인데도 덮자는 것이라면 이는 정당정치의 존재 이유와 책임성을 부정하는 것이 될 수 있습니다. 사후적으로도 모든 정치적 책임을 감당할 수 있는 연대가 아닌 이러한 담합은 과연 무엇을 위한 것입니까? 선거연합은 어디까지나 정책 연대를 중심에 놓고 논의가 시작되어야 하는 것이고, 이것이 그 사람들이 진보를 비판할 때 자주 사용하는 말인 책임정치의 정도인 것이죠.

**진중권** 선거가 5개월 이상 남은 상황에서 여러 변수들이 제기될 텐데, 전면적인 선거연합은 아니더라도, 어떤 특수한 지역, 지역마다의 사정에 의해서 부분적으로 연대할 가능성은 있는 것이겠지요?

**노회찬** 대통령 선거의 경우와 달리 총선이나 지방선거에서 선거연합 논의는 상대적으로 일찍 시작되어야겠지요. 지역마다 이해관계가 복잡한 데다 정당 간의 연합논의가 어느 지역을 떼어놓고 진행되기 어렵기 때문입니다. 전면적인 연합논의가 실패한 경우라 하더라도, 특수하게, 예외적으로, 민주당이나 국민참여당 등과 연합하는 어떤 일이 있을 수도 있다는 가능성까지 닫아두고 싶지는 않습니다.

**진중권** 바로 어제, 정세균 민주당 대표가 지방공동정부 구성을 이야기 하지 않았습니다. 지자체의 경우 이것은 가능한 이야기입니까. 또 그걸 전제로 선거연합을 제기해 올 경우 어떻게 대응하실 생각입니까.

**노회찬** 과거의 경험에 비추어보더라도 그렇고, 선거연합의 최대 걸림 돌은 민주당의 기득권이지요. 더구나 지금과 같이 전략과 대안이 없는 제 1야당의 존재가 선거연합의 조건을 더 복잡하게 만들고 있는 측면이 있습 니다. 역으로 현재의 민주당이 과거 어느 때보다 제1야당으로서의 힘이 없으므로 다양한 제안을 통해 활로를 모색하려 할 텐데, 그럴 경우 어떤 제안을 할 때 어떠한 입장과 태도를 가지고 제기하는 것인가를 분명히 할 필요가 있다고 생각합니다. 지방공동정부 구성을 이야기하지만, 단체장 에게 전권이 있는 지방정부의 특성상 다른 정당에 정무직을 맡기는 식의 구상이라면 연립정부로서의 실효성 자체를 갖지 못할 것이고, 결국은 민 주당 권력이 중심이 되겠다는 논리밖에 안 된다는 것이지요. 지금으로서 는 정세균 대표의 구상이 구체적으로 어떤 것인지를 판단할 근거가 제시 되지 않은 상태라고 봅니다.

**진중권** 유시민 씨가 어느 자리에선가, "차이가 있으면 동지가 될 수 없 는 것입니까"라며 연대를 호소하던데 과거 참여정부의 잘못을 덮고 가자 는 이야기로 들리기도 하고, 그보다는 정책연대가 아닌 선거연대, 즉 말 그대로 단순한 후보단일화 협상까지를 염두에 둔 포석으로 생각되는데 대표께선 어떻게 받아들이시는지.

**노회찬** 사실 민주당에게 합당을 호소하는 것이라면 충분히 아름다운 태도로 비칠 수 있는 발언입니다. 그러나 민주당과의 합당이나 두 당 사 이의 연대가 아니라, 진보진영까지를 염두에 둔 선거연대를 두고 한 발언이라면 너무 앞서간 것이라고 생각합니다. 정책의 차이 때문이 아니라도 별개의 당을 차릴 수는 있습니다. 그럴 경우 비슷한 당끼리의 선거연대는 단순한 후보 간 연대일 수 있습니다. 그러나 다른 나라도 마찬가지지만, 이념이나 정책이 다른 정당 간의 선거연대의 정도(正道)는 정책연대입니다. 그런 면에서 자기 당의 정책은 어떤 것이라는 걸 각 정당이 분명히 밝히고 연대의 수준을 조율하는 수순을 밟아나가는 게 맞다고 생각합니다. 미리부터 차이를 덮자고 할 일은 아닌 것입니다.

**진중권** 진보신당 옆에는 민주노동당이 있습니다. 이념과 철학 사이에 중요한 차이가 있다 하더라도 사람들이 보기에 진보신당은 또 하나의 국민참여당으로 비칠 수 있겠는데, 문제는 민주당과 국민참여당이 합당하라는 요구는 적은데, 진보신당이 민주노동당과 통합하라는 요구는 강하다는 말입니다. 그건 진보진영이 자유주의적인 야당보다 힘이 약하기 때문이기도 할 텐데요, 민주노총 쪽에서도 그렇고, 네티즌 일각에서도 그야말로 얼마 안 되는데 또 쪼개져서야 되겠느냐, 합당하라는 얘기가 나오는 거 같습니다. 한참 전이지만, 〈프레시안〉을 보니까 과거에 민주노동당에 있는 어떤 분이 노 대표의 민들레 연합에 관해 언급하는 가운데, '민주노동당과 통합을 해라, 진중권이 반대한다 하더라도'라고 말했더군요. 이것은 이를테면 '묻지마 통합'이랄 수도 있겠는데요.

**노회찬** 민주노총에 있는 분들 같은 경우에는 분당의 직접적인 책임이 있다고 볼 수 없고, 분당 때문에 직접적인 피해를 봤다고 여겨질 수도 있기 때문에, 그런 분들이 가뜩이나 힘도 적은데 나뉘는 것에 대한 불안감을 표현하는 것은 자연스러운 일이라고 봅니다. 반박할만한 일도 아니라고 생각되고요. 그러나 과거의 민주노동당, 분당 전의 민주노동당으로 돌아가는 통합은 국민들도 바라지 않고, 진보의 발전에도 도움이 되지 않는

지금 대중들은
'진보, 너희들 말 다 옳다,
그런데 대안이 뭐냐'고 묻고 있더군요.
물론 그 동안 진보진영에서
정책적 대안들을 많이 내왔는데,
그건 거의 알려지지 않았지요.
이런 상황에서 중요한 것은 역시
'너희들이 뭐하는 세력이냐'고 물었을 때
5분 안에 그들에게
직관적인 대답을 줄 수 있는
청사진을,
그것도 제대로 된 청사진을
제시할 수 있어야 된다는 거죠.

비록 분배구조가 취약해도
성장이 많이 되면,
어쨌든 식구들이 더 많이 먹는 건
사실 아니냐 하는 생각이 일반적인데
과연 그런 식으로 더 많이,
제대로 벌어올 수 있느냐를 점검할 필요가 있고,
아울러 대안의 제시도 있어야겠지요.
대안의 제시 없이 숟가락만 나눠주겠다고 해서
설득력이 생기지는 않을 테니까요.
그런 점에서 성장문제는 정치의제로
반드시 끌어들일 필요가 있을 것입니다.

다고 봅니다. 그래서 저는 민주노총의 통합제안에 대해서도 기본입장을 확실하게 천명했습니다. 깨진 화분의 조각을 맞추는 식으로 과거를 복원하는 것은 바람직하지 않다. 다만, 그러면 진보는 늘 이렇게 나뉘어서 조그맣게 가야 하느냐, 그건 아니라는 거죠. 어찌 보면 새로운, 더 큰, 더 강력한 진보정당의 출현이 필요하고. 또 그걸 만들어내는 데에 각각의 두 세력만이 아니라, 다른 세력까지 더 포함해서, 이제까지의 한계를 극복하는 노력을 통해서 새롭게 결집하는 게 우리의 로드맵이 되어야 하는 것 아닌가 라는 생각인 것입니다.

**진중권** 약간 추상적으로 들리기도 하는데요. 거기에 대한 구체적인 계획 같은 것을 갖고 계십니까?

**노회찬** 개인적인 구상을 계속 가다듬고 있다고 말씀드릴 수 있습니다. 물론 당에서 충분한 논의가 되어 있거나 결정이 된 건 아닙니다만, 제 경우 단순히 이것을 제3자적 입장에서 전망하는 식으로 이야기할 문제는 아니라고 봅니다. 저는 민주노동당 창당부터 시작해서 분당과정을 거쳐서 여기까지 오는데 주요한 역할을 해온 사람이기 때문에 일종의 사명감이랄까 책임감 같은 걸 상당히 느끼고 있습니다. 저 혼자서 모든 걸 다 해낼 수는 없겠지만, 이 문제를 푸는 데 있어서 하나의 책임 있는 당사자로서의 역할을 해야 되겠다고 생각하고 있습니다.

**진중권** 그럼 우선 이런 것도 상상이 가능할까요? 진보신당과 민주노동당이 연합을 해서 시민후보를 공동의 후보로 내거나?

**노회찬** 지방선거에서요?

**진중권** 예.

**노회찬** 그게 기술적으로 그렇게 쉽지가 않을 겁니다. 왜냐하면 시민후보는 현행법상으로 무소속후보이기 때문에.

**진중권** 아, 어딘가 소속이 돼야 되니까?

**노회찬** 무소속으로 나갈 수도 있는데, 지난번에 임종인 선거 때도 드러났듯이 우리는 진보진영 연합후보라는 것에 정치적 의미를 많이 부여했지만, 투표용지에는 '무소속 임종인' 이렇게 자리매김 되더군요. 우리가 임 후보에게 부여한 여러 가지 칭호와 지원이 국민들에게 그렇게 효과적으로 먹혀 들어가지 않는 측면이 현실적으로 있었습니다. 그런 게 현실정치에선 난점이죠.

**진중권** 2010년 지방선거에서 우리가 지난번에 울산에서 경험했던 것과 같은 단일후보 운동이라든지 그런 움직임 같은 것들도 생각할 수 있을까요?

**노회찬** 충분히 그런 연대가 민주노동당과 진보정치세력들 사이에서 가능하고, 또 가능해야 합니다. 그래서 2010년 지방선거를 위한 전면적인 선거연합의 추진이 필요한 게 아닌가 생각합니다. 하지만 여기서도 저는 이 문제가 진보세력들의 앞으로의 중장기적인 발전전략에 부합해야만 의미가 있다고 생각합니다. 단편적으로 본다면 그렇게 싸워서 헤어졌는데 선거는 왜 같이하냐고 물을 수 있겠지요. 사실 우리가 싸웠던 이유가 다 해소된 것도 아니고, 극복해야 될 과제가 다 완수된 것도 아닙니다. 그런 것들은 여전히 남아있지요. 하지만 선거에서 그런 것들은 국민들 눈에 잘 보이지 않고, 외려 내거는 공약이라든가 여러 가지 면에서 대단히 유사한 후보들이 서로 격돌하는 것처럼 보이는 측면이 있거든요. 어쨌든 새로운 물리적, 화학적 결합으로 나아가는 과정에서 이번 선거에서의 연합이 상당히 긍정적인 역할을 많이 했으면 하고 기대하고 있습니다.

선거가 끝난 후에도 마찬가지입니다. 저는 민주노동당과 진보신당이 단순히 합치는 일은 순탄히 진행된다 하더라도 그것 자체로는 국민들에게 감동을 못 줄 것이라고 생각합니다. 우리가 87년에 6월 항쟁과 7, 8월 노동자 투쟁에서 사력을 다해 싸웠던 것과 같은 각오로 새 나라를 세우는 관점에서, 진보의 청사진을 그리고 그에 걸맞는 정치세력화를 해나가야 겠지요. 두 당이 어떻게 할 거냐, 그렇게만 생각을 가두어 둘 게 아니라, 두 당 기득권 다 없애도 상관없다, 그래서 완전히 새 그림을 그려보자는 거죠. 저는 머지않아, 아마도 지방선거가 끝나면 이제까지 말하고 싶어도 못했던 얘기를 하려고 해요. 시민운동 너희는 뭐냐? 밤낮 선거 때만 되면 심판처럼 나타나는 것으로 책임을 다한다고 생각해선 안 된다는 것입니다. 지난 10년간 안주해 있다가, 갑자기 수도꼭지 딱 잠기니까 다시 정치운동에 나선 셈인데, 그래선 안 된다는 거죠. 거기서 언제까지 심판만 볼 거냐. 시민운동은 시민운동대로 더 뿌리를 내려야 되고, 많은 부분은 정치운동을 보강하는 데 뛰어들어야 되죠. 지식인, 전문가들도 마찬가지고요. 청사진만이 아니라 세력화도 새로운 큰 디자인을 만들고 그렇게 가야 된다고 보는 것이죠.

**진중권** 항소심에서 무죄 판결을 받으셨는데, 그렇다면 이제 (서울시장에) 출마하는 데에 걸림돌은 사라진 건가요?

**노회찬** 대법원 판결이 남아 있긴 하지만 지방선거 전에 대법원 재판이 끝날 가능성이 적기 때문에 걸림돌이라 보긴 어렵죠. 저는 무죄를 확신하

고 있기 때문에 만에 하나 이번 항소심에서 유죄판결이 나왔다 하더라도 출마를 강행할 생각이었습니다.

**진중권** 운을 띄우다가 슬슬 가시화하고 있는 단계로 보이지만, 서울시장 후보로 국민참여당에서 유시민 씨도 나올 거라 예상되기도 하고요. 솔직히, 어떻게 생각하십니까?

**노회찬** 한국정치는 워낙 예측불허인 경우가 많아서 정확하게 예상하긴 힘듭니다만, 정당의 입장에선 누구라도 후보를 내세우겠죠. 국민참여당은 신생정당이기 때문에 적극적으로 후보를 내야 할 경우이겠고요. 국민참여당으로선 다른 대안이 별로 안 보이기 때문에 유시민 씨를 내세우려 하겠지요. 앞서 메이저리그 말씀을 드렸습니다만, 국민참여당의 전략이 처음에는 명분과 실리상 진보진영과의 선거연합을 어느 시점부터 호소하다가 민주당과의 후보단일화 협상으로 급선회하여 메이저리그로 비약하려는 것일 수도 있다고 생각하는데, 그것을 늘 염두에 두고 있어야 되겠지요.

**진중권**  민주당에서는 자천타천으로 한명숙 전 총리가 시장 후보로 거론되는 것 같던데, 이와 관련하여 사전에 검찰에서 피의사실을 슬쩍 언론에 흘리기도 하지 않았습니까? 이미 진행되고 있는 일입니다만 거기에 대해서는 어떻게 판단하시는지. 반면 일각에서는 이번에 노회찬 대표에게 무죄 판결을 내린 것이 서울시장에 출마할 길을 열어주어 진보개혁세력의 표 분열을 일으키려는 노림수라는 '음모론'도 나오고 있더군요. 음모론의 신빙성이야 그렇다 치더라도, 벌써부터 이런 음모론이 나온다는 것이 우리에게 이미 익숙한, 앞길의 험난함을 보여주는 듯합니다. 민주당 측의 노골적인 사퇴 요구가 예상되는데…….

**노회찬**  한명숙 전 총리 문제와 관련해서는, 새삼 강조할 필요도 없이 검찰이 피의사실을 사전에 공표한 것은 심각한 범죄행위지요. 만의 하나 정치적 목적이 게재되었다면 정치검찰을 정권이 악용한 이번 사태가 나중에라도 부메랑이 되어 자신에게 돌아갈 수 있다는 점을 지금이라도 깨달아야 할 것입니다. 나중에 말씀하신 음모론에 대해선, 한마디로 '소이부답'(笑以不答- 웃을 뿐 말이 없다는 말)이라고 말하고 싶군요. 87년에 백기완 후보가 대통령 선거에 출마한 것을 두고 CIA 공작이라던 사람들이 생각나기도 하고요. '음모론'이란 것은, 언제나 그렇지만, 참으로 무책임한 것이고 바로 진보 개혁 진영의 무기력함과 왜소함을 드러내는 부끄러운 것입니다. 삼성재벌이 관련된 안기부 X파일 사건에서 소신판결한 판사에 대해서 정권의 음모를 수행한 공작원으로 만들면서까지 음모론을 구성하고 싶은 것인가요? 이 한 가지 질문만 던져도 그것이 얼마나 말도 안 되는 억측이란 것이 드러나지 않습니까.

민주당이 이번 지방선거에서 자신을 중심에 둔 선거연합에 나설 것이란 건 충분히 예측할 수 있는 일이지요. 하지만 자력으로 이길 수 없으니까 선거연합이란 걸 통해 표를 모으겠다고 계산한다면 그건 착각이자 패착으로 이어질 것이란 걸 염두에 두어야 할 것입니다. 선거연합을 이야기할 때 꼭 빠지지 않고 등장하는, '엄중한 정세' '시대적 요구' 이런 말들에 대해서 석연찮은 느낌을 가지고 있습니다. 마치 한나라당이 지방선거에서 이기면 곧 나라가 망하고 앞으로 영영 이 정권을 극복하지 못할 것처럼 이야기하는 것도 마찬가지입니다. 87년 이후에 독재세력을 어쨌든 물리쳤고, 한 번에 안 물리쳐지니까 선거를 통해서 두 차례나 민주개혁세력이 집권했었는데, 그런데 왜 세상이 이렇게 됐느냐. 이 부분에 대해서 이야기하지 않고 국민들의 요구니까 무조건 반MB 하자는 건 진정성의 결여라고 여겨지는 것이지요. 민주당은 먼저 자신들의 잘못을 반성하면서 자신들이 아닌 새로운 정치적 주체가 요구된다는 것을 인정하고 그 바탕 위에서 선거연대를 하자고 호소해야 하는 것입니다. 솔직히 저는 MB 이후가 더 걱정입니다. 앞으로 또 다른 MB가 더 자주 나타날 것 같은, 이대로 그냥 간다면 더 자주 집권을 할 것 같은 예감이 든다는 것입니다. 그것을 어떻게 막을 것인가. 어떤 정책을 갈고 닦아서 한국 사회의 삶의 조건을 변화시키는 방향을 놓고 경쟁할 것인가, 그런 고민이 그래서 더욱 중요하다고 생각하는 것입니다.

**진중권** 서두에 말씀드렸지만, 당에도 정책연구소가 있고, 민주노동당에도 있는 것 같고, 그런데 정당의 정책연구소라는 곳들이 상당히 구멍가게식이거든요. 진보개혁 차원에서 가장 중요한 건 역시 청사진의 제시이고, 그 청사진이라는 게 주먹구구식으로 나오는 것도 아니고, 당 정책연구소라 봤자 대부분 몇 사람이 모인 것에 불과한데, 거기서 제대로 된 아이디어가 나올 수는 없겠지요. 다시 한 번 제안 드리지만 제대로 된 정책

연구를 할 수 있는 진보개혁의 싱크탱크 구축이 무엇보다 시급하다고 생각합니다.

**노회찬** 전적으로 동의하고 실질적으로 추진해야겠다는 생각을 갖고 있는데, 한편으로 저는 이것을 현실에서 진보대연합이 실현되는 것과 연동시킬 필요가 있겠다는 생각도 해봅니다. 향후에도 싱크탱크란 것은 당 밖에 완전히 형식적으로 독립되어 있어도 상관없다고 보지만, 지금 작은 규모로 흩어져 있는 각 당의 정책연구소나 민간연구소들이 진보적 의제를 공동으로 논의하는 과정이 진보대연합 논의와도 맞물리는 방도를 찾아보면 어떨까 생각합니다. 양당의 통합이 단지 기계적인 정치적 통합이 되지 않기 위해서도 꼭 검토되어야 할 방도가 아닐까 생각합니다.

**진중권** 거듭 말씀드리지만, 지금 대중들은 '진보, 너희들 말 다 옳다, 그런데 대안이 뭐냐'고 묻고 있더군요. 물론 그 동안 진보진영에서 정책적 대안들을 많이 내왔는데, 그건 거의 알려지지 않았지요. 이런 상황에서 중요한 것은 역시 '너희들이 뭐하는 세력이냐'고 물었을 때 5분 안에 그들에게 직관적인 대답을 줄 수 있는 청사진을, 그것도 제대로 된 청사진을 제시할 수 있어야 된다는 거죠. 김광수 경제연구소도 있고, 토지정의시민연대인가, 거기서 나오는 글도 읽을 만하더군요. 다른 한편 새사연이라는 곳도 있고. 이런 민간연구소들과 각 정당의 정책연구소들이 네트워크형으로 결합하고, 그 네트워크에 진보개혁의 싱크탱크라는 브랜드를 부여한 다음에, 그 이름으로 예를 들어 한국 사회의 경제, 정치, 혹은 그 밖의 의제들에 관해 정기적으로 브리핑을 하는 겁니다. 지금 문제가 되는 이 사안을 도대체 어떻게 봐야할지 대중의 시각을 조직해 주는 거죠. 싱크탱크에서 사회개혁의 청사진들을 계속 만들어내면, 미디어를 통해 그 목소리를 증폭시키는 것은 그리 어려운 일이 아니라고 봅니다. 언론이 나서지 않아도 대중들이 알아서 잘 퍼 나르리라 봅니다. 그래서 '아, 드디어 진보도 이제 대안을 만들기 시작했구나, 거대한 그랜드플랜을 제시하기 시작했구나', 라는 인식만 심어준다면 이것이 예상 외로 굉장한 폭발력을 낼 수도 있을 거라 봅니다. 이명박 나쁜 것은 다 알거든요. 머리 나쁜 것까지도. 그리고 삼성 나쁜 것도 다 아는데, 선뜻 이쪽으로 건너오지 않는다는 거죠. 그건 이쪽에 뭔가 비어 있기 때문인데, 그 중의 하나가 바로 그 부분이 아닌가 해서요. 이 작업을 진보신당 같은 데서 책임감 있고 공신력 있는 데서 맡아서 주도한다면 굉장한 호응이 있지 않을까 하는 생각도 듭니다.

**노회찬** 그건 정말 지금이라도 한번 실질적인 논의를 해봐야겠네요.

**진중권** 삼성 같은 데서 연구보고서 내는 걸 보면 부럽잖아요. 전 그게 정말 부럽더라고요.

**노회찬** 참여정부 때, 삼성 세리(SERI)에서 만든 그 유명한 보고서. 참여정부가 거기서 만든 용어라는 거 아니에요? 인수위 초기에 세리에서 제출한 게 상당량이 되는데 많은 부분이 채택됐어요.

**진중권** 일개 기업수준에서 그러고 있는데 말이지요. 아무쪼록 지방선거 이후에, 말씀하신대로 진보의 대통합과 싱크탱크 건설이 본격적으로 추진되었으면 좋겠습니다. 바쁘신 데 오랫동안 시간 내주셔서 감사합니다.

**만남, 그 후**
2008년, 우리는 나비의 날갯짓 같은 여중생들의 작은 움직임이 촛불집회라는 거대한 태풍을 만들어낸 사실을 기억하고 있다. 이미 상식이 되어버린 사실이지만, 이것은 인터넷과 휴대폰 등이 총동원된 '풀미디어'가 만들어낸 사건이었으며, 한국 사회에 디지털 민주주의 시대가 도래했다는 사실을 상징하는 것이었다.

현실세계와 가상세계의 이중국적을 가진 대중에게 톱다운(top-down)식의 행동양식이 작동하지 않는다는 건 이미 입증된 지 오래이다. 가상과 현실이 어지럽게 뒤섞이는 이 전적으로 달라진 문화에 능동적으로 개입하지 못하는 상태가 더 오래 지속된다면 진보의 깃발은 시청 앞 풍선들과 함께 역사의 뒤편으로 영영 도태되어버릴지 모를 일이다.

내가 노회찬 대표와 진보신당에 기대하는 것은 이 디지털 민주주의 시대에 주도적으로 개입하기 위한 창발성(emergence)이다. 내가 아는 노회찬은 이 창발의 기질을 지닌 인물이다. 그는 늘 자신이 속한 당보다 두어 걸음 앞서간다. 블랙베리와 아이폰이라는 디지털 장비를 양손에 든 진보신당대표. 그가 진보정치를 미래를 향한 기획으로 변화시켜나가길 기대한다.

# 제4장

# 익숙한 것들과의 결별

만남_그 네 번째

# 김정진, 노회찬에게 묻다

《미테랑 평전(원제는 '이것이 미테랑이다')》을 쓴 자끄 아딸리(Jacques Attali)는 정치인에게 필요한 세 가지 덕목을 '비전', '카리스마', '행정능력'이라고 규정했다. 그리고 1981년 사회당 출신으로 최초로 프랑스 대통령이 되어 12년 간 집권하면서 커다란 정치적 족적을 남긴 프랑수아 미테랑이 바로 이 세 가지 덕목을 구현한 인물이라고 평했다. 서른 살 초반부터 미테랑 당수의 경제고문을 지냈고, 미테랑 집권 기간 대부분을 최측근으로 주요 정책에 관여해온 아딸리의 이러한 평가가 얼마나 객관적일 수 있는지는 물론 다른 평자들의 몫이다. 세계적 석학으로서의 자크 아딸리의 명성이나, 미테랑의 부끄러운 과거나 오류까지도 드러내는 솔직하고도 객관적인 태도로부터 아딸리의 이 평전이 여느 정치인 평전과는 질적으로 전혀 다른 차원을 확보한 것이라는 평가가 중론이라는 사실은 이야기해 둘 수 있겠다.

노회찬 진보신당 대표와 대담을 하러 가는 동안 내내 나의 머릿속에는 여러 가지 복잡한 생각이 꼬리를 물었다. 나 자신 진보신당 당원일 뿐 아니라, 노회찬 대표와 4년 가까이 같이 부대끼며 일을 함께 해왔던 이유 하나만으로도 나는 노회찬이라는 인물을 객관적으로 평가하기에 어려운 위치에 있는 사람이다. 원외정당 시절의 민주노동당 사무총장과 정책부장으로 같이 일한 경험 때문에 나는 일반인들이 노회찬이라는 인물을 보는 것과는 다른 측면에서 그를 바라볼 수밖에 없다. 감히 말하자면, 노회찬은 단순히 '말 잘하고 똑똑한 운동권 출신 정치인' 이 아니다. 많은 수의 정치인들에게 부족한 부분이 정책에 대한 이해도나 실무능력인 데 반해, 내가 아는 한 노회찬은 여야를 통틀어 정책 이해도와 실무능력에 있어서 최상위그룹에 드는 몇 안 되는 사람에 속한다.

아딸리가 말한 '행정능력' 에 속하는 이 덕목이 한국의 정치현실에서 발휘되기란 결코 쉽지 않은 일일 것이다. 나는 오랜 시간 이 점이 늘 안타까웠다. 할 일이 사실 별로 없는 원외정당 사무총장 시절, 각종 정책 사안을 꼼꼼히 챙기던 노회찬의 모습을 나는 지금도 또렷이 기억한다. 세상에서 가장 말 많은 사람들로 구성된 원외 진보정당은 외부에서 보면 왜 중요한지 잘 알 수 없는 주제 가지고 보통 12시간 넘게 회의를 하곤 했다. 이 복잡하고 난해한 조직을 무리 없이 끌고 나간 것이 노회찬이었다. 처음에는 그저 '아, 운동권에도 이런 사람이 있었구나" 하고 감탄할 뿐이었지만, 곧 그 능력은 2004년 총선 후에 만개한 바 있다. 그러면 여기까지일까. 진보정당 불모지대를 개척해온 노회찬이라는 정치적 자산은 아직 채 개화의 시간도 맞지 못한 것이 아닌가. 노회찬은 아딸리가 말한 지도자의 세 가지 덕목 중에서 적어도 두 가지는 가지고 있는 사람이다. 성급하게 이야기하자면, 프랑스의 미테랑, 브라질의 룰라(이 두 사람의 정치적 비전과 실천은 꽤 다른 것이지만)를 한국에서 상상할 수 있다면 그것은 우리에게 노회찬이 준비되어 있기 때문에 가능한 상상이 되는 것이 아닐까.

정치적 비전이란 물론 이념과 가치추구의 영역이므로 필연적으로(혹은 필수적으로) 반대자를 동반한다. 노회찬의 비전은 사회경제적 민주주의의 실현과 인간 조건의 획기적 개선에 있다. 그는 이 비전을 위해 자신의 인생을 아낌없이 바쳐온 사람이다. 그러나 그는 여느 운동권 출신 정치인과 달리 이러한 희생을 대가로 자신의 정치적 입지를 다져온 사람이 아니다. 그는 자신의 정치적 운명을 진보정당운동 전체의 운명과 일치시켜온 사람이다. 그는 자신의 정치적 인기에 못 미치는 진보정당의 현실을 단 한 번도 원망한 적이 없다. 그에 대한 나의 존경과 현실적 조건에 대한 안타까움도 여기쯤에 놓여있다.

내가 오늘 대담할 주제는 대북, 통일, 인권 등에 걸쳐 있다. 이 주제들이 차지하는 비중과 규정력으로 인하여 각 정파 사이의 치열한 대립을 낳기도 하고 그 과정에서 굳어진 인식의 틀을 벗어나기란 쉽지 않은 것이었다. 그러므로 역설적으로 이 분야에서 발상의 전환이 이루어지고 그것이 현실적인 힘을 얻을 때 크고 작은 변화를 이룰 수 있는 토대가 마련될 수도 있는 것이다. 변화하는 국제질서 속에서 '전환시대의 논리'를 구축하기 위해서, 오랜 시간 누적되어온 '익숙한 것들'과의 결별이 요구된다 하겠다.

일반적으로 잘 알려지지 않은 사실 가운데 하나는 이들 분야에서 노 대표가 이미 전문가 수준의 식견과 나름의 정책적 대안을 지니고 있다는 사실이다. 인권 문제에 국한한다 하더라도 호주제법 폐지는 물론이고 그간 거의 다루어지지 않았던 소수자 인권 문제에 대해서 그가 얼마나 정력적으로 활동했는가 하는 것은 조금만 주의 깊게 살펴보아도 쉽게 알 수 있는 사실이다. 그렇다면 그 사이 그는 얼마나 더 공부하고 달라져 있을까. 언제나 그랬듯이 그와 대화한다는 것은 늘 즐거운 긴장이 자리하는 시간이다.

## 반미 좀 하면 어때?

**김정진** 한국 현대사에서 미국의 존재는 불가분의 관계를 맺고 있다고 생각합니다. 과거 군사독재정권의 든든한 후원자였던 것은 말할 것도 없고, 이른바 민주화 이후로도 약간의 긴장을 빼고는 미국의 이해가 늘 관철되어 왔다고 생각합니다. 노무현 정부에서도 이것은 예외가 아니었지요. 이명박 정부는 더구나 한미관계의 복원을 일찍부터 주장한 바 있습니다. 경제적 이해는 물론이고, 결국 이 정부는 아프가니스탄 파병 요구까지 주저 없이 받아들였습니다. 사실 이 문제는 아무리 보아도 한미동맹이 원인이지 다른 이유는 찾아보기 어려운 것 같습니다. 결국 우리나라가 여전히 베트남전 파병 연장선상에 있는 것이 아닌가 생각 드는데요. 미국이 국제정치에서 패권적 지위를 유지하고 있는 한, 그리고 한미동맹이 유지되고 있는 한 한국은 계속 이러한 요구를 받을 수밖에 없는 것 같습니다. 노 대표께서는 미국과의 관계를 어떻게 설정해야 한다고 생각하십니까?

**노회찬** 교과서적인 이야기가 되겠지만, 결론부터 말씀드리자면 미국과의 관계는 수평적이고 대등한 관계로 변화해야 한다고 생각합니다. 미국과 친하냐 친하지 않느냐는 그 다음 문제라고 봅니다. 미국과 한국이 특수한 역사적 조건 속에서 군사적, 정치적으로 수직적 관계에 놓여있는 것은 부정할 수 없는 사실입니다. 이 관계가 바람직한 것이 아님에도 불구하고, 마치 한반도 거주민들의 운명인 것처럼 받아들여져 왔고요. 심지어 종교적 차원에서 한미관계를 바라보는 태도가 여전히 우리 사회에는 크게 남아 있지요. 이런 점을 염두에 두면서 이제 이렇게 물어봐야 한다고 생각합니다. 이 관계가 변화할 조건이 형성돼 있는가. 바람직하지 못한 관계이기 때문에 대등하고 수평적인 관계로 변화해야 된다는 당위도 존재하지만, 이제는 이 당위가 현실로 옮겨질 조건이 충분히 형성돼있다는 것이고, 그러므로 이를 실현할 방도를 더 지체하는 일 없이 구체적으로 논해야 마땅하다는 것이 제 생각입니다.

여기서 논의의 바탕이 되어야 하는 것은 동맹관계에 관한 인식전환의 문제입니다. 동맹관계는 기본적으로 한반도의 지정학적인 위치와 역사의 전개과정 속에서 특정한 나라와의 군사동맹, 그리고 군사동맹을 기초로 한 정치동맹이었는데, 특정한 나라와의 이러한 군사동맹은 원천적으로 다른 나라와의 긴장을 유발시킬 가능성이 매우 높다는 것입니다. 한반도 평화체제는 특정 나라와의 군사동맹으로는 항구적으로 가능하지 않습니다. 러시아와 중국, 그리고 일본과 미국. 이 네 나라는 지난 100년 사이에 한 번 이상 한국과 전쟁이나 군사적 충돌을 했던 나라들이지요. 또한 우리가 군사력으로 혹은 핵무장을 통해서 견제할 수 있는 그런 나라들이 아니기 때문에 기본적으로 비핵 평화노선에 입각하여 비동맹인 대등한 관계를 맺는 것이 향후 대외관계의 기본방향이 되어야 된다고 봅니다.

물론 저는 왜곡된 미국과 한국과의 관계가 반세기 이상 진행돼 왔기 때문에 만일에 진보정당이 집권하더라도 몇 년 사이에 이를 완전 정상화시키는 것은 어렵다고 봅니다. 사실 한국과 미국의 관계는 북한이라는 주요한 변수와 무관하게 설명될 수도 없고, 또 그것과 별개로 획기적으로 변화하기도 힘듭니다. 따라서 북한과 한국의 관계 변화를 통해서 미국의 한반도 정책 변화의 방향을 잡아내고, 그걸 통해서 궁극적으로 한국과 미국의 관계를 정상화시키는 것이 현실적이라는 것이지요. 또 그것이 바람직하기도 하고요.

**김정진** 진보운동의 한 축이 반미였던 것이 사실이고, 그것이 민주화와 대미관계 정립에도 크게 보아 긍정적인 기여를 해왔다고 평가할 수 있다고 봅니다. 그러나 기존의 반미운동만으로는 대표께서 말씀하신 그런 과제를 달성하기에 부족한 것 또한 명백한 사실로 보입니다. 즉 그런 시각만으로 동북아 질서를 평화체제로 재편하고, 한국이 그 과정에서 주요한 역할을 한다는 것은 불가능하다는 것이죠. 실제로 6자회담이라는 틀을 어느 정도 인정한다는 것도 미국과의 군사동맹의 부정적 요소가 해소된다는 전제 하에서 미국이 한반도에서 어느 정도 역할을 할 수밖에 없다는 것을 전제하고 있는 것 같습니다.

한때 진보진영 일각에서 차베스에 대한 평가를 두고 상당한 공감이 있었던 것으로 알고 있는데, 그 근저에는 차베스가 주도하는 사회변혁 프로그램에 대해서라기보다는 차베스가 반미문제에 대해서 시원하게 발언하는 것에 대해 공감하는 시각이 있는 게 아닌가하는 느낌을 받았습니다. 과거 노무현 대통령이 "반미 좀 하면 어때?"라는 발언으로 한국 사회의 금기를 건드리다가 미국에서의 북한포로 발언으로 당혹감을 주기도 하지 않았습니까. 그보다는 DJ의 현실주의가 한미관계에 여러 변화를 가져오기도 했다고 보이는 것이죠. 의원 시절부터 용산 미군기지 이전문제, 전략적 유연성 문제를 의정활동과 연결시켜 많이 노력하신 걸로 알고 있는데 여러 가지 경험에서 봤을 때 앞으로 진보진영이 미국문제를 어떤 식으로 대처해 나가는 것이 앞서 말씀하신 과제를 달성하는 데 도움이 될 거라고 생각하시는지요?

**노회찬** 반미운동을 전략적 지위를 갖는 운동으로 간주하는 경향도 있지만, 이전부터도 저는 그런 견해에 동의하지 않았습니다. 반미운동은 여러 배경을 가지고 있는데, 하나는 과거 군사독재 정권을 미국이 지지하고 엄호해 왔다는 측면에서 반독재운동이 반미운동인 측면이 있었고요. 또 하나는 북한에 대한 미국의 강경억압노선에 대한 반대가 반미로 이어지는 측면이 있었습니다. 남쪽에서는 이미 독재체제에 대한 지원문제는 사실상 해소되었기 때문에 이제는 하나의 정상적인 주권국가로서의 대한민국과 미국과의 관계에서 벌어지는 문제들이 중요해 졌지요. 용산 미군기지 이전에서도 드러났지만, 미군이 주둔하고 있는 것이 미국에게 더 이익이 되는 측면이 90년대 이래로 점차 더 커져가고 있는데, 오히려 미군주둔으로 인해서 우리가 다른 호혜평등의·관계를 포기해야 되는 일들이 아직도 많이 벌어지고 있습니다. 전시작전권 문제 같은 경우도 그런 것인데 대등한 관계 수립을 위해서는 반드시 변화되어야 할 그런 사안들이 여전히 남아있는 거죠.

그리고 다른 하나, 북한과의 문제는 한시적인 것이라 봅니다. 북한과 미국의 관계 개선이 오랫동안 추진되어 왔으나 여전히 답보상태를 벗어나지 못하고 있는 건 사실이나, 현재와 같은 비정상적인, 적대적인 미국과 북한의 관계가 영속적일 거라고는 누구도 생각하기 힘든 일이 되어버렸습니다. 어느 시점인가는 미국과 북한이 서로 우호적인 관계로 변할 가능성도 꽤 높다고 저는 보고 있습니다. 그렇게 될 때 북한에 대한 강경억압정책에 대한 비판을 근거로 한 반미운동은 근거 자체가 소멸해 버린다는 거죠. 그렇기 때문에 반미운동은 남한과 북한과 미국의 관계 변화에 따라서 운동의 기반, 목표, 의미가 가변적일 수밖에 없다는 것을 전제로 해야 된다고 봅니다. 반미를 절대적인 가치로 두고, 그것을 운동의 전략적 목표로 두고 벌이는 운동은 자칫하면 시대의 흐름과 동떨어진 관념에 머물 가능성이 높다는 걸 먼저 분명히 해두고 싶습니다.

오히려 우리가 주목해 보아야 할 것은 기존의 동맹관계에서 발생하는 어떤 변화의 문제들입니다. 최근 미국 고위 군부 관계자가 주한미군의 해외파병 가능성을 확인하는 입장을 천명했었습니다. 이것은 한미상호방위조약에 대한 심대한 위반입니다. 한미상호방위조약은 미국과 한국의 동맹관계의 법적 근거인데, 이것의 핵심은 북한의 군사적 침공 시 미국이 자동적으로 한국 방위에 나서도록 되어 있다는 점입니다. 이건 역으로 북한이 침공하지 않았을 때에는 미국이 선제공격을 못하도록 조약상의 규정이 뒤따르는 것이고, 오직 북한이 침공 때에만 군사력을 가동할 수 있게끔 되어있기 때문에 해외분쟁에 주한미군이 자동적으로 개입하는 것을

금지하고 있습니다. 만일 그것이 가능하게 하려면 일단 주한미군이 부분적으로 철수하고 이 조약의 적용을 받지 않는 군사력으로 만들어놓고 이용해야 되고요. 그 다음에 다른 나라의 분쟁에 가고 말고는 미국의 문제이기 때문에 우리가 관여할 필요가 없는 문제죠. 그렇기 때문에 과거 월남전이라거나 심지어는 이라크전쟁 때도 한국에 있는 주한미군이 바로이 자리에서 주한미군의 지위를 가지고서 파병되지도 않았거니와 또 파병된 병력이 한국으로 들어올 수가 없었다는 거죠. 가려면 일단 여기서 직위를 상실하는 과정이 필요했고, 그래서 한 번 가면 다시 돌아오지 못하는 관계였는데 미국은 이제부터 주한미군의 해외파병을 하겠다는 겁니다. 이것은 다시 말해 주한미군의 한반도내 존재근거가 처음 조약이 맺어졌을 때와 많은 변화가 생겼다는 걸 미국이 인정하고 있다는 겁니다. 대북억제력으로서의 주한미군의 존재가치가 점점 약화되어 간다는 것은 이미 미국도 시인하고 있다는 것이죠. 정치적인 이유 때문에 그런 말을 안하고 있을 따름이지. 그렇다면 북한 때문에 와있는 군대가 주둔할 이유가 점점 적어지고 필요성이 작아진다면 그만큼 병력을 줄이거나 철수를 하는 것이 마땅하지 여기에 그대로 병력을 둔 채 다른 용도로 사용하는 것은 미국과 한국 간에 새롭게 협상하고 조약을 맺어야 될 사안이라는 거죠. 이 문제에 대해서 우리는 동의해준 바가 없습니다.

저는 노무현 정부 시절에 이 문제와 관련해서 사실상 '전략적 유연성'이라는 이름으로 주한미군의 용도변경을 미국이 주장했을 때 양측의 비공개 군사회담에서 조약을 고쳐야만 그것이 가능하다는 점이 확인됐음에도 불구하고 주한미군의 존재 자체에 대한 근본적인 문제제기와 논쟁으로 이어질 게 예상되기 때문에 마땅히 이루어져야 될 합법적 절차를 거치지 않았다는 게 큰 문제였다고 봅니다. 사실상 참여정부가 주한미군의 용도변경, 즉 전략적 유연성을 수용해줬다는 것이죠. 이것은 헌법정신에도 어긋나는, 주권국가로서 있을 수없는 자기 권리의 포기인 것이고, 그것이 현재 조약을 위반하는 불법적인 상황을 계속되게 하고 있고, 미국은 이걸 일방적으로 굳혀나가려고 하고 있다는 겁니다.

한마디만 더 말씀드리면, 해외분쟁의 경우 주한미군을 자기들 필요에 의해서 파병하는 경우에 우리는 우리 의사와 무관하게 미국과 군사적 분쟁관계에 있는 나라와 적대적인 관계가 될 가능성이 매우 높습니다. 우리가 원하지 않는 전쟁에 참여하는 군대들을 위한 기지를 우리가 제공하는 것이 되기 때문에, 특히 이것이 인접한 중국과의 관계 속에서 만일 발생한다면, 예컨대 대만과 중국과의 분쟁에 주한미군이 개입하는 일이 벌어질 때 우리는 중국의 잠재적인 적국, 교전국이 될 수밖에 없습니다. 특히나 한국에 주둔하고 있는 미 제2사단이 평택으로 이전하는 문제는, 용산기지라는 하나의 사령탑이 평택으로 이전하는 것이지만 이것과 더불어 패트리어트 미사일, 대량학살 미사일 방어체계 이런 부분들이 서해안에 집중 배치되고 이것들이 중국을 향하고 있다는 의미가 되는 것이죠. 그 자체가 지금 주한미군이 북한이 아니라 중국 등 다른 가상적국을 위한 기지로서 허용되기 시작했다는 걸 의미하는 건데, 이 상황은 반드시 새롭게 정비되어야 됩니다. 우리가 그걸 허용할 건지 말 건지, 지금 미국과의 현안문제는 바로 이 문제라고 저는 생각합니다.

더불어 이번에도 해킹 당했다는 '작계 5027' 등의 예를 보면, 북한이 특수한 상황일 때 주한미군이 어떤 역할을 하는가에 대해서 이미 한미상호방위조약과 어긋나는 작전계획들이 수립되고 있다는 문제점들이 발견됩니다. 특히 북한을 선제침공 못하도록 되어있음에도 불구하고 북한에 어떤 변고가 생겨서 일정한 내전 중에 있는 부대가 남쪽으로 침공할 가능성을 전제해 두고서 변고 시에 미군이 자동적으로 먼저 투입되는 그런 것들이 작전계획 속에 담겨있는 것으로 알려져 있는데, 이런 것이야말로 상호방위조약에 대한 심각한 위반이 되는 것인데 참여정부조차도 묵인하고 넘어갔고, 이명박 정부 들어와서는 전혀 이런 데 대한 고민도 없이 미국의 대외팽창정책을 적극적으로 지원하는 자세를 보여주고 있다는 겁니다.

특히 아프가니스탄의 경우, 우리는 이미 파병했다가 거기서 사고가 벌어져서 반군에게 파병하지 않겠다고 약속하고 철수한 나라입니다. 한 번도 파병하지 않은 일본조차도 오바마 정부의 파병요구에 대해서 돈으로 해결하겠다, 파병은 하지 않겠다 해서 올해 오바마와 하토야마 정부 사이에 합의가 이루어졌습니다. 그런데 우리는 일본보다도 파병하지 않을 근거를 더 확실히 가지고 있음에도 불구하고, 오히려 자발적으로 파병을 결정한 것은 국제적 안목도 매우 부족하다고 볼 수밖에 없습니다. 지금 아프가니스탄에 두 번째로 파병을 많이 하고 있는 영국조차도 세계 각국에 아프가니스탄에서의 철수를 다루는 회의를 제안해 놓고 있습니다. 내년 초에 그 회의가 열릴 예정이지요. 이런 국제적 상황에 역행하는 결정을 이명박 정부가 내린 것은 매우 유감스러운 것이라 하지 않을 수 없죠.

**김정진** 미국의 일방적인 대외팽창정책에 한국 정부가 일방적으로 추종

하는 문제가 한 축에 있는 반면, 북한과 관련해서는 어쨌든 간에 오바마 정부가 대통령 후보 시절부터 북한과 대화하겠다고 천명했고, 보즈워스 같은 사람을 대북특사로 임명한 것만 보더라도 북한과 어느 정도 화해 내지는 최소한 부시 행정부 초기에 있었던 것과 같은 강경정책은 취하지 않겠다는 의사표명은 이루진 것 같습니다. 그런 부분에 대해서는 역으로 한국 정부는 별로 좋아하지 않는, 이 두 가지 문제가 서로 겹쳐져서 문제가 복잡해진 측면도 있는 것 같은데요.


### 그랜드개그가 되고 있는 그랜드바겐

**노회찬** 오바마라는 잣대로 보면, 이명박 정부가 아프가니스탄이나 대북정책에 대해 취하고 있는 자세는 모순된 면이 있습니다. 아프가니스탄 파병이 오바마 정책에 부응하는 하나의 행동방식이라면, 대북문제는 그것

과 어긋나는 방식이죠. 잣대를 오바마로 두지 않고 국제적인 흐름으로 두면 이명박 정부의 입장은 둘 다 국제적인 흐름에 역행하고 있는 겁니다.

대북관계는 클린턴 말기에 결정적인 화해의 국면으로 이미 진입을 했습니다. 초기와 달리 집권 2기에 클린턴이 포괄적 합의를 통한 북미관계 개선이라는 대원칙을 도입하고, 2000년 10월에 조명록 당시 국방위 부위원장과 올브라이트 국무장관이 '조-미 코뮤니케'라는 공동성명을 발표해서 클린턴의 방북과 평화프로그램의 추진이 합의된 바 있습니다. 그 해 10월에 올브라이트가 방문했고, 12월에 클린턴이 방문하려고 했으나 당선된 부시에 의해서 유보요청이 있었고 클린턴이 그것을 수용함으로써 부시 대북한이라는 아주 강파른 대립국면이 시작됩니다. 그러나 부시의 강공 대북정책은 사실 2006년 북한의 핵실험을 통해서 파산이 난 것이고, 부시 말기인 2007년부터는 클린턴 정책으로 선회했습니다. 말기의 부시는 클린턴 말기 프로그램을 가지고 북한과의 문제를 풀기 시작했는데, 오바마 정권의 등장으로 인해서 더 안정적으로 대북화해정책이 추진될 수 있는 내외적 조건이 마련될 수 있었습니다.

문제는 2008년도에 등장한 한국의 이명박 정부가 부시가 버린, 초기 부시의 강경정책으로 임했다는 거죠. 그것은 이명박 정부와 한나라당이 지난 10년간 야당으로 있으면서 이른바 '잃어버린 10년'이라고 해서 김대중 정부와 노무현 정부의 대북정책에 대한 보수 반동적인 공격과 그를 통한 지지세력의 규합이 있어왔고, 그 연장선상에서 집권하자마자 가장 먼저, 또 가장 강력하게 추진했던 게 바로 이 부분입니다. 최근 신종플루 약도 보내고 다소 개선이 있습니다만, 정부 측 인사들을 최근에 접촉하면서 파악한 바로는 이산가족상봉과 이후에 이루어진 대북지원체계와 관련해서도 쌀을 지원하지 않도록 하고, 옥수수도 결국 10만 톤에서 시작해서 5만 톤으로, 나중에는 실무진이 청와대에 건의해서 3만 톤으로, 최종적으로는 만 톤만 줘라, 이런 식이 되어버렸다는 거예요. 올해 겨울과 내년 봄이 북한의 식량난이 역대 최고조에 달한다고 걱정을 많이 하고 있는데 굶겨서 굴복시키겠다는 것인 거죠. 과거 DJ로부터 시작된 햇볕정책이 채찍정책으로, 채찍으로 굴복시키고 굴복하면 먹여주겠다는 정책을 여전히 유지하고 있다는 점에서 대단히 우려스러운 상황이 계속되고 있어요.

6자회담은 한국이 참여하고는 있지만 주도권을 행사하고 있지는 못하고 있는 상황인데, 중국의 적극적인 중계로 인해서 6자회담 재계와 북미회담 재계라는 양방향의 대화가 사실상 재개된 상황입니다. 이 상황에서 핵포기를 완전히 해야만 지원이 가능하다는 '그랜드바겐'은 국제적 흐름과는 정반대인 거죠. '그랜드바겐'이 '그랜드개그'가 되고 있다, 이런 점에서 이 문제가 단순히 대북관계의 악화 그 자체로서도 문제가 되지만, 이후 북한과 다른 나라의 관계 문제를 푸는 데 있어서 남쪽의 주도성, 남쪽의 역할, 이런 부분을 현저히 줄여놓는다는 문제가 있습니다.

**김정진** 대표께선 이미 두 차례 방북하신 경험도 있고 1994년도에는 진보진영 내에서 새로운 통일운동을 하여야 한다는 주장을 선도적으로 한 바 있습니다. 이로 인해 2007년 민주노동당 당내 경선에서 음해성 공격을 받은 바도 있고요. 초기부터 진보진영 내에서 다른 패러다임으로 남북관계를 바라보려고 노력을 하신 거 같은데, 그렇다면 현 단계에서 남북관계의 문제점을 풀기 위해서 가장 필요한 것은 무엇이라고 생각하십니까?

**노회찬** 남한의 진보세력들은 남북관계와 통일문제를 바라봄에 있어서 우선 철저하게 남쪽 국민들의 이익을 중심에 놓고 봐야 된다고 생각합니다. 그러면 북쪽 인민들은 뭐냐. 저는 북쪽 인민들과 남쪽 국민들의 이해관계가 다르지 않다고 보는 것이죠. 한반도에 있는 민중들의 입장에서 이 문제를 바라봐야 되고, 북한 정부나 남쪽 정부, 혹은 미국 정부, 어느 편을 드는 방식은 올바르지도 못하고 바람직하지도 않다고 봅니다.

저는 남북관계에서 가장 필요한 것은 평화에 대한 관점이라고 봅니다. 통일문제도 통일지상주의여서는 안되고 평화지상주의여야 된다고 생각하는 것이죠. 평화를 저해하고 있는 제반요소들을 제거해 나가는 것, 그것이 바로 휴전협정을 평화협정으로 바꾸고, 남북과 북미 사이에 불가침 조약을 맺고, 북미수교를 통해서 정상적인 국가로 안착시키고, 그렇게 될 때 우리는 통일을 실현할 시간을 벌고 토대를 마련하게 되는 것이죠. 어차피 남북 간의 격차는 통일로써 바로 해소시킬 수 있는 게 아니고, 오히려 그 격차가 어떤 통일인가 라는 문제, 즉 통일의 질을 역으로 규정할 수 있기 때문에, 나쁜 통일이 아닌 좋은 통일, 또 바람직한 통일로 만들려면 격차를 해소하고, 정치적 제도적 장벽만이 아니라 문화적 생활적 장벽을 낮추는 데 상당한 시간이 필요하다고 생각합니다. 그러면 그 시간만큼 통일이 멀어지느냐 하면, 그렇지 않다고 봅니다. 이미 반통일의 요소들을 제거한 순간 통일의 길에 들어선 겁니다. 탈분단과 통일을 분리해서 보면 안 되는 것이지요.

그런 점에서 저는 그간의 통일방안 논쟁은 무의미한 논쟁이라고 봅니다. 그것이 논쟁이 되었던 이유는 다른 게 아닙니다. 그것은 한마디로 고려민주연방제에 대한 교조적인 추종의 역사 때문입니다. 그런데 지금 고려민주연방제는 폐기되었습니다. 결국 그것은 통일전선전략에 따라서 북한 주도로 남쪽을 해방시키는 프로그램으로서의 통일논의였던 것입니다. 이질적인 두 사회를 하나의 단일한 사회로 만들어 갈 것이냐는 장기적인 프로그램과 관련된 문제이지 통일방안, 방식에 대한 합의가 현실을 만들어낼 수 있는 게 아닙니다. 그런 점에서 비용을 줄이고 평화를 확고히 할 수 있는 방안이라면 어떤 방안이든 우리가 선택 가능한 게 아니냐는 겁니다. 고도의 정치적인 판단이 필요한 방식의 문제를 미리 논의하고 그걸 통해서 통일의 필요성이나 당위성을 주장하는 것은 더 이상 설득력이 없는 것이죠.

**김정진** 진보진영에서 민감한 문제를 몇 가지 말씀드리겠습니다. 대표적인 것이 북한의 인권 문제와 탈북자 문제가 아닌가 싶습니다. 이 문제들에 대해서 기본적으로 어떤 입장을 취하고 계신지요? 진보신당에서는 전에 남북 간의 인권대화를 제안한 적도 있는 것으로 압니다만.

**노회찬** 북한의 인권문제는 매우 복잡하고 미묘한 문제인 게 사실입니다. 한국의 민주화 과정에서 국내 인권문제에 대해 눈을 감고 독재정권을 추종하거나 방조했던 사람들이 지금은 북한 인권 얘기를 많이 합니다. 반대로 그간 한국 민주화 과정에서 국내 인권문제를 고민했던 사람들은 북한의 인권에 대해서는 되도록 말을 피하고 있는 게 지금의 현실입니다. 굉장히 모순된 상황이죠. 그만큼 북한의 인권문제가 여전히 정략적으로 다뤄지는 경우들이 더 많다는 걸 반영하는 것이죠. 저는 반북운동차원에서 혹은 북한을 공격하는 차원에서 인권문제를 다루는 것은 소기의 목적을 달성하지 못할 뿐만 아니라 인권문제 해결에 아무런 도움이 안 되고 오히려 반대의 역할을 할 가능성이 높다는 것을 우선 말하고 싶고요.

그러면 북한 인권문제를 어떻게 봐야 되느냐. 저는 북한의 인권에 문제가 있다는 걸 우선 인정해야 된다고 봅니다. 이걸 피해가는 것은 오히려 북한 인권문제를 정략적으로 접근하는 것을 방치하는 역할을 할 것이고, 사태를 정직하게 보는 것도 아니기 때문에 진보진영이 하는 말들에 대한 신뢰도를 떨어뜨리는 게 되는 결과를 가져오게 됩니다. 문제는 이걸 어떻게 해결할 것이냐 하는 것인데, 인권문제를 제기하는 것만으로는 남는 것은 정치적 상처밖에 없다는 겁니다. 정치적 상처를 주는 게 목적이면 몰라도 개선에까지 이르게 하려면 어떻게 할 것인가. 일차적으로는 아무래도 남북관계의 개선, 즉 남북의 냉전적 대립 속에서 인권에 대한 제약이 가해지는 것부터 풀어야 된다고 봅니다. 그게 풀어지려면 또 남북관계의 빠른 개선 밖에 없어요. 그래도 남는 문제가 있습니다. 인권문제는 북한의 경제적인 현실 때문에 오는 문제가 있고, 또 하나는 북한의 통치방식, 권력 체제에서 오는 문제가 있습니다. 이 문제는 단순히 인권의식이 부족해서 생기는 반인권적 행위가 아니라 체제의 전면적인 문제이기 때문에, 북한 입장에서 남쪽 자본주의 체제를 보면 이 체제가 끊임없이 인권문제를 발생하고 있는 것으로 보이는 측면도 있다는 것도 생각해야 합니다. 그렇기 때문에 우리는 없는데 너희는 왜 그런가, 이런 방식으로 비교해서 인권개선을 요구한다거나 그런 건 아니라고 보고요. 남북관계 개선이라거나 북한의 경제력 회복 등의 변화가 있을 경우에 그것이 직접적인 역할을 하진 않더라도 인권문제가 재조명되고 개선되는 방향으로 갈 수 있다고 보는 거죠. 그런 점에는 저는 인권이란 보편적 가치에 대한 확고한 입장을 갖되, 동시에 북한 인권문제가 갖는 특수성을 의식하면서 상황을 변화시키기 위한 노력을 집중해야 한다고 봅니다.

**김정진** 북한의 핵보유는 여전히 어려운 문제입니다. 북한 체제 내부의 위기감, 대내외적 정치적 상황을 타개하기 위한 선택, 미국과의 협상을 위한 카드라는 분석이 대부분입니다만 핵무기의 속성이 가지는 엄청난 정치적 파괴력 문제가 있습니다. 진보진영이 이 문제에 대해서 제대로 의견을 내고 있지 못한 것은 물론 이 문제를 어떻게 바라보아야 할지에 대해서도 혼란을 겪었다고 생각합니다. 실제 진보진영 일각에서는 핵자위권 같은 주장에 동조하는 경향까지 있는 것 같은데요.

**노회찬** 2000년 10월에 당시 조선노동당 창당 55돌 기념식에 6.15이후로 첫 민간사절단을 초청했어요. 제가 그 일원으로 방문했습니다. 우리가 북한에 머물고 있던 기간에 바로 '조명록 – 울브라이트 공동 코뮤니케'가 발표가 됐어요. 그때 남쪽 사절단을 맞이하는 북측 책임자가 김령성이라는 사람이었어요. 이 사람은 그 직후에 남북장관급 회담에 북측 대표로 여러 차례 내려오기도 한 남쪽에서도 잘 알려진 사람입니다. 이 사람이 그날, 그 광경을 지금도 잊을 수가 없는데, 종이 한 장을 들고서 나타난 겁니다. 굉장히 신중한 사람이었는데 갑자기 불난 집에서 뛰쳐나온 것처럼 표정이 완전히 상기돼 있었어요. "남녘에서 온 손님들, 대단한 소식이 들어왔습니다"라고 하면서 종이에 적힌 내용을 읽었어요. 그게 바로 공동 코뮤니케 내용이었어요. 그때 이 사람의 태도를 보면서 저는 북한이 우리가 생각하는 것 이상으로 미국의 위협을 두려워하고 있다는 것을 느꼈어요. 그러면서 이 사람이 한 말이 있어요. 회심의 미소를 띠면서 상대가 안 되는 세력과의 대립 속에서 자기들이 참 지혜롭게 핵카드를 잘 사용해서 미국과의 평화, 즉 미국의 공격으로부터 이제 걱정을 안 해도 되는 상황을 만들어냈다는 거예요. 이건 뭐냐면, 핵을 카드로 썼다는 것을 명시적으로 이야길 한 것이지요.

그러나 문제는, 핵이 협상용 카드라고 해서 협상이 끝나면 자동으로 없어지는 것인가 하는 겁니다. 없어질 수도 있지만 안 없어질 수도 있다, 또한 반드시 없어진다는 보장은 어느 누구도 못한다는 겁니다. 파키스탄이나 인도 같은 경우, 인도가 핵을 만들었고 파키스탄은 인도에 대응하기 위해서 만들었다 이거죠. 인도의 핵보유국 지위는 아직도 공식적으로 인정 안 되고 있어요. 그러나 미국은 사실상 인정하는 단계에 들어갔고 핵 폐기물 처리하는 부분에 지원까지 해주고 있어요. 핵을 보유하고 있다는 사실은 돌이킬 수 없는 현실로 인정하되 다만 그것을 제도적으로 인정해서 핵보유국의 특권을 주는 것은 하지 않겠다는 식인 거죠.

북의 입장에서 비록 미국과의 관계가 풀린다고 하더라도 영구적으로 과연 이것이 보장될 것인가에 대해 확신하지 못할 수 있는 것이고, 그렇다면 사용하지 않는 것을 전제로 한 보유 상태를 지속할 가능성도 얼마든지 있어요. 바로 이 점에 대한 우려가 우리한테 있다는 거죠. 그러면 이런 상황에서 일본이 핵을 갖겠다는 것도 동의할 거냐 이거죠. 그렇게 되면 핵 경쟁 상황으로 가게 되는데 그건 누구에게도 바람직하지 않은, 오히려 한반도의 긴장을 높이는 상황을 초래할 것입니다. 카드로서의 용도가 다했다고 해서 핵이 자동적으로 없어지는 건 아니라는 엄연한 현실에 대해서 우리는 고민을 하지 않을 수가 없는 것이고, 그런 점에서 핵을 가져선 안 된다는 비핵화 원칙을 지켜야 하고 그것을 실현해야 하는 것이지요. 남한 진보세력의 입장은 철저히 비핵화 원칙일 수밖에 없습니다.

**김정진** 노 대표께서 과거 피해자이기도 한데, 국가보안법이 다시 살아난 느낌입니다. 2007년까지 사건 수가 두 자리까지 떨어졌었는데 현 정부 들어서 신문지상에 보도된 것만 보아도 수가 점차 늘어나는 느낌입니다. 노 대표께서는 2004년도에도 국가보안법 폐지를 위해 누구보다도 열심히 법사위에서 의정활동을 하셨는데, 결국 당시 정부 여당이 포기를 해서 아무런 성과를 거두지 못한 것으로 알고 있습니다. 국가보안법에 대한 입장은 재론의 여지가 없을 텐데요, 다만 아직도 이에 대한 폐지 반대여론이 우세한 것 같습니다. 특히 이 법을 체제유지의 보루라고 생각하는 과도한 피해의식에 선 입장도 사회 내에서 상당수 존재하는 것 같습니다. 결국 국가보안법 폐지는 사회의 이러한 여론을 어떻게 설득하는가가 문제일 텐데요.

## 망령과 유령들

**노회찬** 참여정부가 한 가장 비겁한 일 중의 하나가 바로 국가보안법 폐지 문제입니다. 특히 노무현 대통령의 의지가 대단히 중요했는데, 처음 불을 지핀 것도 노무현 대통령 자신이었고, 중간에도 독려를 했고, 칼집에서 뺐으면 뭐라도 잘라야 된다는 식으로 얘길 했고, 그러나 막판에는 열린우리당 원내 대표단에게 확인한 내용인데 결국은 청와대가 더 이상 이거 가지고 싸움을 안 하겠다고 후퇴하고, 이러다가 다른 여러 문제들이 대두되면서 스스로 이 싸움을 접은 겁니다. 그래서 허망하게 끝나버렸는데, 그럼 이 당시 진보진영은 잘했는가, 이것은 저를 포함해서 다시 이쪽 진영이 생각해볼 대목입니다.

당시 저는 완전 철폐 입장에 서서 부분 개정하려는 열린우리당의 주류적 입장을 강도 높게 비판했는데 지금 와서 생각해보면 당시 절충했어야 됐다고 봅니다. 부분 개정이라도 확실하게 해서 이른바 7조 문제, 이적단체나 표현물 등에 관련된 것은 없앴어야 됐다는 후회를 하는 거죠. 그때 우리가 완전 철폐 얘기를 하고 7조만이라도 개정하자는 걸 비판했던 근거는 법은 살아있지만 문민정부 이래로 7조를 가지고 공안사건을 안 만들어냈다는 현실 때문에 이미 무력화된 걸로 간주하고 본질적인 것까지 다 바꾸자는, 그래서 폐기하자는 것이었는데 7조가 살아있으면 정권이 바뀌면 얼마든지 또 7조에 의한 공안사건들이 만들어질 수 있다는 것을 이명박 정부가 보여주고 있다는 거죠. 그런 점에서 오히려 당시 열린우리당과 힘을 합해서 열린우리당이 더 이상 후퇴 못하게 절충안을 받아 들여서 그거라도 일단 해놨으면 훨씬 나았겠다는 생각이 드는 겁니다. 17대 국회 의정활동과 관련해서 돌이켜 볼 때 좀 아쉬운 대목입니다.

**김정진** 저희가 법원에서 사건을 보면 너무 말도 안 되는 부분은 무죄로 하고 있지만, 공안사건의 특성상 엄청나게 많은 양의 공소사실을 가지고 처벌하기 때문에 일부만 무죄가 되지, 정보의 차이란 것이 실질적으로는 아무 것도 아닌데 그중에서 예를 들면 인터넷에 나왔다고 해서 무죄가 되고 그렇지 않은 것은 유죄가 되는 경향이 현재도 있는 것 같습니다. 그런 것을 보면 7조라도 없앴다면 현재 상당히 다른 결과가 있었을 것 같다는 생각을 하게 됩니다.

그러면 이제 조금 민감한 주제인 종북주의 문제에 대해서 질문 드리겠습니다. 그것이 진보신당 창당의 한 배경도 됐고요. 종북주의는 진보진영 내의 오래된 흐름에 기초해 있는데 핵문제나 인권문제 같이 북한정부가 가지고 있는 여러 가지 문제에 대해서 침묵하고 있는 경향으로 주로 나타나고 있는 것 같습니다. 종북주의 흐름에 대해서 진보진영이 어떠한 입장을 취해야 한다고 생각하십니까?

**노회찬** 남과 북이 대립하고 있는 엄연한 현실 속에서, 북쪽에도 그럴 수 있겠지만 남쪽에도 북의 편을 드는, 북의 입장에서 남북문제를 바라보는 사람이 있을 수밖에 없어요. 옳든 그르든, 동의하든 안하든, 그런 사람이 있을 수밖에 없다는 현실은 우선 인정할 필요가 있다고 생각합니다. 그들에게 억압적으로 대할 것이냐 아니면 대화와 토론을 통해서 함께 갈 길을 모색하느냐 하는 것인데, 저는 그런 사람이 있을 수 있고 또 견해가 다르다 하더라도 얼마든지 대화와 토론을 통해서 얘기를 할 수 있다고 믿는 사람이에요.

지금도 기본적인 입장은 크게 변하지 않았어요. 민주노동당 시절 당 정책 책임자가 북한의 핵실험을 옹호하는 듯한 입장을 취하고, 또 그걸 당의 이름으로 비판하는 데 당 지도부가 소극적이었던 점이 있었다고 생각합니다. 그래서 그 문제가 분당에도 영향을 미쳤다고는 생각되지만 그것이 한 당 안에서 수용할 수 없는 것이냐 하는 문제는 있는 것이지요. 저는 내부에서 다소 시간이 걸리고 그 시간이 곤혹스러운 시간일 수 있지만, 토론을 통해서 극복해 나가고 당이 대중에 뿌리내리는 대중정당으로 가면 갈수록 그러한 경향을 극복할 수 있는 여지가 넓어지는 것 아니냐는 생각을 가졌었지요. 아울러 그 점과 관련해서 저는 민주노동당을 종북주의라고 규정할 수 있느냐란 견해에는 동의하지 않습니다. 일부 개인들의 언행에 있어서 종북주의적 경향들이 없었던 건 아니지만 당의 노선을 종북주의였다고 규정할 근거는 없다는 생각을 여전히 갖고 있습니다. 종북주의 문제는 이후 다른 차원에서, 남북문제와 북한정권을 어떻게 볼 것이냐에 대해 열린 자세로 토론하면서 진일보한 합의가 필요하다고 봅니다.

**김정진** 그렇다고 해서 명백한 친북적 발언이나 행위 자체를 연대의 차원에서 묵인하는 것도 어려운 일 아닌가요? 토론을 통한 극복을 말씀하셨지만, 조승수 의원이 "유령과 싸우는 것 같다"고 표현한 것처럼 입장을 솔직히 드러내지 않고 자신들의 입장을 관철시키려는 부분들과 열린 토론이 실제 가능할까 하는 의문이 들기도 하는데요.

**노회찬** 북한을 찬양하는 사람을 찬양하게 내버려둬라 라고 한 것은 어떤 견해도 내버려 두라고 한 것이냐, 그런 뜻으로 한 얘기는 아닙니다. 사회적 대화를 해야 된다는 것을 강조하는 것이죠. 말부터 막아버리는 것보다는 북한을 찬양하는 경우 뭐가 문제고 뭐가 극복해야 될 문제인지 내놓고 토론해야 된다는 거죠. 아예 그 자체를 막으면 그쪽 논리는 그쪽 논리대로 검증되지 않은 채 종교처럼 계속 유지된다는 거죠.

당이 종북주의 내지는 친북노선이었다고 보기는 어렵지만, 다만 당의 애매한 태도가 국민들에게 친북정당이라는 이미지를 준 건 사실이기 때문에 그런 걸 극복하려는 노력은 대단히 중요하고 필요하다고 저는 생각합니다. 다만 종북주의 내지 친북이 당의 노선이었다기 보다는 정파의 이데올로기였다는 거죠. 정파를 유지시키는 이데올로기로서 작용했고, 그 참담한 결과가 일심회 사건에 대한 대응에서 드러난 것이죠. 일심회 사건은 당을 중심으로 생각하는 입장에서는 용납할 수 없는, 당의 천여 명이 되는 주요 인사들의 인적사항을 북에 넘긴 건데, 이건 용납할 수 없는 해당행위이죠. 북이 아니라 한나라당에 넘겼어도 이건 마찬가지예요.

그런데 이걸 내부에서 옹호한 것은 바로 정파논리 때문입니다. 당이 이렇게 해서 되겠느냐, 이렇게 해서 국민들에게 설득할 수 있겠느냐 하는 생각보다는 자기 정파의 이해관계 속에서 감싸 안아야 될 문제로 간주해 버린 거죠. 아마 그 사람들도 누가 당 기밀을 한나라당이나 열린우리당에 넘겼다 하면 제명하자 했을 거예요. 그런데 북에 넘겼기 때문에 제명하면 안 된다는 건 북을 신성시하는, 북을 당 위에 두려는 잠재의식이 깔려있다고 밖에 볼 수 없는 거죠. 그건 묵과할 수 없는, 그것이 계속 유지된다면 당을 함께 할 수 없는 것 아닌가, 저는 개인적으로 탈당을 결심하게 된 가장 직접적인 요소가 바로 이 부분이었습니다. 당의 공식입장이 만들어지는 과정에서 별 얘기를 다 할 수 있지만, 정파논리로, 정파의 이데올로기로, 당이 어떻게 되든 관계없이 자기 정파를 위해서 당을 회생시킨다면 이건 안 된다는 거죠. 사석에서 들은 이야기로, 자기들은 이런 사람 하나 보호 못하면 정파 유지가 안 된다고 했다는데, 그러면 그것까지 이해해 줘야 되느냐, 이 문제는 이해할 수도 없고 묵인할 수도 없다는 것이죠.

**김정진** 인권문제로 넘어가 보겠습니다. 국회의원 시절에 소수자 인권 문제에 대해서 누구보다도 열심히 문제제기 하신 것으로 알고 있습니다. 소수자 문제를 입법 활동에 포함시켰다는 것만으로도 큰 의미가 있었다고 보는데, 법을 다루는 입장에서 저는 소수자 문제는 이 사람들이 결코 다수자가 될 수 없다는 측면에서도 일반적인 인권문제하고는 근본적 차이가 있으며 그만큼 해결도 어렵다는 생각을 갖고 있습니다. 특히 민주주의가 다수결에 의한다는 측면에서 본다면 실제로 다수의 여론은 이를 지지하지 않을 수도 있는 것이지요. 실제로 소수자 인권문제에 대해 의정활동하면서 어려움은 없으셨는지요?

## 하리수와 김부선, 그리고 전과자가 된 병역거부자들

**노회찬** 어려움이 있었죠. 여러 차례 있었죠. 정치인이라는 게 표와 지지를 먹고 사는 건데 도움이 안 된다, 왜 하느냐, 그런 취향이 있다고 오해받을 수도 있다, 이런 이야기도 적지 않게 들었고요. 그러나 노동운동하게 된 것도 노동자가 수는 많지만 권리나 권력관계에서는 소수였기 때문에 받는 피해가 많았고, 그래서 그걸 위해서 운동한 거잖아요. 소수자 편에 서는 것, 소수자일수록 차별당하거나 억압당할 가능성이 높기 때문에 그 편에 서는 것이 운동의 출발이 되는 휴머니즘 차원에서도 마땅히 해야 될 일이죠.

그런데 좀 다른 이야기를 해 보죠. 지난 노원구 선거 때, 하리수 씨가 지원하러 오고 싶다고 나한테 묻기에 고맙다, 요청도 안했는데 참 고마운 분이다, 그래서 오게 하자 했는데 막 전화가 오기 시작하는 거예요. 지역에서 도와주는 분들, 당원은 아니지만 종교계 인사도 있고, 도와주는 분들이 뜻은 좋은데 오해받을 수 있다, 당신이 그 사람들의 인권을 위해 노력해온 점은 높이 평가하지만 선거 때 그 사람들이 와서 전면에 나서는 것은 당신에게 일단 도움이 안 될 테니까 안했으면 좋겠다는 겁니다. 심지어 선거 참모진에서도 양해를 구하고 못 오게 하자는 사람도 있었고요. 그래서 제가 그건 아니라고 했어요. 무슨 한 표 더 얻기 위해서 그 사람을 부를 거냐 말 거냐 논의하는 것도 불편했고, 그쪽도 부담을 안고 오는 건데, 선의로 오겠다는 것을 막는다는 것이 참 슬프기도 했고요. 그래서 오라 그랬고, 그날 같이 다녔어요. 왔다가는 바람에 물론 우리 지지층으로부터 야단도 많이 맞았죠. 하지만 저는 그런 부분에 대해서 선거 때라 싸우고 싶지는 않았지만, 어찌 보면 그런 상황을 겪으면서 소수자 인권운동을 더 열심히 해야겠다는 생각을 했어요. 우리 사회가 소수자 문제에 대해 여간 단단한 장벽을 가지고 있는 게 아니구나 하는 것을 절감했죠.

**김정진** 예를 더 들자면 이주노동자 문제의 경우가 특히 충돌이 있는 것으로 보입니다. 노동시장이 겹치는 건설일용노동 부분에서 갈등이 심한 것으로 알려져 있고, 노동조합 간부들조차 이주노동자 문제에 대해서 공개적으로 노골적 불만을 터뜨리는 경우도 왕왕 있는 것으로 알려져 있습니다. 또한 양심적 병역거부 문제에 대해서도 실제로 사회적 반발이 상당히 있는 것이 사실이고, 그 이면에는 군대에 갔다 온 일반 남성들의 사회적 울분 같은 것도 있는 것 같습니다. 정부에서 그런 걸 악용해서 여론조사 결과를 과장해서 도입하기로 한 대체복무 제도를 도입하지 않겠다고 한 측면도 있는 것 같고요. 소수자 인권문제가 감정적 충돌이 일어날 경우, 다른 부분과 달라서 상당히 여파가 큰데, 우리 사회가 그동안 정치적 충돌은 많이 있어왔지만 이런 종류의 충돌은 별로 없었 때문에 취약한 점도 있는 것 같습니다.

**노회찬** 사안에 따라서 접근 방법은 다를 수가 있는데, 성소수자 문제 같은 경우에는 우리 사회의 문화적 관습과 전통 때문에 다른 나라와 달리 실상이 공개되지 않고 폐쇄적인 상황에서 문제가 자꾸 진행되고 있어요. 특히 우리나라에서는 여성들의 경제력이 남성보다 많이 떨어지기 때문에 여성과 남성이 동성애의 경우 차이가 있어요. 여성들은 결혼하지 않고 경제력을 가지기 어렵기 때문에 굴절이 돼버리죠. 남자는 상대적으로 경제력이 있기 때문에 더 오랜 시간 동안 자신의 성정체성을 유지하기도 하죠. 그런데 폐쇄적이다 보니까 여기에도 성매매가 있어요, 남성 같은 경우에는 말이죠. 최근에 와서는 개방적이 되어서 커밍아웃도 하고 하는데, 적어도 성 정체성 내지는 성적 취향이 다른 것이 타인에게 피해를 주는 게 아닌 범위 내에서는, 예컨대 성폭행 같은 것은 사회적 범죄로 처벌되어야 되는 부분이지만, 다른 경우라면 마땅히 인권과 기본권 차원에서 보장해 줘야 되고, 이걸 가로막는, 예를 들어 결혼을 인정하지 않는다거나 성전환을 법적으로 허용하지 않고 또 인정하려면 굉장히 까다로운 절차를 거쳐야 되는, 이런 인권 억압적인 제도들을 개선하려는 노력과 사회적인 이해가 필요하다고 보고요.

외국인 노동자는 또 다른 문제예요. 단기적으로 봐서는 저들이 와서 낮은 임금 층을 형성하기 때문에 내가 손해 본다, 취업할 기회라거나 근로조건에 있어서 피해를 보고 있다는 인식들이 꽤 있는데요. 그러면 문제를 해결할 방법은 뭐냐. 못 들어오게 하는 방법이 하나가 있고, 또 하나는 외국인 노동자들에게도 적절한, 정상적인 임금을 지급하게 하는 방법이 있어요. 그렇게 함으로써 한국 노동자들의 근로조건을 저하시키는 걸 예방하는 측면이 있는데 못 들어오게 하는 건 불가능할 뿐 아니라 올바른 태도도 아니지요. 오히려 한국의 노동조합이 외국의 노동자들의 권익보호에 앞장서야 될 이유가 분명해지는 거예요.

**김정진** 한국이 민주주의 국가는 될 수 있을 것 같은데 자유주의 국가가 될 수 있을까, 그건 좀 어려운 게 아닐까 생각한 적이 있었습니다. 일반적으로 법학계에서도 되도록 사생활과 관련해서는 범죄화해선 안 된다, 범죄로 처벌되는 부분을 줄여야 된다는 견해가 많아졌지만, 실제 대중적 전체 여론 정서를 보면 정상적인 방법, 예를 들어 다수 여론에 의한 방식은 국회를 통해 제도를 바꾼다 이런 방식일 텐데 참 쉽지 않아 보입니다. 외국과 차이가 많이 나는 부분이 대표적으로 대마초 합법화 문제인데, 얼마 전에 여배우가 헌법소원 제기해서 문제가 되기도 했습니다만, 전문가들이 봐도 국제적 입법 경향으로 봐서는 사생활 문제이기 때문에 처벌 안하는 경우가 더 많고, 하더라도 벌금형 정도로 끝나는 경우가 대부분이거든요. 과연 한국에서 그런 주장을 공개적으로 한다는 게 쉬운 일인가 하면 쉽지 않아 보입니다. 헌법재판소에서 혼인빙자간음죄가 위헌결정이 났습니다만, 그게 53년도부터 형법상 들어가 있었던 거잖아요. 60년 정도 걸린 건데 그 죄의 대상이 '음행의 상습이 없는 부녀'라는 거거든요. 남자는 아니고 여자만. 속된 말로 음행에 상습이 없으면 혼인빙자해서 간음해도 처벌이 안 된다는 건데 지금 시각에서 봐도 이런 요건이 합리적 요건이라 할 수 있을까. 그런데 그것도 아주 오랜 기간이 지나서야 사회적으로 조정이 된 측면이 있거든요.

**노회찬** 대마초 합법화문제는 제가 그 운동을 주도했던 김부선 씨와 개인적으로 가까운 편입니다. 김부선 씨가 마약 복용 혐의로 수감 중인 전인권 씨 면회로 어려움을 겪을 때 제가 지방까지 동행해서 면회를 성사시켜 주기도 해서 친하게 지내는 관계인데, 이 분이 대마초 합법화 관련된 법안 발의자로 서명을 해달라 했는데 서명을 안했습니다. 다른 이유가 아니고 판단유보예요. 확신이 없더라고요. 저는 소수자라고 해서 무조건 한다기보다는 제 나름대로의 이해와 확신이 있어야 되고 더 고민을 하고 싶었던 것이죠. 이 부분은 단순 소지, 심지어는 대마초 흡연까지도 합법화

되어야 된다, 실제로 합법화된 나라도 있다, 이런 건데, 한편으로 보면 필로폰, 소위 향정신성 환자들을 보면 그 사람들이 그것을 구하지 못했을 때 대용하는 게 대마초예요. 제가 그 사람들하고 접촉하면서 얘기 들은 바가 있는데, 그래서 판단이 잘 안서요.

반면, 양심상의 병역거부. 이걸 보면 우리나라는 과연 자유주의인가 하는 의문이 대두되는 거예요. 양심에 의해서 군대 가느니 교도소 가겠다 이런 사람들을 계속 교도소 가게 만드는, 다른 방식으로 이 문제를 푸는 방식들이 많은데도 불구하고 형벌로서 대응하는 건 그 사회 다수의 생각에 반하면 폭력적으로 그 생각을 강제해버리겠다는 거거든요. 결국엔 감옥에 보내서 전과자로 만들어버리는 이 상황에 대해서 이제는 기존의 방식이 안 통한다는 것을 인정하고 다른 방식으로 넘어가야 하는 데도 불고하고 아직 대체복무에 대해서 인색하잖아요. 이건 사생활이라기보다는 개개인의 양심에 따른 선택인데, 다수의 선택과 다르다는 이유로 선택할 자유조차 침해하는 다수의 횡포라고 보는 거죠.

**김정진** 앞서 혼인빙자간음죄가 60년 가까이 지나서 위헌결정을 받았다는 것에 대해 말씀드렸는데, 간통죄도 또한 오래됐습니다. 일제시대에는 간통은 여자만 처벌되는 범죄였습니다. 정부수립 직후에 이 법이 둘다 처벌되는 걸로 바뀌었는데, 당시 국회의원들 대부분 남성이어서 이 법을 최대한 안 바꾸려고 노력하다가 여성단체에서 한복 입고 강경하게 시위하는 바람에 근소한 차이로 남녀 쌍과실로 처벌하는 걸로 통과됐다고 들었거든요. 그 제도가 지금까지 이어지고 있는 건데요. 이 문제도 지금 논의의 연장선상에 있는 것 같습니다. 근대적 법 이론이나 자유적 시각에서 보면 사생활 문제, 이걸 과연 개인의 성생활인데 국가권력이 나서서 처벌할 수 있느냐, 국제적인 경향도 미국의 몇 개 주를 제외하고는 점차 비범죄화로 가고 있는 측면이 있는데 한국 사람이 정서적으로 과연 간통 행위에 대해서 처벌하지 않을 만큼의 관용이 있느냐 하는 것이죠.

**노회찬** 여성계도 간통제 폐지에 원칙적으로는 동의하죠. 그러면서도 주로 남자 쪽의 외도가 있어 이혼으로까지 이어질 때 간통자체를 형사처벌함으로써 이혼소송에서 유리한 작용을 하는 경우들이 있었기 때문에, 그리고 가정 파탄에 있어서 남자 쪽의 외도나 이런 것들이 문제가 된 경우가 훨씬 더 많았기 때문에 필요악 비슷하게 이 제도의 유용성이 일정하게 인정되어 왔다고 생각됩니다. 그런데 저는 원론적으로 보자면 간통이 형사처벌의 대상이 되려면 일단 이혼자체가 법적으로 불허되는 상황이어야 서로 짝을 이룬다고 봐요. 법적으로 이혼을 못하게끔 사회적 합의가 이루어진 사회에서는 혼인관계의 사실상 내용적인 일탈이라고 볼 수 있는 간통에 대해서는 마찬가지로 법적으로 제재할 수 있는 도구가 필요하다는 거죠. 그럴 때나 간통제가 형사처벌의 대상으로서 의미가 있다는 것이고, 이혼 자체가 본인의 선택이고 형사처벌의 대상이 아닌 걸로 되어있다면 혼인관계에 버금가게 중요한 간통의 문제 역시도 당사자 간의 관계에 맡겨야지 혼인관계는 알아서 하라고 맡기면서 그보다 더 하위의 관계인 간통유무에 대해서는 사법적으로 처리한다는 것은 앞뒤가 안 맞는 거죠. 그렇다고 간통이 합법인 것처럼 인식 될까요? 이건 간통죄에 대해 형사적인 처벌을 하지 않는다는 문제이지, 간통해도 좋다는 문제는 아니라는 거죠.

## 위험사회와 개방사회

**김정진** 범죄에 대응하기 위해서 새로운 제도들이 계속 도입되고 있습니다. 필요성이 있어서 다수 여론의 힘을 업고 국회에서도 통과가 되고 있고, 더 강화하자는 얘기도 있고요. 대표적인 것들이 주로 성범죄와 관련해서인데. 이미 도입된 것 중에 전자발찌나 위치추적 같은 제도가 있고요. 또 하나는 아동성범죄나 원조교제 같은 성 매수의 경우에 명단공개라든가 이런 방식이, 사실 그 전에는 감옥에 가두는 거 외에는 별다른 제재나 형벌이 없었는데 부수적인 것들이 생겨나고 있습니다. 개인적으로 우려되는 것은, 미국의 예를 든다면 거세형이라든가 더 나가면 사형까진 안 가지만 과연 형벌의 형태가 어디까지 허용될 수 있느냐 이런 문제가 제기될 수 있고, 국가인권위원회에서 만든 영화에서도 명단공개에서 비롯된 가상 영화인데, 아무것도 할 수 없는, 옴짝달싹할 수 없는 사람의 이야기를 인권위원회에서 돈을 대서 만들었는데. 주위사람들의 감시나 이런 것 때문에 생활하기 어려운, 우리나라 제재가 아직 그 정도까진 아닌데, 그런 우려가 없는 것은 아닙니다. 너무 강화될 경우 부작용이 있을 수 있을 것 같습니다.

**노회찬** 어려운 문제인데요. 명단공개나 전자발찌 같은 경우, 저는 전자발찌 반대했던 사람인데요. 그러나 성범죄, 특히 아동성범죄 같은 경우 재범률이 워낙 높기 때문에 그걸 막기 위해서 전자발찌를 해야 된다는 부분도 일리가 있다고 봅니다. 이미 시행되고 있잖아요. 명단공개는 먼저 시작됐지만 일정 기간이 지난 후에 전면적으로 평가해볼 필요가 있다고 봅니다. 이것이 범죄예방이나 재범방지에 어느 정도 도움이 됐는지, 또 이로 인한 인권피해는 어느 정도인지를 평가해서 제도를 유지하거나 혹은 개선하는 문제를 검토하는 게 중요하다고 봐요. 이미 시행됐기 때문에 어떻게 되든 관계없이 둘 문제는 아니라고 보고요. 다음에 생물학적 제거를 하는 문제와 관련해서는 다른 나라도 어느 정도 쓰고 있는데, 우리도 그런 주장은 있지만 아직까지는 좀 더 다른 제도를 통해서, 이미 시험 중인 제도의 효능성에 관해서 검토한 후에나 논의가 가능한 부분이 아닌가 생각합니다. 오히려 다른 차원에서 우리가 좀 더 심각하게 생각해야 될 부분은 일반 형사사건과 비교해서도 범죄율이 상당히 높은 편인데, 특히 일본과 대비해서도 그러한데 과연 이게 어디에서 비롯되는 것인지 사회적 성찰이 필요하다고 봐요. 발생한 범죄에 대해서 사후적으로 재범을 막는다거나, 형량을 높인다거나, 생물학적인 거세를 시킨다거나, 이렇게 대응할 것만이 아니라 왜 이렇게 높은지에 대해 생각해 봐야 한다는 거죠. 저는 '인종적'으로 특수한 데서 오는 문제는 아니라고 생각해요.

**김정진** 크하하하.

**노회찬** 그렇다면 이 사회의 운영방식과 분위기, 또는 가치관 등을 비롯하여, 예를 들어 교육차원에서 접근해야 되거나 또는 이런 생각을 자꾸 갖게 만드는 다른 요소들이 뭔지를 찾아내야 된다고 봅니다. 왜 우리 사회가 이렇게 위험사회로 변해가나 라는 거죠. 이런 것이야말로 대대적인 연구가 필요하다고 봅니다. 다른 예지만 2차 대전을 겪으면서, 미국에서 진주만 공습까지 당하면서 왜 일본이 저렇게 포악해졌는가라는, 그래서 일본의 천황제를 포함하여 전쟁 중에 인문학자들, 사회과학자들 불러 모아서 연구를 맡긴 게 《국화와 칼》이라는 책이잖아요. 우리도 그런 접근이 필요하다고 보는 거예요.

**김정진** 인권 분야에 대해서 가장 어려운 문제가 사형제 관련된 부분입니다. 사형제 폐지 논란에 있어서 핵심은 항상 국민여론인데, 국민여론이라는 게 특별히 사회적으로 공분을 불러일으키는 범죄가 발생했을 때 주로 문제가 되는 것 같습니다. 폐지된 유럽에서도 그런 문제가 발생했을 때 다시 사형제를 도입해야 되는 거 아니냐는 여론이 일기도 한다는데요. 조두순 사건에서도 국민의 여론은 매우 분노했는데, 피해자가 입은 피해에 비해 12년형은 약한 것이라는 것이었습니다. 실제로 아마 대다수 여론은 사형시켜야 한다는 것이 아니었을까 라는 생각도 해봤습니다. 18세기에 베까리아라는 철학자의 경우, 사형제 폐지를 주장한 이유도 대중의 공분에 의하여 형이 강화되다 보면 형벌의 한도가 없어지고, 사형에서 끝나지 않고 아주 잔인한 방법의 혹형이 일어나게 되기 때문이라는 지적도 했었습니다. 실제로 베까리아가 살았던 시대에는 사형시키는 방법만 11페이지에 달했다고 합니다. 노 대표께서는 사형제 폐지를 어떠한 방법으로 달성하여야 한다고 보시는지요?

**노회찬** 찬반이 극명하게 엇갈리는 쟁점이고, 저는 이 문제와 관련되어 사회적 논의와 토론이 좀 더 필요하다, 활성화될 필요가 있다고 봅니다. 사형제 폐지를 찬성하는 사람의 입장에서 대개 사형제 유지의 필요성의 근거로 제시되고 있는 것이 흉악범죄에 대한 예방효과, 그리고 또 하나는 응징효과입니다. 죽을 만큼의 죄를 지었으니 죽여야 된다는 거죠.

그런데 과연 응징이라는 게 감정적인 것 말고 의미가 있냐는 거죠. 응징이라 하더라도 과연 죽이는 게 응징이냐 아니면 영구적으로 감옥살이시키는 게 응징이냐, 이 문제를 차분하게 볼 필요가 있어요. 응징의 차원에서도 판단을 달리 할 수 있는 것 아니겠느냐는 것이죠. 예방의 경우도 마찬가지입니다. 조두순 사건 같은 경우를 보아도, 그 사람이 적은 형을 받을게 분명하다는 확신에서 범행을 저지르는 건 아닐 거예요. 오히려 유영철이나 조두순 사건 같은 흉악범죄 자체가 사형제가 의미 없음을 이미 말해주고 있는 것 아니냐고 생각할 수도 있다는 것이죠.

뿐만 아니라 사형제가 낳는 또 다른 폐단, 즉 오심에 의한 인명 살상의 가능성을 보아야 하는 것이죠. 조봉암 사건이나 인혁당 사건 같은 경우처럼 사형제가 정치적으로 악용되었던 사례까지 본다면 문제는 심각하지요. 더 중요하게는 국가가 인간의 생명을 중단시키는 그런 권한을 갖는 것이 맞느냐 하는 건데 이 부분은 더 나아가지 않겠습니다.

**김정진** 지금과 같이 집행을 하지 않음으로써 사실상 사형제 폐지 국가로 인식된다는 식의 상황이 정상적인 것 같지는 않습니다. 제도적으로 빨리 사형제를 폐지하는 것을 통해 인권이나 민주주의에 대한 사회적 인식 수준이 한 단계 더 나아갔으면 하고 바랄 뿐입니다.

**노회찬** 기억나는 게 하나 있네요. 제가 노동운동하다 감옥에 가 있을 때 사형이 집행된 적이 있었어요. 그때 서울구치소에 있었는데, 거기서 사형수들을 많이 봤죠. 사형이 집행되던 날 모든 면회가 금지되고, 운동도 금지되고, 아무도 밖으로 못나왔어요. 아마 나오게 했더라도 아무도 안 나왔을 거예요. 사형과 무관하게 일반 범죄로 구속되어서 재판을 기다리고 있는 사람들도 누군가 오늘 사형집행 당한다는 소식에 어떤 끔찍함과 참담함을 느꼈을 거예요. 그 상황이 불편하고 쉽게 수용하기 어려우니까 꼼짝도 안하고 방안에 가만히 있어요. 떠들지도 않고. 그게 기억이 나요. 어찌 보면 인명경시의 풍조가 오히려 사형을 쉽게 생각하는 것과 연결되고 있는 것 아닌가. 나쁜 짓하면 죽여야지, 이런 것도 일종의 인명경시풍조라고 생각해요.

대안으로 감형 없는 종신제가 있어요. 사형제는 폐지해야 되는데 반대 여론을 누그러뜨리기 위해서 감형 없는 종신제가 제기된 거죠. 저는 궁극적으로는 감형 없는 종신제에 반대합니다. 감형 없다는 걸 누가 못을 박을 수 있겠습니까. 얼마든지 시대 상황에 따라서 나중에 사람들이 판단할 몫까지도 판단 못하게 만들어 버리는 면이 있기 때문에 그렇습니다. 국회에서 이 부분이 논의가 되고 있을 때 사형제 폐지 국제운동본부 쪽에서 연락이 왔어요. 장문의 편지였는데, 감형 없는 종신제는 자칫하면 더 나쁜 상황으로 굳어질 소지가 있기 때문에 동의해선 안 된다고 설득하는 편지였어요. 좀 더 논의가 필요하지 않나 싶어요.

**김정진** 향후 2,30년 사이 심각한 문제가 될 수도 있는데요, 바로 다인종, 다문화의 문제입니다. 최근 이른바 다문화가정이 늘어나고 있고, 이주노동자의 수도 계속 늘어나고 있습니다. 외국인과의 결혼이 급증하고 있는 거 알고 계실 겁니다. 통계상 보더라도 10% 이상인 것으로 혼인신고 건수를 바탕으로 파악되고 있습니다. 혈통적 한국인이 아닌 사람이 늘어난다는 것인데, 과거와 달리 그 수가 아주 급격하게 늘고 있습니다. 여담입니다만, 북한 로동신문에는 남한에서 외국인과의 결혼이 늘고 있어 한민족의 혈통적 순수성이 훼손되고 있어 걱정이라는 사설도 실렸다고 합니다.

　한국이 개방화된 사회인 이상 이것은 불가피한 현상인 것 같은데, 그러나 앞으로 사회통합에 있어서 문제가 발생할 개연성이 유럽의 예를 보더라도 높은 것 같습니다. 혈통적 한국인이 아닌 사람들과 한국인들이 차별 없이 충분히 공존해서 살아갈 수 있는 새로운 가치가 필요한 것이 아닌가 하는 생각이 드는 것이죠. 그런데 한국에서의 대응은 새로운 가치를 만들어가기보다는 이들을 단지 한국에 잘 적응시키는 초보적인 수단만 사용하는 것 같습니다. 반만년의 역사를 강조하고 단일민족의 우수성을 앞세우는 가치로는 새로운 상황에서 소수자들을 우리 사회에 통합시킬 수 없는 것 같습니다. 노 대표께서는 이들과의 공존 내지 통합을 위한 우리의 가치는 무엇이 되어야 한다고 생각하십니까?

**노회찬** 몇 해 전에 보은 군수에게 들은 얘기인데, 그 전 해에 충북 보은에서 결혼한 남성의 절반이 외국여성과 결혼했다는 거예요. 보은만이 아니라 지금은 보편적인 지방의 현실입니다. 저는 일단 이 문제와 관련해서, 우리는 단일민족이라는 잘못된 이데올로기부터 교정되어야 된다고 봅니다. 민족이 단일해야 우수하다거나 자랑스럽다거나, 이렇게 생각하는 것 자체가 문제인 거죠. 계속해서 인류는 섞여져 왔던 것이 역사적 사실과도 부합하는 거죠. 〈마들연구소〉에서 문명교류에 관련된 강의를 정수일 선생에게 들었습니다만, 이미 통일신라시대, 또는 그 이전에도 수많은 외국인들이 들어와서 같이 어우러져 살고 그래왔다는 거죠. 이미 우리는 다문화민족으로 봐야 된다는 겁니다. 다만 다행스럽게 다른 문화가 와서 충돌을 벌이기보다는 서로가 서로를 인정하고 순응하고 포괄하는 방식으로 왔다는 거예요.

섞일 수밖에 없는 걸 인정해야 되고 다만 섞이는 것이 부정적인 방향으로 가기보다 긍정적인 효과를 만들기 위해서 어떻게 할 것이냐를 고민해야지요. 일차적으로 극복되어야 하는 것은 차별 문제입니다. 대개 많은 갈등은 차별로부터 비롯되고 있는 겁니다. 그런데 이 차별이 제도적이거나 경제적인 것만이 아니라 문화적인 것까지도 극복해야만 공존이 가능하다는 거죠. 우리 한류보고 뿌듯하게 생각한다면 중류나 일류에 대해 어떻게 생각할 거냐는 거예요. 하토야마 수상 부인이 김치 좋아하고 이런 거는 대서특필되고 있잖아요. 만일 우리 걸 받아들이는 건 좋아하고 남의 걸 안 받아들인다면 그것이야말로 열등감의 다른 표현이 아닌가요.

오히려 우리 사회를 보면 모순된 문제의식들을 많이 접합니다. 한민족의 순수혈통이 줄어드는 거 아니냐고 우려하면서 외국의 언어라거나 이런 것들은 함부로 막 써대고 외국문물을 무비판적으로 수용한다는 거죠. 프랑스 경우 새로운 외래어가 등장하면 전문가들이 심혈을 기울여서 수개월 노력해서 그에 맞는 프랑스말로 어떻게 수용할 것인가를 고민한다고 해요. 우리는 전문용어, 생활용어 할 것 없이 외국어 들어오면 그걸 그대로 쓰지요. 언어를 받아들이면서 자신의 말을 발전시키는 게 아니라 퇴화시키고 있잖아요. 광화문에 세종대왕 동상을 흉측하게 세워놓는 게 뭐 중요하냐 이거예요. 업무상 영어를 전혀 쓰지 않는 분야의 서울시청 공무원들에게 영어가 뭐 필요하다고 영어시험을 치르게 하고, 심지어 승진시험에까지 영어를 강요하는 이 모순된 현실이 더 해결해야할 문제가 아닌가 합니다.

**김정진** 제가 이 질문을 드린 이유는 외국인들이 많이 유입된 사회일수록 역사도 아주 먼 고대사부터 교육을 시키는 게 아니라 주로 근현대사 중심의 교육을 실시한다고 합니다. 왜 그러냐면 근현대사에서 뽑아낸 국가가 중요시했던 가치가 대개는 보편적인 가치인 경우가 많기 때문에, 예를 들어 프랑스에서는 프랑스 혁명 이후의 상황이라든가, 현실적으로도 그 논리로는 사실 많은 사람들을 통합할 수 있는 이론적 근거가 되기 때문에 교육도 그렇게 되고 사회 시스템 자체도 그렇게 되어간다는 거죠. 우리 같은 경우는 도심의 곳곳에 먼 옛날의 위인들이 서 있는데, 세계의 다른 유명한 도시들 가보면 대개 근현대사 인물들이거든요. 한국은 여전히 사회가 유지되는 정당성의 근거를 너무 먼 옛날, 또는 혈통으로 계속 유지해 왔는데 이것 역시 박정희 이후 한국의 권위주의적이고 국가주의적인 이데올로기가 고대사조차도 그처럼 민족적 우월성 강화로 이용해온 결과라고 봅니다.

문제는 더 이상 유지될 수없는 중대한 도전이 있음에도 불구하고 새로운 가치, 새로운 통합, 차별을 넘어서는 큰 비전으로 모든 구성원들에게 동일한 권리와 편익을 보장해주는 것을 모색하거나 그런 것들에 대한 대비가 부족하지 않은가 하는 겁니다. 우려가 담긴 상상인데요, 혹시 2,30년 후에 만약 대기업 입사 시험에서 외모를 보고 고향이 어디냐, 고향이 주로 지방이나 시군단위인거 보면 혹시 혈통적으로 한국인 후손이 아니다 그러면 호적등본 내봐라 이런 식의 일들이 혹시 일어나지 않을까. 제가 보기에 사회적으로 이 문제를 너무 단순하게 이해하고 있는 게 아닌가하는 우려를 하게 됩니다. 현 단계의 인권문제는 아닙니다만 앞으로 심각한 문제가 되지 않을까 하는데요.

**노회찬** 우리 사회의 관습과 문화현상 중에 이제는 내놓고 얘기해야 될 대목이라고 판단이 됩니다. 우리는 사실 강대국에 의해 식민지 지배도 당하고 수차례 침략도 당한 약소국의 설움을 안고 있는 국민인데 오히려 우리가 다른 나라 국민들을 볼 때 침략적 강대국의 시각으로 다른 나라를 보는 경향이 있습니다. 이것 역시 식민주의의 결과이지요. 여기에다 물신적 가치에 대한 서열화의 문제가 겹치는 것입니다. 우리나라 사람들이 다른 나라 사람 볼 때 어떻게 평가합니까? GNP가지고 평가해요. GNP가 우리보다 높은 나라에 대해서는 무조건 호감을 가지고 보고, GNP가 우리보다 떨어지는, 경제적 지위가 우리보다 낮은 나라는 멸시하는 게 무의식으로 굳게 자리 잡고 있지요. 지금 비록 못산다 하더라도 역사도 가지고 있고 화려했던 문명도 갖고 있고 지금 배울 점도 있다면 얼마든지 그렇게 대해야 되는데, 우리 스스로가 세계화를 이야기하면서도 지극히 천박한 폐쇄성을 보이면서 세계인이 못되고 있다는 게 문제인 거죠.

진보적 가치가 한국 사회에 자리 잡지 못하는 것도 비단 분단 이데올로기의 문제만은 아닌 것입니다. 탈식민화의 문제가 있는 것이지요. 미국적 가치에 대한 무조건적인 숭상, 반공이데올로기, 타자들에 대한 편견, 진보정치의 지체, 이런 것들은 서로 연관되어 있습니다. 오늘 이야기한 미국 문제, 북한 문제, 인권 문제가 다 연결되어 있는 문제인 것과 마찬가지로요.

### 만남, 그 후

여운형, 그리고 조봉암 사후 수십 년 만에 진보정당은 간신히 노회찬 같은 인물을 만들어 내었는데, 그 종착지가 어디일지 자못 궁금해지지 않을 수 없었다. 평화와 자존, 인간적 권리를 향한 그의 긴 투쟁이 한국 사회 구성원들의 삶의 조건을 획기적으로 바꾸어내는 결실을 목격할 수 있기를.

긴 대담이 끝나고, 나는 기쁘게도 그가 첼로를 연주하는 모습을 처음으로 지켜볼 수 있는 기회를 얻었다. 덧붙이자면 그는 대담을 시작하기 전 아이폰으로 오카리나 연주를 들려주기도 했다. 나는 그가 연주하는 내내

활을 쥔 그의 손을 쳐다보았다. 저 손은 1980년대 긴 시간 동안 용접공의 손이었다. 그리고 저 손으로 그는 척박한 현실에서 진보정당운동의 앞길을 개척해 왔다.

2010년 노회찬은 다른 어느 때보다도 복잡한 상황에서, 이전보다 훨씬 불리한 상황에서 정치적 승부를 걸어야 될지도 모른다. 한나라당 독주체제는 물론이고, 이른바 '후보단일화' 압력에 맞서 싸우는 것은 소수파 진보정당 정치인으로서 쉽지 않은 선택일 것이기 때문이다. 하지만 지금까지의 노회찬의 정치적 행로를 아는 사람들은 비관하지 않는다. 노회찬은 항상 극도로 불리한 정치적 현실에서 상황을 돌파해왔기 때문이고, 여전히 그의 의지는 전혀 무뎌지지 않았다. 그는 언제라도 배고픈 상황을 마다하지 않을 것이며, 우리들이 그에게 과제를 부여하는 한 그는 그의 비전과 카리스마, 행정능력을 총동원할 것이기 때문이다.

3부 배제의 사회에 침을 뱉어라

# 제5장

# 누구를 위하여 종은 울리나

만남_ 그 다섯 번째

# 홍기빈, 노회찬에게 묻다

　진보신당 노회찬 대표와의 대담을 하기 위해 당사 문 앞에서 15분 째 서서 기다리고 있는 중이다. 여야 정당 당사가 모여 있는 여의도의 한 블록, 흔한 현수막 하나 걸어두지 않은 대하빌딩 8층 진보신당 당사(라기보다는 어지간한 규모의 여행사 사무실 같은) 안은 토요일 오전 불이 꺼져 있다. 의석 1석, 지지율 1%. 거대여당인 한나라당 당사도 지금 불이 꺼져 있을까. 교통체증으로 늦어지고 있다는 노 대표의 전화를 받고 나니 엉뚱한 질문이 머리를 스친다.

　이번 대담을 생각하면서 머릿속에 떠오르는 테마는 서너 가지 정도였다. 첫 번째는, 작년 세계경제 위기가 이슈화되면서 세계적 범주에서 신자유주의에 일대 변화가 오고 있는 상황을 노 대표가 어떻게 인식하고 있는가 하는 것. 두 번째는 이것과 관련해서 이명박 정부가 지금 하고 있는 일들을 어떻게 평가할 것인가 하는 문제. 다시 말해 이명박 정부가 현재의 경제 상황을 어떻게 파악하고 있고, 또 어떤 성격의 정책들을 선택하고 있는가에 대한 평가와 관련해서 노 대표의 비판과 대안이 무엇인가 하는 궁금함이다. 이와 관련해서는, 이게 과연 노무현 정부하고 차이가 있는 거냐 하는 질문이 덧붙여질 수 있다. 어떻게 보면 이명박 정부의 경제 정책은 노무현 정부 때 이미 시작된 일을 더 급진적으로 밀어붙이는 것에 불과하지 않느냐고 볼 수도 있기 때문이다.

진보신당은 어떤가. 이러한 사태 진행에 직접적인 책임이 없다고 위안할 수 있을까. 이명박 정부의 일방통행이 만들어놓은 사회 경제적 현실이 어떤가를 여기서 거론할 필요는 없을 것이다. 적어도 진보를 자임하는 사람들은 당대의 삶의 고통에 대해 무한책임을 느껴야 한다. 대담의 다른 줄기 하나는 여기에 두어야 한다고 생각한다. 진보신당은 노 대표가 앞장서 민생투어를 하고 있는 것으로 알고 있다. 노 대표와 진보신당은 사회 경제적으로 불리한 위치에 있는 사람들의 고통을 어떻게 파악하고 어떤 방책을 마련하고 있을까.

해야 할 일을 나열하는 것은 여기서는 주된 관심사가 아니다. 소수당에 불과한 현 상태를 고려하여 현실적으로 할 수 있는 일들이 무엇인가를 치밀하게 구성하고, 이것을 현실화하는 능력을 보여줄 수 있을까. 다시 말해, 어떠어떠한 일들을 해야 한다는 당위가 아니라, 능력의 한계로 다 할 수가 없다면 할 수 있는 게 어디까지인가를 정확하게 인식하고 정책화하고 있는가 하는 질문이다. 덧붙여 이러한 정책과 실천의 토대가 되는 경제 철학에 대한 궁금함도 있다. 노 대표가 추구하는 진보적 가치는 무엇일까. 그는 자신의 삶을 어떻게 꾸려왔을까. 호모 이코노미쿠스로 일원화되어가는 사회 구성원들을 향해 그는 무슨 말을 건네고 싶어 할까.

집권의 꿈이 없는 정당은 죽은 정당이다. 만약 진보 신당이 마음껏 정책과 이념의 포부를 실현시킬 수 있는 그런 날이 온다면 진심을 다해 어떠한 일들을 하고 싶은가의 질문을 빠트릴 수 없다고 생각한다. 진보신당(혹은 지금보다 훨씬 성장한 그 후예)과 노 대표는 지난 10년의 자유주의 개혁 정치세력과 얼마나 다를 수 있을까. 이솝 우화에는, 자신이 로도스 (Rhodos) 섬에 있을 적에 간극이 엄청나게 큰 절벽 사이를 뛰어다녔다고 자랑하는 허풍선이 이야기가 나온다. 그때 사람들이 그 허풍선이에게 비웃으며 했던 말과 똑같은 말을 사람들은 운 좋게 집권에 성공한 진보세력에게 던질 것이다. "여기가 로도스 섬이다. 여기서 한번 뛰어 봐라!"(Hic Rhodos, Hic Saltus!)

## 대박 사회와 로또 열풍

**홍기빈** 본격적인 질문에 앞서 먼저 개인적으로 궁금한 것부터 여쭙겠습니다. 지난 번 총선 때 노원구에서 출마하여 높은 지지율을 계속 유지하다가 뉴타운 얘기가 나오면서 상황이 바뀌기 시작했죠. 홍정욱 씨와의 대결은 어떤 면에서 참 상징적인 대결로 생각되었습니다. 그런데 뭐랄까, 그야말로 일반인의 성장과정과는 다른, 최상층의 이력으로 치장한 사람이 그 지역 서민들의 표에 영향을 준 걸 보면, 결국 현실적으로 사람들이 먹고 살면서 가지게 되는 문제의식하고 진보적인 의제 사이의 거리감이 분명히 있단 생각이 들어요. 우리나라 사람들이 작년, 재작년까지만 하더라도 부동산에, 뉴타운에, 펀드에, 정신을 빼앗겨서, 그걸로 완전히 정치적인 흐름이나 향배가 흘러온 측면이 있는데 이때 느끼신 부분들이 있을 것 아닙니까. 진보세력이 가진 무력감일 수도 있고, 아니면 여러 가지 소회가 있을 것 같습니다.

**노회찬** 18대 총선과 관련해서 저는 국민들의 존재와 의식 사이에 모순이 발현된 지점이 분명히 있는데, 실천의 측면에서 현장에서 정치를 하는 사람으로서 이 문제를 어떻게 해석할 것인가는 또 다른 접근이 필요하다고 봅니다. 국민들이 한마디로 의식이 낮아서 그렇다 해버리면 의식을 높이는 것 말고는 변화의 계기를 찾기 힘들다는 거죠. 그럼 의식을 높이려면 어떻게 해야 되느냐. 그러자면 답이 막막해지는데, 정치가 교육은 아니기 때문이지요. 저는 다르게 접근하고 싶은데요, 우선 이 문제를 몇 가지 층위로 나눠서 간략히 말씀 드릴 수 있겠습니다. 하나는, 대개 진보가, 우리 사회는 진보정치가 시작된 게 아주 연륜이 짧다고 보는데, 시작할 때는 먼저 깨달은 층에서, 상대적으로 경제적으로 좀 나은 층에서 시작되는 건 불가피한 거 같거든요. 그래서 지식계층, 그 중에서도 고학력 군에서, 하층보다는 그래도 나은 상위계층에서 지지가 먼저 형성되고, 시간이 지나면서 아래로 내려가 하층의 지지기반을 확고히 하고, 그 위에서 중간층까지 넓혀나가는 게 가장 일반적인 발전과정이라고 생각하는데, 아직까지는 실제적인 지지층으로 못 내려가고 있다는 것이죠. 문제는 초기에는 그렇더라도, 조금씩 내려가긴 가는데 의미 있는 수준으로 내려가지 못하고 있다는 겁니다. 진보정당이 시작된 지 10년 됐는데, 10년의 역사가 지났음에도 불구하고 여전히 여론조사를 하게 되면 월평균 250만 원에서 350만 원 사이의 소득층에 머물고 있어요. 150만 원 이하 층은 한나라당 천지고요. 이 문제들, 이 내려가지 못하고 있는 것이 현재의 한계라고 여겨지는데요, 그럼 왜 못 내려가나, 이건 결국 그쪽의 관심과 지지, 참여를 이끌어낼 의제 개발과 활동, 홍보 등에 부족한 점이 많기 때문이겠지요.

작년 노원 병 선거의 경우, 제가 결과적으로 타격받은 의제는 교육과 부동산이었습니다. 작년 노원지역은 강남과 달리 오랫동안 부동산 상승이 이뤄지지 않은 곳이고, 이로 인해 많은 사람들이 강남은 오르는데 왜 우리는 안 오르느냐는 상대적 박탈감을 가지고 있었단 말이죠. 그런 상황에서 늦게 강남의 부동산 가격 상승세가 완만해지면서, 뒤늦게 2007년 말부터 노원이 아파트 가격과 지가가 오르기 시작했어요. 오랜만에 오르기 시작하니 더 후퇴하지 않으면 좋겠다는 생각들이 팽배해졌던 게 한 축이었고요. 또 하나는 뉴타운 문제가 있습니다. 이것 역시 주택과 관련된 문제죠. 뉴타운 개발이익에 대한 어떤 과도한 기대, 이런 것들이 지금까지와 다른 새로운 진보적인 정치인을 택할 경우에 오히려 손해 볼지도 모른다는 우려가 생겨나게 되는 지점이 있었던 것이죠. 이 두 지점은 사실은 한나라당에서 추동한 면도 있지만, 아마 한나라당이 적극적으로 그런 얘기를 건드리지 않아도 저절로 형성되지 않았을까, 솔직히 그런 생각을 하게 됩니다.

다른 주제가 하나 더 있었는데 그건 교육문제입니다. 교육에 관해서 진보정당 총선후보로서 아주 세부적인 걸 내놓기도 사실 어려웠어요. 예를 들어, 특목고를 유치하겠다, 이런 식의 접근을 할 수 없었기 때문인 것이죠. 특목고를 줄이겠다거나, 기존에 있는 외고 없애겠다거나 이런 걸 지역공약으로 내세울 수도 없었지만, 교육이란 게 국가적 차원의 제도개선을 통해 실현되는 것이기 때문에 교육에 대해서 총론적 접근 외에 구체적일 수 없는 측면이 있었습니다. 그런데 상대방은 뭘 들고 나왔냐면, 영어교육 시켜주겠다, 자기가 직접 일 년에 100시간씩 교육을 시켜주겠다, 사실 그건 교육이라고도 볼 수 없는, 일종의 향응제공에 속하는 것임에도 불구하고 우리나라 사람들이 선망하는 외국의 일류대학을 나온 사람이 영어를 화두로 던지면서 영어교육을 시켜주겠다고 했을 때, 교육현실의 문제해결과는 전혀 무관함에도 불구하고 상당히 쏠리게 되는 거죠. 그러면 부동산문제, 주택문제, 교육문제는 진보진영에 불리한 의제인가. 저는 전혀 그렇지 않다고 봅니다. 오히려 진보진영이 서민계층의 마음을 얻어내는 데 굉장히 유력하고 중요한 의제임에도 불구하고, 그런 의제, 공약이나 정책이 없었던 건 아니지만, 우리가 그것을 사회적으로 이슈화 시키고, 그 과정에서 저들이야말로 서민 편이구나라는 대중적 호응을 얻어내지 못한 것이죠. 시도는 했지만, 그래서 어찌 보면 우리의 주제, 우리의 강력한 무기가 되어야 됨에도 오히려 결과적으로 밀리는 결과가 나온 게 아닌가. 문제는 이러한 상황이 앞으로도 여전히 마찬가지일 거라는 겁니다. 예를 들어 우리가 서민정책을 꽤 내놓았는데도 별로 반응이 없다가도 이명박 정권이 무늬만 친서민인, 그냥 몇 마디 말로 서민정책을 쓰겠다면 지지율이 간단 말이죠. 그렇다면 반대로 과연 150만 원 이하의 계층이나 150-250만 원 정도의 월수입을 올리는 계층들이 진보정당을 볼 때 저 사람들이야말로 우리 편이라고 생각하고 있는가라는 거죠. 저 사람들은 우리 편인데 난 좀 보수적이야, 그래서 다른 당을 찍겠어, 이런 사람들은 오히려 굉장히 적다고 봅니다. 그렇다고 서민의 편으로 안 보느냐, 그게 아니라 오히려 우리의 목소리가 좀 멀리 들리고, 또는 비현실적이거나, 다른 측면에서 저 사람들은 우리가 따라가기 힘들거나 쉽게 동의하기 힘든 이념을 가지고 있고, 혹은 자신들의 이념을 실현하기 위해서 노력하는 사람들이다, 그러니 당장 나한테 별 도움이 안 된다, 이렇게 보이는 측면이 있지 않는가. 그래서 저는 18대 총선은 한 지역구에서 특이하게 특수하게 벌어진 현상이지만, 보편화시킬 수 있는 대목이 있지 않은가 생각합니다.

**홍기빈**  줄곧 느껴온 건데 사람들은 경제문제를 삶의 문제로 바라보는 경우가 있고, 다른 한편 계층상승의 문제로 바라보는 경우가 있지요. 말씀하신 부동산이나 영어교육 같은 거는 전형적으로 짧은 시간 내에 옛날 말로, 신세를 바꾼다는 것과 긴밀히 연결돼있죠. 그래서 지금 사람들이 경제, 경제하면서 경제가 이슈화되는 흐름을 보게 되면 한쪽에선 삶의 기본적인 게 충족이 안 돼가지고 생겨나는 진솔한 고통도 하나 있는데, 또 하나가 뭐가 있냐면, 글쎄요, 이걸 헛바람 들었다고 하면 지나칠지도 모르겠는데, 워낙 사방에서 급격하게 번쩍번쩍하고 막 이런 게 있으니까 우리도 어떻게 잘해보면 집값도 오르고 애들도 서울대 보내고 유학 보낼 수 있지 않을까하는, 계층상승의 욕구가 있는 거 같은데 이 두 가지를 분리할 필요가 있다고 생각합니다. 왜냐하면 노 대표님도 그렇고 진보정당이 계속 고민하는 문제는 주로 첫 번째 경우에 해당하는 문제를 풀려고 노력하는 거잖아요. 사람들이 계층상승 하려는 것을 채워주겠다는 약속은 아니었거든요. 한나라당이라든가 비슷한 성향의 정당들은 바로 두 번째 점을 가지고 어필해서 사람들 표를 많이 끌어가게 되는 건데, 이렇게 볼 때 말씀하신 노원에서 겪은 문제가 전국적으로 보편성을 가질 수 있는 문제라고 생각되는 게 노 대표님이나 진보신당이 고민했던 삶의 문제로서의 경제문제와 지난번 총선, 대선 때는 핀트가 어긋난 방향으로 사람들의 관심이 있었다는 것이죠. 계층상승, 그것과 관련된 교육이라든가 부동산이라든가 하는 문제로 말이지요. 그런데 지금 노 대표님이 어떤 말씀하셨냐

하면, 상대적으로 학력이나 소득이 좀 나은 분들, 이런 분들이 진보신당의 우선적인 지지층이 되고 있다는 건데, 이 분들이 소위 말하는 중산층들이겠지요. 여기에 속한 사람들의 경우, 계층상승의 욕구나 이런 거로부터 문제의식을 느끼는 분들이 많다고 생각하십니까?

**노회찬** 상대적으로 덜하죠. 물론 어쩌다보니 먹고살기 편하기 때문에 관념적으로 진보로 빠졌다, 이런 얘기는 결코 아니고요. 이런 분들 같은 경우에도 생활상의 어려움을 겪죠. 교육문제라거나, 주택문제 등으로 인해. 그런데 아무래도 전체적인 문제가 해결되어야 자기 개인문제도 따라서 해결될 수 있다 하는, 그러니까 혼자서 계층상승 하는 거 보다는 계층구조 자체가 완만해지고 전체적인 삶의 질이 높아지면서 자기가 더 나아지는 게 오히려 더 현실적이고 효율적이라는 판단이 깔려있는 거죠. 예를 들어, 그렇게 큰 부자는 아니지만 전문직 고소득층으로서 자기 취향도 있고 그래서 그렇게 비싸지는 않은 외제자동차를 타는 당원이 있어요. 그런데 그분 같은 경우에는 부유세 도입 찬성해요. 개인적으로 부유세가 없을 때보다 돈 더 내더라도 사회전체가 좋아지고 그런 사회에서 사는 게 행복이라고 믿는 그런 친구도 있는 거죠.

저는 노원구에서 벌어진 문제가 사회곳곳에서 벌어지고 있다고 보는데, 예를 들면 대학에서 벌어지고 있는 문제도 같은 문제라고 보거든요. 거의 살아남기 위한 경쟁, 들어갈 때부터 입시경쟁, 학점과 취업 등등, 여기서 룰을 바꾸는, 즉 제도가 바뀜으로서 내가 나아질 수 있다고 보지 않는 것이죠. 그건 너무 힘든 문제니까, 혼자서 바꿀 수도 없고, 또 제도를 바꾸자는 움직임이 강하지도 않으니까. 남은 길은 자기 혼자서라도 경쟁에서 이기는 길이지요. 신자유주의가 특히 그렇지만, 규제완화, 무한경쟁, 경쟁 속에서의 성장, 승자독점, 강한 자가 더 강해져야 약자를 살릴 수 있다는 오도된 철학, 이런 것들이 팽배해지면서 또 그게 관념만이 아니라 현실로 강제되면서 그 속에서 한 개인이 살아남으려 할 때에는 다른 방법이 없으면 혼자라도 살아 남아야하는 거고, 그게 경쟁에서 이기는 길이고, 우리 가족이라도 열심히 해서 아파트 평수 넓혀나가고 소원이 있다면 강을 건너가서 살고 싶고, 그렇게 빠지는 거죠. 그건 어쩔 수 없는 현상이라고 봅니다. 그걸 개인에게 생각을 바꾸라고 할 문제가 아니고, 다른 믿음, 이렇게 하지 않고 다르게 할 수 있는 길이 있다는 믿음, 예를 들면 대학등록금은 개인에게 맡길 문제가 아니라 기회의 균등의 문제이다, 개별 사업장에서 임금인상 투쟁하는 식으로 해결되지 않는다, 단체협상 잘해서 해결되는 수도 없다, 사회 전체적으로 해결되어야 된다, 대학 무상교육을 실시하라, 이렇게 집단의 요구가 되고, 그걸 통한 활동, 그리고 우리가 집권하면 저 문제 해결하겠다, 이런 식으로 가야되는 것이지요. 사실 우리 대선공약 같은 데에는 이것이 들어가 있어요. 그런데 그것이 현실의 운동에 기반해 있지 않기 때문에 되기 어려운 비현실적인 일 같고, 공허하게 들리는 거죠. 그래서 진보정당은 먹고 사는 문제와 관련된 의제들에 있어서, 저 길이 현실적인 길이 될 수 있다, 더 나은 길이 될 수 있다는 신뢰를 얻어야 된다고 봐요. 그것은 단순히 논리정연함으로 해결될 문제는 아니라고 보고, 현실적인 운동으로서 만들어내야 되는데 이 노력들이 그간 보면 상당히 취약하죠. 진보신당만이 아니라 진보전체가 다 그렇지요. 생활진보를 얘기하고 있는 것은, 사실은 큰 문제를 해결해가는 하나의 작은 통로라도 뚫어보자, 진보가 먹고사는데 도움이 될 수도 있다는, 작은 경험을 하면서 조금 큰 문제에 대해서도, 이를테면 교육이라든지 하는 문제에 있어, 진보에서 하는 얘기를 귀담아들을 수 있는 조건의 향상을 시도하려는 데서 나온 것이지요.

**홍기빈** 잘 사는 게 누구나의 목표인데, 잘 산다는 것은 혼자서 잘 나가고 성공해가지고 경쟁하는 방법도 있을 것이고, 말씀하신 당원 분의 경우처럼 사회 전체 삶을 향상시켜 다 같이 잘 살자는 것도 방법인데. 첫 번째 방법이 아니라 두 번째 방법으로 잘 살 때 아주 현실적인 방책이라는 걸 사람들에게 심어주고 현실적으로 가능하다고 믿게 만드는 것이 진보신당이 추구하는 거겠죠.

**노회찬** 노원구에 로또 1등 복권이 제일 많이 나온 가게가 있어요. 현역 경찰이 정복입고 밖에 순찰차 세워두고 들어와서 로또 하고 있어요. 간판에 "로또만이 방법이다" 이렇게 쓰여 있어요. 뼈아픈 얘긴데 저는 우리사회가 복권사회다, 달리 삶의 질을 높이거나 생존을 담보할 길들이 별로 없기 때문에 마치 복권에 기대하는 사람들처럼 살아간다는 거죠. 저는 실제로 경쟁사회가 복권사회라고 보거든요. 경쟁이라는 것은 내가 좀 잘하면 이길 수 있는 것처럼 보이지만, 복권처럼 1등 1명, 2등 10명, 3등 100명, 그리고 5등까지만, 이렇게 딱 정해져 있다는 거죠. 복권 당첨숫자는 제한적이라는 겁니다. 거기에 내가 드느냐 못 드느냐 이니까, 나는 혹시 들 수 있을지 몰라도 내가 들면 다른 사람 하나가 빠져야 되는 거죠. 잘사는 길은 거기 드는 길이다, 냉정하게 생각하면 복권 아무리 해봤자 100만 명이 복권을 사도 당첨되는 사람은 5백 명밖에 없는데 말이죠. 결국 5백 명 안에 들기 경쟁이라는 거죠. 우리 사회에서 1%만 생활이 나아지고 있다면, 1%안에 들기 경쟁이기 때문에 항상 그 안에 들지 못한 99%는 어렵게 살아갈 수밖에 없다는 이야기인데, 그렇다면 룰, 구조 자체를 바꿔야 되는 거지, 경쟁을 통해서 내가 들어가는 문제로 인식되는 거예요. 그리고 여러 가지 추세를 보면, 사회양극화라든지 그 양상을 보면 윗부분이 점점 두터워지기보다는 작아지는 경향까지 있는데, 당첨금액은 높아질지 몰라도 당첨확률은 점점 떨어지는 그런 식으로 사회로 가고 있다는 걸 알 수 있죠. 아주 구체적으로 예를 들면 의료보험 같은 걸 들 수 있겠죠. 의료보험을 조금 인상해서라도 보험적용 질병을 더 늘이면 사실은 분배효과가 더 커질 수 있거든요. 그와 같은, 실제 생활의 이해타산으로 계산해낼 수 있는 문제들을 더 적극적으로 설명해내면 가능하지 않겠는가, 거저 쉽게 되진 않겠지만, 결국에 좀 선진적인 방식을 택한 다른 나라들도 그 길을 걸어왔던 것이고, 그래서 우리의 경우에도 미숙하고 부족했던 그런 부분을 하루빨리 극복해야 되지 않겠는가, 생각을 합니다.

**홍기빈** 로또만이 살길이다, 이 말이 참 슬프게 들리네요. 로또만이 살길이라는 말은 로또밖에는 살 길이 없단 얘기나 마찬가지니까요. 저는 대박사회, 이런 말을 떠올려 본 적이 있는데요. 지금 세계가 굴러가는 상황이 흥미롭습니다. 사람들이 잘사는 방법을 두고, 다 같이 잘사는 방법 대신 나 혼자 잘 살면 되고, 또 나 혼자 잘 살 수 있다는 생각에 기초한 신자유주의적인 정치경제 질서가 지난 30년간 지배해 왔었는데, 작년 재작년 경제위기를 지나면서 이 신조가 근본부터 위험해지기 시작했다는 겁니다. 그 동안 사람들이 나 혼자 잘 살수 있다는 희망을 갖게 되는 계기가 어떤 거였냐 하면, 소위 자산시장에서 자산 가격이 계속 상승한다는 믿음이 었거든요. 주식과 부동산은 계속 뛸 것이고, 내 개인의 노후라거나 삶의 문제를 해결하려면 좋은 보험이라든가 좋은 연금 같은 걸 들면 되는데 주식이나 부동산이 해결해 줄 거니까 자연히 해결이 될 것이고, 그러니 사회에다가 사회보장제도를 요구한다거나 의료보험을 개선하라거나 이런 걸 가지고 골치 아프게 할 필요 없이 자산 가격만 더 잘 뛸 수 있게 만들어주면 된다는 것이죠. 여기에 근거해 총체적으로 나타나는 정치적인 구호 같은 게 결국엔 경제성장을 어떻게 이룰 것이냐, 성장에 대한 과도한 집착 같은 형태로 나타나고 그랬거든요. 그런데 작년 재작년 지나면서 어떻게 됐냐면 주식시장이라든가 각종 자산시장이 계속 더 뛸 수 있을 것이냐에 대해서 심각한 의문이 생겼던 거죠. 이자율, 조세정책 같이 자산시장을 계속 뛰게 만들 수 있는 각종 장치들이 있었는데 지금 이것들이 거의 모든 면에서 막다른 골목에 처한 상태입니다. 주요산업국가에서 재정적자는 이루 말할 수도 없는 상황이고요. 경제위기가 터진 이후에 세계경제위기를 노 대표께서는 어떤 식으로, 어떤 의미로 바라보는지요.


## 불확실성에 빠진 신자유주의 체제

**노회찬** 우리는 10년 전에 금융위기를 겪은 나라이기 때문에 미국에서 발생한 문제가 조금 다른 방식으로 벌어졌던 것인데, 미국에서 터진 폭탄이 우리도 똑같이 터졌다기보다는 그 여파가 교역, 무역에 영향을 미치면서 한국경제에도 여러 가지 한파가 밀려든 상황이 아닌가. 물론 미국경제가 주는 상징성은 분명히 있는 거라 생각합니다. 아, 저렇게 강력한 자본주의도 흔들리는구나. 특히나 지난 20년간 지배해왔던 신자유주의가 자기모순 속에서 무너지기 시작하는구나. 그 현장이 미국이 되고 있구나, 이런 생각들이 많이 퍼졌던 것 같아요. 신자유주의를 지지했던 사람들조차도 신중하게 이 문제를 다시 보게 되는, 그래서 한미 FTA를 적극 찬성했던 정치인들도 주저하는 모습을 보이게 되었지요. 사실 노무현 정부 때도 미국식 금융기법이라거나 이런 걸 최대한 들여오고 또 금융허브 만들겠다고 그러지 않았습니까, 그것이 우리 살길이라고까지 얘기했던 거고, 덧붙여 한미 FTA 같은 것을, 제조업이라든가 농업 같은 것을 내주더라도 그런 걸 들여와서 오히려 우리가 미국 덕도 좀 보면서 미국방식으로 몇 걸음 더 나아가보자는 발전전략이 있었는데 미국 발 금융위기사태를 보면서 그런 것들에 대한 강한 회의가 생기게 된 거죠.

최근 경제문제를 사람들이 피부로 느끼는 것은 오래된 내부의 문제가 바깥의 한파로 인해 상처가 더 심하게 번지는 상황 때문이 아닌가 보고 있습니다. 한국의 오래된 문제는 뭐냐. 박정희시대의 고도성장은 내부의 많은 문제를 안고 모순을 심화시켜왔지만, 그래도 양적성장이 고통을 마비시키거나 덜어주는 효과는 분명히 있었던 것 같아요. 독재정권 시대에는 3저 호황 등에 힘입어 경제가 상당히 좋았죠. 좋았기 때문에 문제가 더 은폐돼 있었는데, 97년 이래로 한국경제에 신자유주의가 본격적으로 도입되고 관철되는 시기가 경과하면서 해가 갈수록 정권이 바뀌어도 관계없이 그 기조는 유지되어 왔기 때문에 문제가 누적돼온 거 아닌가, 저는 이 대목이, 재미있다고 얘기하기에는 상당히 가슴 아픈 대목인데, 97년 이래 10년은 정치적으로 보면 상대적으로 가장 나은 정권이 집권했던 기간이지요. 그런데 이 기간 중에 가장 많은 주요 경제정책들이 신자유주의적 방식으로 실질적으로 관철되는 기간이었다는 거죠. 비정규직이 두 배로 늘어난 기간이 딱 이 기간이고요. 강자중심의 정책들, 신자유주의를 저는 그렇게 이해합니다. 신자유주의라는 결국 자본의 자유에 의한 것이고, 과거에 자본주의 초기에 마음껏 자유를 누렸던 자본의 시기로 되돌아가는 것이 아닌가 하는. 사실 자본주의 역사는 어찌 보면 자본의 자유에 대한 규제의 역사였다고 얘기될 수 있는데, 이것이 70년대 이래로 세계경제의 진행에 따라서 자본 간의 경쟁 격화 등을 통해서 전반적인 자본의 위기로 몰리면서 거기서 살아남기 위해 다른 어떤 해법이나 기술혁신이라기보다는 자본에 대한 규제완화를 통해서 자본이 더 강해지려는 방식을 선택하려는 것이 신자유주의의 목표라고 봐요.

**홍기빈**  그런데 이 말씀은 결국 2008년에 본격화된 세계 경제 위기가 우리로서는 "97년 IMF가 한 번 더 온 것이며, 여기에 미국까지 힘들어서 더욱 어려운 것이 아니냐"는 상황 인식으로 보입니다. 이는 지나치게 안이한 것이 아닐까요? 지금 난관에 봉착한 것은 한국이나 심지어 미국과 같은 몇 개 나라가 아니라 전 지구적인 정치 경제 질서입니다. 그리고 저는 그것이 지난 30년간 지구를 지배해온 시장 근본주의에 기반한 신자유주의 정치 경제 질서라고 봅니다. 즉, 몇 몇 나라나 몇 몇 지역이 경제가 어려워진 차원의 문제가 아니라 정치 경제가 작동하는 기존의 방식과 제도의 틀 전체가 위기에 봉착했다는 것입니다. 신자유주의적 정치 경제 질서는 대단히 복잡한 것 같지만, 그 핵심적인 원칙은 사실상 "지구적 자본 시장의 명령에 따라 전 지구적인 인적 물적 자원의 이동과 (재)배치가 벌어지도록 한다"는 것, 그래서 "각종 자산 시장의 지속적인 가격 상승을 통해 지구적인 자본 축적을 상시화한다"는 것으로 요약할 수 있습니다. 그런데 지난 경제 위기 이후 벌어진 현재 상황은 단지 몇 개 나라 몇 가지 자산 시장이 위기에 처한 것이 아니라, 위에 말씀드린 원칙이 현실에 실현되도록 하는 여러 제도적 장치들의 총합(ensemble)이 총체적으로 오작동(malfunctioning)을 보이기 시작한 데에다가, 그 증후로서 거의 모든 자산 시장들이 지속적 상승의 가능성과 전망을 잃어버렸다는 데에 있습니다. 물론 지역과 종류에 따라 몇 개의 자산 시장이 과열하기도 합니다만, 이는 어디까지나 지나친 유동성의 편중으로 인한 거품이지 그 시장들이 장기적 체계적인 수익성의 전망을 가지고 있기 때문에 생겨난 것으로 보기는 힘듭니다. 요컨대, 전 세계 경제가 지금 지극한 불확실성으로 떨어진 상태이고, 여기에서 신자유주의 이념이 약속했던 현실 전개나 미래 전망도 모두 힘을 잃은 상태입니다.

따라서 지금이야말로 지난 30년간 요지부동 천년왕국처럼 보이던 이 신자유주의의 질곡에 힘들어하던 진보 세력이 다시 힘을 차리고 상황을 공격적으로 파악할 필요가 있는 순간이라고 봅니다. 단순히 "경제가 어려워졌다"는 식의 사태 파악이 아닙니다. 지금까지 하나의 종교처럼 전 세계를 울렸던 시장 만능주의나 시장 근본주의의 주문(呪文)에 대한 사람들의 의구심이 확산되고 있는 순간입니다. 이러한 현재 상태의 특수한 성격에 대해서 그리고 이러한 상황에서 진보 신당이 어떠한 진격 방향과 지점을 찾아낼 수 있을까에 대한 고민이 더 필요한 것이 아닐까요?

**노회찬** 미국의 금융 위기 이래 신자유주의 경제 질서가 전 지구적 차원에서 전면적인 전환을 요구받고 있는 것은 사실이지만 신자유주의가 바닥을 쳤는가 하면 아직 그렇지 않다는 생각입니다. 자본의 입장에서 신자유주의는 여전히 유효하며 다양한 방식으로 스스로를 수정하면서 재기를 도모할 가능성도 있습니다. 문제는 한국에서의 신자유주의 관철방식입니다. 새로운 백신을 개발해서 건강의 위기를 돌파하려는 과정에서 많은 부작용이 속출하고 있는 것이 신자유주의의 지구적 현실이라면 다른 나라에서 이미 확인된 부작용 사례에도 불구하고 한국에선 같은 방식의 접종이 이뤄지고 어떤 경우는 그 접종이 보다 강도 높게 실현되고 있으며 근본적으로는 다른 나라보다 기초체력이 훨씬 못한 상태에서 이런 새로운 백신접종이 이뤄지면서 오히려 어떤 나라보다도 부작용이 더 심하게 나타나고 있는 현실입니다. 낮은 노동조합 조직률 등이 보여주듯 신자유주의에 대한 저항력이 월등히 낮고 이미 확보된 복지수준이 미미한 한국에서 노동시장유연화가 급속히 진행되고 한미 FTA등이 추진되고 있는 상황은

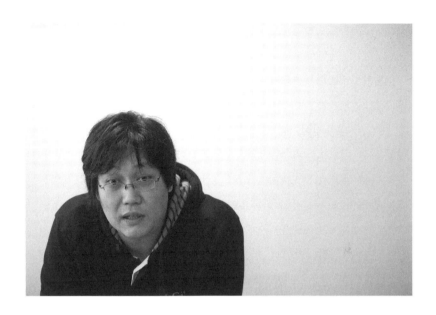

다른 나라의 신자유주의가 낳는 폐해보다 훨씬 큰 부작용을 이미 나타내고 있습니다. 비정규직이 급증하는 것처럼 고용체제가 붕괴하고 자영업의 급증과 몰락이 전개되는 등 서민경제의 파탄이 장기화되고 있는 바로 그 지점이 진보신당과 같은 진보정치세력들의 전략적 포인트가 되어야 할 것입니다. 다만 신자유주의의 거대담론과 추상적 논쟁을 벌이는 것은 이론의 영역에 맡겨야 할 것이고 2008년 말 미국 발 금융위기 때처럼 한국경제의 파탄이 임박했다는 식의 종말론은 우리 역시 경계해야 할 대목이라고 봅니다.

**홍기빈** 말 그대로 지구적 차원에서 신자유주의 경제 질서가 전면적인 전환을 요구받고 있는 시점에서 이명박 정부는 그러한 변화에 대한 인식이 부재할 뿐 아니라 지극히 구시대적인 자본주의 교과서에 적힌 대로 자본에 대한 규제완화라는 방식만을 따르고 있는 것 같습니다. 이 방식을 가지고 경제위기를 극복한다, 성장률을 어디까지 끌어 올리겠다 하면서 경제뿐 아니라 사회 전체를 푸닥거리 상황으로 몰아가고 있다고 생각하는데요.

**노회찬** 이명박 정부는 시장의 자유가 모든 문제를 해결할 것이라는 한 가지 교리만을 믿고 따르고 있기 때문에 그만큼 과격하고 소란스런 모습을 보이고 있는 것이지요. 그러면 이 자본에 대한 규제완화가 1차적으로 영향을 준 게 뭐냐. 자본에 대한 규제완화가 자본에 대한 규제완화만 시키고 다른 쪽은 아무 영향을 안주면 상관없는데, 자본에 대한 규제완화는 다시 말하면, 노동시장의 노동유연성 요구 같은 것을 필연적으로 동반한다는 거죠. 자본과 노동의 관계 속에서 약자보호를 위해서 강자에게 가해졌던 규제를 완화시키면서, 자본은 더 많은 자유, 그 자유란 건 정리해고를 할 수 있는 자유, 노동조합을 무력화시킬 자유, 이런 자유들을 움켜쥐게 된 것이죠. 그만큼 이쪽은 더 약화되는 거고요. 그래서 결국은 이것을 사회적으로 관철시키는 설득기제도 잘못하면 다 죽는다, 그러니까 우선 강자를 살리자, 그러면 살아남은 강자가 약자를 다 먹여 살릴 것이라는 논리로 가죠. IMF 처방도 사실 그런 거였죠. 기업도 유망한 중소기업보다는 큰 기업, 공적자금도 거기로 다 들어갔고, 기업 내에서도 약자는 노동자고 강자는 사용자인데 사용자에게 집단해고 등을 가능하게 해주었고, 그것이 김대중 노무현 이명박 정부로 이어지고 있다고 봐요. 다만, 앞의 두 정부는 정권의 성격도 그렇고 지도자의 성격도 그렇지만 서민에 대한 심정적인 생각은 갖고 있었지만 그것과 정책은 굉장히 괴리되는 것이었다고 보여집니다. 그런 면에서 이명박 정권은 언행이 일치하는 정권이다!

**홍기빈** 하하하하.

**노회찬** 말부터 경쟁이 뭐가 나쁘냐 이런 식으로까지 나오고 있고. 이것이 지금 많은 문제를 파생시켰다고 봅니다. 고용문제가 깨지고, 나중에는 자영업 문제까지 이어지고 전반적으로 격차가 심각하게 벌어지면서 여기에 미국 발 경제위기가 수출이라거나 여러 가지에 영향을 미치면서 더욱 힘들어진 거죠. 그런데 더 힘들어지는 과정에서도, 역시 한국의 상층은 별로 힘들지 않은 거 같아요. 백만장자와 관련해서 메릴린치 은행하고 몇 군데가 같이 〈세계 각국의 부유층 실태〉인가 하는 보고서를 해마다 발표하는 걸 보는데, 금융자산 백만 달러 이상을 백만장자로 규정하고, 그것이 각 나라에서 얼마씩 더 늘고 있는가를 통계를 내요. 그런데 노무현 정부 기간 동안에, 5년 동안 조사대상이 170여 개 국인데, 백만장자 순위가 7위권 밖으로 나간 적이 한 번도 없어요. 굉장히 좋았다는 거죠. 그 기간 동안 부동산 가격 상승까지 감안하면 더욱 더 오른 거고. 이명박 정부 들어와서는 작년에 1등 했더라고요.

**홍기빈** 1등 했습니까? 하하하하. 자랑스럽네요.

**노회찬** 그런데 반면 정부발표에 따르더라도 절대적 빈곤층 자체도 늘어나고 있지 않습니까. 그래서 피부로 느끼는 체감고통은 더 큰 게 아닌가, 계속해서 누적이 되니까. 98년도의 서민과 2003년의 서민과 이명박 정부가 시작된 2008년의 서민이 다르다는 거죠. 사람은 같은 사람들인데, 계속해서 누적되면서 점점 더 힘들어하는, 실제로 현장에서 사람들 만나면서 가장 많이 듣고 느끼는 것이 이 대목이거든요. 해가 갈수록 더 힘들다는 거죠.

푸닥거리 경제학

**홍기빈** 신자유주의는 자본에게 거의 무제한의 자유를 주는 것이라고 말씀하셨는데, 저는 그게 다른 어떤 정의보다 훨씬 명확한 정의라고 생각합니다. 신자유주의를 자꾸 시장의 자유다, 시장기구의 강화다, 이런 식으로 자꾸 시장이라는 단어를 써서 설명하는 경우가 많은데, 저는 그것은 굉장히 모호하고 초점을 비껴가고 있다는 느낌을 가져요. 그런 식으로 논의를 끌고 가면, 효율성이 살아나느냐, 기타 등등 이런 이야기들이 분분해 지는데, 저는 자본에게 무제한의 자유를 준다고 정의하는 게 현실하고 훨씬 더 일치하는 거 같다는 거죠. 이번 경제위기를 지나면서 굉장히 극적이었던 거 하나가 아일랜드라든가 아이슬란드 같은 나라들인데요, 이를테면 신자유주의적인 철학을 제도로서 체화했던 나라들이죠. 이들 나라는 외국에서 자본이 무제한으로 들어올 수 있도록 금융체제라든가 금융시장을 다 개방했습니다. 돈이 들어오게 되면 자산 가격이 올라가니까, 주식 가격도 오르고 부동산 가격도 올라가게 되니까 돈 벌 사람들은 우선 돈을 벌 수 있게 되고, 결과적으로는 사회 전체적으로 돈이 넘쳐나게 되니까 다 같이 잘살 수 있을 것이다, 이런 식의 과정으로 나갔던 것이죠. 그래서 이 나라들이 90년대 이후 상당히 잘 산 것도 사실이고, 많은 나라들의 부러움의 대상이 되기도 했습니다. 해서 우리나라도 노무현 정권 때부터 금융허브라고 하는 게 결국 아일랜드라든가 아이슬란드, 싱가포르 이런 나라들을 벤치마크하자, 이렇게 나왔던 것인데, 이번 경제위기 때 제일 먼저 무너진 곳이, 이걸 학술용어로 금융주도형성장모델이라고 하는데, 그런 나라들이 우선적으로 무너졌어요. 그렇게 되니까 사람들이 이런 식의 꿈에 금이 가게 된 거죠. 신자유주의적인 방법으로 부자들이 잘살 수 있고, 그렇게 해서 우선 나부터 잘살 수 있고, 나머지 사회가 잘 살 수 있다는 생각에 대한 회의가 강하게 확산이 된 것이지요. 그런데 어떻습니까. 이명박 정부가 그런 식의 세상의 변화라든가 사고방식의 변화를 감지하는 거 같습니까. 아니면 오히려 정반대인거 같습니까?

**노회찬** 이명박 정부는 기본적으로 신자유주의 정책의 기조 위에 서있

되 자기들 나름의 새로운 비전을 가지고 있는 것도 아니고, 그런 것이 제시된 바도 없고요. 오히려 단기적인 처방 차원에서 경제문제를 바라보고 있고, 정말 할 줄 아는 게, 또는 알고 있는 게 토건밖에 없지 않느냐, 이런 생각이 들 정도입니다.

**홍기빈** 삽질밖에 없다는 거죠?

**노회찬** 예, 그렇게 생각하지 않을 수가 없어요.

**홍기빈** 서민들이 답답한 게 4대강 판다고 그러는데 들어가는 돈이 어마어마할 텐데, 이거 뒷감당 어떻게 하려고 그러나 하는 걱정이 제일 많아요. 이명박 정권이 약속한대로 이걸 파면 쾌적해질 뿐만 아니라 돈도 벌 수 있다면 모르겠는데, 아무리 봐도 그렇게 될 수 있을지 신뢰가 잘 안 가는데 한나라당 의원들이나 정부부처에 계신 분들은 4대강 사업이 진짜로 경제를 살릴 거라고 확신하고 있습니까?

**노회찬** 아뇨, 극히 적다고봅니다. 4대강 업무를 주무로 하고 있는 국토해양부라거나 이런 쪽에서 들리는 얘기로는 기안을 하고 실무를 담당하는 중앙부처 공무원들이 4대강 쪽 사업을 안 맡으려고 오히려 해외연수를 간다거나, 그런 궁리들을 한다는 겁니다.

**홍기빈** 덤탱이 쓸까봐?

**노회찬** 몇 년 후에 청문회 끌려가야 되는 거 아니냐.

**홍기빈** 하하하하.

**노회찬** 한마디로 자신들도 확신이 없다는 것이죠. 이렇게 규모 있는 사업에 대해서 사전에 영향평가라거나 여러 가지 조사도 하지 않고서 사업을 밀어붙이는 예가 없었다는 거죠. 과거에는 절차를 다 밟은 사업도 수요예측을 잘못했다거나, 환경과 교통에 미치는 영향을 잘못 평가했다거나 이런 일 때문에 나중에 문제가 된 사업들이 허다한데 이번 사업은 그런 절차조차도 안 거치고 있다는 거죠. 굉장히 정략적 필요, 정치적인 의제로서 밀어붙이고 있는 일이기 때문에 상당한 재앙이 될 수밖에 없다고 생각합니다.

**홍기빈** 한마디로 큰 그림이 없다는 거겠죠. 세계경제 위기 이후에 변해가는 상황을 파악해서 비전을 마련하고 큰 그림을 가지고 추진 한다기보다는 무원칙하게 벌이는데 이런 걸 가리켜 푸닥거리 경제학(voodoo economics)이라 이름 붙이기도 하지요.

**노회찬** 여기서 더 중요한 문제는 왜 이명박 정부가 탄생했는가를 되돌아보는 일입니다. 국민들 다수가 이명박 대통령을 선출한 것은 경제가 쟁점이 되었기 때문인데, 한마디로 지난 10여 년간 확대된 양극화를 통해서 서민들이 느끼는 체감고통이 더 커졌던 것이 가장 큰 요인이라는 것이죠. 노무현 정부에 대한 기득권세력의 이념적인 비판, 그것은 이른바 조중동 등 보수언론을 통해서 많이 생산되었고 또 요란스러운 것이기는 했지만, 그것 자체가 이명박을 만들어낸 건 아니라고 봐요. 오히려 좋은 정권이 들어섰음에도 배가 고프거나 아파지는 사람들의 답답함이 오래 누적되고 방치되었던 것이죠. 결국 진보와 개혁이 경제를 살리지 못했다는 잠정적인 판단에 도달하게 되고, 그때 등장하게 된 게 경제를 살리겠다는, 이명박 한나라당 후보였던 거죠. 개인적으로 여러 가지 흠결이 많은 사람이지만 경제만 살린다면 괜찮다, 그러니까 불이 나서 다 허둥지둥 대고 있는데 신원이 불확실한 사람이긴 한데, 소방호스를 들고 나타났다 이거예요.

불을 꺼달라고 한 겁니다. 소방관으로 임명된 거죠. 문제는 그런데 소방 호스에서 나온 게 물이 아니라 휘발유였다는 겁니다.

**홍기빈** 푸하하하.

**노회찬** 지금 딱 그 상황이 아닌가. 이 시점에서 우리 국민들도 다시 한 번 왜 경제가 어렵고 서민들은 힘든가 생각해야 된다는 거죠. 결론부터 말씀드리자면, 성장신화, 수출신화에 대해서도 냉정하게 볼 필요가 있지 않느냐. 100억 달러를 수출하던 1978년도 박정희 시대와, 3,000억 달러를 돌파했던 2006년 노무현 시대는 경제패턴 자체가 다르다고 보는 거죠. 성장은 여전히 중요한 대목이긴 한데, 과거와 같은 고도성장을 할 수 없는 단계에 돌입한 거란 말이죠. 4-5% 성장도 힘겨운 일이고, 그것만이라도 유지되면 정말 다행인건데, 1% 성장이 몇 개의 일자리를 만들어내느냐, 과거에 30만 개 만들었다면 지금은 10만 개도 못 만드는 상황이 됐고, 앞으로도 그럴 것이다, 아니 오히려 더 적어질지도 모른다는 거죠. 성장은 의미 있고 중요하지만, 성장률을 높임으로써 문제를 돌파할 수 있는 건 아니다, 그런 점에서 선거 때 7%, 8% 얘기하고, 그러면 나도 잘 살 것 같은 기분이 든다는 건데, 그런 신화는 이제 깨져야 된다고 봅니다.

다음으로 수출은 더 중요한데, 우리는 여러 이유로 수출을 해서 먹고살 수밖에 없는 나라이긴 하지만, 수출이 우리 국민들에게 얼마만큼 행복을 갖다 주느냐 이런 차원에서 보면 이 역시 옛날하고 많이 달라졌다는 거죠. 2006년도 3,000억 달러 수출할 때 전체 수출액의 4분의 1에 해당하는 750억 달러가 조선 세 군데서 한거예요. 현대, 대우, 삼성. 과거에 100억 달러 수출하던 때에 온 나라가 다 달라붙어서 100억 달러 수출했는데 그것의 일곱 배 반을 세 개 회사가 했다 이거예요. 그러면 수출이 한국경제에 미치는 규정력이 점점 떨어져가고 있다는 거고, 이건 불가피한 현상이라는 얘기죠. 과거에는 웬만한 걸 다 수출했기 때문에 수출 잘된다는 얘기는 경제전반이 활성화된다는 얘기고, 그 과실을 국민 대부분이 얻을 수 있었다는 거였다면, 이제는 과거에 수출 잘되던 게 태반은 안 된다는, 의미가 없어져버렸다는 얘기잖아요.

**홍기빈** 지표에 불과한 것이 되어버렸죠.

**노회찬** 예. 노동집약에서 자본집약으로 넘어가면서 불가피하게 그렇게 된 거죠. 단일기업으로서 수출을 제일 많이 기록하고 있는 게 삼성전자인데, 삼성전자가 수출이 늘어날수록 고용력이 늘어나는가하면 그렇지 않다는 겁니다. 오히려 줄어들었죠. 그런 점에서 수출이 잘되는 건 중요하지만, 수출에만 목을 맨다고 경제가 풀리는 건 아니라는 겁니다. 그런 점에서 FTA 같은 것을 통해 자꾸 문제를 해결하려는 건 허황된 꿈일 수 있다는 거죠. 경제에 더 많은 영향을 미치는 것은 내수부문이라고 봐요. 30년 전에는 공장유니폼 입고 출근하고 허리띠 졸라매고 그렇게 살 때의 내수시장과 내수규모가 다르잖아요. 문제는 누가 물건을 사느냐하는 구매력, 가처분소득이 계속해서 떨어진 거죠. 가족으로 볼 때, 이것이 기본적인 경제주체니까, 가족구성원 중에서 비정규직 비율이 두 배로 늘었다는 것입니다. 그러니까 물건 살 힘이 떨어진다는 거죠. 택시기사가 IMF 때보다도 손님이 적다는 얘기는 IMF보다도 택시 탈 힘이 적어졌다는 얘기잖아요. 물건이 덜 팔리니까 덜 만들게 되고 가동률이 떨어지니까 고용을 더 악화시켜야 되고, 고용이 악화되니까 가정으로서는 구매력이 떨어지는 악순환이 반복되는 거예요. 이 악순환은 수출 좀 더 늘림으로써 해결되는 문제가 아닙니다. 2007년 12월에 많은 사람들이 경제가 어렵다고 한 게 저는 바로 이 대목이었다고 보는데, 그럼 왜 이렇게 됐는가를 좀 더 들어가서 보고 거기서 해법을 찾아야 되는데 그게 바로 고용문제라고 봅니다.

우리 사회에서 지난 10년간 변화 중 가장 큰 변화는 고용붕괴에 있다고 봐요. 고용이 바로 노동시장의 유연화라는, 강자를 우선 살리는 정책에 의해서 붕괴되었다는 거죠. 현대자동차 하나만 놓고 보더라도 1998년도에 약 15,000명 정도를 해고했습니다. 회사를 살리기 위해서. 그렇게 해서 10년이 지나자 회사는 굉장히 좋아지고 강해졌어요. 물론 대기업들에게 부채비율을 낮추라고 강제한 측면도 있었지만, 그때 부채비율이 500% 정도였어요. 지금은 어떻게 됐냐. 역대 최대의 배당을 하고, 가장 높게 임금인상도 하고 계속 시설 늘려가면서도 돈이 남는. 확실히 강자는 강해졌어요. 그럼 그때 강자를 강하게 해야 약자도 좋아진다 하던 논리는 어떻게 됐냐는 겁니다. 강자를 강하게 하기위해서 잘려나간 15,000명은 지금 어떻게 됐느냐. 강자는 훨씬 강해진 반면, 강자를 살리기 위해서 희생한 약자들은 더 힘든 약자로 여전히 놓여있고, 다시 현대자동차의 비정규직으로 취업하거나, 그것도 안 돼서 그 주변을 맴돌고 있는 게 현실이라는 거죠. 국가 전체로 봐도 그렇다는 거죠. 유망한 중소기업들은 공적자금을 못 받으니까 공영방송에 나와서 눈물 뚝뚝 흘리면서 호소하는 식이죠. 일요일 날 오후에 하는 프로그램인데, 가만히 보고 있으니까 멀쩡한 중소기업인데 그 당시 금리가 20%, 30% 올라가니까 은행돈 빌려서 사업을 할 수는 없는 상황이라는 겁니다. 회사는 자금만 있으면 잘 돌아갈 수 있는 상황이고, 그러니까 TV 프로에 나와서 눈물을 글썽이면서 얘기하는데 시청자들이 감동해가지고 전화 걸어서 5,000원, 1,000원 성금을 보내고. 이건 뭘 말합니까. 그러니까 중소기업은 공적자금이 아니라 국민자금으로 구제받아라. 그런 식으로 되니까 많은 중소기업들이 무너질 수밖에 없었죠. 고용이 무너지다보니까 고용된 사람들 내에서도 고용사정이 악화되고. 비정규직, 파견노동이 과거보다 비교할 수 없을 만큼 훨씬 늘어나고, 노동시장에 한 번 들어갔다가 재미 못 보고 나와서 아예 노동시장 바깥에 존재하는 사람들. 그리고 요즘 아예 비경제활동 인구로 간주돼 버리는

2,30대가 거의 300만에 이른다는 상황이 만들어진 거죠.

**홍기빈** 비정규직 노동의 비율은 제대로 된 통계가 없을 정도지요.


## 프랑스 노동자는 침대에서 뛰어내리고
## 한국 노동자는 굴뚝에 올라간다

**노회찬** 취업을 단념한 사람 중에 2,30대 수가 그렇게 많다는 것은 참 놀라운 일입니다. 재밌는 게 우리나라 인구는, 사실은 인구증가율이 둔화돼서 그렇지 인구자체의 절대치는 늘어나지 않습니까? 세대별 인구도 실제로 늘어나는 거거든요. 그런데 2,30대의 경제활동 인구는 해마다 감소하고 있다는 거예요. 그럼 이 사람들이 유학가거나, 절에 들어갔느냐. 그게 아니죠. 취업단념자가 그만큼 늘어나고 장기실업화 되는 거죠. 여기에 덧붙여 심각해지는 것은, 고용이 이렇게 붕괴되다 보니까 먹고 살려고 자영업으로 넘어오는데, 자영업의 급속한 비대화가 만들어졌다는 겁니다. 언젠가 한국음식업중앙회 회장한테 들은 얘긴데, 서울에서 음식점을 신장개업하면 1년 이내에 폐업신고 하는 경우가 전체의 70%라는 겁니다. 최근에는 좀 더 늘어난 걸로 어디서 봤어요. 지금은 워낙 어려우니까 자영업도 줄어들었는데, 자영업이 최고치에 도달했을 때가 650만까지 갔어요. 전체 경제활동 인구의 36%에 해당하죠. 지금은 600만 정도까지 아마 내려왔을 겁니다. 미국은 7%. 자영업 종사자가 미국의 다섯 배가 많다는 얘기는 조그만 아파트 단지 하나에 미국은 동네슈퍼가 하나 있다면, 우리는 다섯 개가 있다는 얘기고, 그러니 경쟁으로 인해 수입이 적어질 수밖에 없는 거죠. 한마디로 자영업이 중산층 붕괴의 현장이 되고 있다는 겁니다. 도시 자영업자 가계소득하고 도시근로자 가계소득을 서울시에서 발표한 거 보니까 자영업자 소득이 도시근로자 가계소득의 절반 정도예요. 이건 자영업 자체의 문제라기보다는 고용에서 비롯된 문제라는 겁니다. 이렇게 해서 2007년도에 경제가 어렵다고 된 거라면, MB가 어떻게 가야되느냐. 우리가 바라던 대통령은 문제를 어떻게 해결했어야 되는가. 이 문제의 진단 속에 답이 있지 않나 생각해요. 어렵지만 고용을 회복시키는, 그래서 열심히 일해서 그걸로 제대로 먹고 살 수 있는 길을 만드는, 그런데 그건 신자유주의를 역행해야 가능한 거죠. 신자유주의 방식을 폐기해나가기 시작해야 된다는 거죠. 신자유주의의 핵심적인 사항이 노동시장의 유연화인데, 이것이 결국에는 잘나가는 기업 몇 개 이외에는 기업들 역시 어려워지는 구매력 저하로 오죠. 택시 안타면 택시기사만 어려워지는 게 아니라 택시회사도 어려워지는 거잖아요. 그렇다면 고용문제를 복원시켜 나가는 게 우선이죠. 시간이 걸릴 수밖에 없지만.

두 번째는 사회적 분배를 강화시켜서 기업에 대한 부담을 줄여야 된다는 거죠. 기업복지가 가능한 몇 개의 기업은 엄청난 복지수준을 자랑하는 반면, 나머지 기업들은 그렇지 않잖아요. 현대자동차 가면 셋째 아이는 대학 2년, 앞의 두 아이는 대학 4년 전액 등록금이 지원되는데 그런 회사는 우리나라에서 극소수에 불과합니다. 나머지는 등록금은커녕 보너스도 제대로 없어요. 조금 다른 얘기이긴 하지만, 사회안전망이라든가 복지가 제대로 안 돼 있기 때문에 우리 사회는 더 고용에 집착할 수밖에 없어요. 제가 흔히 쓰는 비유가, 프랑스 노동자는 해고되면 침대에서 뛰어내리는 정도라면, 한국에서 해고되면 2층 옥상에서 뛰어내린다는 것입니다. 그러니까 안 뛰어 내리려고, 해고 안 당하려고 굴뚝에 올라간다는 겁니다. 굴뚝에 왜 올라가느냐, 우리나라는 노동운동이 왜 저리 그악스럽냐. 저는 그런 평가에 동의하지도 않지만, 설사 수용한다 치더라도 여기는 2층에서 뛰어내려서 죽을지 모르는 상황인데 그러면 극단적으로 가야지 어떻게 하느냐는 겁니다. 왜 목숨 거느냐, 나가면 죽으니까. 안 죽으려고 목숨 건다는 거죠. 해결방안은 고용문제와 사회안전망, 복지확충 외에 다른 방도가 없어요. 그런데 지금 실제로 쓰는 정책들보면, 오히려 기왕에 문제를 발생시켰던 정책들을 더 강하게 추진하는, 대표적인 게 부자감세 같은 거죠. 안 그래도 사회양극화가 문제인데 부자감세를 시키면서 결과적으로는 복지를 줄이게 되는, 간극을 더 벌려내는 방향으로 가고 있다는 거죠. 저는 예견하건대, 이 정권이 망하면 경제로 망할 거 같아요. 경제 풀려고 선수를 도입 했는데 오히려 경제를 더 악화시키는 결과가 만들어질 것 같다는.

**홍기빈** 슬픈 역설인 것 같아요. 서민들의 고통이 이명박을 만든 게 아니냐는 건. 2007년 대선 때 제일 히트했던 정치광고가 시장할머니 한 분이 이명박 후보 붙잡고서 "살려주이소" 하던 거 기억나시죠? 바로 그게 말씀하신 걸 아주 집약적으로 잘 표현한 거 같아요. 노무현 정권 때 의회활동 하셨으니까, 전력을 보자면 당시 민주화 운동하시던 분들이 많고, 서민경제에 무관심하다고 말 할 수 없는데, 이분들도 수출을 해야 되고, 경제성장을 해야 되고, 몇 개 기업이나 자본에게 더 많은 자유를 주는 것 밖에는 방법이 없다는데 동의하신 거잖아요. 그분들이 어떻게 그렇게 쉽게 동의한 거 같습니까?

**노회찬** 저 역시 궁금한 대목이긴 합니다. 정치흐름으로 보자면 '87년 체제'의 문제라고도 여겨지는데, 87년에 사건이 하나가 있었던 게 아니라 사실은 2개가 있었거든요. 6월 항쟁도 있었지만, 7, 8, 9월 노동자 대파업 투쟁이라는 것도 있었죠. 87년 이후 첫 정권은 노태우 정권이긴 했지만 6월 항쟁을 주도했던 세력들이 그 이후로 15년을 집권했어요. YS, DJ, 그리고 노무현까지. 그리고 거기엔 그런 개인만이 아니라 여러 세력들도 정치권력 등을 많이 가지게 된 거죠. 그런데 문제는 6월이 7, 8월을 끌고 가거나 동반자로 함께 가지 못했다는 겁니다. 정치민주화를 만들어냈던 결정적 계기였던 6월 항쟁은 그 후에 권력으로까지 진출해서 정치민주화를 진전시킨 측면은 분명히 있습니다. 김대중 정부 때 와서는 남북관계까지도 개선시키는 획기적인 일을 해내기도 했고. 그러나 7, 8, 9월을 주도했던 사람들은 계속해서 수배되거나 감옥에 갔어요. 그게 상징적으로 보여주듯이 6월이 7, 8월을 동반자로 여기지 않았다는 거죠. 정치민주화는 이루어진 반면에 경제민주화는 오히려 답보상태였거나 후퇴했다는 것이 제 판단입니다. 철학과 의식의 한계도 있는 것 같고요.

**홍기빈** 민주화에 대한 문제의식이 사회경제적인 평등이라든가 하는 문제의식으로까지 가지 않았다는 게 되겠지요.

**노회찬** 예. YS나 DJ, 노무현의 한계일 수도 있죠. 그분들이 반독재에 있어서는 가장 앞서서 싸운 공이 크지만, 사회경제적 민주화에 대해서는 의식이 철저하지 못했고 비전이나 철학도 뒷받침되지 못했다, 물론 양김 두 사람을 똑같은 반열에 놓고 평가할 수는 없지만, DJ 같은 경우도 마찬가지라고 봐요. 재벌개혁이라거나 기초생활수급자 제도를 도입한다거나 복지에 있어 진전은 있었어요. 그런데 그 진전은 그 이전 정권에서도 건강보험을 만든다거나 국민연금제도를 도입하는 등, 다시 말해 보수진영에서도 새로운 복지제도를 도입하고 점점 예산을 늘려나가는 등 기본적으로 이루어왔던 수준을 획기적으로 벗어나는 것은 아니었죠. 무엇보다 그런 것이 무색할 정도로 사회양극화가 벌어진 것에 대한 배경설명은 안되는 거죠. 정치민주화를 넘어서는, 결과적으로는 삶의 질을 높이는 것까지에 이르는 데에는 못 미친 거죠. 헤게모니 문제도 분명히 있었던 거 같아요. 이건 좀 정치적인 영역의 문제인데 열린우리당의 386의원들이 공무원 노조와 관련된 법을 만들 때 공무원 노조의 노동3권을 되도록 제한

하려고 하더라고요. 그래서 제가 당신들도 예전에 민주화운동 한 사람들이 왜 그러냐 했을 때 아주 명쾌한 답변을 들었는데, 세력이 커져봤자 우리 지지 안한다, 이거예요. 이게 헤게모니 문제예요. 노동헤게모니가 커져야 되는데, 또 필수적으로 커질 수밖에 없는데, 그 문제와 관련해서 커지는 걸 바람직하게 여기지 않는다는 거죠.

**홍기빈** 그러니까 사회경제적 민주화를 섣불리 손댔다가 자기들의 정치 지지 세력이 되지 않을만한 정치적인 흐름이 나타나버릴 경우 장기적으로 자신들에게 이익이 되겠느냐, 이런 정치적인 고려 같은 것들까지 안에 들어가 있었다는 거죠?

**노회찬** 예. 한마디로 민주노총이 강해지기를 바라지 않는 거죠. 민주노총 문제를 순수하게 노동3권의 문제로 접근하는 것이 아니라는 거죠.

**홍기빈** 진보정당의 어깨가 무거울 것 같습니다. 사회경제적인 문제, 재벌이라든가 소수대자본, 기득권계층만이 아니라 다른 국민들도 고르게 잘살 수 있고 사회경제적인 풍요를 누릴 수 있게 만드는 문제가 지금 말씀하신 정치적인 논리까지 가미돼서 87년 이후 20년 동안 답보상태에 있었던 것인데요. 진보정당이야말로 사회경제적인 민주화로 끌고나가려고 하는 책임감이 있지 않습니까. 진보정당이 정말 서구의 사민당이나 노동당처럼 큰 세력을 구성해서 정권도 자주 잡고 이럴 수 있다면 할 수 있는 일들, 그 차원에서 보자면 해야 할 일들이 무지하게 많죠. 그런데 아직 역사도 길지 않고 현실적인 힘의 한계가 있으니까 할 수 있는 일이라고 하는 게 제한적인 거 같아요. 만약에 진보신당이 집권한다면, 해야 된다고 생각하는 일과 할 수 있는 일이 어떤 것이 있을까요?

**노회찬** 물론 지금 할 수 있는 일과 집권해서 할 수 있는 일은 크게 차이가 날 겁니다. 저는 현실적인 생각을 여러 번 해봤는데 5년 집권해서 할 일은 많지 않더라고요. 제대로 하려면 15년 정도, 연달아 3번 정도는 집권해야.

**홍기빈** 장기집권해야? 하하하하.

**노회찬** 일자리 문제 같은 것은 아무래도 권력을 쥔, 칼자루 쥔 쪽에서 해결할 수밖에 없습니다. 아무리 좋은 방안을 내놔도 칼자루 쥐지 않은 상태에서 내놓는 방안이라는 것은, 특히 칼끝을 쥐고 있는 쪽에서 내놓는 방안이라는 것은 그만큼 설득력이 떨어지기 때문이죠. 지금 당장 할 수 있는 일은 파견노동과 같은 문제들, 그리고 교묘하게 노동법을 어기는 일들이 실제로 많은데 이런 일들이라고 봐요. 저는 진보정당도 너무 조직화된 노동운동 중심으로 문제를 바라보기 때문에 조직화된 노동운동과 자본, 혹은 권력이 부닥치는 그런 쟁점에만 꽤 많이 함몰되는 약점들이 있다고 봅니다. 더 많은 다수, 또는 그보다 더 열악한 조건에서 전혀 다른 종류의 고통을 겪고 있는 분들이 있거든요. 인천도시철도 관련해서 만난 분들 얘기인데, 인천도시철도는 인천시가 운영하는 공기업이죠. 그런데 지하철 안전점검문제, 굉장히 전문성이 요구되고 노동의 강도도 높은데, 이걸 경비절감의 이유로 하청을 줬는데 하청도 불법 비슷한 거예요. 하청노동자들의 계약기간이 6개월인데, 재미있는 건 사람은 안 바뀌어요. 근속기간이 7년, 8년 이렇게 되는데, 사람은 안 바뀌고 고용해서 관리하는 회사는 바뀌는 거예요. 10년 다니면 작업복이 스무 벌이 되는 거예요. 6개월마다 회사가 바뀌니까. 어떤 사람은 자기 작업복이 열두 벌이다, 이렇게 얘기하더라고요. 왜 이렇게 하느냐. 같은 회사에 6개월마다 새로 계약을 맺으면 계속근로로 인정해서 퇴직금을 줘야 되요. 원래 퇴직금은 1년 단위로 주게 돼있지만, 계약기간을 6개월 7개월 하더라도 사용자가 같으면, 그리고 계속해서 근로한 게 인정되면 퇴직금을 주도록 대법원 판례가 되어있어요. 원천적으로 안 주려면 어떻게 해야 하느냐, 사용자를 바꾸면 되는 거예요. 그러니까 유일한 이유는 퇴직금 안주기 위한 거예요. 결과적으로 7년, 8년 된 사람들이 150만 원도 제대로 못 받고, 전문성을 가지고 힘든 일을 하는 사람들이 투 잡, 퇴근하면 대리기사 한다거나 이런 식으로 먹고 산다는 거죠.

그 다음에 파견노동문제인데, 파견노동은 사실 노예노동과 아동노동을 빼면 최악의 노동이기 때문에 어느 나라라도 포지티브 방식으로 법을 만들거든요. 인간의 직업이 만 개가 넘는데, 그중에서 파견노동이 허용되는 몇 개만 선정해서 법에 그 직종을 명시하고 이거 외에는 아무것도 안 된다고 못 박아두는 거죠. 그 정도로 안 좋은 노동인데, 이 파견노동이 가능한 직종을 계속 늘려가고 있다는 겁니다. 건설 같은 경우도, 영종도에 있는 국제공항을 지을 때만 해도 건설은 파견의 대상이 아니었어요. 그런데 이번에 인천대교 지을 때는 100% 파견노동자들이었어요. 뭐가 다르냐. 일당의 20%를 원천징수당하는, 중간착취당하는 거란 말이죠. 심지어는 강남의 모병원은 꽤 유명한 병원인데, 250만 원이 책정된 급여라면 회사는 250만 원씩 지급하는데 파견회사는 매월 간호사에게 180만 원만 지불해요. 70만 원을 중간에서 착취하는 거예요. 이건 누가 요구했느냐. 대자본들이 요구했죠. 파견회사들이 힘을 합쳐서 중간착취 따먹으려고 만들어진 게 아니라 대자본의 요구에 의해서. 그럼 대자본이 왜 이걸 요구했느냐, 어차피 250만 원 주는데. 직접 주면 인심 좋다고 호응도 있을 텐데 말이지요. 왜 중간에 엉뚱한 놈이 70만 원씩 먹게 하냐. 다름 아니라 그렇게 함으로써 이른바 노동3권, 파견회사에 고용된 것이지 자기 회사에 고용된 게 아니기 때문에 고용된 사람들에 대한 사용자의 의무나 권리를 억압하기 위해서이기 때문이죠.

현재 윤중현 장관 같은 사람들이 노동시장의 파견을 늘리겠다, 유연성을 제고 시키겠다, 이렇게 얘기하는데 순전히 자본, 강자의 입장에서 약자가 얼마만큼 더 어려워지는가를 고려하지 않는 거죠. 이런 예들은 들려면 한도 없을 겁니다. 그걸 비판하는 게 문제가 아니라, 우리는 과연 무얼 했냐는 거죠. 이런 문제들에 대해서는 이제까지 소홀히 했다는 게 솔직한 얘기가 아닐까 싶습니다.

그리고 여기서 교육문제, 의료민영화 문제를 이야기했으면 합니다. 기회의 균등이 교육의 가장 좋은 해법인데, 현대 민주주의는 기회의 균등을 통해서 삶의 질이 높아진다고 저는 굳게 믿고 있습니다. 교육문제를 가장 잘 푼 나라로 핀란드를 드는데, 핀란드에서 지난여름에 통과된 법 중에 "브로드밴드(broadband) 접속권"이라는 게 있는데, 한마디로 인터넷 접속권을 국민의 기본권으로 한다고 공표한 거예요. 여기서 국민의 기본권이라는 얘기는 법률에만 나와 있는 권리가 아니라, 실제로 국가가 그것을 보장해준다는 의미죠. 인터넷에 접속하지 않으면 초등학교 숙제도 하기 힘든 세상이란 거는 이미 주지하는 현실이고, 집이 가난하든 잘살든 관계없이 모든 국민은 인터넷에 접속해서 정보를 얻을 수 있는 권리가 있다는 것을, 거주이전의 자유 비슷한 자유로 규정을 한다는 거예요. 그 얘기는 무상 인터넷이란 건데, 기회의 균등이 정보화 사회에 맞춰서 이렇게 확대되고 있는 것이죠. 우리는 가장 원초적이고 기본적인 기회의 균등이 적용되는 교육에서도 그게 적용이 안 되고 있죠. 우리가 보장해주는 건 중학교까지는 다녀라, 나머지는 알아서 해라. 여기에다가 대학서열화까지 겹쳐버리니까 교육이 신분세습의 장이 되어버린 거죠. 열아홉 살에 대학을 서울에 가냐 지방에 가냐, 서울에서도 상위그룹에 가느냐 아니냐에 따라서 그 이후에 직장이 달라지고 계급이 달라지고 많은 것들이 달라져요. 실제로 보면 기회의 균등을 통해 부나 권력의 세습자체가 걸러져야 되는데, 그래서 새로운 기회가 많이 만들어져야 사회발전에 동력이 되는데 말이죠. 여기에 관한 많은 연구조사가 있었어요. 부모의 학력에 따라서 매월 사교육비를 지불하는 정도. 당연히 부모의 학력이 낮을수록 사교육비를 적게 써요. 학력이 낮다는 얘기는 지금도 못산다는 얘기고, 사교육비 쓰는 정도에 따라서 아이들의 학교성적까지 연계해서 조사한 것들도 있어요. 과거와 다르게 사교육비와 학교성적이 정비례한다는 것. 제가 학교 다닐 때만 해도 그렇지 않았어요. 그때가 좋은 사회였냐 하면 그렇지 않았음에도 불구하고, 그때는 가정이 어렵지만 열심히 공부해서 좋은 학교 가는 경우가 있었는데, 지금은 좋은 학교가기 위해서는 학교 가지고는 안되니까, 혼자서는 돌파를 못하니까 엄청난 사교육비가 들어요. 점점 부와 가난이 세습되는 장으로서 교육이 기능하는 문제. 이 문제와 관련해서는 물론 집권해서 할 일도 있고, 그렇지 않은 대목도 있지만, 대학등록금 낮추기 운동이라거나, 고등학교까지 무상교육을 실시하는 문제가 사회적 의제가 되어야 한다고 봅니다. 최근 칠레 같은 경우에는 0세에서 4세까지 국가가 책임진다는 것을 공표했어요. 칠레는 사실 우리나라와 비슷할 정도로 출산율이 낮은 나라였고, 사회격차도 컸던 나라인데, 지금 칠레 대통령이 등장하면서 쓴 정책이 0세에서 4세까지는 교육, 의료, 먹는 것까지 정부가 책임지겠다, 정부가 책임지겠다는 것은 국민들이 책임진다는 뜻이죠. 세금가지고 하는 거니까 부자가 책임진다는 뜻이고요. 아이를 집에서 기르느냐 보육시설에서 책임지느냐하는 문제인데 집에서 기른다는 거는 개인이 책임진다는 거죠. 칠레는 다른 방향을 선택한 것이고, 보육시설을 3천개 이상 만들고 그러면서 출산율이 높아졌어요. 교육에 있어서도 무상보육개념을 도입한다거나, 그런 운동을 벌이는, 실현여부를 떠나서도 그 자체가 갖는 의미가 대단히 크다고 봅니다.

**홍기빈** 경제 위기 이후 지구적 차원에서 가장 중요한 쟁점이 되고 있는 것은 미국 영국 일본 등 주요 자본주의 "선진국"들의 엄청난 재정 적자입니다. 이것을 어떻게 해결할 것이냐가 문제가 되는 것이죠. 원래 신자유주의 제도의 앙상블에 있어서는 재정은 균형을 유지해야 한다는 것이 있는데, 이것이 이런 나라들에서는 전혀 지켜지지 않았습니다. 그리고 경제위기를 거치면서 모든 주요 자본주의 나라들의 은행 체제가 위험을 겪는데 그것을 해소하는 방식이 일단 정부가 나서서 엄청난 양의 유동성을 발행하여 해소하는 식이었습니다. 본래는 재정 적자가 좀 쌓인다고 해도 국채 발행으로 그것을 계속 메우는 식으로 끌고 왔습니다만, 지금은 많은 주요국들이 모두 재정 적자가 과잉인 상태이고 국채 발행량도 워낙 많이 쌓여있는데다가 세계 금융 시장의 불안으로 추가적인 발행도 여의치 않은 상황입니다. 즉, 국가 재정에 있어서 내부적으로나 지구적으로나 아주 특이하게 어려운 상황이 온 것인데요.

이것을 어떻게 해결할 것인가가 여러 나라 진보 세력들의 고민입니다. 진보 세력이 요구하는 여러 정책들을 하려다보면 재정의 확대가 불가피한 것이 거의 필연인데, 정부의 재정 확충이 이렇게 어렵다면 진보 세력들이 이것을 어떻게 해결할 것인가도 함께 고민해야 되는 상황이라는 것입니다. 결국 국채 발행도 여의치 않고 또 어차피 장기적으로는 이러한 구조적인 재정 적자를 해소해야 하기 때문에 국내의 조세와 재분배 정책을 어떻게 할 것인가가 결국 문제가 될 날이 올 텐데, 이것은 아주 고전적인 의미에서 "계급투쟁"으로 이어질 가능성이 있습니다. 지금 영국이나 미국이나 지금까지의 감세 기조에서 선회해서 부자들의 세금을 올리려고 노력하고 있습니다. 불가피한 일이겠죠. 그런데 과연 부자들이 이를 순순히 받아들일까요. 이들은 복지나 사회적 재분배 부분의 지출들은 정부 자산들을 매각해서 충당하라는 주장을 할 것입니다. 이렇게 되면 각국의 국내 정치 사회적 상황이 적나라한 계급투쟁으로 휘말릴 가능성도 배제할 수 없습니다.

특히 우리나라에서 이 문제가 아주 심각합니다. 이명박 정부는 지금 각

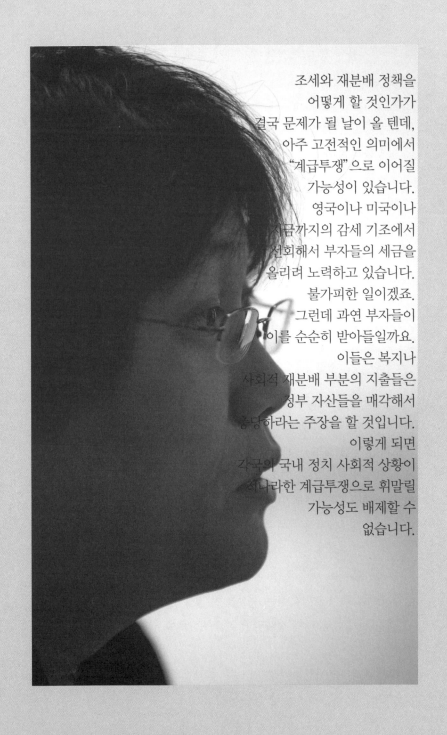

조세와 재분배 정책을
어떻게 할 것인가가
결국 문제가 될 날이 올 텐데,
아주 고전적인 의미에서
"계급투쟁"으로 이어질
가능성이 있습니다.
영국이나 미국이나
지금까지의 감세 기조에서
선회해서 부자들의 세금을
올리려 노력하고 있습니다.
불가피한 일이겠죠.
그런데 과연 부자들이
이를 순순히 받아들일까요.
이들은 복지나
사회적 재분배 부분의 지출들은
정부 자산들을 매각해서
충당하라는 주장을 할 것입니다.
이렇게 되면
각국의 국내 정치 사회적 상황이
희나라한 계급투쟁으로 휘말릴
가능성도 배제할 수
없습니다.

이명박 정부 조세정책의 문제점은
이 모든 사안에 대해
거꾸로 접근하고 있다는 것입니다.
누진세를 확대해야 하는 시점에서
오히려 부자세금 깎아주는 것이라든지,
복지확대에 투입해야 할 재정을
4대강 같은 정략적 목표와
대자본 이익실현을 위해
추진한다든지 하는 문제들이죠.
재정 팽창의 속도와 규모가
대단히 크기 때문에
임기 말인
3년 후 정도가 되면
우리 사회의 가장 큰 문제로
떠오를 가능성이
제기되고 있습니다.
눈덩이처럼 불어만 가는
국가 재정 적자를
어떤 계획과 방법으로
메울 것이냐는 거죠.

종 토건 사업 등을 포함해서 상당한 재정 팽창을 하고 있습니다만, 그와 동시에 또 대규모의 감세 정책을 시도하고 있습니다. 어찌 보면 세계적 상황과 엇박자이고, 어떻게 보면 함께 가는 것 같기도 하고. 그런데 그 재정 팽창의 속도와 규모가 대단히 크기 때문에 임기 말인 3년 후 정도가 되면 우리 사회의 가장 큰 문제로 떠오를 가능성이 제기되고 있습니다. 눈덩이처럼 불어만 가는 국가 재정 적자를 어떤 계획과 방법으로 메울 것이냐는 거죠. 이러한 중장기적인 상황 파악 속에서 국가 재정을 어떤 식으로 구조조정해나가야 하는 지에 대한 노 대표님의 철학과 생각을 듣고 싶습니다.

**노회찬** 수십 년 간 케인즈 정책을 써왔던 나라들의 재정적자 문제와 한국의 경우는 배경과 해법이 다를 수밖에 없습니다. 우리의 경우 여전히 조세부담률은 낮고 이것을 높여서 복지의 여력을 만들 필요가 있습니다. 여기서 특히 자산과 소득에 대한 누진과세를 확대하는 것은 필수적이지요. 의료보험료를 다소 인상할 경우 보장성을 확대하고 결과적으로 소득 재분배율을 높일 수 있는 것과 마찬가지의 이치입니다. 그런데 조세부담률을 높이는 것은 아직 복지에 대한 경험이 일천한 우리나라에서 국민적 이해를 구하는데 일정한 어려움이 있기 때문에 몇 가지 조치가 병행되거나 먼저 이뤄져야 한다는 것입니다. 그 대표적인 것으로 형평과세를 통한 조세정의 실현과 예산 설계 및 집행의 합리성 제고입니다. 고소득층의 탈세가 일반화된 가운데 이를 제쳐두고 세금만 올리겠다고 하면 유리지갑을 갖고 있는 근로 소득자들이 동의하기 어려운 것이죠. 그리고 정치적 이해관계 때문에 수천억씩 예산이 낭비되는 지방공항건설 문제 같은 밑 빠진 독에 대한 개선방책을 마련해서 정부재정운영에 대한 신뢰성을 제고해야 한다는 것입니다. 사실 이명박 정부 조세정책의 문제점은 이 모든 사안에 대해 거꾸로 접근하고 있다는 것입니다. 누진세를 확대해야 하는 시점에서 오히려 부자세금 깎아주는 것이라든지 복지확대에 투입해야 할 재정을 세종시, 4대강 같은 정략적 목표와 대자본 이익실현을 위해 추진한다든지 하는 문제들이죠.

**홍기빈** 조세부담률을 높이려면 사람들 설득하는 문제가 중요하잖아요. 설득할 때 아무래도 돈을 더 많이 낼 사람들은 소득이 높은 사람들인데 혼자 잘살지 말고 돈을 좀 더 내라, 이런 생각에 대해 그분들은 어느 정도의 의식을 가지고 어떤 반응을 보이는지요?

**노회찬** 여러 가지죠. 몇 해 전에 물러난 대우조선 전문경영인이 한번은 저를 보자고 했어요. 당신들은 무슨 생각을 가지고 있느냐 이겁니다. 저희들의 철학과 정책을 쭉 설명했어요. 설명했더니, 이 분이 그럼 자기도 당신들 쪽이라는 거예요. 알고 봤더니 이 분이 대우조선의 핀란드, 유럽 책임자였어요. 그걸 7년 동안 했다는 거예요. 핀란드에서 살았으니까 교육, 의료, 주택제도 다 알고 있는. 이 분은 대단한 자산을 갖고 있는 사람은 아니지만 굴지회사의 전문경영인 정도 되면 소득이 꽤 되는, 먹고 사는데 지장이 없는 분이지요. 그런데 자신 같은 사람도 핀란드식으로 한다면 자기한테도 이익이라고 생각한다는 거예요. 자기도 나이 들어서 곧 은퇴하고, 연금이 제대로 나오고, 의료보험이 잘되면 자기한테도 그게 더 낫다, 물론 자산이 있는 사람들은 혼자 있어도 잘 사는데 남들까지 도와주게 되면 귀찮고 따져보면 더 내야 되니까 그만큼 손해겠죠. 그런 사람은 극소수라고 봐요. 중산층까지도 동의할 수 있다, 물론 다들 동의하고 있느냐 그건 아니겠죠. 이 예를 보면 그런 제도가 정확하게 어떤 효과를 주는지 알고 있는 사람은 동의한다는 거죠. 막연하게 자본주의 사회에서 능력껏 살아야지 왜 내가 게으르고 공부도 안 하고 못사는 사람을 책임져야 되느냐, 이렇게 이기적으로 생각하는 사람들도 물론 있겠지만, 전체적으로 평균 이상의 수준으로는 바꿀 수 있지 않느냐, 전 그렇게 생각해요.

**홍기빈** 설득할 수 있느냐 없느냐가 진보정당의 사활이 걸린 문제일 텐데요. 힘들게 사는 분들이 표를 모으고 결집하는 것도 중요한 일이지만, 마찬가지로 중요한 일이 소득이 높은 분들에게 다함께 사는 길이라는 걸 믿을 수 있도록 설득하는 일이라고 생각합니다.

부동산, 땅 문제만 해도 전혀 얘기가 안 통하는 분들이 있을 거예요. 실제로 땅값이 올라서 벼락부자, 대박을 맞아본 분들은 이런 얘기가 씨도 안 먹히는 경우가 많은 거 같아요. 왜냐하면 자기가 이런 식으로 성공을 했기 때문에, 그것 이외의 방법으로 잘산다는 것은 이해도 못하고 좋아하지도 않죠. 정권 잡은 분들 중에 그런 분들 상당히 많은 거 같은데, 이런 얘기에 귀를 닫아버리는 사람들에게 다 같이 잘사는 방법에 대해 어떻게 얘기하시겠습니까?

**노회찬** 모든 사람을 다 설득할 수 있는 건 아니라고 보고요, 사실 그 사회 구성원 반만 설득해도 성공하는 거 아닙니까. 반만 지지를 받아도 정권을 잡는 것처럼. 우연히 알게 된 건데, 경매꾼들을 위한 사이트가 있어요. 이 분들이 전국적인 망이 있어서 어디에 어느 아파트 단지가 경매에 나왔다는 정보를 공유해서 경매물건을 쇼핑하는 거예요. 집단으로. 직장인도 있고, 자영업자도 있고, 일반 소시민들도 있어요. 소시민들이 먹고 살 길이 없으니까 경매 사이트에 가서 어디 아파트가 부도처리 돼서 경매에 나왔다는 걸 알고 찾아다니는 거죠. 저는 부당하게 내쫓기게 된 사람들 문제 때문에 현장에 지원 겸 상담하러 갔는데, 알고 보니까 경매 사이트에서 이 정보를 알아가지고 조를 짜서 출장 온 거죠. 거기서 억울하게 내쫓기게 된 세입자나 이런 사람들은 눈에 안 들어오는 거죠. 그런데 이게 불법적인 거냐 하면 그렇진 않아요. 이렇게라도 해서 먹고 살아야겠다는 거죠. 브로커도 아닌 일반 사람들이에요. 주식투자하듯이 그런 개념으로 생활의 탈출구가 없으니까 이렇게라도 하겠다는 거죠. 기본적으로 부동산은 투기효과가 없도록, 극소수에게만 혜택이 돌아가고 나머지 모든 사람에게는 피해를 주기 때문에 국가정책으로 막아야 된다고 봐요. 설득의 문제가 아니라, 부동산투기로 얻은 수익이 거의 대부분 세금으로 나간다면 투기할 의욕 자체가 안 생기는 거잖아요. 제도로서 막을 문제지, 인간의 본성은 이익을 쫓게 되어있다는 거죠.

**홍기빈** 다수의 합의를 통해 국가정책으로 제도화시켜서 소수의 다른 의견이 있더라도 따르도록 만들어야한다, 그게 국가의 임무고 정당의 임무라는 거죠.

**노회찬** 그렇죠.

**홍기빈** 그런데 언제가 될 진 모르겠습니다만, 진보신당이 행정부를 장악하고 의회 다수당이 돼서 포부를 막힘없이 펼쳐볼 수 있는 좋은 조건이 된다면 이라는 가정 하에 물어보지요. 아까 말씀하셨습니다만, 5년 가지고는 도저히 안될 거 같다고, 그러니 한 20년 장기집권 한다는 가정을 해보지요. 그때는 어떻게 나라 경제를 만들고 싶습니까?

## 빵과 장미

**노회찬** 저는 일단 강자와 약자가 공존할 수 있는 사회를 생각합니다. 강자만이 살아남고 약자는 강자에게 잡아먹히는 게 아니라. 냉정히 보면 모든 사람을 강자로 만드는 결과적 평등은 요원하다고 봅니다. 우선은 기회의 균등에 바탕에 두어야겠지요. 반(反)시장, 반(反)기업은 아니거든요. 기업에서 이윤을 창출하는 과정에 있어서의 형평의 문제나 창출한 이윤을 어떻게 나눠가지는가가 문제지, 기업 자체가 문제는 아니거든요. 상급수가 문제인 것이지, 물 자체를 부정할 필요가 없는 거나 마찬가지인 거죠. 시장을 최소화시키는 과거의 사회주의 정책에 대해서는 이미 검증이 다 됐다고 봅니다. 다만 시장에 대한 민주적 통제는 상당히 강화될 필요가 있다, 대표적으로 한국의 IT산업이 점점 수익률도 떨어지고 경쟁률도 추락하고 있는데, 배경을 보면 겉으로는 시장의 자유의 결과인 것 같지만, 속으로는 독과점의 폐해에 따른 것이라 보이거든요. 시장의 자유가 독과점의 자유여서는 안 된다는 거죠. KT, LGT, SKT 이 세 회사가 담합을 해서 고수익 모델을 유지하기 위해 횡포를 부리는데, 이 횡포가 대단하더라고요. 우리나라가 모바일을 수출하고 국민들도 인터넷을 가장 많이 쓰고 있고, 초고속망은 전 세계에서 가장 많이 깔려 있는 건 사실인데, 그런데 문제는 모바일을 통한 인터넷 이용은 전 세계에서 가장 낙후된 편이라는 겁니다. 다른 나라에선 걸어가면서 이메일 보내는 데 우리는 집이나 사무실에 들어가야만 인터넷이 가능하다는 거. 왜 이렇게 됐냐. 삼성에서 지난 9월인가 제트폰이라 해서 그 당시까지 나온 핸드폰 중에 세계에서 가장 성능이 좋은 핸드폰을 만들었어요. 80개국에서 동시에 팔리기 시작했는데, 그것을 안 판 유일한 나라가 우리나라예요. 왜냐하면 거기에는 와이파이라는 무선인터넷 기능이 다 들어가 있는데 한국에서는 이동통신 회사 세 군데가 다 와이파이 기능 빼라 이거예요. 와이파이 기능을 빼니까 제트폰이 아닌 거죠. 그래서 다른 명칭으로 판매됐는데 당연히 인기가 없죠. 세계에서 자랑하는 물건을 만들어놓고 국내에선 못 파는데 왜 무선인터넷 기능을 빼라고 했냐. 거의 무상에 가깝게 활용할 수 있는데. 세 개의 이동통신망 회사, 그 망을 이용해서 비싼 돈 주고 인터넷 이용할 때 내는 돈, 즉 자기들 수익이 없어지니까 그런 겁니다. 그러니까 자기들 회사 몇 개의 이익을 위해 국민들은 불편을 감수해야 되고, 비싼 돈을 내야 되고, 이 분야의 산업은 발전할 수가 없게 되는 모순이 지속되는 거죠.

시장의 자유라는 게 순수하고 목가적인 게 아니라 횡포인 거죠. 독과점의 이윤을 보장하기 위해서 결과적으로는 산업발전도 막고 국민들의 편익도 막고. 이런 데는 과감하게 정부가 작용해야 되는 거죠. 그런 점에서 저는 민주적 통제가 이루어져야 된다고 보는 것이죠. 어느 정도까지냐는 사안에 따라 달라지겠지만.

**홍기빈**  집권했을 때의 진보신당의 경제 정책의 비젼으로 "시장에 대한 민주적 통제"를 말씀하셨는데요. 이것만으로는 분명히 부족한 느낌이 있습니다. 사실 이 구절이야말로 50년대 이후 영국 노동당 등 서구의 사회민주주의 정당들이 내걸었던, 정확하게 그 문구입니다. 그런데 지금 신자유주의가 득세한 것은 이러한 "민주적 통제"라는 것이 별로 민주적이지도 못하고 특히 그렇게 되면 시장 특유의 효율성은 큰 제약을 받는다는 것이었죠. 따라서 지금 진보신당이 대안적 경제 체제의 철학과 전망을 내놓는다면 이러한 반세기전에 나왔던 구호로는 부족하고요. 그러한 민주적 통제가 어째서 시장의 효율성과 충돌하지 않을 것인지 혹은 충돌해야 한다면 왜 그래야 하는 것인지에 대해서 설명이 있어야겠습니다.

사실 이러한 요구에 대해 신자유주의 측에서 내놓는 반론은 "민주적 통제란 사실 그 허울을 둘러쓴 노동조합 등과 같은 특수 이익 집단들의 이익의 관철에 불과하다"는 것이었습니다. 즉 이러한 "특수 이익 집단"들이 전체의 "민주적" 허울을 둘러썼지만, 진정한 전체의 이익이란 바로 시장 경제의 활성화를 통한 파이 크기의 확대에 있다는 것이죠. 그렇다면 시장의 통제가 특수 이익 집단이 아니라 노 대표께서 아까도 말씀하신 "함께 잘 사는 세상"을 위해서는 필연적인 것인지도 좀 설명해 주셨으면 합니다.

**노회찬**  "민주적 통제란 사실 그 허울을 둘러쓴 노동조합 등과 같은 특수 이익 집단들의 이익의 관철에 불과하다"는 주장이야말로 오히려 근거 없는 주장이라는 점을 명확히 하고 싶습니다. 그리고 시장의 자유를 보장함으로써 시장 경제를 활성화 시켜야 파이를 키울 수 있다는 주장도 이제 근본적으로 재검토해야 합니다. 시장의 자유를 보장한다는 미명하에 노동시장의 유연성을 높였습니다. 그 결과는 무엇입니까? 비정규직의 급증과 차별의 확대였습니다. 노동시장에서 탈락한 사람들이 자영업으로 몰려들면서 자영업은 중산층 몰락의 현장이 되어버렸습니다. 결국 노동시장정책에 있어서 규제완화가 사회양극화를 확산시키며 국민경제를 멍들게 하고 있습니다. 파이는 커졌지만 이 파이를 분배하는 공정성은 더욱 악화일로에 있는 것 아닙니까? 또 아이폰 사태가 보여주듯 시장에 대한 민주적 통제를 포기하고 오히려 시장에서 대기업들 간의 담합을 방조한 결과 IT강국이라는 한국이 무선인터넷 이용률이 OECD 가입국 중에서 가장 낮고 휴대폰 보급률이 가장 높은 한국에서 가장 비싼 음성통화요금과 데이터 사용요금을 물어야 하는 폐단을 가져오지 않습니까? 어느 시대에나 시장은 약육강식의 정글입니다. 자본주의 시장은 역사상 가장 강력한 강자가 지배하는 정글입니다. 일정한 규제 없이 사자와 사슴과 다람쥐가 공존할 수 있습니까?

**홍기빈** 경제의 목표가 잘 산다는 것이라고 했을 때, 돈벌이나 출세가 아니라 다 함께 잘살도록 하고 삶의 질을 좋게 만들려는 게 진보세력의 경제철학이라는 전제 하에서 묻겠습니다. 노 대표님은 노동운동을 오래 하셨고 파란만장한 삶을 살아오셨는데 집안 살림살이 어려움이 없으실 리 없을 테고, 생활인의 한 사람으로서 살림살이로서의 경제관은 어떤지요.

**노회찬** 내놓을만한 경제관이 있는지 의문입니다. 왜냐하면 지혜롭게 경제문제를 풀었다기보다는 가장 안 좋은 방식으로 풀었고, 두 번째는 매우 특수하게 풀었다는 거죠. 쉽게 말하면, 안 쓰는 쪽으로 풀었다는 말이에요.

**홍기빈** 하하하하. 안 쓰는 쪽으로요?

**노회찬** 제 아내도 마찬가지인데, TV를 산 게 작년이었어요. 그전까지는 없었냐 하면 그건 아니고, 결혼할 때 빈민운동 하는 이동철 씨가 14인치짜리 TV를 하나줬는데 그걸 한 10년 썼고요. 그 후에는 누가 버린 19인치 삼성 칼라 TV, 그걸로 또 한 10년 썼죠. 작년에 낙선 뒤에 TV라도 한대 사자는 생각을 들어 처음으로 LCD TV를 샀는데, 중소기업제품이 굉장히 싸더라고요. 처음엔 TV 부품을 사다 DIY로 직접 만들려다가, 세찬전자라고 하는 중소기업인데 똑같은 사이즈인데도 절반가격밖에 안 하더라고요. 그걸 처음 샀어요. 침대는 어느 날 박계동 씨가 이사 가면서 버렸는데 매트리스는 오래 돼서 버리고 처가 목재 틀을 얻어 왔더라고요. 제가 굉장히 뭐라 그랬는데, 결국 매트리스 하나만 사서 쓰고 있죠.

**홍기빈** 음. 생각보다 심하군요. 하하하하.

**노회찬** 제 처는 버린 옷, 가구를 자꾸 주워 와요. 덕분에 돈 들여서 산게 거의 없어요. 옷을 거의 안 사기로 작정한 것처럼, 결혼한 지 20년 됐는데 옷 사달란 적이 한 번도 없어요. 그렇다 하더라도 제가 좀 사줘야 되는데 사준 적 딱 한 번밖에 없어요. 일부러 빈티 나게 구는 게 아니고 기본적으로 돈을 안 쓰니까. 하나 가지고 쭉 오래 쓰고. 아버지가 63년도에 입던 여름 남방을 지금도 제가 입고 있습니다.

**홍기빈** 헉!

**노회찬** 그 남방 아직도 멀쩡하니까 입는 거지. 일단 비용이 적게 든다는 게 하나 있고요. 다음에는 생활하면서 어려웠죠. 과거에 제가 공장이라도 다닐 때는 월급이라도 받았으니까 괜찮았는데, 처가 자기가 벌겠다, 장사를 하겠다, 그래서 책 대여점을 하겠다 해서 93년도에 〈책 꾸러기〉라는 대여점을 열었어요. 아침에 문 열어서 밤 12시까지 가게 문 열어야 하는데, 처도 식사도 하고 쉬어야 되고 하니까 저녁에 틈만 나면 가서 가게를 봤죠. 일요일은 하루 종일 봤지요. 한 사람 인건비 정도 나오더라고요. 3년 정도 했습니다. 인천에서 서울로 오기 전까지 했으니까요. 서울 와서 생활하다보니 돈을 빌리게 되는 거죠. 그때부터는 빚이 계속 느는 거죠. 빚이 꽤 됐어요. 안 되겠다 싶었는데, 당시 《조선왕조실록》을 탐독했는데 출판사 하는 친구가 그거 책이 되겠다고 해서 별 기대도 않고 한 달 만에 다 끝냈어요. 머릿속에 있던 얘기니까. 그게 잘 나갔어요. 10쇄 이상 찍었으니까. 빚은 다 갚았어요. 그 다음부터는 글 쓰고 강연하는 일이 많아졌지요. 수입의 주된 원천이 강연료. 결혼 초기에는 생활비로 30만 원씩 줬는데 2000년부터는 80만 원씩. 국회 들어가서는 180만 원. 제 처는 대단히 좋아했죠. 그걸로 적금도 들고, 부모님 용돈도 드리고, 생활도 하고, 중국펀드도 들고. 작년에 쫄딱 망했다가 지금은 회복됐어요.

**홍기빈** 하하하. 다행입니다.

**노회찬** 지금은 100만 원 주는데 쓰는 게 적기 때문에 지탱하죠. 또 아이가 없기 때문에 아이교육비 부담이 적은 게 큰 요인이 됐을 거예요. 안 그랬으면 그 돈으로 살기 힘들었을 거예요.

**홍기빈** 사람들이 그래요. 아끼려면 한 없이 아낄 수가 있는데 교육비 때문에 도저히 살림이 감당이 안 된다 이거예요.

**노회찬**  유일하게 드는 교육비가 제 교육비입니다. 물론 아내도 과거에 못한 공부한다고 방통대 다니고 있는데. 제 책 사보는 거. 그건 돈 안 아끼고 쓰니까, 그게 저희로서는 교육비라면 교육비죠. 최근에 아내한테는 얘기 안했는데, 겸재정선 화첩이 새로 나왔어요. 30만 원 주고 샀죠. 그런데는 써버리는 거죠. 걱정은 있죠. 아직도 집도 없고 하니까. 노후가 걱정되지요 사실은. 아직은 돌아다니고, 활동하고, 그러니까 괜찮은데, 선거 등 해서 대출받은 게 있기 때문에 마이너스 9,000만 원짜리 통장 가지고 있으니까. 그 이외의 빚은, 특히 친한 사람들 빚은 디폴트 비슷하게 묻어두고.

**홍기빈**  아, 디폴트 단계로! 하하하하.

**노회찬**  당장 생활은 문제가 안 되는데 둘 다 걱정하는 건 노후에 병원비나 생활비죠. 아직은 큰 대책이 없는데.

**홍기빈**  당선돼서 공무원 연금 나오지 않나요?

**노회찬**  아, 그거. 국회의원은 혜택이 있습니다. 한 번이라도 하면 65세 이상 됐을 때 매월 100만 원 정도 나옵니다. 극소수지만 일부 국회의원들이 컨테이너에서 생활하고, 이런 분들이 있어서 돕는 차원에서 만들어진 제도지요.

**홍기빈**  대통령이 되면 더 나옵니까?

**노회찬**  더 되죠. 장관은 일주일만 해도 연금 나와요.

**홍기빈** 그럼, 노후대책을 대통령 당선으로 해도 좋을 거 같네요.

**노회찬** 하하하.

**홍기빈** 비유하자면, 경제문제는 얼굴이 두 개가 있어요. 경제문제가 어쩌고 주식시가가 어쩌고 하는 이런 차원의 얘기가 하나 있고, 두 번째는 자기 삶의 문제랄까요, 실제 사람들이 내 삶에서의 경제를 어떻게 바라보냐고 하는 삶의 문제, 즉 가치나 철학, 윤리적 태도 같은 것 말이지요. 얼마 전 단국대 강연회에 초청되어 가서 김규항 씨 얘기 들었는데, 그분 같은 경우는 확고한 경제철학이 있는 것 같아 보였는데, 소비를 더 많이 해야 된다거나, 돈을 더 많이 벌어야 된다는 것에 대해 단호하게 끊어버려야 된다, 그런 말을 하시면서 뭐라 그러냐면 겁낼 필요가 없다는 말도 수차례 했어요. 자신이 몇 십 년 그렇게 살아봐서 아는데 두려워할 거 하나도 없고, 여러분들이 두려워하는 연금이 없고, 보험이 없고, 집이 없고 하는 상태라는 게 막상 해보면 얼마든지 사람이 살아갈 수 있다고, 문제는 두려움이 가장 큰 문제라는 메시지를 던졌어요. 그런데 또 다른 측면에서 보면 안 쓰는 상태에 대한 두려움이 있어요. 제일 전형적인 게 우선 학생들인데, 젊은 사람들은 옷을 잘 입지 못하고, 명품 핸드백이나 옷 선물하고 주고받지 못하면 인간관계에서 소외되거든요. 연애도 못하게 되지 않을까, 왕따 되지 않을까, 이런 두려움들 때문에. 다시 말해서 안 쓰고 산다는 것에 대한 본능적인 두려움이 있어요. 그래서 형편에 맞지 않는 소비생활을 과다하게 하는 경우도 있고, 그것 때문에 고통 받는 경우도 있어요. 안 쓰고 사는 삶에 대해 한마디 한다면?

**노회찬** 저는 김규항 씨 생각과 일부는 같고 일부는 다릅니다. 특히 정치를 하는 입장에서, 아니 제도의 변화라는 측면에서 연금 없이 보험 없이 살 수 있다 이렇게 말할 순 없죠. 개인이 그런 선택을 하는 거야 존중되어야 하지만. 저는 우리 사회에 팽배해 있는 게 과소비라고 생각합니다. 계층불문하고 과소비를 하고 있다. 이것은 지나친 소비를 하는 측면도 있지만 잘못된 소비를 하고 있다는 거죠. 여의도 같은 데서 보면 지나가는 사람들이 몇 천 원짜리 커피 들고 막 다녀요. 마치 패션처럼. 합리적이지 못한 소비들, 특히 먹는 거라든가 술, 이런 데 과도하게 생활수준에 맞지 않게 쓰고 있지요. 특히 혼례비용은 과도하지요. 제가 많은 나라를 다녀봤는데 우리보다 훨씬 잘 사는 나라들도 우리만큼 소비 안 해요. 특히 먹는 거나 입는 거 보면. 아니 다른 나라에서 누가 명품을 삽니까. 우리나라보다 잘 사는 나라에서도 거의 특수한 계층에 사는 사람이나 사지. 18년산 위스키인가, 21년산 위스키 이런 거 있죠, 30년산은 둘째 치고. 다른 나라에선 한 병 있으면 사람들 불러다 파티 열 정도로 인생에 몇 번 못 먹는 술이랍니다. 우리나라는 폭탄 만들어서 돌리고.

**홍기빈** 하하하하.

**노회찬** 외국에서는 100달러 가지고 아이가 가게가면 신고하고 집에 전화 걸어보고 그런대요. 일반인 같은 경우는 평생 현찰 100달러로 지불하고 사는 게 인생에 몇 번 안 되는 호사고. 그런데 우리는 10만 원짜리 같은 거 우습게보잖아요. 소비패턴이 합리적이지 못하고, 엉뚱한 데 쓰고, 수준보다는 과도하게 쓰는 면이 있는 거 같아요. 이건 잘못된 문화라고 봐야지 경제문제로 볼 건 아니다, 그렇다고 국민연금 없어도 살 수 있다, 이렇게 접근하면 안 되죠. 그건 다른 문제라는 거죠. 작년 이맘때 노르웨이 오슬로 대학에 초청강연 갔는데 직책이 없는 현지 일반 사람 만나게 해줄 수 없느냐, 해서 박노자 씨가 할머니 두 분을 만나게 해줬는데, 한 분은 교사출신, 한 분은 간호사 출신 할머니였는데 두 시간 반 정도 대화했지요. 저는 거기서 굉장히 감동을 많이 받았어요. 제가 생활과 관련된 문제를 많이 물으니까 가게 영수증들을 보여줬어요. 그 영수증들엔 물건 산 게 쭉 있고 세금이 적힌 게 있었어요. 보니까 세율이 물건마다 다 다른 거예요. 어떤 건 낮고, 어떤 건 높고. 이 세금이 왜 높은 줄 아냐고 저한테 묻더라고요. 물건 값은 아주 싼데 세금은 굉장히 비싸게 매긴. 그게 뭔데요 하니까 쇼핑봉투라는 거예요. 왜 그러냐 했더니 이게 핀란드 사회를 설명하는 거라는 거예요. 인간에게 필요한 생필품은 아주 저렴한 가격에 세금도 거의 없다시피 공급해야 된다, 대신 있어도 그만 없어도 그만인 것들, 개인 기호를 위한 것들, 술, 담배, 봉투도 마찬가지다, 봉투 같은 경우 개인이 얼마든지 준비해오면 되는데 준비 안 하지 않았느냐, 자원낭비다, 따라서 이런 건 세금을 몹시 높게 매기는 거죠. 높아 봤자 봉투지만, 여기는 철학이 확고하게 있는 거예요. 그 사람들보면 국민 소득이 우리보다 세 배 이상이 되는데 교육이나 의료 시스템이 굉장히 수준 높죠. 그런데 먹는 거 보면 불쌍해 보여요. 외식 거의 안하고. 외식 자체가 엄청 비싸니까. 연구소 갔더니 우리한테는 간식거리도 안 되는 사과 하나에 빵 몇 개에 부인이 싸준 도시락을 앞에 놓고 있어요.

**홍기빈** 맞습니다. 80년대만 하더라도 옷이 찢어지면 기워서 입거나 꿰매서 입어도 아무렇지도 않게 생각했어요. 양말 구멍 난 거 꿰매 신어도 그랬고. 지금은 안 그러거든요. 아까 겸재정선 화집 이야기도 나왔는데, 아끼는 말씀은 많이 하셨는데 써야 될 때에는 써야 되잖아요. 만약 지금 대표님이 마음대로 쓸 수 있는 돈이 1억 있다면 어디에 쓰고 싶은지요.

**노회찬** 하하하. 그런 상상은 안 해 봐서, 지금 해봐야 될 거 같은데. 글쎄요. 어, 뭐, 아내하고 세계일주라도 했으면 좋겠는데, 그건 시간이 없어 안 될 거 같고. 아니면 악기를 하나 더 배웠으면 하는 생각도 있고요.

**홍기빈** 첼로 잘하신다는 것은 아주 유명합니다만, 어떤 악기를 또?

**노회찬** 어릴 때 피리를 매우 잘 불렀습니다. 음, 색소폰을 불면, 중국제 150만 원이면 사니까, 그런 생각도 있고. 아니면 좀 더 싼 악기를 사서 다른 분들께 나눠주고도 싶고.

**홍기빈** 무상으로?

**노회찬** 예. 돈을 어떻게 쓰느냐의 문제인데, 저도 그런 공약 비슷한 거내걸기도 했지만, 프랑스의 미테랑 공약이었는데, 모든 국민들이 악기 하나씩 연주할 수 있는 사회를 만들겠습니다, 라는 것이었습니다. 그게 삶의 질이라는 거죠. 얼마 전에 이명박 대통령도 얘기했고, 다른 나라는 이미 작업에 들어갔지만, 요새는 GDP 가지고 얘기 잘 안하고 대신 행복지수를 말하죠. 결국 삶의 질의 지수를 높이는 방안을 만드는 작업을 하고 있다는데, 삶의 질을 어떻게 높일 것이냐. 많이 벌어서 많이 쓰면 삶의 질이 높아지냐, 절대로 저는 아니라고 보는 거죠. 다른 한편으로는 적게 벌어 적게 쓰는 것이 오히려 더 나은 삶의 질을 보장할 수도 있다는 거에 대해 진지하게 고민해야한다, 그래서 고도성장보다는 저성장, 더딘 개발, 이런 것이 우리가 추구해야 될 가치인 측면에서 더 주목해야 된다고 생각하고요. 다른 한편에선 어차피 쓰는 게 있으니까 쓰는 방식의 문제인데, 한국 유학생이 신학을 전공해서 독일에 유학 갔습니다. 부인하고 같이 갔어요. 학업이 더디어서 거기서 애까지 낳았어요. 학위도 못 받고 거의 고학생 수준으로 생활하는데 다만 독일이 교육제도가 잘되어 있어서 학교 다니는 사람이 결혼했을 때에 나오는 생활구조가 있어서 근근이 살아가는데 아이가 커서 독일학교에 입학했어요. 어느 날 학교에서 호출이 왔어요. 당신 아이가 바이올린에 재능이 있는 거 같다고. 그래 부모가 웃으면서 고맙습니다, 그러나 우리 집은 형편이 이러이러해서 못합니다, 라고 얘기했더니 독일 교사가 언제 누가 당신보고 책임지라했냐, 이건 교육인데 학교가 책임져야지. 다만 알고 있으란 얘기였어요. 학교에서 그 아이를 바이올린 특수교육을 시킨 거죠. 걔가 점점 커가면서 더 잘하게 됐어요. 중학교 들어가서는 그 주에서 1등 했어요. 그 다음부터는 해당 주에서 책임을 지는 거예요. 고등학교 갔을 때에는 전 유럽 콘서트에서 1등하고 그랬어요. 음반제작에 들어갔고. 그런데 이 정도 수준 되면 악기가 문제가 되거든요. 연주용 악기는 개인이 집에서 하는 것과 차이가 나니까 매우 비쌉니다. 1억, 2억은 기본이지요. 그걸 그 주에서 돈을 모아가지고 애한테 악기를 대여한 거예요. 그렇게 해서 1억 이상 되는 악기를 가지고 음반취입을 했어요. 이 아이가 만약 한국에서 태어나 한국 학교 다녔으면 어떻게 됐을까. 모든 아이가 이 아이와 같은 재능을 갖고 있지는 않아요. 그러나 재능 있는 아이가 재능을 발휘하게 되면 본인도 좋지만 사회에도 유익하잖아요. 그렇다면 사회가 그 재능을 살려주는 책임을 질 필요가 있는 거죠. 이게 저는 돈 쓰는 방식이란 생각이 들어요. 오히려 바이올린 할 줄 모르는 내 아이 억지로 가기도 싫어하는 학원 보내서 바이올린 배우게 하는 것보다 세금 좀 더 내서 진짜 잘하는 아이들이 잘하게 만드는. 우리, 김연아 때문에 얼마나 기분이 좋아요. 박세리 때문에 기분 좋았다 이거예요. 물론 이런 경우는 부모가 열성적으로 해서 키워낸 거지만 사회제도가 만들어낸다면 하는 것이죠. 개인의 삶의 가치 면에서만이 아니라, 사회적으로도 돈쓰는 개념 자체를 달리 봐야 할 필요가 절실하지요.

**홍기빈** 좋은 경제적 삶이라는 건, 정리해보면, 우선 사람이 경제성장이네 수치네 하는 것에 현혹돼서도 안 되고, 겉으로만 화려한 사치, 허영에 눈을 뺏길 일도 아니고, 자기 삶을 펼쳐내는 게 무엇인가를 기본으로 삼은 다음, 이것을 풍부하게 하기 위해 필요한 재원을 조달하는 것. 수치로만 포장된 자본이나 국가경제의 성장에 현혹되지 말고, 우리 삶에 소중한 것들부터 붙잡고 풍요롭게 하도록 제정신 차리자, 이런 말씀이었던 거 같아요.

**노회찬** 경제활동의 목표는 한마디로 행복하기 위해서인데, GDP 높으면 행복한가. 그게 아니란 건 우리가 이미 다 알고 있는 거죠. 그러면 혼자만 행복하면 행복한가. 나는 생활에 불편 없이 굉장히 잘 사는데, 집 문만 열고 나가면 굶는 사람 천지고, 골목에 들어가면 강도들이 기다리고 있다면.

**홍기빈** 흐음. 그렇죠.

**노회찬** 행복할 수가 없죠. 혼자선 행복할지 몰라도, 사회전체가 기본적으로 행복할 때 더 행복할 수 있다는 거죠. 사회 전체의 행복은 나누지 않고서는 불가능하다는 건 현실로서도 입증되지요. 그리고 자기성취 동기 같은 경우에도 내가 정말 능력이 있어서 더 많은 부를 쌓게 됐고, 그래서 더 많은 세금을 냈고, 그랬기 때문에 재능 있는 아이들이 자기 능력을 발휘할 기회를 얻게 돼서 사회에도 기여를 하게 되고, 사회에 대한 기여는 결국 나한테도 도움이 되는 그런 순환. 그래서 내가 능력이 있어서 더 좋아지게 되는 걸 믿는 것, 그런 철학이 보편화되어야죠.

**홍기빈** 사람의 행복을 구성하는 게 뭐냐는 건데. 아리스토텔레스가 서양에서 최초로 경제에 대한 중요한 아이디어를 던진 사람인데, 그 사람의 관점이 그렇습니다. 경제나 부라는 것은 인간의 좋은 삶을 달성하기위한 수단일 뿐이지 그것이 목적이 되어선 안 된다는 거죠. 목적과 수단이 전

우리는 날마다 저녁이면
온 사회가 공사판으로 달려가는
소식을 들으며,
자신의 미래를 예측할 수 없는 불안감을 가지고
잠자리에 든다.
그러나 다시 아침이면
우리는 어김없이 길을 나서야 한다.
삶은 살아져야 하기 때문이다.

저녁에 절망하면서도
아침에는 삶의 현장으로 나서야 하는
사람들의 몸뚱이와 가슴과 머리의
맥박과 설렘과 흐느낌에
주파수를 맞추고서
바람직한 변화의 방향을 제시할 수
있을 때
비로소 우리는 진보라는 이름을 다시
되찾을 수 있을 것이다.

도되면 인생이 불행해진다 그런 얘기기 때문에, 그러면 좋은 삶을 살기 위해서는 행복이 뭐냐에 대한 생각이 있어야 된다는 겁니다. 다른 사람이 불행한 상태에서 내가 행복할 수 있느냐라는 질문은 굉장히 큰 질문인 거 같아요. 경제철학에서 지금 슬슬 문제가 되고 있습니다만, 집으로 가려고 골목에 들어섰더니 거지들이 쭉 앉아있거나 강도들이 기다리고 있거나 한 상태에서 내가 과연 행복할 수 있느냐 라고 하는 건데, 사람들이 이렇게 자신의 경제적 행복을 자기 개인 문제로 생각하지 말고 다른 사람들의 경제적 행복이 나의 행복의 일부다, 라는 생각을 하게끔 만들어야 된다는 말씀이셨던 거 같아요.

**노회찬** 종교도 정신이 그런 거거든요. 잘못 해석되는 경우도 있고 제대로 실현이 안 되는 경우도 많지만. 인간과 동물의 차이가 뭐냐. 인간은 할 수 있는데 동물은 죽어도 못하는 게 뭐냐. 나누는 거라는 거죠.

**홍기빈** 사람만이 나눌 수가 있다는 말씀?

**노회찬** 예. 물론 이제 정반대로 얘기하는 분도 있습니다. 동물은 수탈을 해도 배가 부르면 더 이상 수탈하지 않는데 인간은 제 배가 불러도 한없이 수탈한다, 그런데 그때의 인간은 인간이 아니라 자본이죠. 자본이 그렇게 작동을 하는 것이지.

**홍기빈** 사람의 본성 자체가 그런 것은 아니다?

**노회찬** 예. 그렇게 믿고 싶은 거고요. 말씀드리고 싶은 건, 인간만이 나눌 수 있다는 거죠. 그래서 어떻게 나누는 것이 합리적이고 지혜로운가, 나눔의 방식에 대해 고민해야죠. 많은 나라에서 많은 실험들이 있었던 것이고, 제가 볼 때는 나눔이 집중되어야 될 순서가 첫 번째 교육, 두 번째 의료, 세 번째 주택, 이렇게.

**홍기빈** 제가 굉장히 거슬리는 얘기 하나가 뭐냐면, CEO 대통령이란 말입니다. 어느 개인의 문제가 아니라, 경제에서 국가가 왜 존재해야 되는가. 지금은 어떻게 돼있냐 하면 국가가 마치 경제성장률을 올리기 위해서 존재한다. 이런 식으로 사람들이 생각하고 있잖아요. 그런데 줄곧 말씀하신 게 뭐냐면, 국가가 경제를 위해서 존재해야 된다면, 돈을 더 벌도록 촉진하는 게 국가의 유일한 할 일이 아니라 좀 더 근본적인 임무는 국민들의 삶이 더 풍요롭게 하는 것이고, 이게 되기 위해서는 어떻게 사회를 만들어야 하는가, 다시 말해서 개인의 삶이든 집단의 삶이든 어떤 삶을 보장하고 끌고 나가야되는가, 이걸 해결하는 게 국가의 임무다, 라고 하는 얘기가 되겠는데, 지금 말씀하신 논쟁들이 최근 한 10년 동안 완전히 정치의제에서 사라진 거 같습니다.


## 주식회사 대한민국을 넘어서

**노회찬** 스스로를 CEO 대통령이라고 칭하는 자체가 사회를 바라보는, 또는 대통령의 역할을 바라보는 잘못된 관점의 산물이다, 일반 회사에서 CEO의 역할은 기업의 이윤창출을 가장 큰 사명으로 아는 사람이고, 그 이윤창출은 대주주를 위해 고용된 것이고, 창출된 이윤의 대부분은 대주주에게 가는 거죠. 그럼 우리 사회에서 대통령이 CEO면 대주주는 대자본 아닌가요. CEO란 얘기는 오너가 아니란 뜻인데, 나는 자본은 없지만 그래도 나는 대주주를 위해서 가장 유능하게 일할 사람이다. 그럼 국민들은 뭐냐. 국민들은 노동자냐.

**홍기빈** 직원이겠죠.

**노회찬** 스스럼없이 CEO 대통령을 자처하고, 그걸 강점처럼 얘기하는 것 자체가 경제와 국가와 대통령직을 바라보는 정말 잘못된 관점이라고 봅니다.

**홍기빈** 끝으로, CEO 이명박이 추진하는 "두바이식 금융허브/토건 국가" 모델과는 다른 진보적 대안과 국가 전략의 방향에 대해서 이야기해주셨으면 합니다. 지금까지 이야기에서도 말씀하신 부분이 있는데, 간략히 말씀해 주시면 이 대답으로 대담의 결론을 삼을 수 있을 것 같습니다.

**노회찬** 두바이는 2006년 지방선거에서 주요 광역단체장 후보들이 너나 할 것 없이 내걸었던 이상향이었습니다. 물론 2010년 선거에서 두바이를 지향하겠다고 나설 후보는 더 이상 없겠지요. 금융허브는 참여정부에 이어 이명박 정부까지 미몽에 젖어 선언한 사안이지만 미국 금융위기를 겪으면서 사실상 폐기처분되었다고 봐야 할 것입니다. 문제는 어떻게 먹고 살아갈 것인가 하는 것입니다. 이 문제는 이제까지 어떻게 성장할 것인가의 문제로 번역되어 왔고 성장의 질보다는 성장의 양에만 집착해온 역사가 있습니다. 이러한 그간의 성장정책에 대한 진보진영의 비판은 정당했지만 마치 반성장정책 혹은 저성장정책을 추구하거나 성장에 대한 대안이 없는 주장으로 치부되어 온 점에 대해서는 새로운 고찰이 필요하다고 봅니다. 저성장의 철학이 말하는 바를 경청해야 한다고 보지만 적정한 성장전략은 필수불가결의 문제라고 봅니다. 적정한 성장은 한국의 경우 내수시장의 활성화와 새로운 성장동력에서 찾아야 합니다. 내수시장의 활성화는 복지확대와 노동시장의 유연화 폐기로만 이룰 수 있으며 신성장 동력은 토건이 아니라 재생에너지 산업등 신환경산업과 IT산업등에서 찾을 수밖에 없다고 봅니다.

### 만남, 그 후

대담을 마치고 길을 나서다가 '잘 사는 대한민국', '선진국가'를 만들겠다고 약속하는 커다란 현수막이 걸린 한나라당 당사 건물을 쳐다보았다. 10년간의 야당시절을 거치는 동안 천막당사로까지 옮겨가야 했던 한나라당은 169명의 의원을 거느린 거대여당이 되었다.

'보수주의 혁명'이라는 신자유주의의 정치적 수사는 결코 수사로만 끝나는 것이 아니었다. 1980년대 이래 지구촌과 각국의 모든 보수 세력들은 단지 과거에 연연하고 변화를 가로막는 현상 유지의 '보수' 세력이 아니었다. 이들은 무수한 대학과 싱크탱크 등을 연계해 오늘도 사회를 어떻게 바꾸어 나갈 것인가의 아이디어를 숨 가쁘게 쏟아놓고, 그것에 맞춰 사회 전체를 재구조화하고 세부사항까지 디자인하는 '혁신가'의 면모를 분명히 갖추고 있다.

이명박과 한나라당이 과연 선진적인가, 혁신적인가하는 판단의 문제는 접어두자. 퇴행적인 모습에도 불구하고, 정부와 기업(즉 '민간')이 '이니셔티브'를 공유하면서 나라 전체의 정치경제 체제를 포괄적으로 개조하려는 이명박 프로젝트는 시작되었다. 문제는, 한국의 진보가 그 동안 어떤 모습을 보여주었는가 하는 것이다. 보통 사람들의 삶에 새롭게 나타나는 위협과 고통에 진심으로 다가서고, 오늘을 살아가는 사람들의 몸뚱이와 가슴과 머리의 맥박과 설렘과 흐느낌에 주파수를 맞추고서 바람직한 변화의 방향을 제시하는, 그야말로 '진보적인' 모습을 보였던가. 아니면 보수 정치세력들이 '혁신 기업가'의 면모를 갖추는 동안, 2002년, 1997년, 아니 멀리 1987년이나 심지어 1960, 1970년대까지 거슬러 올라가는 케케묵은 상황 인식과 '레퍼토리'들을 다시 꺼내들고, "그래도 51대 49로 결판나는 싸움이야" 혹은

"그래도 7~8%의 고정표는 있게 마련이야" 등의 언설을 유포하면서 기존의 정치구도에 안일하게 편승하려는 '지대(地代) 추구자' 의 모습을 보였던 것은 아닌가.

　'어제의 세계' 가 아름다웠던 것은 결코 아니지만, 누군가가 열심히 회고하고자 하는 그런 어제의 세계는 결코 돌아오지 않을 것이다.

　1997년 외환위기 이후 10년간 신자유주의적 구조 변화에 휩쓸려 하루하루 생활의 궁핍과 불안정에 시달려온 국민들이 지금 원하는 것은 보수도 진보도 아니라 '변화' 일 뿐이다. 국민이 보수화되었다고 한탄하는 것이야말로 실로 무책임한 언사의 극치인 것이다. 이명박 정부의 퇴행적 모습에 기대어 '어제의 세계' 를 환기시키려는 정치세력은 결코 성공하지 못할 것이다. '어제의 세계' 는 머릿속에서 지워버리자. 영화 〈매트릭스〉에 의하면 데자뷰(Deja vu)는 매트릭스 프로그램이 바뀌는 순간이라고 한다. 지금이야말로 총력을 기울여야 할 개입의 시간이다.

# 제6장

# 20대를 위한 나라는 없다

만남_ 그 여섯 번째

# 한윤형, 노회찬에게 묻다

기억해 보면 내가 '저자 노회찬'의 글을 처음 접한 것은 꽤 오래 전의 일이다. 지금은 《노회찬과 함께 읽는 조선왕조실록》이란 제목으로 개정출간된 《어, 그래?》라는 제목의 교양 역사도서를 어릴 때 재미있게 읽은 적이 있다. 중학생 때 읽었던 것으로 기억되니 십 년도 더 지난 일이다. 이 책은 조선왕조실록에 나온 특이한 사연들을 정리하여 구수한 입담으로 풀어낸 것인데, 조선왕조실록이 CD로 정리되어 나왔기 때문에 가능했을 것이다. CD에서 검색어를 입력하면 그에 해당하는 부분을 곧바로 찾을 수 있으니 그에 입각해서 글을 써 가면 되었을 테니까 말이다. 저자의 이력이 역사와 무관해도 상관없다는 사실이 신기하기도 했고, 어린 마음에 '대중교양도서를 이런 식으로 써볼 수도 있겠구나' 하는 상상을 해보기도 했다.

그 책의 저자가 훗날 내가 당원으로 입당한 정당의 대표가 될 줄이야 누가 알았으랴. 나중에 듣기로 노회찬 대표는 당시 감옥에서 나온 뒤 진보정당 재건을 위해 일하면서 어려운 살림을 유지하기 위해 인천에서 〈책꾸러기〉라는 도서대여점을 열었다고 한다. 예의 그 《조선왕조실록》은 늦은 밤 그 가게를 지키던 시간들이 가져다 준 선물인지 모른다. 다행히 3년 뒤 이 책이 나와 묵은 빚을 좀 갚았다고 하니, 나도 당대표의 묵은 빚을 갚는데 한몫 보탠 셈이다.

궁핍한 시절에도 새로운 매체를 활용하여 감각적인(그리고 품이 덜 드는) 저술로 빚을 갚을 줄 알았던 센스 좋은 정치인이 내 눈 앞에 있었다. 그리고 나는 그의 시대와는 전혀 다른 매체를 통해 진보정당이란 것이 필요하다고 느끼게 된 첫 번째 세대의 메신저가 되어 그와 마주앉게 되었다.

영광스러운 자리였지만, 기분이 유쾌할 수만은 없었다. 요즘 진보신당에 대한 내 생각을 한마디로 얘기한다면, '걱정이 태산이다' 라는 것이다. 사람들은 2004년에 진보정당에게 한 번의 기회를 주었고, 그 기대를 실망으로 되돌려 받았다. 예전에는 '좋은 정당인 건 알지만 당선이 가능하겠느냐' 라고 말하던 사람들이 요즘에는 '진보정당이 뭐하는 곳인지, 왜 있는 것인지 모르겠다' 라고 말한다. 거기에 맞서 힘 있게 진보신당의 존재의 필요성을 증명(?)하는 것이 당원된 도리이겠지만, 쉽지 않다. 사람들의 반응 이전에 우리부터 한계에 봉착해 있다는 생각이 드는 것이다.

좌파들은 줄곧 '진보' 라는 브랜드를 선점한 노무현을 욕하면서 우리들은 '진짜 진보' 이므로 기회를 주면 무언가를 할 수 있다고 주장해 왔다. 정말로 그런지는 의문이다. 제1야당의 세력과 인력풀을 가지고도 그들은 시행착오를 거듭했는데, 우리는 무슨 근거로 무엇을 할 수 있다고 말할 수 있을까? 앞선 시대를 넘어서겠다고 외치기 전에, 진지하게 현실의 벽을 인정하고 넘어가기 위한 방법들을 말하고 고민하는 일이 필요한지도 모를 일이다.

특히 '산업화 세대' 와 '민주화 세대' 가 보수 양당을 떠받치는 광경을 봐온 나로서는, 나와 같은 세대의 젊은이들이 무언가를 할 수 있고, 또 해줬으면 하는 바람을 갖고 있다. 하지만 오늘날 우리 20대들은 새로운 희망의 이름으로 불리기는커녕 새로운 사회문제가 되어 있다. 그리고 이런 상황은 또 한 번 진보주의자들을 좌절하게 한다. 내가 노회찬 대표와 해야 할 얘기들은 바로 그런 현실 위에 서 있는 것이다. 젊음이 더 이상 싱그럽지 않고 어떤 질곡인 시대에, 나는 노회찬 함께 우리 시대의 젊음을 이야기해야 했다.

## 20대는 정말 보수화되었을까

**한윤형** 오늘의 20대는 '88만 세대'라는 슬픈 이름으로 불리기도 하고, 또 진보나 개혁을 말하는 사람들로부터 보수화되었다고 타박을 받기도 합니다. 또 한편으로 표를 행사할 수 있는 유권자이기도 하니 하루아침에 낯간지러운 칭찬을 받기도 하고요. 어쨌든 요즘은 누구나 입을 열면 '20대의 보수화'에 대해 이야기하고, 이 20대가 정치에 무관심해서 문제가 많다고들 하는데, 이런 얘기에 대해 어떻게 생각하세요?

**노회찬** 20대가 보수화됐다기보다는 사회적 조건이 이들을 보수화시켰다고 보아야 정확한 거라고 생각해요. 심성이나 가치가 갑자기 보수화됐다기보다는 생존조건이 달라진 거죠. 기성세대가 만든 조건 때문에 20대가 살아갈 수 있는 생존조건이 열악해진 것이 출발이겠죠. 대학생의 경우에도 과거와는 달리 장래의 선택지들이 한층 제한적이 되었고, 좁은 취업의 관문을 통과하기 위해 개인의 성적관리나 스펙에 더 매몰될 수밖에 없게 되었다고 봅니다. 그런 것들이 공동체적 관심사보다는 개인의 자기계발에 매달리게 하는 요인이겠지요. 그렇다고 하더라도 이런 설명만으로 20대의 보수화가 다 이해될 수는 없다고 생각합니다. 이것은 밖으로부터 해석되기보다는 자신들의 존재조건을 파악하고 사회적 주체로서 새롭게 자신을 구성하는 힘이 어떻게 생겨날 수 있을까 하는 고민이 부재한 데서 오는 지체현상이기도 하니까요. 단지 정치를 외면하는 것이 아니라, 울리히 벡의 표현처럼, '정치적으로 정치를 거부하는'데서 기성정치에 대한 도전이 시작될 텐데 그런 것들이 아직 나타나지 않는 것이 아쉬운 대목이지요. 스스로의 생존조건의 규칙을 바꾸는 데 20대가 적극적으로 나서는 문제에 대해 진보정치가 어떤 역할을 할 수 있을지 저 역시 고민하는 중이기도 하고요.

**한윤형** 상황은 여러 측면에서 이해해야 한다 하더라도, 어쨌든 보수화된 건 맞다고 보시는 거군요? 전 보수화란 규정 자체가 구태의연하다는 의문이 드는 거예요. 20대의 정치적 성향을 보수화라는 말로밖에 이해할 수 없는 것일까요? 가령 진보정당의 지지율은 예나 지금이나 다를 바가 없다고 생각하는데, 참여정부나 민주당에 대한 지지율이 잘 안 나온다고 해서 진보좌파들까지 청년들이 보수화되었다는 말에 동의하고 그대로 옮겨놓는 것이 도무지 맞는 얘기인지, 그런 의문은 있어요.

**노회찬** 정치에 무관심하거나 취업문제에나 매달린다고 곧장 보수화되었다고 규정하는 것은 아니라고 생각합니다. MB나 한나라당을 지지한다고 그걸 보수성향이라고 하는 것도 그렇고요. MB의 CEO 이미지에 끌린 것은 서운한 것이라 해도, 진보진영이 대안적 이미지로 다가가지 못한 결과이지 보수에 대한 지지가 굳어진 것으로 보이지는 않거든요. 진보진영이 20대의 정치학을 구성하는 데 실패한 결과라고 봅니다.

**한윤형** 학생운동이 퇴조했고, 20대가 정치에 관심을 가지는 일이 희귀해졌다는 부분은 분명 있습니다. 그런데 젊은이들이 사회문제에 관심을 가지지 않는 이유는 '살기 위해서' 하나로 요약될 수 있는 게 아니라 다양할 거라는 생각이 들거든요. 정말 사는데 별 문제가 없어서 관심이 없는 사람, 사는 데 문제는 있지만 어디에 문제가 있는지 알 수가 없어서 관심을 안 가지는 사람, 사는 데 문제가 너무 많아서 도대체 시간이 없어서 관심을 못 가지는 사람 등등. 첫째 부류에게 우리가 할 수 있는 말은 없을 것이고, 둘째 부류에 어필하면서 우리를 따라오면 문제가 해결될 수 있다고 말해야 할 테고, 셋째 부류에는 당신들처럼 힘든 사람이야말로 우리에게 기대야 한다, 관심을 많이 가지지는 못하더라도 우리를 믿고 지지해 달라고 말해야 할 텐데요.

**노회찬** 한국 사회 전체가 그렇듯이 격차사회에서 20대 내부에 뚜렷한 계급적 분화가 나타나는 것은 분명한데, 20대가 경쟁을 어쩔 수 없는 것으로 받아들이고 자기계발에 매달리기 때문에 아직은 진보정당이 자기 인생에게 별 도움이 안 되는 것으로 받아들이고 있지 않나 하는 생각이 들어요. 저는 오늘 20대에게 다가가려면 어떤 모습과 태도여야 하는지 조언을 듣고 싶기도 하거든요.

**한윤형** 사람들은 문제 해결이나 대안을 제시해주는 것도 좋아하지만 그건 결코 쉬운 일이 아니라는 것 역시 잘 알고 있는 것 같아요. 그래서 대안 말하기 이전에 자신의 문제를 잘 알고 있다는 느낌을 주는 사람을 좋아하는 것 같습니다. 그런 사람이라면 신뢰할 수 있다고 보는 거죠. 진보신당은 20대들에게 그런 믿음을 줄 수 있을까요? 노 대표님은 최근 20대들이 현실적으로 당면한 문제가 어떤 종류의 것이라고 생각하시는지요?

**노회찬** 넓게 얘기하면 아무래도 경쟁이겠죠. 좋은 대학 들어가기 위한 경쟁, 좋은 직장을 갖기 위한 경쟁, 그 다음에 더 나은 생활, 즉 출세를 위한 경쟁. 이것은 최상위 계층을 제외하고서는 전 계층에게 강요되고 있는 것이라 생각해요. 예를 들면 우리나라 아동들이 전 세계에서 잠을 가장 적게 잔다고 합니다. 수면시간이 가장 짧은 나라, 그 다음에 학습시간, 공부시간이 가장 많은 청소년기, 그 다음에 청소년을 지나서는 연간 평균노동시간이 가장 많은 나라, 그 다음에는 노년층이 되죠. 노인 자살이 가장 많은 나라. 이렇게 끔찍한 기록의 연속이죠. 그렇게 고생했으면 그 다음에 좀 편해야 되는데, 고난의 행군이죠, 평생. 거의 불교에서 얘기하는 고해의 수준. 한반도가 고해의 땅이죠.

**한윤형** 그와 같이 경쟁에 몰두하는 젊은이들에게 당신들의 삶에 이런 걸 줄 수 있다고 말할 수 있다면 어떤 부분이 있을지요?

**노회찬** 경쟁에서 이기려고 하는 것은 생존경쟁에서 본능적인 몸부림으로 이해는 할 수 있지만, 과연 경쟁에서 이길 확률이 얼마나 되느냐, 또 그 경쟁이 주는 폐해, 이런 것까지 감안해본다면 경쟁의 룰을 바꾸는 것, 즉 생존의 조건을 바꾸는 것에 동시에 신경 써야 되는 거 아니냐고 말하고 싶어요. 그런 점에서 우리가 "당신이 더 쉽게 이기도록 해 주겠습니다"라는 약속을 할 순 없다, 그러나 두려움과 공포에 주눅 들지 않는 경쟁의 룰을 만들려면 정치의 구도가 바뀌어야 하고 이것을 위해 함께 고민하자, 이런 말을 할 수 있지 않을까 생각합니다.

**한윤형** 너무 추상적으로 들리지 않을까요? 그 권유대로라면 결국 젊은 이들이 진보신당을 위해 무언가를 해야 한다는 건데요. 격차와 경쟁 구도 한복판에서 주눅 들린 20대에겐 어떤 구체적인 실감이 필요하지 않을까요? 옆을 돌아보면 실제 아무 것도 보이지 않고, 다른 것에 신경 쓰는 것 자체가 낭비라고 생각되니까 관심을 가질 엄두가 나지 않는 거예요. 저 같은 경우, 여동생과 같이 움직이다보면 지하철에서 소설책을 본다거나 그럴 때가 있는데 그럼 동생이 되게 신기하다는 듯이 쳐다봐요. 동생 주변의 어느 누구도 학교교재가 아닌 책을 읽지 않는다는 거죠. 전공이 공대라서 그렇긴 하겠지만……. 여하간 소설책 한 권 안 읽는 친구들한테 정치적 관심을 가지라고 요구하는 건 어떤 의미가 있을까요? 과연 진보좌파들은 구체적으로 젊은이들이 어떤 상황에 처해 있는지는 알까? 뭐 그런 의문이 여전히 남는 것이지요. 오늘날의 모든 20대가 대학생은 아니지만, 20대의 다수가 대학생이라는 사실을 부정할 수 없는데, 이들이 처한 상황을 어떻게 파악하시는지.

**노회찬** 지금 20대들의 정서나 욕망을 잘 이해하고 있는가라고 물으면 자신 있게 그렇다고 말할 순 없지만, 20대가 구체적으로 어떤 사회적 조건에 처해 있는가에 대해 파악하고 있지 못하다고 생각하진 않아요. 주로 여러 가지 사회적 통계로 파악하고 있는데, 역시 취업 문제가 20대 삶에 주는 압박이 가장 크다고 봅니다. 대학교 졸업한 사람이 첫 직장을 갖는 데 걸리는 평균기간이 18개월 정도 되는 걸로 알고 있어요. 1년 6개월 지나야 취직이 된다는 건데, 이는 금방 취직하는 사람도 있는 반면에 2년 3년 지나도 취직 못하는 사람들이 있다는 걸 의미합니다. 또 하나 더 심각하게 봐야 할 점은 생애 첫 직장에서의 평균 재직기간이에요. 그렇게 1년 2년씩 기다려서 얻은 직장에서 평범한 사람이라면 누구나 첫 직장이 평생 직장이 되길 바랄 건데 결코 그렇지 못하다는 거죠. 실제 생애 첫 직장에서의 평균재직기간은 15개월 정도밖에 안 돼요. 18개월 기다려서 겨우 직장 들어가서 15개월 만에 실직이 되는 거죠. 그만큼 현재 고용조건은 물론이고 환경도 나쁘다는 얘기죠.

제가 지방대학을 많이 가는 편인데 교수들이 저한테 이것만은 당신이 꼭 알아야 된다고 하는 얘기가 있어요. 특히 지방대학일수록 가정형편이 어려운 사람들이 많지요. 그래서 등록금을 대출받아서 다니는 사람들이 적지 않은데 대출조건이란 게 졸업하고 2년인가 지나면 부분상환에 들어가게 돼요. 그런데 졸업하고 2년 안에 대출금을 부분적으로 갚을만한 직장에 들어가는 인원은 극히 적은 거예요. 그걸 아니까 졸업 자체를 미루는 거예요. 한마디로 '캠퍼스 모라토리엄'이죠. 군대 가는 것도 아니고, 특별한 일이 있는 것도 아니고, 여학생들도 그렇고 상당수가 휴학하는 거예요. 당장은 어려운데 시간이 지나면 좀 나아질지 모른다는 막연한 희망을 가지고. 조금 여유가 있는 사람들은 아예 대학원 가겠지요. 대학원 안 가도 될 만한 사람들이 취직이 안 되니까 대학원 가고, 아니면 스펙 쌓는다고 연수가고. 전망이 없으니까 대기상태를 길게 하는 거예요. 부모들이

져야 될 경제적 부담도 문제고, 학생들 문제도 큰 거죠.

**한윤형** 대학생들의 삶에 대한 얘기가 나와서 말인데, 대표님이 대학교 가서 용접공 자격증 취득하고 노동운동을 위해 공장으로 투신했던 70년 대와는 상황이 많이 다르죠? 그때는 대학생들이 청년층에서 다수가 아니었지만, 오늘날에는…….

**노회찬** 그렇죠. 지금 우리 문제 중 하나는 대학생이 너무 많다는 거예요. 고등학교 졸업생 기준으로 대학진학률이 80%인데.

**한윤형** 80% 넘죠. 86%에 달한다고 합니다. 우리가 생각하는 운동권들의 시대인 7-80년대엔 30% 안팎이었다고 하던데…….

**노회찬** 이것은 우리 사회의 병리현상 중 하나예요. 우리 사회가 경제적 수준이 점점 높아지고 사회가 발전해서 고등교육이 많아지는 거라면 좋은 일인데, 우리는 그런 과정이 전혀 아니라는 거죠. 국민소득만 놓고 보면 국민소득 높은 나라 중에 우리나라만큼 대학진학률이 높은 나라가 거의 없어요. 스위스는 50%가 안 돼요. 스위스가 국민소득 제일 높은 나라인데.

**한윤형** 그런 나라는 고졸 학력으로도 취득할 수 있는 기능을 배워서 충분히 먹고 살 수 있을 테니까요.

**노회찬** 한마디로 고졸로는 취직도 안 되는 현실 때문이겠죠. 실제로 학문 경쟁력 보다는 학력, 능력보다는 자격증을 더 중시하는 비합리적인 상황이 취업이나 기업 내에서만이 아니라 문화적으로도 깊이 자리 잡고 있기 때문에 대학에 기필코 가려는 거예요. 이 얘기를 거꾸로 얘기하면 다른 나라에서는 고등학교를 졸업하고 할 수 있는 일을 우리는 대학 나와서 하고 있다는 거죠. 사회적으로 굉장한 낭비인 거죠. 우리가 정말 열등한 유전자를 가진 민족이 아니라면 왜 12년 교육받고 할 일을 16년 교육받아서 해야 하냐 이거죠. 학력 간 임금격차가 너무 크고, 이런 현실을 부추기듯 대학을 마구 늘리는, 특히나 거의 다 사립대학교를 늘려나갔던 그간의 교육정책도 이것을 뒷받침하고 있는 구조인 거죠. 이것은 그야말로 개인의 자유로운 선택의 문제가 아닌 겁니다. 대학은 대학대로, 대학다운 교육을 시킬 준비와 조건이 안 돼 있는데도 대학간판을 달고 있다 보니까 절반 이상의 대학이 기업으로 따지면 부도상태에 놓여있는 대학들이 태반인 것이죠.

**한윤형** 그 말씀 들으니까 생각이 나는데, 얼마 전 이명박 대통령이 지방 순방 다니면서 '마이스터 고교'라는, 일종의 기술인력을 양성하는 특성화 실업계 고교를 확대하겠다고 말하면서, 여기만 나오면 고졸이라도 취업할 수 있게 하겠다고 했어요. 사실 이명박이라고 다 나쁜 짓만 하는 건 아니잖아요. 한계는 분명하지만 이거는 그래도 좀 잘한 일이 아닌가했는데, 전교조는 반박성명을 내더라고요. 새로운 입시명문고가 될 우려가 있다고. 사실 전 그 반박논리가 잘 안 와 닿았거든요. 입시명문고는 고등학교를 나온 다음 좋은 대학을 들어가려고 하는 건데, 마이스터 고교는 대학을 안 가고 취업하는 것이 목적이라고 하잖아요? 이런 것들은 평가를 해 줄 부분이 있지 않나요?

**노회찬** 예. 전면적으로 부정할 건 아닌데 그게 실업계 고등학교와 관련된 근본정책을 변화시키고 그들의 취업통로를 열어주는 게 아니라 일부 학교에 대해서 시범적으로 특혜를 주게 될 경우에는 문제가 실질적으로 해결이 안 된다는 그런 취지에서 나온 얘기겠죠.

**한윤형** 그렇긴 한데 저는 과연 진보좌파가 집권해서 정책을 펼쳐도 모든 일을 한 큐에 해결할 수 있을 것인가. 아니겠죠. 일단 일부 학교를 시범으로 지정해서 좋은 효과를 보고, 그런 걸 보고 여론수렴해서 확대해 나가겠죠. 그런 절차 안 거치면 그게 또 좌파버전의 '불도저 행정' 이겠고요. 그런데 이명박 정부가 했기 때문에 '일부'만 효력이 있다고 비판하는 것은 좀 이상하지 않을까요? 근본적으로 문제 해결이 안 된다는 얘기는 너무 하나마나한 얘기가 아닌지?

**노회찬** 물론 그렇겠지요. 그러나 고등학교 단계에서의 그런 실험이 가능하기 위해서도 학력에 따른 임금격차가 줄지 않으면 그것이 확대되는 것도 불가능해 진다는 거죠. 임금격차가 부당하게 크기 때문에 영업서비스직 같은 것도 다 대학 나오려고 하고 있고, 심지어는 술집 웨이터도 대학 나와야 되는 상황을 동시에 개선하지 않고서는 전시 행정적 실험에 그칠 공산이 더 크다는 겁니다. 실제 실업계 고등학교도 대학 안 가고 바로 취직할 때 받는 불이익이 너무 크기 때문에 실업계 고등학교에서 실업계 교육이 안 되고 있어요. 학교는 실업계인데 일반 고교와 입시교육이라는 점에서 과거보다 더 차별성이 없어지는 현실에서 특성화 교육이 얼마만큼 실효성이 있겠냐는 겁니다.


## 오바마도 부러워할 대학진학률

**한윤형** 그 역시 대학진학을 하기 위한 교육을 하게 되는?

**노회찬** 그 학교를 졸업하는 학생들이 곧장 취업하는 혜택은 볼 수 있겠지만, 임금격차가 상존한다면 그것이 지니는 메리트가 얼마나 있겠느냐는 것이죠. 다른 더 큰 문제는 다른 실업계 고등학교 문제는 어떻게 할 것이냐는 겁니다. 실업계 고교 내부에 격차구조만 만들어놓지 않겠느냐는 것도 검토되어야지요. 실업계 고등학교의 고유 기능은 사실상 마비되어 있어요. 과거에는 대학을 안 가고도 취직이 됐고, 일부가 동일계 진학 정도로만 대학을 갔었어요. 지금은 실업계 고등학교의 반 이상이 대학갈 준비를 하고 있어요. 이런 실업계 고등학교의 현실을 방치해두고 어느 실업계 고등학교에 취직 잘되도록 해주고 또 들어오면 장학금 받도록 특혜를 베풀어주는 것, 그런 케이스를 늘여가는 것이 정말로 주된 해결 방향이 되겠느냐는 거죠.

**한윤형** 최소한 기업에서 학력란 적는 거 없애고?

**노회찬** 임금격차를 줄이는 게 가장 급선무예요. 임금격차를 줄이게 되면 비로소 사람들이 어느 정도 비용효과를 계산하지 않겠어요?

**한윤형** 대학 학비도 굉장히 비싼데 굳이 다녀야 될까 생각하게 되겠지요. 실력향상에 유인이 될 최소한의 수준의 임금격차만 인정한다면 말입니다.

**노회찬** 바로 그렇죠. 국가 입장에서 보면 노동력이 저절로 길러지기도 하지만, 교육이 여러 가지 기능을 갖는데 그 중의 하나는 사회적으로 필요한 노동력을 길러내는 의미가 분명히 있거든요. 그럼 이 노동력을 길러내는 정책과 전략이 필요한데, 다른 나라에 비해서 굉장히 고비용 저효율 정책을 쓰고 있는 거죠. 이것을 고치려면 시장에서의 부당한 가격차이를 없애주는 것이 급선무라는 거죠. 그렇게 되면 인식도 점차 바뀔 거예요. 고등학교 나온 데 대해서 그렇게 2류 인생으로까지 평가받지 않는다는 거죠. 그냥 졸업해도 자기가 하고 싶은 일을 할 수 있는데 굳이 대학까지 다닌다면 다른 나라에서 정말 이상하게 볼 겁니다.

예컨대 실업계하면 옛날부터 상고, 공고 이런 것만 생각하는데, 유럽 선진국을 보면 미용, 패션, 요리 이런 분야들이 전부 고등학교 졸업한 사람들이 가는 특수직업학교로 되어 있어요. 2년제가 있고, 3년제가 있는데, 거기 나오면 그 다음부터는 완전히 장인의 길로 가는 거예요. 그런데 재미있는 것은 그런 학교들이 워낙 그 나라들에서 잘 뿌리를 내리고 있기 때문에 우리나라에서도 그 학교들을 가고 싶어 하는 사람들이 많다는 거예요. 우리나라에선 그런 학교를 어떻게 가느냐면 일단 대학에 들어가요. 그것도 좀 좋은 대학에 들어가서 일단 대학을 졸업해요. 그 다음에 알리앙스 프랑쎄즈나 괴테 하우스 같은 데 가서 어학 열심히 해서 본토 국가 학생들이 고등학교 졸업한 뒤 바로 가는 학교에 입학을 하는 거예요. 거기 갔다 오면 우리나라에서 인정을 받으니까요. 그야말로 엄청난 과정과 비용을 들이는 거죠.

영국같은 나라들에서는 그런 학교들이 대부분 국비예요. 나라에서 비용을 대주고 길러낸단 말이죠. 그럼 우리나라는 그런 인력을 어떻게 길러내느냐. 길러내는 시스템 자체가 없어요. 아니 세상에 음대를 국립대학교 안에 두는 데가 어디 있어요? 이게 한국이 대학교 몸집 불리기에 급급해 가지고 만들어낸 희비극적인 현실이지요. 케임브릿지 음대 들어봤어요? 하버드 미대 들어봤어요? 이게 웃기지도 않은 거예요. 그런데 여기 나온 사람들이 음악계, 미술계를 완전 장악하고 있어요. 거기 안 나오면 발 디디기도 힘들 정도로 하나의 파벌화, 계열화, 서열화 돼있단 말이죠. 이러니 고등교육이나 전문교육에 대한 사회적인 준비나 시스템이 대단히 왜곡될 수밖에 없는 것이죠.

이것을 가능한 부분부터 바꿔나가는 데 있어서 국가의 역할이 대단히 큰 것이라고 보는 거예요. 국가의 역할이 기본 시스템은 바로 안 잡고 자율화니 이런 식으로 가다보니까 원하는 사람은 다 대학 가도록 해주자, 그런데 대학이 부족하니까 대학설립요건을 완화해서 운동장이 없어도 된다, 옛날 같으면 대학교는커녕 대학도 되기 힘든 데까지 대학교로 인가해주고 이런 식으로 하다보니까 오히려 고등록금 정책을 계속 쓰고, 등록금으로 이윤을 창출하겠다는 그런 업자들이 교육계에 막 진출하면서 지방에 있는 말도 안 되는 대학교육이 자리 잡게 된 것이지요. 교수는 관행대로 돈 받고 교수 시켜주고, 등록금 가지고 벌고, 국가가 해야 될 일을 민간자본이 하면서 누리게 된 여러 가지 특혜를 다 누리고, 그래서 부동산을 매입하거나 교육과 무관한 재테크를 하면서 우리 사회의 검은 버섯으로 성장해왔단 말이죠. 그러니 자기 자본 한 푼 없이 기업을 만들 수 있는 가장 좋은 방법이 대학교 세우는 거다, 중소기업 하나 세우려 해도 자기 돈이 있어야 되는데 교육 사업을 한다 하면 바로 그 순간 땅 구입비, 건축비 이런 것들을 은행대출로 해결하고, 여기에다 해마다 들어오는 정부지원금까지 챙기는 거죠. 사람들이 잘 몰라서 안하는 거지, 교육 관료로 2,30년씩 있었던 사람들은 이 모든 걸 이용해서 대학을 만들고, 이사장으로서 자기 것을 만드는 거거든요. 여기서 망가지는 건 교육이고 피해보는 건 학생인 것이죠.

**한윤형** 한국 사회의 진보좌파는 우파들에게 시장합리성의 문제까지 설명해야 되는 처지에 있어서 더 어려운 것 같습니다. 하하하. 다른 한편, 제가 생각하는 한국 사회의 커다란 문제는 '실력주의' 자체가 왜곡이 되어 있다는 것입니다. 한마디로 학벌이나 학력사회가 실력을 키운다고 말하는 게 교육에 대한 한국 우파의 유일한 교육철학이라 생각되거든요. 공부 잘하는 이들만 모아서 따로 교육시키고 나중에 그들에게 특권

을 주는 것이 실력을 키우는 길이라고 말하는 게 늘 되풀이되는 레파토리니까요.

**노회찬** 대학의 서열화와 입시교육이 공교육을 공동화(空洞化)시키고, 사교육의 비대화를 가져왔는데, 특목고나 자사고를 만들어서 초등학교부터 대학까지 서열화시키면 완벽하게 한국의 교육은 입시경쟁력 교육만 남겠지요. 교육 경쟁력의 약화를 고교평준화 탓으로 돌리는 것이야말로 본말전도의 전형입니다. 대학서열화를 그냥 두고 입시제도만 바꾸려는 어떤 시도도 실패할 수밖에 없다는 것은 이미 수도 없이 입증된 사실이에요. 평준화 정책을 유지하고 내신 중심의 대학입시를 강화하겠다던 참여정부가 갈지자걸음을 했던 원인도 바로 거기에 있고요. 진정한 교육 경쟁력이란 게 무엇일까요? 실력이란 어떻게 입증되는 것일까요? 재작년에 노벨물리학상을 받은 마스카와 도시히데라는 과학자가 일본 문부성 관계자들을 만난 자리에서 입시위주의 일본 과학교육이 후세대 기초과학자들

의 탄생을 가로막는 가장 큰 원흉이라고 호통 쳤다는 이야기 같은 걸 한국의 교육 관료들은 아예 접한 적도 없는 것이지요.

**한윤형** 이야기를 조금 돌려서 여쭤볼게요. 대학진학률은 진보좌파의 입장에서 매우 중요한 문제일 것 같습니다. 무상교육 문제와도 밀접한 관련이 있는 것 같거든요. 듣기로 유럽에서도 요새는 대학진학률이 높아지면서 대학학비가 '무료'에서 '소액'으로 바뀌는 추세라고 합니다. 한편으론 지식기반경제라고 해서 평생교육의 중요성이 높아진 것도 사실이잖아요? 적게 배워도 그 지식으로 할 수 있는 직장에 취업할 수 있어야겠지만, 또 한편으론 다른 직업을 택하기 위해 언제든지 다시 배울 수도 있어야 할 것 같아요. 이런 부분들을 국가가 제도적으로 뒷받침하려면 굉장히 많은 체계와 비용이 필요할 텐데, '무상교육'이라는 구호로 접근하는 것은 지나치게 추상적이고 비현실적인 일은 아닐까요?

**노회찬**  제가 2008년 가을 프랑스와 노르웨이의 대학초청으로 강연회를 가진 적이 있었어요 당시 한국에선 연간 등록금 천만원시대가 되었다고 해서 비싼 등록금이 사회적 문제가 되고 있었어요. 그래서 한국에도 잘 알려진 프랑스 소르본느 대학의 연간 등록금을 물어보니 30만 원 수준이에요. 노르웨이 오슬로 국립대학에 가서 물어보니 거긴 아예 무상이라는거죠. 무상, 30만 원, 천만 원 이런 차이는 단지 양적 차이만은 아니죠. 본질적 차이는 교육을 상품으로 보느냐 공공재 즉 기회균등 실현을 위한 사회복지의 일환으로 보느냐의 문제입니다. 삶의 질을 결정짓는 가장 중요한 요소인 교육을 상품으로 간주할 경우 개인의 경제적 능력에 따라 좋은 교육을 받을 기회가 제한되고 결국 부가 세습되고 가난이 승계되는 통로로서 교육이 기능하게 되는 최악의 상황이 되는거죠. 사교육비가 40조에 이르며 공교육비의 두 배가 넘는 우리의 현실은 이미 최악의 상황을 보여주고 있죠. 따라서 무상교육이란 단지 비용의 많고 적음을 뜻하는 것이 아니라 기회균등이라는 교육의 목적과 공공재라는 실현방법에 대한 표현입니다. 물론 이를 구체적으로 실현시키기 위해 국공립대학부터 등록금을 낮춰가는 것도 현실적인 접근방법이 되겠죠.

**한윤형**  한편으로 또 문제 삼을 수 있는 게 뭐냐면, "대학진학률이 높아서 문제다"라는 얘기는 진보좌파들만 하는 얘기가 아니라는 겁니다. 단적으로 말해 이명박 대통령도 그런 얘길 하지요. 물론 노 대표님께서는 대학진학률이 높지 않아도 되는 구조를 만들어 나가자고 하는 반면 이대통령은 개인의 선택을 문제 삼는듯하지만 말입니다. 이 문제와 바로 연결되는 게 이른바 '청년들의 눈높이' 문제입니다. 청년들이 눈높이를 낮추어야, 아니 이명박 대통령의 최근 해명으로는 '맞추어야' 청년실업 문제가 해결된다고 하죠. 더구나 경제신문들을 보면 가끔 헤드라인을 기가 막히게 뽑더라고요. '청년실업 100만' 이랑 '외국인 노동자 70만' 을 붙여버리는 거죠. 너희들이 일을 안 해서 외국인 노동자 들어왔다는 겁니다. 외국인 노동자와 청년실업, 키워드가 이렇게 연결되는 것에 대해서는 어떻게 생각하시는지?

**노회찬** 그 연결은 여러 가지 면에서 잘못됐는데, 외국인 노동자의 유입이 어떻게 청년 실업의 문제와 연결되느냐는 거죠. 중년 실업은 왜 관계 없느냐. 외국인 노동자들이 하는 일을 그 임금을 받고 하기 싫어하는 것은 청년들만이 아니라 중년들도 마찬가지거든요. 예를 들어 지금 외국인 노동자가 하는 일을 과거에 누가 했는가를 보면 알 수 있어요. 청년들이 아니라, 거의 다 과거 가난한 중년 노동자들이 하고 있던 일을 외국인 노동자가 지금 하고 있는 거예요.

대통령이라는 사람이 라디오 방송 프로에 나와서 청년들 눈높이가 너무 높다, 일자리는 있는데 왜 청년 실업률이 높은 거냐, 이러면서 하는 얘기가 젊었을 때 고생은 사서도 한다, 그게 대통령의 실업문제에 관한 철학이라면 참 골치 아픈 거죠. 그 식으로 따지면 국민소득 1,000달러 이하가 되어야 전 국민이 성불할 거란 얘기하고 똑 같아요. 성불하려면 더 고생해야 되는 거다 하니까, 가시밭에서 그냥 먹고 자고.

또 하나는 외국인 노동자가 노동시장에 미치는 영향에 관한 문제인데, 사실 외국인 노동자는 자본주의 시장 원리상 시장에서 퇴출되어야 될 기업들을 결과적으로 연명시켜주는 효과가 있어요. 기업의 생존을 저임금 노동에서 계속 찾아가고 있는 거죠. 기업은 기술개발이나 창의성으로 성장해갈 방도를 찾지 않고 저임금으로 연명할 궁리를 하다가 그것도 안 되면 중국이나 베트남이나 에콰도르까지 가서 값싼 노동력이나 찾아다니고, 대통령은 저임금에 눈높이를 맞추든지 아니면 굶든지 하며 협박이나 하고, 이건 경제대통령의 염치를 가지고 내놓을 수 있는 방안은 아니죠.

일본전산(NEC)이란 기업의 회장이 한 얘기를 예로 들어보지요. 자신은 세계적인 금융위기로 인해서 매출이 30%씩 격감할 때 결심한 바가 있었다는 겁니다. 한 명도 안 자르겠다. 위기상황에서 안 자르고 경영하려면 더 힘들겠지요. 그런데 안 자르고 망하지 않으려고 하다보니까 다른 것을 많이 혁신하게 됐다는 거죠. 그래서 결국엔 한 명도 안 자르고 기업은 매출을 회복했다는 거예요. 그러면서 하는 얘기가 사람을 자르는 건 가장 쉬운 방법이다, 사람을 잘랐으면 쉽게 극복했을지 몰라도 혁신은 못했을 거라는 거죠. 그러면서 한국기업에 한마디 하는 거예요. 사람 잘라서 기업 살리는 거라면 누가 못하느냐, 그게 경영이냐. 사실 그렇잖아요. 가족들이 먹고살기 힘들어졌다, 그러면 가장부터 시작해서 뭔가 먹고 살려고 몸부림을 쳐야지 우리 수입이 작년에 비해서 반으로 줄었다, 그러니 할 수 없다, 막내부터 시작해서 너희 형제들 집에서 나가라 그거하고 뭐가 다르냐 이거죠.

**한윤형** 크크크.

**노회찬** 그러면 생활비야 줄어들겠지만 그게 해결책이냐는 거죠.

**한윤형** 혹시 빅맥지수라는 거 들어보셨나요?

**노회찬** 맥도날드 빅맥 가격을 비교해서, 각국의 통화가치와 각국 통화의 실질 구매력을 평가하는 지수를 말하는 거죠.

**한윤형** 예. 그러기도 하고, 좀 쉽게는 빅맥을 먹으려면 그 빅맥 가게에서 몇 분을 일해야 하느냐가 빅맥 지수에요. 그런데 우리나라가 국민소득이 곧 2만 달러로 회복된다니까 소득 자체는 선진국의 절반 내지 삼분지 일이 되는 건데, 이 빅맥 지수를 보면 정말 터무니없이 높아요. 선진국이 몇 분이라면 우리는 두 시간이 넘어가죠. 소위 '알바'라고 말하는 불안정 노동의 문제거든요. 아까도 임금격차 얘기를 하셨지만, 이렇게 현격한 격차가 있는데, 그러니까 한국의 체제라는 것이 많이 버는 사람은 많이 벌지만 최저임금은 이렇게 낮아서 평균해서 선진국의 1/2, 1/3까지 따라왔다는 건데, 사람들은 여기에 대해선 큰 관심을 가지지 않습니다. 기본적으로 알바를 해도 생활이 되어야 한다는 개념 자체가 없는 것 같아요. 부모님 집에서 얹혀사는 청년들의 용돈벌이로만 생각하고, 물론 한국적 문화에서 그럴 가능성이 크지만요. 거기다 상황이 열악하다 그러면 자기 자녀를 돌아보면서 "봤지? 그러니까 공부 열심히 해야 한다?"고 그러죠. 이 문제를 이슈화시키고 해결하는데 진보신당은 어떤 복안이 있는지. 최저임금제 상한으로만 충분한 것인지. 요즘 10대 20대들에겐 '꺾기'라고 불리는 아주 악랄한 편법도 동원되는 것 같던데, 이런 문제는 어떻게 해결해야 한다고 생각하시는지요?

**노회찬** 최근에 아르바이트 노동의 경우 근로기준법의 최소 기준조차 안 지켜지는 경우가 많다는 조사보고도 봤습니다. 노동조합도 없고 연령이나 사회적 지위가 보다 약한 노동자들에게 법을 무시하고 가해지는 수탈의 일종이죠. 당연히 싸워야죠. 실태를 조사해서 구체적으로 문제제기하고 근로감독강화나 제도 개선을 위해 진보신당 같은 정당이 앞장서야 한다고 봅니다.


## 성형 권하는 사회

**한윤형** 20대들의 정서나 욕망에 대해서 어느 정도 이해하고 계시는지 궁금하네요. 가령 20대 여성들이 성형을 굉장히 많이 하잖아요. 그런 것에 대해선 어떻게 생각하세요?

**노회찬** 언젠가 한국 여성의 절반이 성형을 했다는 신문 기사를 보고 놀란 적이 있죠. 성형은 또한 남성도 예외인 문제는 아니지요. 이런 생각을 해봐요. 성형은 자신을 위한 것이긴 하지만, 로빈슨 크루소가 성형했을까, 아무도 쳐다보지 않는다면. 결국엔 성형한다는 것은 성형을 요구받고 있다는 것을 의미한다고 생각합니다. 성형을 요구하는 사회. 현진건의 《술 권하는 사회》란 소설 제목이 있지만 바로 이 사회가 이를테면 '성형 권하는 사회'인 것이죠. 성 상품화 차원이 아니라 외모 자체가 상징자본이 되는, 신체자본이 되는 사회가 성형을 강요하는 거겠죠.

이건 아름다움에 대한 욕망으로 해석될 수 있는 차원의 문제가 아니라고 생각합니다. 성형만이 아니지요. 우리나라 여성들이 가장 화장을 많이 한다는 이야기를 들었어요. 일본 사람들에게 직접 들은 얘기인데 진하게 화장해야만 되는 직업여성 이외에는 우리나라 사람들처럼 화장을 안 한다는 거거든요. 그래서 일본 주부들이 우리나라 와서 굉장히 놀랜다고. 처음에는 한국에 직업여성이 이렇게 많나 하다가, 여기는 일반적으로 그렇게 화장한다는 걸 알고는 놀란다는 거예요. 색조화장 이런 거는 결혼식을 하거나 특수한 직업 아니면 이렇게까지는 안 한다는 것이죠. 최근 미국의 메이크업 전문브랜드인 맥(MAC) 사장이 한국 여성의 17단계 화장법은 연구대상이라는 말을 했다던데, 화장품 회사 사장이 놀라는 수준이란 건 대체 무엇을 의미하는 건지.

**한윤형** 외국과 비교해 심하다는 것도 있지만, 매년 더 심해진다는 것도 놀랍지요. 모두가 경영자고 자기 몸을 상품으로 내놓는 시대잖아요. 제 여동생은 오빠인 저한테 '왜 코 성형을 안 하냐. 코 성형해야 글도 더 잘 팔리는 거다'라고 얘기합니다. 어떨 때 가만히 생각해보면 그 말이 맞는 것 같기도 해요. 하하하. 이게 그냥 비정상적인 일이라고 비판해서 해결될 수 있는 문제인지 잘 모르겠어요, 솔직히. 다들 이미 자기 몸을 생산수단으로 삼는 경영자가 돼 버려서 사회문제를 바라볼 때도 노동자의 처지보다 경영자의 처지에 더 공감을 하고 있다는 생각도 들고요.

**노회찬** 만일 제게 고3 딸아이가 있는데 이 아이가 고교 졸업앨범 찍기 전에 쌍꺼풀 수술을 하겠다, 그리고 대학입학 하면 코 높이는 수술하게 해 달라 이렇게 요구하면 저는 한국에 사는 아버지로서 아마 그 요구를 들어 줄게 될 것 같아요. 하하. 왜냐면 예뻐지고 싶다는 것은 인간의 자연스런 욕망이고 한국에선 다들 하고 있고 또 사랑스런 내 자식의 취업 등 사회경쟁력을 높이는데 효력이 있어 보이기 때문이죠. 그러나 그렇게 하는 것이 옳으냐 이렇게 묻는다면 나는 단호히 아니다 라고 답할 수밖에 없어요. 김구선생의 《백범일지》에 나온 기억에 남는 구절인데 백범은 소싯적에 관상을 공부하면서 거울을 들여다보고는 못생긴 자신의 얼굴을 여러 차례 한탄해요. 이분이 《마의상서(麻衣相書)》에 나오는 구절을 인용하는데 '상호불여 신호(相好不如 身好) 신호불여 심호(身好不如 心好)' 즉 얼굴 잘생긴 것은 건강한 것만 못하고 건강한 것은 마음수양이 잘 되는 것만 못하다는 뜻이죠. 사실 저는 김구선생과 달리 제 얼굴에 상당히 만족하는 편이었는데 고등학교 시절 백범일지의 이 구절을 읽으면서 얼굴과 몸과 마음의 상관관계에 대한 철학과 생각을 정리해 버렸어요. 특히 다른 사람을 대하거나 평가할 때 '호상인(好相人)' 즉 얼굴 잘생긴 사람보다 '호심인(好心人)' 즉 마음수양 잘 된 사람이 중요하다는 이 구절을 늘 염두에 두었죠. 사실 성형수술이 보편화된 우리의 생활양식은 그대로 넘길 문제가 아니죠. 어느 자본주의 국가에서도 이렇게 심하게 벌어지지 않은 일이 그리고 중국, 일본 등 가까운 동아시아권에서도 벌어지지 않는 사회병리현상이 우리에게는 벌어지고 있는지 깊은 성찰과 문화적 치유방법이 논의 되어야 한다고 봅니다. 특히 교육과 문화함양의 기능을 가진 TV방송에서 오히려 시류에 편승해서 얼굴과 몸매에 대한 비정상적인 관심을 부추기고 잘못된 가치관을 심어주는데 앞장서고 있는 것은 심각히 생각해야 할 문제입니다.

**한윤형** 사실 이 문제는 무척 어려운 문제인 것 같아요. 너도 나도 성형을 하는 사회가 바람직하지 않다는 점은 분명하지만, 그 문제를 해결하기 위해서는 정말로 한국 사회의 많은 부분을 다시 세팅해야 할 거라는 생각이 듭니다. 성형 문제야말로 가장 정치적인 문제라는 생각이 들고요. 이젠 비슷하지만 또 다른 얘기로 넘어가겠습니다. 진보신당은 얼마나 젊은 정당일까, 라는 문제인데요. 진보신당 스스로 젊은 정당이라야 젊은이들에게도 어필을 하고 사회적으로도 참신한 진보세력으로 인정받을 수 있지 않겠느냐는 문제의식이 있습니다. 2008년 총선 때요. '20대 비례대표론'이라고, '20대 국회의원'을 만들기 위해 비례대표 순번을 달라고 운동하는 청년들이 진보신당 방문했던 거 알고 계세요?

**노회찬** 예, 알고 있어요. 우리도 적극적으로 추진했죠. 추천된 후보가 끝내 마다해서 안됐는데.

**한윤형** 아, 네 그랬죠. 젊은 친구들의 그런 활동에 대해 어떻게 생각하세요?


## 20대를 위한 변명

**노회찬** 민주노동당 창당 때부터 그걸 제일 먼저 얘기한 사람이 저예요.

그때는 일단 선거연령부터가 문제였는데, 피선거권을 20세에서 18세로 낮춰야 된다는 걸 가장 앞장서서 얘기한 편이고요. 물론 19세로 확정되었지만 말입니다. 2002년 당시 제가 서울대와 몇 군데 대학에 가서 재학생이 출마해야 된다고 말한 적이 있어요. 대학이 있는 지역에서 재학생이 출마할 경우 당선될 가능성도 꽤 있는 편이었고요. 서울시 의회 같은 데는 한나라당이 90% 이상 되는데 서울시 의원에 20대 초반의 대학생이 들어가면 문화적 충격부터 클 것이다, 우리가 받는 문화적 충격보다도 기성 정치인들이 받는 문화적 충격 말이지요. 그런 사람이 한 명 있으면 놀던 대로 못 놀 거 아니냐는 거죠. 저는 대학이 사회와 연관을 맺어야 하는 측면에서도 20대의 정치참여는 긍정적으로 보는 입장입니다. 예를 들어 옥스퍼드 시가 있어요. 옥스퍼드 대학이 있는 곳인데 거기서 옥스퍼드 대학 교수를 만났는데, 꽤 유명한 교수가 시의원을 하고 있다는 말을 들었어요. 기초의원을 겸임하는데 저는 의미 있는 실험이라는 생각을 했습니다.

**한윤형** 사실 저는 '20대 비례대표론'에 반대했었습니다. 기초의원이나 국회의원 보좌관에도 20대가 거의 없는 것이 현실인데 갑자기 '20대 국회의원'을 만들어 달라니 그건 너무 비약이란 생각에서죠. 그런 실정에서 당선권 밖의 비례대표가 배정되어 봤자 '쇼' 이외의 의미는 없을 거라 보았던 것이고요. 기초의원 이야기가 나오니 반가운데요, 기초의원부터, 그러니까 시의원부터 하는 게 좋긴 좋은데 진보정당에서 그걸 원해도 도전할 만한 젊은이가 잘 없지 않나요?

**노회찬** 그렇죠, 그런 문화가 생소하기 때문에.

**한윤형** 가능성이 잘 안 보이기 때문이기도 하겠죠. 지방선거 때 정당투표를 잘 받으면 지역별로 기초의원이 배출될 수도 있잖아요? 그러면 그 4

년 후에는 2,30대 청년들에게 어느 정도 배정을 하겠다, 그러니 정치에 생각이 있는 친구들은 진보신당에서 한번 도전해봐라, 라고 할 수도 있지 않을까요?

**노회찬** 대학 캠퍼스가 밀집한 지역 같은 곳에서 대학사회를 대표하는 상징성을 갖고 대학생후보가 발굴되고 출마하는 등 모범을 세워나가는 것도 하나의 방법이 될 수 있겠죠.

**한윤형** 젊은 당원에 대해서도 배려가 필요하지 않을까요? '20대 비례대표'보다 좀 더 장기적인 제도적 지원이나 문화적 배려가 필요하지 않을까 생각하는데요. 제 얘기를 좀 하자면, 제가 7,8년째 민주노동당—진보신당에서 거의 막내급이었는데, 술자리에 나가면 선배들이 두 패로 나뉘어서 논쟁을 하잖아요? 논쟁이 결론이 안 나면 민가를 부르기 시작하더라고요. 70년대 민가부터 나오는 거예요. 듣고 있거든요. 아, 도대체 언제쯤 내가 아는 노래가 나올 건가.

**노회찬** 으흐흐.

**한윤형** 한 시간이 넘어서야 90년대 민가들이 나오는데, 들어는 봤다 이런 식이거든요. 제가 그때 유일한 20대이었는데 딱 들었던 느낌이, 아니 이래가지고 친구들 데리고 오기가 좀 힘들겠다…….

**노회찬** 진보신당 같은 경우에는 그래도 좀 젊어진 편이죠. 평균연령이 민주노동당 시절보다는 다섯 살 정도 젊어진 걸로 통계가 나오더라고요. 그만큼 당내 분위기, 문화적인 경향 이런 게 변화했다는 정도로 알고 있어요. 물론 그 변화에 대한 해석은 각각 다르겠지요. 그 변화를 적극적으로 수용해야 된다는 문제의식이 한쪽에 있는 반면에, 너무 자유주의적으로 가지 않느냐 라는 걱정도 한편에 있고요. 저는 물론 동의하지 않지만. 그런데 지금 얘기한 것의 핵심은 이른바 진보정당이 특유의 정당문화를 만들어냈느냐, 못 만들어내지 않았냐는, 나아가 어떤 게 진보정당의 문화가 돼야 되고 또 생활문화가 돼야 되느냐에 대한 질문 같은데요. 고민도 부족했고, 또 시도도 빈약했고, 그러다보니까 결과적으로 자신이 기대한 만큼의 실력 있는 정당도 아직 실현되지 못하니까 거기서 오는 생동감 있는 변화도 없으니까 결국 이제까지 가져왔던 경험과 운동문화가 당의 지배적인 문화가 돼 버린 게 아닌가하는 생각이 들어요. 다시 말해 80년대나 90년대에 운동한 사람이 주축이 아님에도 불구하고 그런 분들이 주도적 역할을 하는 건 사실이니까 말하자면 80년대 운동문화, 90년대 운동문화, 노동조합 활동문화 이런 것들이 당의 지배적인 문화가 되었다는 거죠.

이런 것들이 예컨대 과거에 개혁당의 그것과도 굉장히 차이가 많이 나죠. 인터넷 같은 경우에도 디지털 문화에 익숙한 친구와 그렇지 않은 친구, 또 그런 걸 아주 자유발랄하게 활용하는 세대와 그런 데 익숙하지 않고 오히려 굉장히 근엄하게 대하는 쪽, 이런 쪽으로 많이 나뉘어져 있기 때문에 결과적으로는 당이 좀 더 젊은 세대를 흡인해내고 대중화시켜내는 데 있어서는 걸림돌이 되는 거 같아요. 문제는 그걸 어떻게 바꿔내느냐 인데 서로의 노력이 필요할 거 같고요. 이번에 당원 한마당 할 때 보면, 경매 했잖아요. 과거의 엄숙한 분위기 속에서는 상상할 수도 없는 시도였지만, 그래서 지금도 일부 반발이 있음에도 불구하고 또 한다 말이죠. 많이들 재미있어 하고. 당이 모든 걸 다 해낼 순 없지만 적어도 촉진시키는 역할은 해야 되는 게 아닌가, 그런 생각을 합니다.

**한윤형** 확실히 진보신당엔 그런 느낌이 있어요. 기존의 민주노동당원들도 있고, 한편으로는 새로 들어온 사람들이 있죠. 그 사람들은 노무현

지지 성향에 가깝고요. 투박하게 말하면 운동권 감수성과 노빠 감수성이 있는데, 진보신당이 한 2년 유지가 되어왔음에도 이 두 개가 제대로 소통되지 못했다고 느낄 때가 많아요. 그런데 양쪽 모두 그것만으로 충분한 것은 아니고, 진보신당에서 융화되어 새로운 것이 나와야 할 텐데요.

**노회찬** 저는 이렇게 생각해요. 물고기와 물의 관계 같은 거죠. 중국 혁명에서 모택동의 대중노선을 상징하는 말인데, 이는 오늘의 진보정치에도 요구되는 원리라고 생각해요. 물고기가 물에 적응해야 되느냐, 아니면 물이 물고기에 적응해야 되느냐, 답은 분명한 것이죠. 물고기가 물에 적응해야 된다. 당이 대중의 현실에 적응해야지요. 그럴 때 현실을 변화시키는 힘도 얻을 수 있을 테니까요. 그러면 대중의 현실이 뭐냐는 것이죠. 그건 촛불 같은 거라 생각해요. 촛불 때 우리 다 놀랐잖아요. 촛불에서 나타난 여러 가지 문화적 현상들이 바로 오늘 대중의 현실이라고 보는 거죠. 그것이 비록 어떤 정치적인 한계를 가지고 있다 하더라도 말이에요.

문제는 촛불 이후에도 우리는 이 대중적 현실을 어떻게 이해해야 할 것인가에 대한 논의의 진전이 별반 없다는 것이죠. 촛불 때문에 여러 새로운 현상들이 생겨난 게 아니라 어떤 변화된 삶의 양식이 촛불을 만들어낸 것일 텐데 아직 거기까지 접근이 안 되고 있다는 것이죠. 그러니 언제나 상황이 벌어지면 그때서야 엉겁결에 대응을 하게 되는 거고요. 개혁당 얘기했지만, 그쪽은 상대적으로 우리보다는 이미 몸에 배어있는 측면이 있다는 걸 인정해요. 부러워하기도 하고, 또 따라 배울 건 없나 생각도 들고요. 그걸 마냥 따라하는 게 능사는 아니라고 보지만, 그렇다면 우리에게 맞는 좀 더 개방적이고 진취적인 것이 무엇인지 고민해야 되겠죠.

**한윤형** 다른 말이 없어 썼지만 노빠라고 하니 좀 찝찝한 감이 있었는데 다행히 적절하게 촛불 얘기를 해주셨네요. 운동권과 촛불 이야기는 중요한 성찰의 지점들을 많이 남겨놓았다고 생각해요. 물고기와 물이라고 하셨는데, 그건 일종의 혁명전술이지 않을까요? 대중의 환심을 사서 일단 혁명을 통해 권력을 잡은 후 그 다음엔 우리 마음대로 하겠단 얘기로 들릴 수도 있거든요. 민주주의 체제에선 다른 방식의 소통이 필요할 텐데 그것이 지금은 촛불에 어떻게 다가갈 것인가 수준에서 멈춰있다는 것이죠.

말씀하신 부분과 이어보자면, 촛불시위 현장에 '쌍코' 카페 회원들이 많이 나왔어요. '쌍코'는 '쌍꺼풀, 코 수술'의 준말인데, 인터넷에서 가장 유명한 성형 관련 커뮤니티죠. 진보신당이 촛불에 나온 그런 사람들에게 자기 이념을 설파해서 끌어당기는 게 능사가 아니라는 것은 맞습니다. 촛불시위 현장에서 시위를 '지도'하겠다고 나선 일부 운동권들의 방식에 전혀 동의하지 않고요. 그런데 그렇다고 촛불의 욕망에 맞추기만 하면 문제가 해결될 거냐는 것이죠.

사실 저는 촛불의 욕망은 오늘 젊은이의 어떤 욕망의 반영이었다고 봐요. 그런데 진보나 개혁을 말하는 '어른들'이 젊은이들의 일상적인 삶에 대해서는 너희들 그렇게 살면 안 된다고 훈수를 두면서, 한편으로는 촛불을 볼 때는 마치 저런 감동은 처음 경험한다는 것처럼 무비판적으로 하악하악 하는데, 바로 눈앞의 현상만 보고 그 이면에 대해선 생각을 하지 않으려 든다는 느낌도 들거든요. 촛불이 한창일 때는 정치인으로서 시민들을 보호하는 활동이 최우선이었을 거라고 생각합니다. 하지만 이젠 일 년 넘는 시간이 지났으니, 촛불에 대해서도 한계지점을 말해 보신다면? 아니 운동권과 촛불들에 대해 각기 당부하고 싶은 말을 정리해서 해주신다면?

**노회찬** 촛불에 어떤 욕망이 투영되었든 그것이 변화에 대한 갈망인 것은 분명하고요. 방금 하악하악이란 표현을 썼듯이, 촛불에다 온갖 첨단 개념을 가져다 붙이는 것은 불편함이 없지 않지요. 이제는 촛불이 요구한 것이 무엇이었는가 하는 것에서부터, 그것이 왜 소멸되었는가에 이르기까지 좀 더 냉철한 성찰이 필요하다고 봅니다. 광우병과 미국산 소고기 수입에 분노했던 대중의 시선은 왜 용산참사로 이어지지 못했던 것인지.

2006년 프랑스 학생들이 스트라스부르에서 비정규직 관련법안인 '최초고용계약법(CPE)'에 반대하는 시위를 완강하게 전개했다는 소식이 전해졌지요. 만 26세 미만의 노동자를 고용하면 첫 2년 동안은 자유롭게 해고할 수 있도록 허용한 법안에 대해 300만 명이 넘는 시위대가 결집해서 긴 시간 투쟁을 벌였어요. 그때 쏟아져 나온 말 중에 "처음에는 쓰고 버릴 수 있는 손수건이 있었다. 지금은 쓰고 버릴 수 있는 청년들이 있다"는 말이 있어요. 한국의 20대도 이 일회용 손수건이 되어 가는데 정작 완강한 저항은 부재하지요. 촛불의 추억만 이야기되고 있고요. 삶의 현장에 근거한 투쟁, 꼭 20대의 투쟁이 아니더라도 이랜드, 용산, 이런 상황이 오히려 촛불 뒤편으로 사라져버리는 것은 아닌지.

## 진보에 대해 알고 싶은 몇가지 것들

**한윤형** 이제 일반적인 정치에 관한 질문을 좀 해보고 싶네요. 젊은이들이 진보신당에게 흔히 던질 질문들 목록을 정리해서 모범답안을 주는, 일종의 FAQ라고나 할까요? 우선 진보신당이 말하는 진보는 뭐냐, 이런 질문이 있어요. 이건 넌 왜 있느냐는 얘기겠지요? 다음으로 진보신당은 코딱지만한데 할 수 있는 게 뭐가 있겠느냐, 이런 질문도 있지요. 이건 3% 진보신당이 할 수 있는 일이 뭐냐는 얘기겠네요. 국민참여신당이나 민주노동당에 비교했을 때 진보신당의 변별점은 뭐냐는 질문도 있습니다.

**노회찬** 하하하. 쉬운 질문이 하나도 없네요.

**한윤형** 먼저 진보신당이 말하는 진보는 뭐냐, 그러니까 넌 왜 있느냐는 질문입니다. 주로 이건 지금까지 진보좌파들이 노동조합을 중심으로 활동해 왔는데, 그게 현 시대에 딱 들어맞지는 않는다는 현실인식에서 나오는 질문 같습니다. 그러니까 비정규직이나 자영업자 문제에 대해 진보들이 해결책이 있느냐는 거죠.

**노회찬** 각론은 있는데, 한마디로 그걸 실천할 수 있도록 현실에서 풀어내는 그런 작업이 충분치 못한 게 사실입니다. 80년대에는 혁명을 통해서 사회적 모순을 한 번에 다 해결하자는 생각이 강했던 시절이었죠. 그래서 전위와 노동자계급 헤게모니가 강조되었던 것이죠. 그런데 오늘날 정치적 민주주의는 완성되진 않았지만 어느 정도 절차적 민주주의가 진행되었단 말이죠. 이제는 서구 사회의 좌파의 경우처럼 사회경제적 민주주의의 목표를 조직노동자 중심이 아니라 그보다 더 조건이 열악한 소외된 사람들까지 적극적으로 포괄하면서 정치적 과정 속에서 실현해낼 수 있어야 합니다. 사회경제적 민주주의의 실현에 있어서 그걸 가장 적극적으로 추동하는 세력이 진보정치라는 확신을 주는 것이 중요한데 탈근대 자본주의, 보다 정치적인 용어로는 신자유주의 자본주의 하에서는 전통적인 노동의 문제는 오히려 달리 해석되어야 될 필요가 많이 제기되는 것이죠.

한국 사회에서, 특히 IMF 이후 노동시장유연화 정책이 강요되면서 조직화된 노동은 기반이 좁혀지거나 노동사회의 일부가 되어가고 있고, 또 이들보다 현저히 열악한 처지의, 조직노동운동이 포괄하지도 못하는 다수의 비정규직, 그리고 비정규직과 마찬가지 처지인 영세자영업자들이 광범위하게 형성되었죠. 이렇게 넓어진 폭의 어려운 처지의 사람들을 대변해야 되는데 우리가 반성하는 것 중의 하나가 민주노총 이미지란 말이에요. 민주노총 이미지란 건 뭐냐면 다수를 대변하기 보다는 조직화된 극히 일부, 노동자 중에서도 5%에 불과한 사람들만 대변하고 있다는, 그래서 다수 서민의 벗, 다수 서민의 대변자라는 이미지를 아직 형성하지 못하고 있어요.

다수 서민들이 보기에는 상대적으로 조건이 좋은 사람들을 대변하는 세력으로 인식되어 진 데에는 우리의 책임도 있다는 걸 인정을 하고 그걸 극복하기 위해서 사실은 진보신당도 만들어진 것이고, 진보의 재구성도 얘기되고 있는데, 여기까지는 좋은데 그 내용이 뭐냐, 이게 그냥 한 번에 싹 다가오는 식으로 정리가 안 되고 있다는 겁니다. 이것은 물론 고민이 아직은 깊지 않다는 것의 반증이죠. 이 문제는 진보신당의 존재이유이기도 하고, 진보정치의 향배와도 관련이 있는 문제이므로 본격적인 논의를 촉발하도록 노력하겠습니다.

**한윤형** 민주노동당은 민주노총과 밀접한 관계가 있지만 진보신당은 그런 것도 아니기 때문에, 비정규직 운동의 당위성을 떠나서 '노동자'에 대해 얘기하려면 비정규직 담론이야말로 틈새시장이겠죠. 다른 답은 없지요. 창당 때 얘기했던 '진보의 재구성'과 같은 단어에도 비정규직 문제를 열렬히 끌어안겠다는 함의가 있었던 것 같은데, 그런데 한 게 뭐냐는 것이죠. 진보신당 당원이 되면 당비와 함께 비정규직 연대기금을 따로 냅니다. 당에서 비정규직 문제를 가장 중점적으로 챙기는구나 라는 인상을 주죠. 연대기금을 5천원부터 받는 걸로 알고 있고 저는 당비 1만 원 연대기금 1만 원 이렇게 2만 원이나 내고 있습니다. 이거 생색 같은데, 어떻든 회계자료를 보니 그 예산이 잘 집행이 안 되고 계속 남아돌더라고요. 새로운 프로젝트를 만들어서 뭔가를 해야 되는데 그게 잘되지 않는 거 아닌가, 그런 생각이 드는데요. 어떤 어려움이 있는지요?

**노회찬** 비판적으로 보면 왜 어렵게 모은 돈도 제대로 쓰지 못하느냐 비판할 수 있고, 긍정적으로 본다면 돈을 함부로 안 썼다고 볼 수 있죠. 중앙당 살림이 여러모로 부족한데 돈이 남았단 얘기는 돈 쓰는데 굉장히 까다롭게 했다는 얘기기도 하거든요. 비판과 긍정 양면이 다 있는 거 같아요.

비정규직 기금을 유독 진보신당이 거두게 된 것은 비정규직 문제가 노동 문제 해결에 있다는 각별한 문제의식 때문이고, 비정규직 사업은 올해 8월까지는 활발하게 이루어진 걸로 평가하고 있습니다. 비정규직 활동이 없었던 것은 아니고 돈 쓰는 데선 우리가 굉장히 인색했죠. 까다롭게 두 군데 지역을 선발해서 지역차원에서 새로운 아이디어로 시작하는 걸 지원했어요. 모든 지역이 다 돈이 부족한데 돈 다 나눠줬으면 돈이 안 남아 있겠죠. 그리고 비정규직 사업에 돈 이렇게 많이 썼다고 설명할 수도 있을 텐데 욕 듣는 한이 있어도 그렇겐 하지 않았다는 점. 다만, 돈이 남아서 라기보다는 비정규직 문제와 관련해서도 과거의 관성과 타성을 끊어야 된다는 문제의식이 있어요. 진보정당을 포함해서 심지어는 민주노총까지도 비정규직 사업과 관련해서는 굉장한 거대담론, 비정규직 철폐, 비정규직 차별해소, 이런 거대담론을 선전하는 것, 그 다음에 비정규직 관련법 같은 것을 개정하는, 또는 개악을 반대하는 사업, 이미 발생한 비정규직 투쟁문제에 개입하고 지원하는 것 외에는 사업이 별로 없었어요. 비정규직과 관련해서는 숱한 다양한 문제들이 우리 사회에 속출하고 있는데 비정규직과 관련된 새로운 사업을 만들어내서 그걸 통해서 저 사람들은 비정규직 문제에 열심히 하는구나, 비정규직 문제라면 저쪽에 가서 의존 해야겠다, 이런 판단을 갖게끔 하는 창의적인 비정규직 사업을 벌여낸다기 보다는 당위적인 실천과 행동, 이미 발생한 싸움을 지원하는, 대단히 간접적이고 소극적인 방식에 머물렀다는 게 저의 반성이거든요. 그렇기 때문에 그런 일에 아깝게 모은 돈을 펑펑 쓸 순 없다, 제대로 된 사업 안 나오면 수도꼭지는 계속 잠그겠다, 이게 우리의 문제의식인 거죠. 돈 남은 게 문제지만 새로운 사업을 빨리 만들자는 자책이 강하다는 걸 이해해줬음 좋겠어요.

**한윤형** 다음은 3% 진보신당이 할 수 있는 일이 뭐냐는 것인데. 저는 이 질문을 꽤 심각하게 받아들입니다. 솔직히 우리는 권력을 달라고 말하는 처지잖아요. 왜 그것 밖에 못하냐고 하면 더 큰 권력을 달라고 할 수밖에 없습니다. 그런데 지지해준 만큼 그 역량 안에서 사회에 도움이 되어야 계속 더 큰 권력을 달라고 할 수 있는 게 아닐까요? 참여정부조차도 더 큰 권력을 달라고 했고 원내 다수당까지 됐는데, 지금도 참여정부의 실패요 인을 말하라고 하면 그쪽 사람들은 기득권 세력의 방해를 얘기해요. 그게 틀린 말이라고 할 수는 없지만, 핑계 대려면 끝이 없다는 거죠. 권력을 더 줘도 할 수 있는 게 없다면 애초에 권력을 왜 달라고 해야 하는지. 이 정도 힘이 있을 땐 이만큼이 된다. 그런데 저만큼은 안 되니까, 저만큼도 달라, 이렇게 접근해야 하지 않을까 하는. 그래서 묻는 건데요 대표님, 3% 진보신당이 있는 한국 사회가 그게 없는 한국 사회보다 더 나은 점은 뭘까요? 1명의 국회의원과 1년에 몇 억의 국고보조금을 받는 진보신당이 지금 이 순간 한국에서 하는 역할은?

**노회찬** 참 아프게 다가오지만 중요한 질문이라고 생각합니다. 나하고 직접 연관된 문제이긴 한데, 2005년도에 안기부 엑스파일, 거기서 떡값문 제 때문에 실명이 공개되고 사회문제화 됐잖아요. 재판도 받고 곤욕을 치르고 했지만, 제 개인의 빼어난 활동이었다기보다는 제가 진보정당의 국회의원으로써 마땅히 해야 한다고 생각했어요. 아마 내가 진보정당 국회의원이 아니라 한나라당이나 민주당 국회의원이었으면 여러 가지 관계상, 삼성과의 관계나 당의 입장 이런 것 때문에 못했을지도 몰라요. 한미 FTA 문제라거나 이라크 파병 반대라는 문제 같은 경우도 국회에서 그나마 진보정당에서 소리를 질렀기 때문에, 3%의 힘이 있었기 때문에 민주당 내의 양심적인 의원들도 자기 목소리를 낼 수 있었다고 봅니다. 결국에는 여러 정치세력들이 있으면 가운데 어느 쯤에서 정치적 결정이 나게 돼있어요. 반면 전부 오른쪽으로 쏠려있으면 내리는 결정마다 오른쪽 결정이 날 수밖에 없어요. 미약하나마 왼쪽에 진보정당이 있기 때문에, 늘 영향을 미치는 건 아니지만 그래도 오른쪽으로만 안 가는 이유가 되거든요. 제가 2004년도에 그런 얘길 했어요. 한 명이라도 국회에 보내 달라, 단 한 명이라도 있으면 감시자의 역할이라도 한다. 이것이 소극적인 존재 증명밖에 안 되지만, 그래도 진보정당 구성원들이 자신들이 얻은 지지 이상으로 열심히 노력해 왔다는 점은 인정해 주셨으면 합니다.

**한윤형** 이제는 변별점 문제, 친노 세력 얘기를 해볼게요. 또래들을 설득하다보면 벽에 부딪치는 게 일반적으로 개혁, 비주류, 아웃사이더, 이런 이미지들을 노무현, 친노 세력이 많이 가지고 있습니다. 좀 마케팅적으로 얘기하자면 브랜드에서 이미 선점을 당해버린 부분이 있죠. 젊은 층에게 다가가기 위해서 이런 상황을 어떤 식으로 극복할 수 있을지?

**노회찬** 친노 세력이라고 해서 저를 지지하는 세력인줄 알았는데.

**한윤형** 하하하하.

**노회찬** 두 가지 면이 있다고 봐요. 하나는 기득권의 문제가 있는데요, 이른바 친노 세력들은 집권을 했던 세력이어서 그만큼 언론 등 다양한 걸 통해서 많이 노출돼 있고, 또 과거의 직함이나 경력이 주는 무게감이 있어서 호소력이 훨씬 더 있는 거죠. 덜 알려진 중소기업과 재계순위는 바뀌었지만 굴지의 재벌하고 비교가 안 되는 지점들이 있는 것처럼. 그건 어차피 친노 세력들이 갖고 있는 강점이고, 부정적으로는 기득권이다 그렇게 볼 수 있는 거고요. 또 하나는 개혁적이고 진보적으로 보이는 부분인데, 그 점은 참 복잡한 대목이란 생각이 들어요. 하나는 더 많이 알릴 공간과 위치를 확보하고 있기 때문에, 다시 말해 더 진보적인 부분이 있는데 잘 안보여서 그쪽이 진보적으로 보이는 측면이 있는 거고, 다른 한편으론 스스로 진보적이라고 생각하는 사람들의 낡은 관성이나 경직된 운동방식 자체가 진보보다는 무난한 자유주의개혁 쪽을 더 진보적으로 보이게 한다는 거예요. 제가 '짝퉁진보' 이야기를 하기도 했지만, 이 지점만큼은 이쪽이 많이 반성해야 한다고 봐요. 이쪽저쪽을 옮겨 다닐 수 있는 공간이동의 한계도 뚜렷이 있는 것이지만, 그것만으로 설명해선 결코 안 되는 것이지요.

그러면 이걸 어떻게 극복할 것인가의 과제가 있는데, 본질만 비교해서는 안 되고 현실적인 힘이나 기회나 이런 걸 동시에 봐야 되는데, 그런 점에서 오히려 선거나 선거를 앞둔 정치과정에서 서로가 추구하는 철학이나 정체성의 차이가 무엇인지를 알릴 기회가 많아져야 된다고 봐요. 선거는 그런 거를 알리기에 좋은 과정이니까요. 그리고 선거가 아니더라도 그런 걸 잘 드러낼 수 있는 여러 가지 활동들을 통해서 자꾸 보여주는 수밖에 없죠.

물론 어려운 점은 한나라당이란 또 하나의 공동의 상대를 놓고 있기 때문에 차이를 벌리기보다는 힘을 합치는 걸 요구받는 측면도 있어요. 차이를 보여주기도 쉬운 조건도 아닌데 말이지요. 그러나 정치란 게 쉬운 조건인 때가 어디 있었어요. 늘 변화무쌍한 조건 속에서 최선을 다하는 것이죠. 한 가지만 덧붙여서 이야기하지요. 국민참여신당이 창당하는 과정에서, 어느 토론에서 민주당과의 차이가 뭐냐 왜 따로 하느냐 물었을 때 다른 차이는 없다, 당 운영하는 방식이 우리는 근본적으로 다르다고 했는데, 그러면 도대체 당 운영방식 가지고 당을 따로 만드는 게 어디 있느냐는 지적도 있었지요. 저는 그래요. 민주당 헤게모니를 안에서 잡느냐 아니면 밖에서 잡아가느냐가 창당의 근거라고 보이는데 그렇다면 정체성과 관련해서는 민주당과 큰 차이가 없다는 것이죠. 그러면 FTA를 추진한 세력과 FTA를 반대한 세력, 이라크 파병을 용인한 세력과 반대한 세력, 교육시장 개방과 의료민영화를 추진했던 세력과 그것과 반대의 방향에서 공교육 강화 등을 주장한 세력으로서 정직하게 국민들의 평가를 받도록 해야 되는 거죠. 실제로는 이명박 정부와 큰 차이가 없는 정책을 자발적으로 추진해왔으면서도 이미지를 가지고서 마치 대단히 개혁적이고 진보적인 양 하는데, 저는 자신들이 행하였던 과거의 중요한 정책에 대해서만큼은, 지금의 시점에서 그것을 어떻게 생각하는지 국민들에게 솔직히 밝힐 필요가 있다고 얘길 하고 싶어요. 그것이 경쟁과 연대의 기초가 될 테니까요.

**한윤형** 마지막 질문입니다. 저도 이제 20대를 마감할 날이 얼마 남지 않았는데요. 노 대표님이 만약 20대로 돌아간다면, 어떤 모습이실지? 무엇을 가장 하고 싶은지요?

**노회찬** 나의 20대는 상실과 아픔의 시기였어요. 사랑하는 많은 것들로부터의 이별을 감수하지 않을 수 없었던 시기였지요. 물론 후회는 없습니다. 똑같은 상황이 되풀이 된다면 똑같이 할 수 밖에 없을 겁니다. 역사의 반복이 아니라 내가 그냥 새로운 20대로 돌아간다면 과거 20대 때 어쩔 수 없이 이별했던 많은 것들과 다시 만나고 싶습니다. 연애도 실컷 하고 첼로도 마음껏 연주하고 싶습니다.

### 만남, 그 후

대담 도중 떠드느라 음식에 손이 가지 않는 내가 안쓰러웠던지 노 대표는 잠시 음식을 먹으라고 시간을 주면서 미국 오바마 대통령이 쓰는 휴대폰과 같은 기종인 블랙베리를 들고 자신의 '트위터'에 '트윗' 하기 시작했다. 과연 '트위터리안' 다웠다. 아이폰이 나오면 아이폰을 구입해서 블랙베리와 함께 양 호주머니에 쌍권총처럼 차고 다닐 거라는 대목에선 웃음이 나오지 않을 수 없었다. '정치인 노회찬'의 새로운 공략 포인트는 'IT 덕후'가 되어야 할 것 같다는 생각이 잠시 머리를 스친다.

그는 속도를 중시하는 사람이라는 생각이 들었다. 신문물에 해박했고, 질문을 받으면 곧바로 답변을 구성했다. 가히 토론의 달인이라 할만 했다. 하지만 세상 문제에 대해 언제나 곧바로 답변이 준비되어 있다는 것은 다른 한편 약간은 불안해지기도 하는 지점이다. 끊임없이 대안이 뭐냐고 추궁당해야 하는 의석 1석의 진보정당 대표. 조금이라도 주저하는 모습을 보이면 냉소적인 시선을 보내는 대중들. 그의 거침없는 말의 내면에는, 긴 세월 수없이 곤혹스러운 선택 앞에 서본 자만이 가질 수 있는 당당함이 자리 잡고 있을 것이란 걸 나는 안다. 그 숙고의 결과 그는 현실적으로 가장 불리하고 영리하지 못한 선택들을 해왔던 것이고, 그는 이 불리함을 숨 쉴 틈 없는 사유와 말의 구성을 통해 돌파해온 것이리라.

겨울, 비가 내리고 있었다. 또 보자는 말을 남기고 노 대표는 골목 저편으로 사라졌다. 나는 그가 눈부신 햇살과 함께, 저 어두운 골목길을 환히 밝히며 걸어오는 모습을 순간 상상해 보았다.

4부 진보하는 진보의식

# 제7장

# 진보의 미성숙을 넘어서

만남_ 그 일곱 번째

# 홍세화, 노회찬에게 묻다

우울한 진단으로부터 시작하자. 적어도 향후 20년 안에 진보정당이 집권하는 일은 일어나지 않으리라는 게 내 솔직한 생각이다.

물론 나는 정치적 예언가를 자처할 의사도 없고, 한반도 정치 지형에 큰 변화가 일어나지 않으리라는 보장 역시 없다. 내가 의도하는 바는 한국 자본주의가 빠른 속도로 허물어가고 있는 진보정치의 토대를 직시하자는 제언인 것이다. 누군가의 표현처럼, 진보정당 구성원들은 어쩌면 지금의 예측보다도 더 긴 '고난의 행군' 을 지속해야 할지 모른다. 일부 지역에서 진보정당 출신 국회의원이 지금보다 좀 더 많이 선출될 수도 있고, 지자체에도 진보정치 세력이 보다 많이 참여할 수 있겠지만, 진보주의자들은 오랜 시간 소수파를 벗어나지 못할 것을 각오해야 한다는 말이다.

그렇다고 진보정치의 몫이 사라지는 것은 결코 아니다. 살아생전에 진보신당(이나 그 후신이)이 '제1 야당' 이 되는 것, 그것은 내가 품고 있는 야무진 꿈 중 하나다. 집권은 아니더라도 국정의 주변부에 머물지 않고 대안과 저항의 든든한 축을 구축하는 것만으로도 한국 사회에 획기적인 변화를 가져올 수 있을 것이라 믿기 때문이다.

두 말할 필요도 없이, 정당의 존재 이유가 집권에 있다는 점은 진보정당도 마찬가지다. 노회찬 대표는 현실 정치인으로서 국민과 당원들 앞에서 이 점을 끊임없이 확인하고 강조해야 한다. 나는 그 점을 이해하며, 따라서 그 부분에 회의적인 질문을 집중하여 제기하는 것은 온당치 않음을 안다. 하지만 한국 사회 구성원들의 의식 지형에 관한 정확한 진단은 진보정당의 집권을 조금이라도 앞당기기 위해서는 필수적이다. 그래서 이 대담의 주제는 진보정치의 현실적, 그리고 의식적 토대에 대한 질문들에 맞추어져 있다.

아무리 천박하고 그악스런 자본일지라도 노동자들이 생산을 멈추거나 소비자들이 소비를 멈추면 그 자본의 자기증식은 멈출 수밖에 없다. 우리가 '이성으로 비관하더라도 의지로 낙관할' 수 있는 까닭이다. 20 : 80으로 양극화된 사회에서 민주주의는 원론적으로 '80'에게 정치적 힘을 부여하고 있다는 사실을 우리는 끊임없이 확인해야 한다.

그러나 문제는 사회구성원의 의식인 것이다. 자본에 자발적으로 복종하는 의식을 '0', 자본과 균형을 이루는 의식을 1이라고 할 때, 유럽 사회가 0.5~0.7 정도라면 한국 사회는 0.1에도 미치지 못한다. 그만큼 우리 사회는 자본에 대한 자발적 복종이 압도적인 수준으로 관철되고 있다. "사회적 존재가 의식을 규정한다"는 고전 명제는 한국 사회에서 거의 가진 자들에게만 적용된다. 노동자, 도시빈민, 농민 등 계급 분석은 학자들에게는 유용할지 모르나 사회 구성원들의 실제 의식과는 관련이 없다. 오히려 그들 대부분은 '존재를 배반하는 의식'을 주입받아 그것을 고집한다. 오늘의 현실은 이런 진단조차 무색하게 한다. 지금 한국 사회 구성원들을 지배하는 유일한 가치는 물신주의이다.

운동권에서 1990년대까지 널리 사용한 '의식화'라는 말은 한국 사회에서 지배계급이념의 헤게모니가 지닌 강고함을 간과함으로써 현실 인식에 있어서 중대한 잘못을 저질렀다고 본다. '의식화' 라는 말에는 사회구성원들의 의식이 중립적이라는 잘못된 전제가 놓여 있다.

우연하거나 특별한 계기를 통해 한국 사회의 소수는 그때까지 갖고 있었던 의식에 스스로 질문을 던지거나 의문을 품게 됨으로써 사회비판적 안목이나 진보적 의식을 갖게 되었다. 그 진보적 의식이란 것도 반전된 수준만큼의 진보된 의식일 뿐이다. 그 수준의 의식화가 지난 10년 간 어떤 모습을 보였는지 나는 여기서 되돌아보고 싶지 않다.

남겨진 소수에게 묻고 싶은 것이다. 우리는 그 사이 진보의 미성숙이라는 한계로부터 얼마나 벗어나 있는가. 일상세계의 덫에 빠진 채 한국의 진보는 올챙이 시절을 기억하지 못하는 우물 안의 개구리의 처지에 여전히 머물러 있는 것이 아닌가.

만남으로 가는 길에 눈이 내린다. 이 거듭되는 폭설조차 진보적 가치에 대한 가혹한 공격으로 느껴지는 것은 지나친 예민함인가. 노회찬 대표를 만나 묻고 또 물음으로써 진보의 다른 가능성을 타진하고 싶었다.

## 용산, 한국 자본주의의 슬픈 자화상

**홍세화** 진보신당의 평당원이 대표를 모시고 이렇게 얘기할 수 있게 돼서 영광입니다.

**노회찬** 평당원이 제일 높습니다. 하하하.

**홍세화** 지난 연말 서울시장 출마선언을 하셨고, 먼저 용산참사 유가족을 방문하셨더군요. 정치인들이 무슨 선언을 하고는 먼저 찾아가는 곳이 국립묘지 같은 곳들 아니었습니까? 그때 어떤 생각을 가지고 용산을 먼저 찾아간 것입니까?

**노회찬** 그곳에 찾아간 건 처음이 아니지요. 갈 때마다 참 무력하다는 걸 실감하면서 발걸음을 돌려야 했습니다. 진보정당 정치인으로서 우리 사회의 모순으로 인해 고통 받는 분들께 너무 미안하다는 생각을 갖고 있었고, 정치인이기 이전에 한 사람의 사회적 존재로서 무엇을 고민하고 실천하며 살아야 하는가를 그곳에서 묻고 답을 찾고 싶었기 때문입니다.

**홍세화** 용산은 일그러진 우리 사회의 자화상이며, 물신주의가 인간의 삶을 어떻게 뭉개는가를 보여주는 표상이며, 반인권에 맞서 우리가 싸워야 할 최전선이지요. 그러나 오늘날 우리 자신에 의해서 외면당한 공간이기도 합니다. 이 외면의 실체를 정면으로 바라보고 이 선을 넘지 못하면 어느 부문에서도 앞으로 나아갈 수 없다는 것이 제 생각입니다. 용산의 비극을 말하는 목소리는 많지만 정작 그 참사의 공간으로 눈길을 두지 않을 때, 그 비극을 낳은 비인간적 질서는 요지부동일 것입니다. 변화는 말이 아니라 이웃이 고통 받는 현장을 찾아가는 행위에서 시작될 것입니다.

**노회찬** 용산 참사와 관련해서 한 가지 꼭 짚고 넘어가야 할 사실은, 이 비극이 이명박식 뉴타운 개발정책의 산물이지만 이런 참사를 만들어낸 법률의 문제점들은 여러 문제 제기에도 불구하고 참여정부하에서도 시정되지 않았다는 사실입니다. 그런 점에서 참사는 이미 오래 전부터 한국 사회 안에서 잉태되어 자라온 결과라는 것입니다. 용산의 비극 앞에서 우리 모두는 죄인일 수밖에 없지만, 이 책임의 소재와 과정을 외면하고서 이명박 정권을 비판하는 것은 한계를 노정할 것이라 생각합니다.

**홍세화** 그 점에 공감합니다. 모두가 죄인이라는 말은 아무도 책임이 없다는 말로 치환되기 쉽지요. 어제 정부와 유가족들이 용산 문제 타결에 합의했다는 소식을 듣고서도 마음이 착잡해 지는 것은 바로 이 비극적 사건의 진상과 책임의 문제가 실종될 것 같다는 우울한 예감 때문이겠지요.

**노회찬** 앞서 말씀 드렸듯이 용산의 비극은 용산구 한강로 2가 남일당 건물이 아니라 바로 여의도 국회의사당에서 시작된 것입니다. 이른바 민주화 시대에도 자본이 추구하는 개발 이익을 용인하는 법안이 아무런 제어 없이 통과되었던 것이고, 이는 사건 초기 재발방지와 관련된 법안이 앞 다투어 제출되었지만 지금까지 어느 것 하나 시급한 안건으로 상정되지 못하고 있는 현실에서도 알 수 있는 것이지요. 이 사건이 갖는 야만성과 동물 세계와도 같은 약육강식의 법칙을 제어할 수 있는 정치적 토대가 없이는 용산 참사는 언제라도 재연될 수 있는 잠재적 참사인 것입니다.

지난 정권에서 국가의 민주화라는 말이 많이 나왔지만, 국가기구 또는 공권력의 성격이 질적으로 변화되었던 것일까요. 노동자 파업에 대한 태도에서, 부안 방폐장 사건에서, 평택 대추리에서 보듯이 치안(경찰)국가적 성격은 거의 달라지지 않았지요. 신자유주의적 질서에서 국가는 자본의 이해를 침해하는 사람들을 범죄시하지요. 이명박 정부에 와서 이것이 한

층 강화된 것이지요. 그래서 남일당 건물에서 재개발에 반대하고 저항하던 사람들은 도심의 테러리스트가 된 것이지요. 이 사건으로 죽은 72세의 이상민 씨는 그래서 세계 최고령 테러리스트가 된 셈이고 함께 공권력에 저항했던 아들 이충현 씨는 방화에 의한 과실치사상죄로, 즉 다시 말해 아버지를 죽게 한 것이 되어 지금 감옥에 있는 것이지요. 그러면 일방적인 재개발을 승인한 서울시는 어떤 역할을 해왔냐는 것이지요. 서울시는 처음부터 지금까지 어떤 적극적인 자세도 보여준 바 없이 청와대의 눈치를 보는 소극적인 자세와 유가족들에 대한 고압적인 자세로 일관했지요.

12월 초에 수개월째 진행되어온 서울시와 용산 유가족 간의 협상이 결렬되었다는 이야기를 듣고서 그 시점에서 서울시의 최종 입장과 유가족 측의 요구를 비교해 보았습니다. 이 시점에 이르러서 유가족의 요구는 장례를 치르기 위한 최소한의 조건을 제시한 것이었지 결코 무리한 요구가 아니었습니다. 사과 문제 역시 진정성의 문제였지 이 또한 시간이 경과하면서 사과 자체가 정부로서 그토록 부담스러울 리 없는 문제였지요. 형식적으로 본다면 이미 세 차례나 한승수 총리가 사과한 바 있으니까요. 진실 규명이 가장 중요한데 이 또한 법정 공방에 넘어가 있는 상황이었지요. 재발방지 대책 역시 실정법 차원을 넘는 제도의 문제지요. 오랜 시간 지쳐있는 유가족들에게 남은 문제는 보상이나 장례를 치르는 문제 등 인도적인 문제였던 겁니다. 유가족들이 요구하는 보상도 예컨대 화왕산 억새밭 화재사건이나 임진강 수해사건에서 피해자들이 보상 받았던 것보다 높은 수준의 요구가 아니었습니다.

이것조차 받아들여지지 않는 것은 큰 문제라고 생각하여 총리실에 연락을 했고, 12월 11일 만남이 이루어졌습니다. 그 자리에서 저는 한 항목씩 짚어가며 유가족 측의 요구를 전달했고 총리 역시 제가 제시한 것을 거의 대부분 수정 없이 수용할 뜻을 밝혔지요. 저는 총리와의 직접 협상에서 합의한 사항들이 지켜지지 않으면 내용을 공개하면서 싸우겠다는 뜻

만남으로 가는 길에
눈이 내린다.
이 거듭되는 폭설조차
진보적 가치에 대한
가혹한 공격으로 느껴지는 것은
지나친 예민함인가.
노회찬 대표를 만나 묻고,
또 물음으로써 진보의 다른
가능성을 타진하고
싶었다.

을 분명히 했고 서울시는 비로소 경직된 모습을 보여 왔던 협상창구를 교체하고 유가족과 합의하게 되었습니다. 이 정도 합의라면 6개월 전에도 가능했던 것을 물건 값 흥정하듯이 보상 문제를 다루어오면서 사태 해결을 방치해온 서울시의 무책임을 비판하지 않을 수 없는 대목이지요. 정치의 실종이라고 하는, 결국 연말을 넘기기에 정치적 부담을 느낀 시점에 이르러서야 피해자들은 최소한의 보상만 받고서 합의하게 되고 사건의 중요한 진실들은 역사의 심판이라는 미래의 과제로 이월시키는 모양새로 이 비극은 일단락된 것이지요.

**홍세화** 용산 참사는 정치의 죽음이라는 요인 못지않게 한국 사회 구성원들의 침묵이 문제시되어야 한다고 생각합니다. 그리고 이 비극에 대한 광범위한 침묵의 비경에는 물신주의로 치닫게 한 우리 사회의 욕망의 질서가 있다고 생각합니다. 그래서 저는 이 대담의 서두에 좀 무겁고 우울한 질문부터 던지고 싶습니다. 우선, 한국 사회 구성원들의 의식 지형의 한계, 특히 의식 형성이 급속히 물신주의로 일원화되어가는 현실에 비추어, 또 그렇게 사람들의 의식과 삶의 양식이 일상적으로 그런 물신적 가치에 의해 주조되고 사회화되는 속도에 비추어 과연 한국 사회에 진보신당과 같은 프로그램 정당, 이념 정당이 존재하는 것이 가능한가라는 근본적인 질문이 바로 그것이지요.

제가 말씀드리는 속도의 핵심적인 내용은 자본주의적 심성의 강화에 따른 욕망치의 상승, 예컨대 개인적 소비 욕구나 소유에 대한 욕망이 급속도로 커져가고 있는 상황이 있고, 반면 이런 것들이 채워지지 못하는 데서 오는 불안, 영원히 이 욕망의 질서에서 배제되어 버릴지도 모른다는 극도의 초조함 속에서, 그리하여 그것이 심지어는 노동운동의 토대까지 무너뜨리고 있는 이런 현실 속에서 과연 진보정당이 그 속도를 어떻게 따라잡을 수 있을 것인가라는 문제의식인 거죠. 이처럼 우리의 일상을 지배하는 물신화의 속도, 사회화 이전의 아이들조차 일찌감치 엄청난 경쟁의 소용돌이 속에 내던져지는, 여기에 미디어를 통해 끊임없이 욕망이 부추겨지고 있는 일상 속에서 과연 진보정당은 어떤 말을 건넬 수 있을까요? TV를 접할 때마다 새로이 생산된 욕망이 출현하고, 그것들에 대한 소비 욕구를 추스르기에도 정신을 못 차릴 지경인데 과연 진보정당이 여기에 어떤 대응 가치를 제시할 수 있겠는가, 그것이 가능키나 한 것일까 라는 물음입니다. 진보정당의 당위를 말하기 이전에 현실을 냉정히 되돌아보아야 하지 않을까, 그래야 정직하고 설득력 있는 이야기들이 나오지 않을까, 이것이 제가 첫 번째로 드리고 싶었던 질문의 요지이며, 이건 제 자신에게도 늘 던지는 물음이기도 합니다. 첫 질문이 너무 속도가 빨랐나요?

**노회찬** 한국 사회가 자본주의적 발전을 거듭해갈수록 물질 중심의 세속화 과정을 계속 거쳐 가고 있는 건 사실입니다. 예상보다 훨씬 빠른 속도로. 다른 나라의 경우와 비교해서도 말입니다. 그런 속에서 사회 구성원 다수가 추구하는 가치가 오히려 진보적인 세계에 대한 상으로부터 점점 멀어지는 것 또한 사실이라고 봅니다. 이것이 불안하고, 과연 우리가 여기에, 이 속도에 대응할 수 있을까 초조한 것도 사실입니다.

그러나 저는 여전히 존재가 의식을 규정한다는 역사철학을 포기하고 싶지 않습니다. 존재가 의식을 규정하기 때문에, 지금 진보정당을 선택하는 것이 한국 사회의 현실에서 '존재를 배반하는 의식'일 수 있지만, 거꾸로 지금 자본주의가 주입하려는 욕망이 일종의 허위의식이고, 존재의 조건이 변화하면, 존재의 다른 가능성이 제시되면 이 허위의식은 따라서 변할 수 있다고 생각한다는 점에서 그렇습니다.

그래서 우리가 지금 하려고 하는 일들은, 해야만 하는 일들은 바로 이 존재의 조건을 변화시키려고 하는 데 초점이 맞춰져야 한다고 생각합니다. 존재가 변하지 않는데 의식만 바꾸려는 것은 허사가 되기 쉽다고 생각하기 때문이지요. 자본주의도 여러 가지의 길이 있을 텐데, 특히 한국 사회는 천민자본주의의 특성 때문에 물질만능의 세속화만 집중되고 있고, 가장 약육강식의, 거의 동물 세계에 가까운 경쟁논리가 횡행하고 또 강요되고 있는데 그런 점을 생각하면 절망적인 기분이 들 때가 없는 건 아닙니다. 그러나 오히려 그렇기 때문에라도 더 존재의 조건을 변화시키는 노력이 절실한 것 아니냐.

그러면 왜 정당이냐. 왜 다른 운동을 하지 않고 정당운동을 택했느냐. 진보적 세상으로 가는 길은 여러 가지 길이 있을 것이고, 하나의 길만 거기 도달하는 유일한 길이 아닐 텐데 왜 정당의 방식으로 그걸 이루려고 하느냐. 거칠게 말하자면, 저는 존재의 조건을 바꾸는데 가장 유력한 수단은 권력이라고 생각하기 때문입니다. 여기서 물론 전제해 두고 싶은 것은, 저는 정치가 정당정치만으로 국한되어 존재한다고 생각하지도 않지만, 그럼에도 불구하고 한국 사회의 제반 모순들이 심화되고 방치되어 온 데에는 사회경제적 갈등을 반영하고 적극적으로 해결해 갈 수 있는 정당 정치의 정립이 지체되어온 것이 큰 이유를 차지한다고 보는 것입니다. 사회가 극심하게 양극화되고 이른바 20 : 80의 사회로 정초되고 있는데, 한국의 정당정치는 근본적으로 보수주의적 성격을 갖는 양당구조에 의해 유지되어왔다는 것은 분명 기형적인 것입니다. 비단 중앙권력에 있어서만이 아니라 사회 전반에 걸쳐 이 기형성은 구조화되어 있습니다.

저는 무엇보다 진보정당의 존재 이유는 이 권력의 기형적 독과점을 변화시키는 데 있다고 생각합니다. 권력은 대통령의 권력만을 지시하는 것도 아니고, 지방에도 있고, 기타 다양한 권력이 있는데, 이 권력의 점진적인 획득을 통해서 존재의 조건을 변화시켜 가야 한다고 생각하는 것이지요. 물론 그 조건의 변화라는 것은 그 사회 구성원들이 수용할 수 있는 만큼이겠지만, 계속 설득하고 가능성을 제시하는 과정을 통해서 존재의 조건을 변화시킴으로써 거기에 걸맞게 의식까지 변화시키는 그런 방향을 추구해야 한다고 생각합니다.

**홍세화**  현실 상황이 열악한 만큼 저 역시 진보정당 운동은 역설적으로 요구되는 존재의 당연한 권리와 이유가 있다고 생각합니다. 문제는, 그리고 제 고민은 존재 이유의 확인보다는 그것이 과연 얼마만큼 현실적 힘과 역량을 구축해낼 수 있을 것이냐는 겁니다. 존재 이유는 찾아질 수 있지만, 물신주의로 치닫는 한국 사회 현실에서 어떤 가능성을 설득력 있게 제시할 수 있을 것인가. 바로 그 가능성의 좌표가 아직 마련되어 있지 않은 것이 아닌가, 그런 자기 점검을 할 필요가 절실하겠지요.

기왕 진도가 나갔으니까 묻겠습니다. 현재 대표께서는 진보정당의 이념적 좌표를 어디에 두어야 한다고 생각하십니까? 사민주의에 가까운 것이냐, 아니면 사회주의에 가까운 것이냐, 아니면 또 다른 새로운 방향에 두어야 하느냐, 라는 물음입니다.

## 어떤 얼굴의 진보인가

**노회찬**  선생님처럼 긴 기간에 많은 외국경험을 갖고 있는 건 아니지만, 저는 짧은 기간에 여러 나라를 보면서 느낀 것들이 적지 않습니다. 그 중 인상 깊었던 것 하나는, 서유럽과 북유럽의 차이라고 할 수 있습니다. 영국의 노동당, 프랑스의 사회당, 독일의 사민당, 이 사민주의 계열의 정당들이 각기 집권의 경험이 있고, 북유럽의 경우도 핀란드, 노르웨이 등도 사민주의 단독이든 사회주의 좌파당과의 연립정부이든 어쨌든 겉으로 보면 서유럽과 북유럽 국가가 비슷한 사민당 집권 체제를 경험했음에도 불구하고 두 지역의 사회적 공기는 많이 다르게 느껴졌다는 것이 그것입니다.

북유럽에 가서 잠시 머물며 느낀 것은 여기는 단지 정치제도만이 아니라 그 사회의 문화도 사민주의적이다 라는 것이었습니다. 영국에서는 전혀 그런 걸 못 느꼈습니다. 영국에서는 적나라한 미국식 자본주의를 목격했을 뿐이지요. 집권당이 노동당이라 냄새만 맡았을 뿐이라 해야 하나. 그러나 저는 이것이 단지 토니 블레어의 정책의 문제 때문에 생긴 것은 아니라고 봅니다. 결국 나중에 저는 이 문제에 대한 해답을 지난 100년 동안 북유럽과 서유럽에서의 진보정당의 집권 기간의 차이에서 구하게 되었습니다. 제가 알기로 이 두 지역에서 사민주의 정당의 집권 기간과 경험은 거의 두 배의 차이가 나더라고요. 그 사회에서 우위를 차지하는 세력이 사민주의 세력이고 그리하여 더 많은 사민주의화 작업을 했고, 그런 과정에서 그 사회의 지배적인 문화도 사민주의적 문화이고 친노동적인 문화로 자리 잡은 게 아닌가. 이건 국민성의 문제는 아닐 것이라고 보고, 또 자본주의 발달 정도로만 설명될 수 있는 문제도 아닐 거라 보고, 오히려 이것은 권력관계가 바꾸어 낸 존재의 조건의 차이가 아닌가. 그리고 이 존재의 조건이 형성시킨 의식의 변화와 그 사회의 지배적인 의식의 형성, 이런 차원의 문제라고 볼 수 있지 않겠는가. 저는 이런 생각을 해본 것입니다.

그렇다면 문제는 한국 사회가 이런 나라들과 비교해 지금과 다른 사회적 전망을 그려볼 수 있겠는가 하는 것이겠죠. 유럽 사회와 비교한다는 것이 지금의 시점에서 어불성설로 비칠 수도 있겠지만, 저는 가능성의 근거를 그래도 탐구하고 추구해야 하지 않은가 생각하는 것입니다. 물론 현재의 시점에서 한국 사회가 유럽 사회와 같은 수준으로 빠르게, 또 좋게 변할 수 있는 가능성, 근거라는 것은 참으로 빈약해 보입니다. 특히 자본주의 중에서도 약자에 대한 배려가 지극히 부족한 적나라한 양육강식의 질서만 도드라진 사회에서 말이지요.

되돌아보면 노무현 정부 하에서도 사실은 강자 위주의 철학과 세계관으로 모든 정책들이 수립됐단 말이죠. 대통령 개인이 풍기는 이미지는 전혀 달랐지만, 결과를 두고 평가할 때 실제 정치는 그렇다고밖에 할 수 없습니다. 그렇다면 한국 사회에서 다른 변화의 가능성을 추구하는 것은 불가능한가. 저는 여기서 노무현 정부가 등장할 수 있었던 조건과 의미를 되돌아볼 필요가 있다고 생각합니다. 상고 졸업한 인권 변호사 출신의 정치인이 이회창이라는 한국 사회 지배계급을 대변하는 초 엘리트 출신 정치인을 누르고 대통령에 당선되었다는 것 자체가 어찌 보면 하나의 사건이었죠. 저는 여기에 한국 사회의 다른 특성도 작용했다고 보는 것입니다.

유럽의 경우, 한국 사회보다 훨씬 자유와 평등의 수준을 구가하고 있는 것은 사실이지만, 내부 사정을 좀 더 들여다본다면 계급간의 벽들이 분명히 존재하는, 그래서 자기 계급을 벗어난다는 것은 거의 예외적인 경우에만 가능한 사회들이라고 할 수 있습니다. 이에 비해서 한국 사회에서는 계급 간의 장벽이 그런 사회들보다 견고하지가 않고 어떤 면에서는 계급 알기를 우습게 아는 측면이 있다는 겁니다. 이는 유럽 사회의 경우 지배계급의 권위가 우리와 다른 데서 오는 거겠죠. 몇 대에 걸쳐서 부를 축적한 그런 가문에 대해서는 마음으로 우러나는 존경심은 아니더라도 어떤 경외감 같은, 권위에 압도되는 측면 같은 것이 있는데 한국 사회의 지배계급, 이를테면 삼성 떡값 X파일의 경우에서 보듯이 재벌들이 존경을 불러일으킬만한 권위를 갖추고 잇는 하면 그렇지 못하다는 것이지요. 시민혁명을 거치지 않았고, 식민지 경험과 압축 근대화에 의한 자본주의 발전, 그 결과 천민자본주의의 특징이기도 합니다만 계층 상승, 혹은 계급 이전의 욕구가 높고 다른 측면에서 평등 지향성이 강하게 존재한다고 생각합니다. 노무현이라는 인물만이 아니라 이명박 역시 계급의 수직상승을 이룬 입지전적인 인물이며 그것이 만들어낸 신화가 있는 것이고, 그런 면에선 박정희도 마찬가지겠지요. 긍정적인 것만은 결코 아니지만, 신분적 사고가 얕고, 평등에 대한 지향이 강하게 존재한다고 했을 때, 한편으론 다른 사회의 가능성을 보여주고 설득할 수 있는 측면도 있지 않겠느냐. 그래서 저는 한국 사회의 특성을 더 고찰하고 여기에 맞는 길을 가야 되겠습니다만, 원천적으로 이 사회가 진보정당의 원천적 불모지라는 생각은 갖지 않고 있습니다.

**홍세화**  진보정당의 토대를 주로 자본주의의 발전과정과 수준, 특성을 근거로 말씀해 주셨는데, 여기에는 좀 더 엄밀하면서 객관적인 비교 분석이 따라야 할 것이라 생각합니다. 그렇다면, 이념 정당으로서 한국의 진보정당은 어떤 좌표를 가져야 한다고 생각하시는지요?

**노회찬**  좌표 문제는 복잡하고 어려운 문제라 생각되는데, 이 문제는 한국 사회에서 사회주의에 대한 인식이 왜곡되어 있다는 점에서 오는 측면도 있지만, 다른 나라의 경우도 마찬가지일 것이라고 봅니다. 일단 사회주의와 사민주의를 구분할 수 있느냐. 지구상에 현재 교과서적인 의미에서 사회주의가 존재하고 있는가. 이런 문제가 따라온다고 봅니다.

선생님께서는 빠리에 계셔서 직접 실감하진 못하셨겠지만, 저는 80년대의 이른바 사회구성체 논쟁을 떠올려볼 때가 있습니다. 세계사적 인민들의 투쟁의 성과들을 요금도 지불하지 않고 들여왔던 데서 생기는, 관념적인 논쟁이 가져온 폐해는 물론 큰 것이고 그 부정적인 유산은 지금도 남아 있습니다. 그러나 다른 한편으로 그러한 폐해가 있다고 해서 거기에 담겨 있던 변혁에 대한 뜨거운 열망까지도 한꺼번에 폐기해서는 안 된다는 생각을 하고요. 그로 인해 지금은 멸종에 가깝게 된, 희귀종이 된, 비유하자면 '추수에 대한 희망도 없이 씨앗을 뿌리려는' 아름다운 윤리적 주체들이 출현했었던 시기였기 때문입니다.

저는 진보신당의 좌표, 공식적인 노선은 여전히 사회주의적 경향에 있다고, 또 그래야 한다고 생각합니다. 초기에 민주노동당을 만들 때, 민주주의는 곧 사회주의라고 했는데 그때 말하는 사회주의는 자본주의를 원천적으로 극복해야 된다는 문제의식과 더불어 그 모델 혹은 방법론에 있어서 이제까지 실패한 사례와 경험들을 답습하지는 않겠다는 의지를 담고 싶었습니다. 예컨대 북한 모델과 소련 모델, 이런 것들은 물론이고 사민주의조차도 한계가 분명하기 때문에 우리의 모델로서 자리매김할 수는 없다. 그렇다면 지금까지는 존재하지 않는, 언젠가는 우리가 만들어야겠지만 아직은 모델 없이 출발하는 사회주의로의 여정이다. 전 그렇게 생각하고 있었고, 지금도 여전히 저는 그런 지향과 열정을 가진 진보정당이었으면 하는 것이고, 그런 진보정당에서 활동하고 싶은 거죠.

다만 우리가 현실에서 이룰 수 있고, 무엇을 가능성의 좌표로 설정할 수 있는가 하는 것은 다른 차원의 문제라고 생각합니다. 이를테면 우리에게 필요한 것은 먼 미래의 유토피아가 아니라 '프랙티컬 유토피아' 즉 실천 가능한 유토피아인 것이죠. 그렇다고 했을 때, 지금 진보신당이 내걸고 있는 정책은 어떤 것들이냐. 제가 볼 때는 사회주의적 정책은 극히 드물고, 사민주의적 정책이 30% 정도 되고, 나머지 70%에 가까운 정책들은 사민주의자가 아니더라도 합리적인 자본주의자, 또는 마음이 따뜻한 자본주의자들도 택할 수도 있는, 다시 말해 자본주의의 합리적 개혁 수준에 속하는 정책들이라고 생각합니다.

그러면 왜 이렇게 됐느냐. 이것은 현실적 조건과 직접적으로 연관될 수밖에 없다고 생각합니다. 저는 몇 년 전 스웨덴에서 우파가 집권할 때 우파연합의 선거공약들을 본 적이 있는데 그거 보고 굉장히 놀랐습니다. 당시 제가 민주노동당에 있을 때였는데, 민주노동당의 대선공약보다도 더 좌파적이었던 것이죠. 그 이유는 뭔가. 그것은 그간 그 사회에서 이념적 성격을 달리하는 정당들이 합의해서 진행되어온 사회적 토대가 있었기 때문에, 예컨대 좌파와 우파 사이의 중간지대 내지는 거기서 우파 쪽 가까운 지점이 우파의 공약이 되어왔었기 때문입니다. 그런데 한국 사회의 우파는 중간지대에 있는 정책에 대해서조차도 마치 체제붕괴를 가져올 것처럼 호들갑을 떠는 것이 현실이지요. 또한 오랜 정당정치 부재의 결과 유권자들은 자신들의 존재를 배반하는 선택을 하는 것이지요.

선생님께서 유행시키신, 바로 그 똘레랑스 없는 보수우파, 사회경제적 민주주의를 마치 누릴 수 없는 호사이거나 불온한 것으로 생각하는 유권자들. 그래서 사민주의가 30%밖에 안 되는 제품을 내놓으면서도 고민을 하게 되는 게 우리의 현실이란 거죠. 물론 과연 점진적으로만 나아가야 될 것인가. 대단히 파격적인 것들도 때론 감동을 줄 수 있는 것 아닌가. 역사적으로는 한국 사회에도 파격적인 대응이 있었죠. "토지를 농민에게"가 바로 그것이죠. 그리고 이건 좌파만이 아니라 이승만도 내건 구호였죠. 수천 년 동안 토지를 갖지 못했던, 인간으로 태어나 토지를 갖는다는 것은 자기 계급에서는 불가능한 것이 운명처럼 젖어있었던 사람들에게 "토지를 농민에게"라는 슬로건은 그 자체로 엄청난 충격과 감동을 주는 것이었으며 그것이 이후 사회 변화의, 그것이 설사 자본주의화의 방향이라 해도 동력이 되기도 했지 않습니까. 그런 점에서 저는 파격이 항상 비현실적인 건 또 아니라고 봅니다.

**홍세화** 이미 오래 전의 일이지만, 예전 김대중 정권 시절 교육부 장관을 했던 이해찬 씨가 당시 어느 인터뷰에서 자신은 젊었을 때부터 이미 사회주의에 끌리지 않았다고 한 기사를 읽고 복잡한 심경이 되었던 적이 있습니다. 이해찬 씨는 과거 민청학련 세대로서 노무현 정권에서 총리까지 지냈는데, 제가 궁금했던 것은 과연 그가 학생운동을 하던 시절부터 이미 사회주의가 한국의 현실에 맞지 않는다는 것을 알았을 만큼 사회주의에 대해 잘 알고 있었나하는 것이었습니다. 오히려 소설가 최인훈 선생이 말한 대로, 한국에서 사회주의는 제대로 숙고되어진 적조차 없다고 하는 것이 보다 진실에 가깝다고 여겨지는 것이지요.

여러 글에서 밝혔습니다만, 저는 스스로 '사회주의자라고 느끼고 있다'고 썼고, 여전히 지금도 그러합니다. '느끼고 있다' 고밖에 말하지 못한 것은, 이론적 밑바탕이 부족하다고 생각하기 때문이지만, 그래도 제가 사회주의자를 자처하는 것은, 사회주의가 인간 영혼의 가장 고귀한 감정의 항거에서 태어난 것이라는 프랑스 사회주의자 레옹 블룸의 말을 믿고 있기 때문입니다. 사회주의가 고귀한 인간성을 낳는 것은 아니지만, 고귀한 인간성이 사회주의를 낳았다고 믿고 있기 때문에 저는 한국 사회에서도 사회주의가 발현되기를 갈망하는 것이지요.

그러나 동시에, 대표께서도 지적하셨듯이, 먼 미래의 이상향이 아니라 '지금, 여기'의 불행과 고통을 줄여가면서 우리가 바라는 사회로 나아가야 한다는 판단에서, 그리고 사회 구성원들의 민주적이며 주체적인 시민 의식이 전제되지 않은 현실에서, 즉 절대 다수가 아직 사회주의와 사회민주주의의 차이를 모르면서 모두 부정하며 거리를 두는 상황에서 이 양자를 놓고 벌이는 이념적 논쟁은 불필요하며 심지어는 위험하다고까지 생각하는 것입니다. 그런 의미에서 대표께서 나중에 말씀하신 파격이란 것에 대해서도 저는 쉽게 동의할 수 없고, 상황을 긍정적으로 보시는 것에 대해 의문부호를 찍을 수밖에 없습니다. 앞서 한국 사회에 평등의식이 광범위하게 존재한다고 말씀하셨는데, 제가 보기에 그것은 자신들의 계급적 현실, 혹은 존재의 조건을 인정하거나 제대로 돌아보지 않고 건너뛸 수 있다고 믿고 있는 허구의 평등지향이라고도 할 수 있는 것이죠. 그것은 계급의식의 부재로 통하는 것일 수 있습니다. 고전적 명제로 우리가 흔히 얘기하는 "사회적 존재가 의식을 규정한다"는 말도 상위 10%나 기껏해야 20%에게는 맞지만 나머지에게는 그야말로 '존재를 배반하는 의식' 으로서 허구의 평등의식을 갖고 있다고 보는 것이지요.

용산 참사의 경우에도 마찬가지입니다. 오늘 상가 영세 세입자의 처지에 있다면 용산 참사를 목격하면서 나도 이 정권 하에서 저렇게 당할 수 있겠구나 라는 생각을 갖는 게 당연하고, 그것이 그들로 하여금 이 세상을 바꿀 수 있는 의식으로 작용할 수 있어야 하는데 현실에 나타나는 반응은 정반대이죠. 지금은 상가 세입자 처지에 있지만 나중에 돈 많이 벌어서 성공할 수 있고, 집주인 될 수 있고, 라는 식의 생각에 의하여, 거의 실현 가능성이 없는 평등지향에 의하여, 다시 말해 실현 가능성이 거의 없는 미래의 기대치에 의해 오늘의 나를 배반하는 모순이 관철된다는 거죠. 유럽 사회들에 비해 계급 간의 장벽이 견고하지 않다고 말씀하셨는데, 교육문제의 현실을 보더라도 과거처럼 '개천에서 용 나는' 상황이 이미 지났는데도, 다시 말해, 교육을 통한 계층이동이나 순환의 가능성이 사라졌는데도 허망한 가능성을 보고 있는, 그럼으로써 제도 변혁의 동력으로 작용하지 못하는 이런 점을 오히려 저는 제기하고 싶은 거거든요.

## 거꾸로 선 존재와 의식, 혹은 존재를 배반하는 의식

**노회찬** 한국 사회에 계급의식이 부재하고, 제가 말씀드린 평등의식이란 것도 오히려 계급의식이 없다는 반증이기도 하다는 지적에 대해 충분히 동의하고요. 그런데 저는 한편으론 이런 생각도 해봅니다. 과거 변혁운동 공부를 할 때에도, 진정한 계급의식은 저절로 습득되지 않는다고 배웠거든요. 자신의 현실적인 처지로부터 느끼는 계급 감정으로서의 즉자적인 계급의식과, 사회에 대한 전면적인 이해 속에서 자신의 위치와 귀속감과 계급 사회의 변화의 필요성을 느끼는 대자적인 계급의식으로 구분을 해서 나뉘었던 것들은 저는 지금도 여전히 의미가 있다고 생각됩니다.

최근 만난 어느 젊은 인문학자의 말은 제게 묘한 느낌을 갖게 했습니다. 자신이 지하철을 타거나 버스를 타고 다닌 경험으로는 강북에서는 책을 보는 사람이 있더라도 자기개발서나 처세서가 대부분인데, 강남에선 오히려 어려운 유럽 인문학 서적들을 읽고 있더라는 겁니다. 물론 강남 인텔리들이 인문학 서적을 읽는다는 것도 경쟁의 도구라는 측면으로 볼 수 있지만, 이 이야기를 들을 때 복잡한 느낌이 드는 건 사실이라는 거죠. 대개는 우파들이 진보인사들을 비난할 때 '강남좌파'라는 말을 사용하지만, 현재 진보정당의 기반이 사회의 하부가 아니라 소득수준이 일정 이상 되는 고학력 측면이라는 현실에서 어떤 한계 같은 것을 느끼게 되는 것입니다.

선생님께서 말씀하신대로, 용산 참사를 보면서 나도 언젠가 저렇게 될 수도 있다는 생각을 가진 사람은 극소수일 것입니다. 그러면 문제는 이처럼 누구나 다 당해야 비로소 깨닫느냐 하는 겁니다.

**홍세화**　문제는 바로 거기에 있는 거죠. 재작년이죠, 이랜드 어머니 노동자들과 만났을 때도 제가 질문했던 게 바로 그 문제였어요. 지금까지 어느 정당 투표해왔냐고 물었더니 진보정당이 없어요. 그런데 정작 자기들이 일을 당하고 나서 찾아오는 사람들은 진보정당 사람밖에 없다고 합니다. 이 비대칭성이 문제죠. 그분들 스스로 직접 얘기해요. 정말 아무것도 몰랐고, 이렇게 당했는데 아마 당하기만 해서도 몰랐을 거다. 직접 싸워보니까 그제야 세상이 조금 보이더라고 말씀하더군요. 그러면 얼마나 많은 사람들이 당하고 직접 싸울 때까지 기다려야 되느냐. 바로 이 문제가 진보정당이 집중적으로 고민해야 할 핵심적인 문제의 하나라고 생각합니다. 속도 말씀을 드린 것도 바로 그 까닭입니다. 한국 사회에서 지배세력에 의한 의식 주입의 속도와 양이 엄청난 것인데 그 엄청난 것에 비해서 그분들이 실제 현실에서 살아가면서 당하고 싸우기를 기다리기에는 그 한계가 너무 뚜렷해 보인다는 것입니다. 진보정당의 고민은 바로 여기에 맞추어져야 한다는 거죠.

**노회찬**　모든 사람들이 그렇게 어려움을 당하고 싸워야만 깨달을 수 있다고 생각한다면 진보정당은 참으로 무책임한 정당으로 비판받아야 한다고 생각합니다. 민주노동당이 2004년 선거에서 13%를 얻었는데, 막상 얻고 나니까 찍지 않은 87%에서 다양한 생각을 하게 되었을 것이라 생각합니다. 저런 세력은 우리나라에서 더 이상 커지면 안 된다는 생각부터, 뜻은 좋지만 과연 현실성 있겠어, 또는 현실화되면 좋겠지만 가능하겠어, 여러 생각들이 있었을 것입니다. 그런데 막상 13%를 얻고 10석을 얻고 보니까 뭔가 새롭게 그 전에 생각하지 못했던 가능성에 따른 지지가 조금 늘어서 20%까지 올라갔단 말이죠. 바로 이 지점에서 우리는 아무 것도 하지 않았고, 사회의 다양한 고통들로 나아가지 못하고 우리 내부로 다시 갇혀버렸다는 것이 가장 큰 문제였다고 생각합니다.

저는 진보정당도 운동으로서 자기실천을 해야 하고, 정치도 운동으로서 해야 된다고 생각하는데 그 방향은 두 가지가 있다고 생각합니다. 하나는 먼저 생활정치의 현장, 고통의 현장을 찾아가고 연대하는 운동이라고 생각합니다. 그것은 정치적 이해관계에서 계산된 행위가 아니라 영혼을 가지고, 진심으로 행하는 실천이어야 하고요. 다른 하나는 사람들의 고통을 현실적으로 해결할 수 있는 정책을 도출해 내고 그것을 실현해 낼 수 있다는 믿음을 가지게 하는 일반적 의미에서의 정당 정치적 실천입니다.

얼마 전에 오후 3시쯤 넘어서 늦은 점심 먹으러 식당에 갔는데, 식당 아주머니들 10여 명이 식사를 하고 있었어요. 자기들 밥 먹는데 늦은 손님이 오니까 좀 안 좋은 표정이었죠. 그러다 식당주인이 들어왔습니다. 저를 보고 반색하면서 아주머니들에게 저 분 몰라? 하고 묻는데, 아주머니들 한 명도 저를 모르는 거예요. 제가 선거 때 만난 어느 30대 일용직 노동자는 국회의원 후보로써 가서 악수했는데도 모르고, 설명을 해도 잘 못 알아듣고, 나중에 미안한 듯 하는 얘기가 자신은 아침부터 밤늦게까지 일하기 때문에 아는 정치인이 박근혜 씨 하나 밖에 없다는 것이었습니다. 이건 뭘 말하는 것일까. 최고 권력만이 세상을 바꿀 수 있다고 생각하는 사람들에게 박근혜 씨가 거기 가장 가까이 근접해 있다는 것이겠죠. 나머지는 다 들러리들인 것이죠. 그래서 권영길 후보가 TV에 나가서 '살림살이 좀 나아지셨습니까?' 해도 개그의 소재가 되어버리는 것이죠. 진보정당이 집권 가능성을 실감 있게 보여주지 못하면 이 상황은 계속되겠지요. 저는 앞서 말씀드린 일상정치와 정책 실천, 이 권력의 문제가 같이 가야 한다고 생각합니다.

**홍세화** 냉정히 이야기한다면, 진보정당의 입장에선 억울하겠지만, 대다수의 사람들은 이미 진보세력에게 지난 10년 간 정권을 잡게 해보았다고 생각한다는 거죠. 여기서 가장 가슴 아픈 것 중의 하나가 도매금으로 넘어간 진보세력의 진정성에 대한 신뢰의 상실이라고 생각합니다. 저는 어느 글에선가, 지난 10년 동안 권력에 몸담았던 일부 세력들을 향해 '민주 건달'이란 심한 표현을 사용해 비판하기도 했습니다. 설사 국제정치의 힘의 관계에서는 어쩔 수 없다 하더라도 입으로만 개혁을 외쳤지, 의지만 있으면 실현가능한, 사람들의 삶의 조건을 크게 개선시킬 수 있는, 예컨대 교육이나 부동산 문제에 대한 개혁을 시도하지 않았고, 불균형한 노사관계에 작은 변화도 일으키지 않았기 때문입니다. 이들은 청와대에서 '임을 위한 행진곡'을 합창했지만, 두산중공업 배달호 씨가 분신했을 때 노무현 당시 대통령 당선자가 '민주화된 시대에……'라는 말로 불편한 심기를 노출했을 때, 누구 한 사람 '그건 아니다'라고 말하지 않았죠. 진보정당의 실천은 바로 이들이 멈추고 만, 또 망가뜨린 신뢰의 상실 위에서 시작되어야 하는 무엇이어야 하겠지요. 그런 의미에서 저는 첫 번째 일상의 정치에 가장 주목하는 편입니다. 개인적으로 저는 마포 〈민중의 집〉같은 기획이 대단히 중요하다고 생각하는데요. 사회적 현안에 결합하고 고통의 현장에 찾아가는 것도 중요하지만, 지역민들이 일상적으로 만날 수 있는 교육 문화 공간으로서 민중의 집 같은 것이 대단히 중요한 의미를 갖고 있다고 봅니다. 먼 미래의 기획이 아니라 지금, 여기서 우리들이 하고자

하는 일을 경험할 수 있게 하는 공간들 말이지요. 대표께서도 생활정치, 생활진보라는 것을 강조하시는데 실천방향이나 구체적으로 상이 있다면 설명해주십시오.


## 역사, 그리고 삶의 변곡점들

**노회찬** 생활정치를 강조하는 것은 한마디로 과거 활동에 대한 비판적 성찰에 기초하고 있습니다. 정치란 건 다름 아닌 설득의 과정인데, 설득하고 동의를 얻고 지지까지 이끌어내서 그 내용을 다시 현실화시켜내는 그런 과정인데, 그 과정에서 지금까지 굉장히 비현실적인 접근 또는 비효율적인 접근이 있지 않았냐는 거죠. 거대 담론과 생활정치를 대립시키고 그중에 취사선택을 하는 것에 저는 근본적으로 반대합니다. 오히려 생활정치를 통해서 거대 담론으로 연결해 가고, 구체성을 확보한 거대 담론으로 더 풍부한 생활정치로 다시 돌아가는 순환이 이루어져야 된다고 보는 거죠. 그런 의미에서 말씀하신 〈민중의 집〉 기획은 순환의 모델을 만드는 중요한 실험이고 경험적 토대가 될 것이라 생각합니다.

저는 그러한 지역에 기반을 둔 사업과 다른 이야기도 하고 싶습니다. 예를 들면 지금 제가 모색하고 있는 것 중의 하나가 비정규직 문제인데요. 우리가 비정규직 철폐만 외쳐서 되겠느냐. 국회에서 비정규직 법안 가지고 공방 벌어질 때 강력하게 대응하는 것만으로 안 된다는 거죠. 사실 저는 해보고 싶은 게 지역에 비정규직 센터를 세우고, 집집마다 초인종 누르면서 혹시 이 집에 비정규직 있습니까, 하고 탐문하는 활동부터 시작하는 것입니다. 그로부터 시작해서 비정규직과 관련해서 우리 옆에 가까이에 뭔가 기댈 데가 있다는 것을 실감케 해주고 함께 부딪혀 가는 과정을 만들 수 있다면 하고 생각해 보는 것이지요. 관념 속의 길이 아니라 생활

속의 길을 만들어가야 한다고 생각하는 것입니다. 어찌 보면 사병 없이 자칭 장교들만 가득 찬 데가 정당인데, 전쟁은 이 사람들만 할 수 있는 게 아니란 거죠. 통일운동이니 반이명박 운동이 아니라 생활 진보가 실천될 때, 삶의 현장 곳곳에 의식과 실천의 거미줄이 형성될 때, 비로소 보수 정치세력들의 민생퍼레이드가 무력화 될 수 있고, 비로소 진지전을 이야기 할 수가 있겠지요.

지식인들이 의식화에 이르는 과정과 일반인들이 이르는 과정이 같을 수는 없을 것입니다. 그래서 저는 생활정치가 진보운동에 대한 오해, 즉 생활에는 도움이 안 되는 사람들, 생활 속에서 겪는 문제에는 별로 관심이 없는 사람들이란 터무니없는 오해를 씻기도 하면서, 또 우리가 중요하게 지향하고 있는 본질적인 문제 해결의 동력을 만들어내는 중요한 실천적 과정이 아닌가 생각하고 고민하고 있습니다.

**홍세화**  경기(고등학교) 나오셨다고?

**노회찬**  대선배시잖아요? 하하하.

**홍세화**  지난번에 총리공관에서 용산 참사 관련해서 1인 시위할 때 참 착잡했었지요.

**노회찬**  (정운찬 총리가) 후배 되시죠?

**홍세화**  동기입니다.

**노회찬**  아. 어떤 느낌이셨을지 짐작이 가네요.

**홍세화** 어디서 갈림길이 있었을까 생각해봤어요. 결국은 현대사 문제에 접근을 하게 된 게 삶에 있어서 변곡점을 그리게 됐던 것인데. 특히 당대에 머리 좋다는 사람들이 독서를 통해 비판적 지식인, 혹은 균형 잡힌 지식인이 되기도 하지만, 우리 경우는 그보다는 분단과 긴 독재 기간 동안 지배세력에 의한 의식화, 다시 말해 지배세력에 대한 자발적 복종의 의식화가 강력하게 관철되었다고 봅니다. 그것은 제 표현대로 하자면 '존재를 배반하는 의식화 과정'이었습니다.

그래서 엘리트 코스를 밟은 사람들이라면 당연히 사회 상층에 편입하겠다는 기대를 갖게 되지요. 우리 세대는 특히 교육이 계층 상승의 사다리로 여겨졌던 때니까요. 그래서 경기고등학교를 다닐 때까진 거의 비슷했다가 그 중에서 아주 일부 사람들이 변곡점을 그리게 되는 거잖아요. 그런데 그 변곡점이란 것도 그렇습니다. 지배세력에 대한 순응, 복종에서 벗어나게끔 다른 의식을 갖게 하는 것을 일컬어 지배세력은 '의식화' 학습이라 부르는데, 사실 그것은 대개 우연적인 계기를 통해서 일어납니다. 예컨대 스무 살 안팎에 선배를 잘못 만났다거나, 책을 잘못 소개받았다거나, 고등학교 시절에 그랬다면 요즘 식으로 말하자면 전교조 교사 잘못 만났다거나, 중학교 때라면 오빠나 언니, 형이나 누나를 이른바 운동권으로 둔 잘못 때문에 의식에 있어서 변곡점을 그리거나 반전시키게 됩니다. 그런데 한 때의 그런 의식화라는 것이 한 인간의 사유와 삶의 선택에서 어느 정도 영향을 미칠 수 있을까요?

앞서 레옹 블룸의 말을 빌려, 고귀한 인간성이 사회주의를 낳았다는 말을 했지만, 과연 한국 사회에서도 이 말은 해당되는가 하는 것이지요. 어떻게 한 때 모두가 사회주의자였다가 하루아침에 사회주의라는 말을 던져버릴 수 있을까. 어떻게 그렇게 순식간에 권력 비판의 위치에서 특정 권력을 합리화하는 기술을 구사하는지를 이해할 수 없다는 것입니다. 결국 특수한 계기를 통한 비판적 의식화보다는 오랜 지배적 가치의 의식화가, 혹은 어떤 보상심리가 더 강렬하게 또는 내면적으로 사람들의 의식을 지배했던 것은 아닌가 하는 의문이 드는 것이지요. 그런 면에서 사회주의 학습에서 노동운동으로, 또 진보정당으로 이어온 일관된 삶을 살아온 자신을 어떻게 설명할 것인지에 대한 이야기도 듣고 싶네요.

**노회찬**  제 생각을 말씀드리자면, 87년 6월 항쟁은 한국 사회운동에, 또한 무엇보다 그때까지 그에 몸담았던 사람들에게 하나의 커다란 분기점이 되었던 것이 아닌가 생각합니다. 87년에는 6월 항쟁이라는 하나의 사건만 있었던 것이 아니라 7, 8, 9월의 노동자 투쟁이 분명 존재했습니다. 반공 규율사회를 극복하여 정치적 민주주의를 실현하려는 자유주의적 에토스만이 아니라, 사회경제적 민주주의에 대한 문제제기도 분명 존재했던 것이죠.

이 두 개의 흐름은 지배세력이 '직선제 개헌'을 수용하자 분리되어 버렸습니다. 이후 6월 항쟁의 성과는 양김(金)으로 수렴되면서 정권교체를 거쳐 노무현 정권까지 이어집니다. 이 과정에서 개혁과 진보를 표방했던 이른바 민주화운동 세력이 대거 제도정치권으로 진입하게 되고 7, 8, 9월 노동자 투쟁에 참여했던 사람들은 투쟁의 현장에 남겨지거나 그 이후로도 수배되거나 감옥에 갇히는 상황이 계속되었던 것이죠.

절차적 민주주의의 실현이 시대의 과제라고 외쳤던 자유주의 개혁세력들에게 6월 항쟁은 '성공한 항쟁'이지요. 그래서 이들은 청와대에 들어가 '임을 위한 행진곡'을 부르며 성공을 자축했고요. 반공규율 사회가 남겨 놓은 억압적이고 권위적인 정치제도를 개혁하려고 했던 이들의 역할을 폄하하고 싶지는 않지만, 이들의 역할은 딱 거기서 멈추었다고 생각합니다. 그리고 한국 자본주의가 국가독점 자본주의에서 신자유주의 시장체제로 급격히 변모해 가는 과정에서 이들의 자유주의적 에토스는 신자유주의 이데올로기의 불가결한 구성요소가 되어버렸다고 생각합니다.

　앞서 선생님께서 배달호 씨의 분신자살을 두고 노무현 대통령 당선자가 '민주화된 시대에…' 라며 불편한 기색을 보였고 이른바 386정치인들이 누구도 이를 비판하지 않았다는 사실을 지적하셨는데, IMF 경제위기 이후 노동시장유연화 요구 아래 정리해고가 본격화되었던 1998년 현대자동차 파업 때 정부 측 중재단 단장이 노무현 씨였으며, '국가경제를 살리기 위한' 정리해고 합의를 이끌어낸 주역이었죠. 직접적인 비교가 적절치 않은 면이 있지만, 마치 프랑스 혁명 이후 1871년 빠리코뮌이 부르주와의 지지를 받는 정부군에 의해 짓밟히듯이, 6월 항쟁의 주역들은 7, 8, 9월 노동자 투쟁과 더불어 사회경제적 민주주의로 나아가는 길이 아니라 이를 분리시키고 또 나중 신자유주의 추진세력이 되는 길을 선택해 간 것이라고 생각합니다. 선생님께서 지난 시기 의식화학습에 대한 문제제기를 하셨는데, 저는 이것이 개인적 인격과 사회적 양심, 이런 것들에 기인한다기보다 철학과 인식의 한계에 더 크게 기인하는 것이 아닌가 생각합니다.

**홍세화** 이야기를 듣다보니, 제 생존의 기록 속에 남아 있는 기억 하나가 상기되네요. 그것은 빠리 시절 존재의 버거움을 느낄 때 간혹 찾던 페르 라셰즈 공동묘지 안의 '코뮌 전사들의 벽'(Le Mur des Fédérés)입니다. 〈망자와의 연대〉라는 제목의 글을 쓸 때 그런 이야기를 하고 싶었던 것인데, 우리의 의식은 언제부턴가 고통과 죽음의 역사로부터 이탈해 버린 것이 아닌가 하는 느낌을 지울 수가 없습니다.

대표께서도, 세상이 바뀌려면 권력을 장악해야 한다고 말씀하시지만, 권력을 장악하기 전부터 권력을 장악하기 위해서라는 이유로 우리들 스스로 바뀌고, 권력을 장악한 뒤로는 순식간에 완전히 변모해 버리는 이 상황은 어디에서 비롯된 것일까. 세상은 바뀌지 않았는데, 세상을 바꾸겠다는 사람들만 바뀌는 이 조화는 무엇인가 하는 의문 말이지요. 그래서 저는 우리가 때로는 자랑스럽게 회고하는 의식화라는 것이 무엇이었나를 되돌아보아야 한다고 생각했고, 한국 사회 구성원들에게 중요한 것은 의식화가 아니라 탈의식화라고 생각하게 된 것입니다.

오랜 식민지 교육의 잔재, 그 이후 분단 상황에서의 국가주의 교육이 그 대로 계속 이어져 오면서 모두 '존재와는 전혀 관계없는 의식화'를 철저히 내면화하는 과정을 겪는데, 이 과정에서 소수의 사람들이 어떤 특별한 계기를 통해서 벗어나게 되었던 말이죠. 경쟁을 통한 성공이라는 지배적인 가치의 압도적 우위 속에서 소수파로 존재한다는 것, 여기에는 새롭게 세상을 발견하는 데서 오는 가슴 설렘과 우월감이 동시에 있었을 텐데, 대표께서 방금 말씀하신 어느 시기에 적지 않은 사람들이 가치 추구의 삶에서 벗어나 현실적 성공과 명분이라는 양손의 떡을 쥐려고 했던 것이죠.

문제는, 그러면 87년 6월 이후 노동 현장에, 혹은 삶의 현장에 남겨진 사람들은 어떤 모습이었는가 하는 것이지요. 노동운동은 신자유주의적 공세에 어떻게 대응했는지, 이 과정에서 어떤 모습으로 변모해 갔던 것인지, 그리고 진보정당운동의 주체들은 얼마나 성숙해 갔는가 하는 문제입니다. 저는 한국사회에서 진보적인 의식을 갖는 사람들의 그 의식화 자체가 성숙하거나 단련된 진보의식이 아니라는 점을 들여다보아야 한다고 생각합니다. 앞에도 잠시 언급했습니다만, 인생의 어느 시점에 선배 잘못 만나거나 책 잘못 소개받고, 이런 식의 경로로 그때까지 갖고 있던 생각이 뒤집힘으로써 생기게 된 진보의식, 즉 반전을 통하여 갖게 된 진보의식이지, 성숙과 단련을 통해서 갖게 된 진보의식이 아니라는 점이죠. 저는 바로 여기서 한국 사회 진보의 미성숙 문제를 제기하고 싶은 것입니다. 진보는 소수파인데 그 소수파조차도 미성숙 단계에 머물러 있을 수밖에 없는 이 문제에 대해 짚어보아야 한다는 생각인 것이죠. '진보하지 않는 진보의식'을 가지고는 진보의 새로운 영역을 확보하는 것은 불가능하지 않을까 하는 겁니다.

**노회찬** 예. 선생님 말씀에 전적으로 공감합니다. 진보의 한계는 외부로부터 오는 것이기 이전에 진보 스스로의 한계에서 기인한다고 생각합니다.

**홍세화** 제가 '공부하지 않는 좌파'의 문제를 심각하게 이야기하는 것도 같은 맥락입니다. 자신이 진보주의자임을 주장해 오던 방식에 문제가 없었는지, 자신의 신념을 설명하는 방식에 문제가 없었는지, 누구를 가르치려 들기 이전에 그 문제부터 되돌아보아야 한다는 것이죠. 단지 권력 장악이 아니라 주체를 변화시키는, 논리가 아니라 감수성과 지각장(perceptual field)의 틀을 다시 짜는 각고의 노력을 어떻게 진행할 것인가. 제가 〈민중의 집〉 같은 공간이 요구된다고 말씀드린 것도 같은 이유이고, 민주노동당 시절부터 연수라든지 학습문제를 강조한 이유도 바로 그 문제 때문입니다.

반전을 통해서 갖게 된 진보 의식은 반전된 부분만 진보적이지 다른 부분은 전혀 진보적이지 않은 걸 너무나 많이 목격하지 않습니까. 예를 들면 노동운동이나 이런 부분에 대해서는 진보적인데, 성소수자나 양성 평등 문제에 대해서는 아주 수구적인 이야기를 한다든지 하는, 그러니까 노동운동 그런 부분에 있어서는 뒤집었지만, 다른 부분은 전혀 그렇지 않은 것이죠. 이런 일들이 적지 않게 발생하고 그래서 진보정당과 접촉했던 사람들도 그런 문제에 부딪치면 등을 돌리는 경우들을 볼 수 있기 때문에, 진보신당에서 학습 문제에 심각하게 접근해야 할 필요가 있다고 생각하는 겁니다.


## 진보하지 않는 진보의식


**노회찬** 맞습니다. 90년대 초반에 울산 가서 노동자들하고 얘기 나누는데, 이런 얘기를 들었습니다. 난 노동해방은 찬성하지만 여성해방은 반대한다. 이걸 아주 당당하게 말하더라고요. 하하하. 그분은 지금도 노동운동을 하고 있어요. 지금 그 사람이 여전히 여성해방 반대하느냐. 지금은 많이 달라졌다고 들었습니다. 주변에서 많은 얘기하고, 구박도 받고, 책도 읽고, 이러다보니까 바뀌었겠죠. 문제는 이것을 조직적으로 전면적으로 수행해야 한다는 고민을 하게 되는데, 우선은 학습이 중요하다는 걸 당연히 받아들여야 할 수긍의 기반을 만들어야겠죠. 그걸 하기가 가장 적절한 데가 당일 테고요.

그런데 효율성이라고 할까요, 방식은 여러 가지로 새로 개발할 필요가 있겠다는 생각을 해봅니다. 과거에는 공부를 책으로만 했다면, 이제는 동영상 강연 등도 이용 가능할 것이고, 무엇보다 학습의 기회와 학습 수행에 필요한 비용을 어떻게 마련할 것인가 하는 것도 연구되어야 한다고 생각합니다. 공부해라, 이게 말만 가지고 되는 게 아니라 읽을 것도 줘야 되고, 읽고 싶은 동기도 유발시켜야 되는 것이고요. 그런 것들을 고민하고 만들어내는 게 정당의 중요한 역할 중 하나여야 하는데, 제도정치의 영역에 들어오면, 또 책과 멀어지는 분위기가 있으니, 저부터도 그렇고 생각처럼 이 문제에 대한 접근을 실행에 옮기기가 어려운 면이 있습니다.

**홍세화**  저는 진보정당이 싱크탱크를 조직하고 거기서 만든 자료로 교육하고 이런 것들, 즉 효율성 있는 교육 시스템을 만드는 것도 중요하지만, 지역 또는 삶의 현장에 뿌리를 둔 교육 실천이 그보다 더, 다른 의미에서 특별히 중요하다고 생각합니다. 마포 〈민중의 집〉에서 하는 일들은 아이들 공부방도 하지만, 동시에 중요한 것은 그런 교육이나 의료 행위를 무상으로 실행하고 있다는 것이지요. 그것은 우리가 표방하고 지향하는 것들을 지금, 여기서 실천하는 것으로서, 이에 참여한다는 것, 이보다 더 구체적인, 효율적인 교육은 없을 것이라는 생각인 것이죠. 민중이 주인 되는 세상을 꿈꾸는 사람들이 우선 민중이 주인인 집부터 지어본다는. 그러니까 우리가 지향하는 세상의 작은 모델을 만드는 작업이랄까. 구체적인 모습을 보여준다는. 진보정당은 무상교육이 그 자체로 사회적 연대의 구체적인 실현이라고 말해오지 않았습니까. 지금 〈민중의 집〉에서 실행하는 교육은 모두 무상이며, 의료가 필요한 아이들과 지역의 가난한 서민들에게 무상진료를 받도록 주선하고 있습니다. 마포지역의 치과의사, 한의사, 이런 분들과 연결해서 이 병원들을 찾아가면 무상진료를 하는 것이지요. 그래서 지역민들 속에 뿌리 내리고 접촉할 수 있는 〈민중의 집〉을 진보신당에서 좀 더 적극적으로 밀어붙이기를 대표를 만난 김에 강력하게 요청드리는 겁니다. 지금, 여기에서 우리가 지향하는 그것을 하나의 작은 실체로라도 각 지역에서 만들어내야 될 거 아니냐. 대표께서도 이의는 없으실 것이라 생각합니다만.

**노회찬** 하하하. 당연하고요. 지금은 여러 가지 폐단을 이유로 사라졌지만, 과거의 지구당과는 다른 모델, 정당정치가 지역에서 자신의 가치와 이상을 실현할 수 있는 모델들이 무엇일까를 심각하게 고민해야 할 때라고 생각합니다. 〈민중의 집〉이 그 중 하나가 될 수도 있고, 삶에 근거를 둔, 사회적 연대망에 기초를 둔 실험들이 적극적으로 시도 되어야겠지요. 선거에 대응하는 것 못지않게 중요한 전략적 실천이라고 생각합니다.

**홍세화** 한국에서 지식인과 진보정당과의 관계에 대한 질문을 드리고 싶습니다. 한국 사회에서는 지식인들 가운데 사회적 발언 내용은 진보적 입장인데, 실제 진보정당에 적을 두는 지식인은 소수라고 생각됩니다. 적극적으로 참여하지 않는다는 차원을 넘어 의식적으로 거리두기를 하는 느낌까지 드는 경향이 있는데 이것은 왜 그렇다고 생각하시는지요? 여기에 대해 좀 아쉬운 생각은 들지 않습니까? 저는 사실 아쉽거든요. 왜 좀 더 적극적으로 참여 안 하나, 발언은 하는데 몸은 왜 담으려 하지 않을까. 특히 한국에선 학계, 언론 등에 정당 참여에 대한 제도적 장애까지 있는데, 정치적 중립성에 대한 오해 내지 몰이해가 만연되어 있다고도 할 수 있고요. 오히려 문화예술계에 비해서도 다른 부문의 참여가 저조한 것 같은데.

**노회찬**　우선은 진보정당이 성장할 수 있는 여건조차 이제야 비로소 형성되었다고 측면도 있는 것 같고요. 분단체제에 기반을 둔 군사독재 하에서 노동운동을 포함한 제반 진보적 사회활동을 적대시하고 반체제적인 것으로 억압해왔던 영향. 남북관계를 평화적으로 해결해 가야 한다는 주장조차 반국가 행위로 처벌되는 상황. 아직 국가보안법이 현존하고 있지만, 과거와 같은 야만적 억압과 국가폭력이 사라진 것을 통해 진보정당운동에 대한 시선은 크게 변화했다고 생각합니다. 선생님께서 귀국하실 수 있게 된 것도 어쩌면 그러한 상황 변화로 인한 것이겠지요. 지난 10년 간 절차적 민주주의가 진행되어온 과정에서 이제 진보정당운동에 대한 족쇄는 상당 부분 사라졌다고 해도 과언이 아닐 것입니다.

그러나 이것을 자유주의 개혁분파들이 진보정당에 준 선물인양 이야기하는 것은 어불성설인 것이 어디까지나 민중부문의 피어린 희생으로 여기까지 왔다는 것을 간과하거나 망각하는 것이기 때문입니다. 분명한 것은 신자유주의적 공세로 말미암아 아직까지도 노동운동에 대한 탄압이 가해지고 있고, 선생님께서도 말씀하셨듯이 사회경제적 민주주의의 실현에 관심을 갖고 실제로 지금과 다른 사회를 지향하고 그런 가치를 추구하는 지식인들은 어디까지 소수라는 것이 현실이라고 생각하는 것입니다. 심지어는 참여파 지식인들, 비판적 지식인들의 상당수가 진보정당운동에 깊은 이해를 갖지 않은 상태에서 중요한 정치국면에서 보수-진보 구도로 정치질서가 재편되는 것을 상당 기간 유보되어야 할, 아니면 부차적인 과제로 주장하고 나선다는 것이지요.

**홍세화**　소수라 해도, 그래도 적극적으로 참여한다면, 정책의 강화는 물론 여론형성에도 크게 도움이 되는 건 사실이지 않습니까? 혹시 학계나 지식인 사회의 참여가 현실적 층위에서 진보정당운동과 잘 융화되기 힘들다거나, 노동 없는 진보정당의 위험성을 가져올 것이라 생각하기 때문인지요?

**노회찬**　뒤에 말씀하신 부분은 현실적으로 고민하기 이전 단계인 것 같습니다. 우선 참여의 수 자체가 극히 적다는 것이 현실적인 문제겠지요. 당 차원에서 지식인들을 접촉하고 요청도 하면서 느끼게 되는 것은, 보수든 진보든 지식인의 특성 중 하나가, 특히나 대학교수 이런 분들은 자신의 생각이 정책으로 채택될 수 있느냐에 관심이 큰 것 같다는 겁니다. 자신의 생각이 정책으로 채택된다는 건 현실화될 가능성이 높아진다는 얘기죠. 그 점은 충분히 이해가 가는데 그걸 나쁘다고 볼 수는 없겠죠. 그런 분들 중에 진보정당이 당장에 권력을 가질 가능성도 적고 더디고 발전할 것이지만 그래도 진보정당을 키워야 된다는 의지로 도와주거나 함께 하는 분들도 있지만, 그보다 더 많은 분들은 다소 진보적이지 않은 당이라 하더라도 이 당이 정책실현 가능성이 좀 높으면 자기 정책을 수정해서라도, 하향시켜서라도 그것을 실현하게 하는 데서 더 만족을 하는 그런 경우도 더 많다고 생각합니다. 도와줘야 커질 텐데 커지면 오겠구나, 커야 오는 거구나, 그런 생각을 하지 않을 수가 없는 거죠.

섭섭함이 왜 없겠습니까? 그러나 섭섭하다고 해서 비판한다고 해결되는 것은 아닌 까닭에, 또한 저는 실천가이기 때문에 그분들을 오게 하려면 어떻게 해야 될 것인가, 이런 고민을 하게 되는 것이고요. 예를 들어 김대중 정부 때, 복지 개념이 처음 정부 차원에서 등장했을 때, 저와 가깝게 지내던 많은 분들이 그쪽으로 동원됐습니다. 그건 노무현 정부 때도 마찬가지였죠. 사회복지학과 출신이 씨가 마를 정도로, 부족할 정도로 많이 동원됐는데, 그때는 아니 이쪽을 도와줘야지 왜 저쪽을 도와주느냐는 서

운함도 있었지만, 한편으로는 저쪽은 바로 얘기하면 어느 정도 정책으로 현실화되고 성과로 나타날 그런 가능성이 높으니까 그리로 가는 거죠. 그러나 저는 이 부분에서도 결코 비관적이지 않습니다. 이길 가능성이 있으면 온다. 그런 상황을 만들자. 저로선 그런 위안을 할 수밖에 없는데, 이 문제는 지식인 사회 자체에서 문제제기가 되어야 한다는 희망도 있습니다. 정치 부분만이 아니라 지식인 사회에도 보수−진보 양자구도가 되었으면 하니까요. 그건 그렇고, 지난 번 프랑스에 가보니까 교사는 기본이 좌파더라고요?

**홍세화** 당연하죠. 지식과 교육, 문화 영역만 두고 본다면 우파 쪽에서 오히려 양자 대립구도를 원하겠지요.

**노회찬** 교사가 좌파만 있으면 살기는 쉽지 않겠다. 하하하.

**홍세화** 하하하하. 같은 농담도 진보정당 대표가 하니까 좀 당황스럽기도 하네요.

**노회찬** 우리는 전혀 그렇지 않죠. 이것은 아마도 오랜 역사의 결과물이겠죠. 지금 현실은 굉장히 안타깝지만, 그렇다고 해서 말씀드린 것처럼 힘만 크게 길러서 오게 하는 것만이 능사는 아니라고 봅니다. 또 그냥 당에 무작정 가입하라고 해서 이루어질 일도 아니고요. 거창한 정책적 결합이 아니더라도, 앞서 말씀하셨던 지식인−현장을 결합하는 교육 프로그램, 매체 개발, 이런 것들을 통해 참여 공간을 넓혀서 그런 분들이 와서 관계를 맺고 성취감을 맛볼 수 있는 기회들을 저희가 많이 만들어야겠죠.

**홍세화** 단도직입적으로 묻겠습니다. 민주노동당과는 재통합할건가요?

한다면 언제, 어떤 조건이 성숙했을 때. 제가 묻는 것은 선거전술에 대한 이야기가 아닙니다. 어떤 기준이나 키워드 같은 것이 있는지, 그것이 무엇인지 알고 싶은 것입니다.

**노회찬** 두 당이 다시 과거처럼 합치는 일은 바람직하지 않다는 생각을 여전히 강하게 가지고 있습니다. 지금 이야기되고 있는 민노당과의 통합은 명백히 과거회귀 형입니다. 말씀하신대로 상당 부분은 선거연합이라는 현실적 필요에 의해서 제기되는 것들이고요. 분명한 것 하나는 있습니다. 저희들이 감정이 틀어져서 나온 거라면 감정이 풀리면 같이 할 수도 있는 거죠. 이해관계가 달라서 나온 거라면 이해관계를 또 재조정해서 다시 맞춰볼 수도 있다고 생각됩니다. 그러나 분당은, 그 이후의 신당창당은 감정의 문제도 이해관계의 문제도 아니었던 것이며, 한국에서 진보정당이 그때까지와 같은 방식으로 계속 운영되어서는 그것이 정책면이든 당내 운영방식이든 비전이 없다고 판단했기 때문에 새로운 비전을 만들고자 당이 깨지는 큰 아픔, 또 당이 깨짐으로서 부닥치는 여러 가지 현실적인 조건의 악화까지 감수하면서 분당을 한 것입니다. 물론 이 자리가 지난날의 상처를 말하는 자리는 아닌 것 같고요.

분당 자체가 아름답다고 할 수 없지만, 저는 분당까지도 감수했던 문제의식은 여전히 살아있고, 살아있어야 할 뿐 아니라 오히려 더 성숙되어야 된다고 봅니다. 그런 점에서 향후의 전망과 계획은 민주노동당과 재통합에 있다기보다는 제대로 된 새로운 진보정당 창당에 맞추어져야 한다고 봅니다. 진보신당은 자신의 힘만으로 자신들이 생각하는 진보정당을 완성시킬 수 없다는 판단이 출범 때부터 가지고 있었습니다. 그래서 제2창당을 내걸었던 것인데, 제2창당은 정책이념과 활동방식을 포함한, 소프트웨어와 세력의 재편성이라는 두 측면을 함께 다 가지고 있다고 생각합니다. 진보의 재구성이라는 게 진보적 가치의 재구성과 진보세력의 재구성, 양면이 다 있는 것이고, 이것을 뭉뚱그려서 제2창당이라고 했던 것인데, 그런 점에서 혁신 진보, 진보를 혁신해서 버릴 건 버리고 부족한 건 채우면서 진보를 혁신하는, 그와 같이 진보적 가치를 재구성하는 것을 기반으로 해서 진보신당 이외에 함께할 수 있는 세력들이 와야 되고, 여기에 민주노동당이 할 수 있다면 함께 하는 것이어야 된다고 보는 것이죠.

저는 민주노동당도 혁신해야 된다고 보는 사람이지 더 이상 혁신이 불가능하므로 없어져야 된다고 생각하지 않기 때문에, 그런 새로운 가치에 동의하면서 함께 한다면 함께 할 여러 무리 중에 한 부분으로 들어올 수 있을 것이라는 것이죠. 그것조차 배제할 이유는 전혀 없다고 생각합니다. 그런 점에서 깨진 화분을 다시 맞추는 과거를 복원하는 일은 하지 않겠다. 비유가 적절할지 모르겠습니다만, 신석기 시대로 돌아갈 순 없다. 우리는 철기시대로 가야된다. 신석기시대로 돌아가는 식의 재통합은 아니어야 한다고 봅니다. 키워드는 어디까지나 혁신이라 할 수 있습니다. 지금 고통스럽다고 해서 그걸 뛰어넘을 수는 없는 것입니다.

**홍세화**　민주노동당의 혁신에 대해서 말씀하셨는데, 구체적으로 민주노동당의 어떤 부분이 혁신되어야 한다고 보십니까?

혁신의 거울에 비친 진보

**노회찬**　정도의 차이는 있을지 몰라도 그 기준은 진보신당도 마찬가지겠죠. 먼저 당의 정책노선과 관련해서도 정비를 새롭게 해야 된다고 봅니다. 이 정책과 노선에서 이제는 적어도 최소한 진보주의의 기준 같은 것은 마련되어야 한다고 봅니다. 여기에는 당연히 북한에 대한 태도 문제 같은 것도 있을 터인데, 이를테면 통일문제의 접근은 다를 수 있다 하더라도 최소한 민주주의자로서 또 진보주의자로서의 기준은 있어야 되지 않느냐 하는 생각이 들고요. 꼭 북한 문제만이 아니라 적어도 진보주의운동을 하는 사람들이 가부장적 의식을 가지고 위계의식을 조장하고 억압을 묵인하거나 차별을 용인하는 것은 안 된다는 인권적 기준 등도 마찬가지고요. 그리고 무엇보다 전략적 차원에서 우리가 어디에 주력해야 되는가, 또 어느 계층을 더 중시해야 되는가에 대해서도 한번 입장 정리를 해야 된다고 봅니다. 지금 어떤 경향성은 있지만 진보신당 조차도 사실은 명확하게 충분한 검토 속에서 한 10년은 이걸로 가자! 라고 준비되어 있는 것은 아니거든요.

다음으론 당의 운영방식인데, 당내 민주주의의 원칙을 어떻게 세울 것인가의 문제일 것입니다. 이건 특히나 과거 나타났던 패권주의와 관련해서도 중요한 문제라고 생각합니다. 진보정당이라 하더라도 세부적으로 들어가면 다양한 경험과 생각을 가진 사람들이 있게 마련인데, 이 때문에 다 쪼개져서 따로 당을 해서는 안 되는 노릇이고, 그렇다면 다양한 생각을 가진 사람들이 어떻게 공존할 수 있는가. 이것이야말로 저는 대단한 정치력이 요구되고 고도의 정치라고 봅니다. 그런데 문제는 한 개인의 리더십에 의존하는 정치력이 아니라, 집단의 정치력의 발휘되어야 하는 것이고, 그러기 위해서도 공존의 철학, 공존의 윤리와 목적의식이 굉장히 강해야 되는 것이라는 거죠. 다원주의를 실현해낼 수 있는 의식의 재무장, 그리고 그것을 제도화하는 실천들이 필요하다고 봅니다.

다음으로 굳이 하나를 덧붙이자면 조직과 개인의 문제입니다. 진보정당의 힘은 역시 당원으로부터 나온다는 점이 보수정당과의 기본적 차이 중 하나라고 한다면, 당과 당원의 상호 책임과 의무, 그리고 권리 행사의 원칙들이 민주주의의 발전 단계에 부응하도록 설정되고 실행되어야 하는 과제이지요.

**홍세화** 진보의 미성숙을 극복하는 데 있어 가장 중요한 것은, 저는 제도화 이전에 의식의 성숙을 어떻게 이룰 것인가라는 문제라고 생각합니다. 앞서 반전된 수준의 진보의식이란 이야길 했는데, 민주노동당을 경험하면서도 우리 사회의 진보의식이란 것이 결국 그러한 반전된 의식화에 머물고 있다는 사실을 보게 되었지요. 북한을 바라보는 시각이 바로 그 반전된 의식화의 구체적인 하나의 예를 보여주는 것이라는 것이죠. 북한에 대한 시각이 분단체제 하에서 반공교육과 여타 사회화 과정을 통해서 부정적으로 입력됐다가, 일부 사람이 한국 현대사를 읽으면서 남한이 갖고 있지 못한 식민지 잔재의 청산, 국가적 주체성, 대미관계에서의 자주성, 이런 것들에 매료되면서, 거꾸로 북한의 국가이데올로기를 무비판적으로 수용하는, 그것을 자신의 운동노선으로 받아들이는 결과가 되어버렸다는 것입니다. 이게 다시 뒤집히면, 군사력 개입을 통해서라도 북한을 민주화시켜야 한다는 뉴라이트들의 논리가 되는 것이지요. 복잡한 사회적 모순을 자주 민주 통일이라는 대전제만 해결되면 모두 해결할 수 있다고 믿어버리는 단순함과 조급함이 진보주의의 기본적인 시각과 원칙마저도 저버리게 만드는 결과를 낳았던 것입니다. 이것은 다시 말해 지금 여기서의 과제를 미래에 저당 잡히는, 종말론적 혹은 종교적 심성을 유포시키는 태도를 낳죠. 그러한 반전된 진보의식, 이건 '단결' '투쟁'이란 구호가 적힌 조끼로 상징되는 노동자 의식의 경우에도 마찬가지인데, 진보하지 않는 진보의식, 성숙과 단련을 거치지 않은 진보의식은 비단 북한 문제뿐만 아니라 다양한 부문에 있어서 한계를 만들어냈다고 생각합니다.

**노회찬** 저 역시도 유신으로 인해서 한국정치에 대해서 극도로 실망하면서 북한으로 눈을 돌렸던 시기가 있습니다. 비단 북한의 대외 주체성 이런 것이 아니더라도, 세탁기하고 전기밥솥 보급이 우리보다 먼저 시작됐다. 칼라 TV 우리보다 먼저 시작됐다. 이런 이야기들이 누군가로부터 시작되어 전해지면서 우리 눈앞의 억압적 현실을 벗어나는 유토피아적 투영체로서의 북한상이 만들어진 것이지요. 이제는 북한 사회구성원들의 삶의 현실이 보이면서 이런 환상은 사라졌다고 보이는데, 왜 아직까지도 진보운동 안에 북한의 국가이데올로기의 그림자가 드리워져 있는가 하는 것은 안타깝지만, 그럼에도 냉철한 성찰의 과제가 되어야 한다고 생각합니다.

유럽이나 일본의 좌파 지식인을 간혹 만날 때가 있는데, 이들이 한국의 좌파 지식인들에게 이해할 수 없는 점이 있다고 하면서 하는 말이 바로 북한 문제입니다. 북한체제를 도저히 사회주의로 인정할 수 없다는 것이지요. 그런데 밖에서는 보이는 것이 우리는 안 보이느냐는 것이죠. 이것은 '분단체제'의 영향으로밖에 설명이 안 되는 부분인데, 자주와 통일을 절대 명제로 생각하는 사람들에겐 북한의 유일체제마저 특수한 사회주의로 보게 만든다는 것이지요. 80년대의 이런 경향의 운동권들이 이후 대북관을 전환하면서 87년 이후 정권에 상당 부분 참여하게 되고, 반면 강성파들은 독자정당노선을 내걸고 진보정당운동에 참여하면서 내부에 많은 부하(負荷)가 걸리게 된 것이라 생각해 보기도 하는데요. 민주노동당 내 이른바 자주파 전체가 종북주의라고 결코 생각하지 않지만, 적어도 그간의 활동에서 책임 있는 사람들은 자신의 입장을 정직하게 밝힐 필요가 있다고 봅니다.

**홍세화** 진보신당이 생태주의를 강령으로 내걸고 있지 않습니까. 이 생태주의는 무슨 구색으로 가야할 문제는 결코 아니라고 생각하는데요. 이를테면 이건 진보운동이 추구해야 할 가치지향의 과제라고 본다는 것이죠. 용산 참사에서 보듯이 신자유주의적 자본화가 한국에서는 무지막지한 개발주의로 나타나고 있는데, 이제 진보운동이 어떤 방식으로 생태주의를 만나고 자신의 전략적 실천적 과제로 삼을 것인가는 더 지체할 수 없는 인식적 과제라고 생각합니다. 예컨대 보수 우파 정당도 생태친화라는 말을 사용하고 마당에, 그리고 일반인들의 인식 속에 '진보=과학과 기술의 진보'라는 등식이 아직 뿌리 깊은 상황에서, 좌파가 진보라는 말 자체를 다르게 재구성해 내지 못한 채 진보라는 단어를 계속 사용하는 것이 타당한가라는 문제를 포함해서 말이지요.

자본주의적 세계화가 더 빠른 속도로 진전되면서 정말이지 3세대나 5세대 뒤를 겨냥해보면 전망이 없거든요. 에너지, 식량, 기후문제를 포함해서 말이지요. 가령 이웃나라인 중국 사람들에게 당신들 차 타지마라, 이렇게 얘기할 수 없는 거고. 한 세대가 지나가기 전에 만일 중국이 우리와 같은 자동차 보유 대수에 이른다면 중국대륙에 수억 대 자동차가 다니게 될 것인데, 누군가의 표현대로 지금 우리 모두가 낭떠러지로 가고 있는 현실인데요. 결국 이 문제는 지금까지 살아온 방식, 소비 방식, 삶의 방식 자체에 대한 전환이 요구되는 부분이라고 생각하는데, 기존의 진보운동의 관성에서 벗어나 이 문제와 어떻게 만나고 어떤 변화를 만들어가야 할 것인지, 지금까지와 다른 존재의 조건을 어떻게 제시할 것인지에 대해 어떤 혜안을 갖고 계신가요?

**노회찬** 생태주의자가 진보주의자인건 사실인데, 모든 진보주의자가 생태 문제를 심각하고 중요하게 생각하고 있는 건 아직 아닌 것 같습니다. 진보신당 안에서도 보면 평등 평화 생태의 연대를 주요 가치로 내세웠습니다만, 평등과 생태가 여전히 충돌하고 있다. 싸움을 자제하고 있어서 그렇지, 곳곳에서 충돌하고 있다는 생각을 자주 하게 됩니다. 평등을 훨씬 더 중요하게 보고 생태를 부차적인 가치로 보거나, 아니면 생태를 강조할수록 오히려 평등이 왜곡될 수 있다는 그런 생각이 많이 존재한다는 것이지요. 전통적인 진보주의에서 신좌파로 변형되는 역할을 생태에 대한 강조를 통해서 하고 있는 것 아니냐는 하는 의혹까지도. 평등주의자는 굉장히 많지만 생태주의자는 희귀한, 그게 우리의 솔직한 모습 아닐까 하는 말씀을 우선 드리고요.

말씀하신대로 생태주의는 진보운동의 외연을 넓힌다는 그런 계산으로 접근해선 안 된다고 생각합니다. 누가 이명박의 불도저를 멈출 것인가. 이런 운동적 과제 말고도, 그러면 진보주의자는 어떤 삶의 방식을 추구해야 하는가라는 가치추구의 과제로 말이지요. 중국의 예를 말씀하셨지만, 소위 공산당이 주도하는 나라에서 추구하는 자본주의화 방식은 거의 박정희식 방식이죠. 환경 좀 파괴돼도 빨리 성장하는 것이 급선무이므로 나중에 따질 문제라고 하는. 그러나 워낙 큰 나라다 보니까 전체에 미치는 영향이 조만간 엄청날 수준으로 우리에게도 다가올 것이라고 생각합니다.

그럼에도 불구하고 우리 내부의 수준과 상태를 생각하면, 지금 가장 시급한 것은 인식의 전환일 것입니다. 아직도 많은 사람들은 진보정당이 생태 얘기하면 진보도 그런 데에 관심 있어? 라는 반응을 보이지요. 이렇게 바깥의 시선으로 보아도 우리나라에서 생태와 진보는 굉장히 거리가 있는 걸로 돼 있습니다. 생태주의 운동이 역사가 짧고 진보정당과 무관하게 개인적, 시민운동적 차원에서 제기되어온 탓도 크지만, 먼저 생태주의 문제를 꺼내는 우리들 자신이 노동문제나 생존권 문제를 이야기할 때보다 훨씬 자신이 없어 한다는 것이죠. 노동해방과 여성해방을 대립시키는 것처럼, 혹은 선후의 문제로 생각하는 것처럼, 생태문제 역시 후순위의 과제로 생각하는 한 늘 기계적 결합 이상으로 진전되지 못할 것입니다.

혜안을 운운하셔서 잠시 얼굴이 화끈거렸는데, 솔직히 저 역시 마찬가지입니다. 다만 말씀드릴 수 있는 것은 생태주의 문제야말로 일상생활의 문제와 연결시킬 수 있는 문제이다. 일상의 실천적 과제 중에, 그리고 교육적 프로그램 속에 생태주의적 사유와 실천을 우선되는 과제로 상정해야 한다. 그리하여 이 일상의 실천을 운동으로 조직해낼 수 있을 때 비로소 생태하면 저 당이야!라는 이미지를 얻어낼 수 있을 것이라고 생각합니

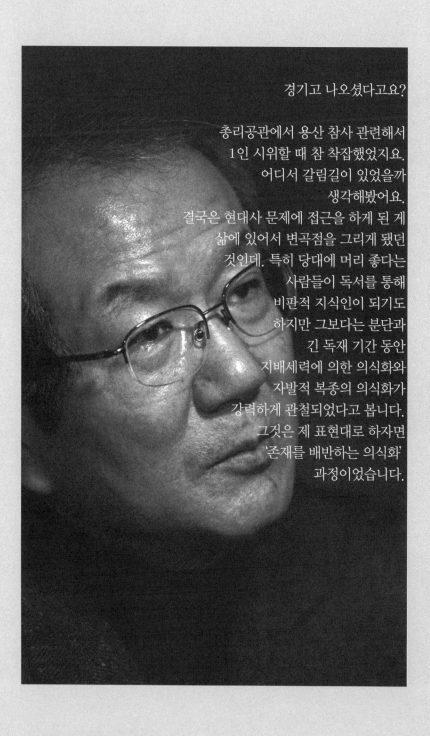

경기고 나오셨다고요?

총리공관에서 용산 참사 관련해서
1인 시위할 때 참 착잡했었지요.
어디서 갈림길이 있었을까
생각해봤어요.
결국은 현대사 문제에 접근을 하게 된 게
삶에 있어서 변곡점을 그리게 됐던
것인데. 특히 당대에 머리 좋다는
사람들이 독서를 통해
비판적 지식인이 되기도
하지만 그보다는 분단과
긴 독재 기간 동안
지배세력에 의한 의식화와
자발적 복종의 의식화가
강력하게 관철되었다고 봅니다.
그것은 제 표현대로 하자면
'존재를 배반하는 의식화'
과정이었습니다.

절차적 민주주의의 실현이
시대의 과제라고 외쳤던 자유주의
개혁세력들에게
6월 항쟁은 '성공한 항쟁'이지요.
그래서 이들은 청와대에 들어가
'임을 위한 행진곡'을 부르며
성공을 자축했고요.
반공규율 사회가 남겨놓은
억압적이고 권위적인 정치제도를
개혁하려고 했던 이들의 역할을
폄하하고 싶지는 않지만,
이들의 역할은 딱 여기서 멈추었다고
생각합니다.
그리고 한국 자본주의가
신자유주의 시장체제로
급격히 변모해 가는 과정에서
이들의 자유주의적 에토스는
신자유주의 이데올로기의
불가결한 구성요소가 되어버렸다고
생각합니다.

다. 지금처럼 소위 전문가 내지 전문적 관심을 가진 사람들의 영역에만 갇혀있어서는 안 된다는 생각이지요. 여성문제도 마찬가지일 터인데, 실제 여성들이 감동하고 분노하고 움직이게끔 만드는, 그와 같은 새로운 관점에서 우리를 다시 바라보게끔 만드는 일들을 자꾸 꾸며내야 하는데, 그런 것들은 부족하고 아예 시도할 용기도 못 갖고 기존의 관성에 갇혀서 이야기하기 편한 주제만 반복하고 있지 않나. 그런 반성을 하게 됩니다.

**홍세화** 저는 좀 더 적극적으로 이 문제를 농촌문제와 관련해서 사고할 필요가 있겠다는 생각을 하고 있습니다. 이미 오래된 이야기입니다만, 농촌의 노령화 문제가 심각하지요. 이 문제와 관련해서 지금 젊은 세대들이 생태라는 가치를 통하여 농촌과 어떻게 만나게 하는 방도, 진보신당이 그런 그림을 그려줘야 되는 것이 아니냐는 생각을 하고 있거든요. TV 같은 데서 하는, 극단적인 경우지만 '1박2일'이니 '패밀리가 떴다'니 이런 수준의 계몽이 아니고요. 좀 더 심각하게는 88만 원 세대의 일자리 문제 이런 거와 관련해서라도. 그야말로 주류들도 얘기하는 지속가능한 발전, 이런 수준이 아니라 새로운 공동체적인 농촌의 상을 그려내야 하고, 그리고 그러한 삶의 시도들이 도시의 생활정치와 연대하는 방도를 마련하고 하는 이런 적극적인 모색을 진보신당이 실천하고 그러한 연대를 현실적으로, 성공적으로 구축해 낸다면, 그런 기대를 해보는데요.

**노회찬** 우선 농업의 문제와 떠날 수 없는 문제라는 생각이 들고요. 지금처럼 농업포기정책이 점점 더 현실화되고, 이른바 비교가격의 관점에서 오히려 농사를 안 짓게 되는, 그리하여 농촌이 농촌으로서 존재하지 않게 되면 생태주의와 관련된 시도도 펼치기 어려워지겠지요. 지금 이미 농촌은 살 수 없는 곳이 되었는데, 이를테면 단순 생존이 아니라 삶을 영위한다는 것, 즉 애 낳고 키우고 기르기에 불편하기 짝이 없는, 그래서 특별한 신념을 가진 사람이 아니라면 갈 수가 없는 곳이 되어 있다는 것이지요. 현재 생태주의적 신념으로 공동체 운동을 하는 사람들의 이야기를 들어보아도 가장 고민으로 다가오는 게 아이들 교육 문제라는 이야기도 듣고요.

그런 점에서도 농업문제는 단지 농민의 문제가 아니라 전 국민의 문제라는 것을 계속 설득하고, 구체적이고 설득력 있는 정책실천을 통해 생활의 조건을 만들어내는, 즉 농촌을 사람 사는 곳으로 만드는 것이 일차적인 문제가 아닌가 생각되고요. 그러면 농촌이 사람이 살만한 곳이 될 때까지 어떠한 실천도 불가능하냐 하면 그것은 아니라고 생각합니다. 우선은 이미 시도되고 있는 생태공동체의 경험을 토대로 무엇이 가장 큰 난관인지를 연구하고 그 문제를 해결할 방도를 제시하는 작업. 특히 교육의 문제를 적극적으로 고민해야 하는데, 예컨대 간디학교와 같은 대안학교의 경험들을 배우면서 노동의 가치를 소중하게 받아들일 수 있는, 그 교육을 통해 건강한 사회화 과정이 가능하다는 것을 보여줄 수 있는 모델을 만들어내는 작업을 할 수 있을 것이라 생각합니다. 우선 진보신당에 그럴만한 여력이 있는가는 차치하고서라도 말입니다.


'민중의 집', 만남이 시작되는 자리


**홍세화**  학교를 만들 생각은 없으세요? 적극적으로. 시도하지 않으면, 여력도 아무 것도 자연적으로 생겨나지는 않을 것이라는 것. 이것도 자명한 것 아닌가요?


**노회찬**  일반 학교는 아니겠죠? 개인적으로 저는 학교를 만든다면 당원을 위한 학교가 필요하고, 더 나아간다면 청소년을 위한 정치학교가 필요하다고 생각해 왔습니다. 정치는 어렸을 때부터 해야 된다고 생각하고 있고, 유럽의 SI에 가입된 정당들이 갖추고 있는 프로그램과 시스템들을 보면서 더욱 그러한 생각을 간절히 갖게 되었습니다. 그런 속에서 오랫동안 길러진 리더십이 다음 세대 진보정당운동을 이끌어가야 하는 것이 아닌가 하는 생각에서 말이지요. 그리고 무너진 공교육과 사교육 문제는 제도 개선 차원에서 접근해야 된다고 생각하며 고민해 왔지요. 무상교육의 문제와 더불어 말이지요. 오늘 선생님과 이야기를 나누면서 지역의 문제를 다시 고민하게 되고 일상 정치의 차원에서 교육의 문제를 적극적으로 고민해 보아야 과제를 가지고 가게 되었습니다.

**홍세화** 저는 〈민중의 집〉도 그렇고요, 또 다른 학교 구상도 그렇고, 만남의 의미가 정말 중요하지 않나하는 생각을 갖게 됩니다. 매일 같이 사람들이 만나고 떠들고 하지만, 제가 볼 때는 거의 부유(浮游)하는 것일 뿐이고, 진정한 인간과 인간의 만남이 사라지고 있는 세상에 살고 있다는 그런 생각이 들거든요. 사람이 사람다움을 느낄 수 있고, 삶의 보람을 느낄 수 있고 하는 것은 참된 만남이 있을 때 가능한 것일 텐데 말이지요. 학교 문제를 어떤 목적의식에 앞서 그런 만남의 장소로 생각해야 하지 않을까 하는 것이죠.

아마 대표께서는 독서를 통해서 또 파란 많은 삶을 통해서 인간의 다양한 모습을 보아 오셨기 때문에 잘 아시리라고 봅니다만, 오늘날 한국 사회가 다이나믹해 보이지만 참된 만남이란 측면에서 보자면 정말 떠다니고 있고 공허한, 그야말로 찰나적인 것에 머물러있거나 아니면 먼 미래의 불안 때문에 오늘을 저당 잡히고 있거나 그런 것이 아닌가 하는 느낌을 지울 수가 없습니다. 진정한 만남이 상실된 사회의 앙상한 실상이라 할 수 있겠는데, 당 학교가 되었든 아이들의 학교가 되었든, 또는 〈민중의 집〉 같은 곳에서의 만남들이 자본주의 생활방식에 익숙해진 것과 전혀 다른 방식의 만남으로 바꿀 수 있었으면 하는 그런 바람을 갖고 있는 거죠. 사람들에게 아! 그래도 진보정당은, 그 속에서 사람들 만나면 다른 어떤 향기가 느껴진다는, 거창한 이야기나 하면서 자기만족을 하는 팍팍하고 이런 것이 아닌, 그윽한 포근함. 이런 만남이 있다는 것을 느끼게 해줘야 되지 않겠느냐 라는 거죠. 그런 점에서 어떤 새로운 문화적인 발상이 요구되는 것이 아닐까, 삶의 인연들이 만들어지고 결국 사람들의 관계가 유구한 역사를 만들어간다는 느낌, 그런 느낌들을 확인할 수 있는 공간들 말이지요.

**노회찬** 노동운동 준비하느라고 79년 무렵 크리스챤 아카데미 교육 프로그램을 연구한 적이 있습니다. 거기서 참가한 사람들이 어떻게 변화했는가를 떠올려 보면, 그것은 교재의 내용이 아니었다는 생각을 하게 됩니다. 노조 중간지도자 교육이라 해서 노조 중간간부들을 모아서 2박 3일 동안 교육을 시키는데, 거기에는 별별 사람들이 다 오는 거죠. 노조하면 진짜 좋더라, 어디 가서 밥도 공짜로 먹는다, 이런 이야기하는 사람들부터 시작해서. 그런데 거기서 2박 3일 동안 토론하면서 다른 사람 얘기 듣게 되고, 특히 어릴 때 얘기하면 다 같이 우는 경험을 하지요. 지식이 아니라 바로 그런 만남의 과정에서 인간에 대한 신뢰, 지금까지와는 전혀 다른 질의 인간관계가 형성되더라는 겁니다.

바로 이때 길러진 사람들이 70년대 민주노조운동에 앞장섰던 사람들이 많은데, 교육이 어떻게 사람을 변화시키는가를 거기서 본 것 같아요. 2박 3일의 짧은 기간이었지만 그게 하나의 계기가 돼서 지속적인 만남으로 이어지고, 일종의 동창회 식으로 가는데 그 모임이 또 새로운 경험이더라는 거죠. 그냥 술이나 먹는 이런 동창회가 아니라, 자기들이 새롭게 눈뜬 현실인식이라거나 가치를 나누는 그런. 이런 기억들이 어려운 시절을 견디는 힘으로 작용했다는 생각이 드는 것이지요.

지금의 진보신당이 그것을 못할 것이 없고, 또 적극적으로 해야 한다는 생각입니다. 그때보다 훨씬 많은 인문학 자료들과 문화예술을 매개할 수 있는데 말입니다. 정당이 강령, 당헌, 당규만 앙상하게 가지고 있는 게 아니라, 풍부한 문화적 재원들을 확보하고 이걸 매개로 생활을 정치로 끌어들이는 적극적인 노력을 하겠다는 말씀을 드리고 싶습니다. 당을 지지하게 하기 위해서 만드는 딱딱한 자리가 아니라 푹신푹신한 느낌의 공간들. 반드시 당이 전면에 나서지 않더라도 뒷받침하는 다른 틀. 〈민중의 집〉이라든가, 또 당이 관계를 맺고 있는 여러 경로를 통해서 말입니다. 자기 관심사에 따른 다양한 소모임들도 중요하겠지요. 곳곳에, 조그만 동단위에도 역사를 연구하는 모임들이 자리 잡고 있었기 때문에 일본의 뉴라이트들이 소위 새로운 역사교과서를 퍼뜨리려 했을 때도 이를 좌절시킬 수 있었지 않았겠습니까.

**홍세화**  진보신당 당원들만 놓고도 우리사회에서 자식교육 어떻게 시킬까를 이야기하자면 고민스러운 대목이 많이 드러나지 않겠습니까. 교육 문제야말로 한국 사회의 블랙홀이라고 보는데, 자식교육 문제만 들어가면 거의 다 무너지는 게 현실이라 보거든요. 머리는 진보적 가치를 추구하는데 현실적 삶은 전혀 다른 방향으로 가고 있는. 이런 문제가 집중적으로 이야기되고 고민하기 시작되어야 하는 것이죠. 자기 자식 교육 문제로 인해서 일상 속에서 자신의 존재를 배반하는, 지향을 배반하는, 이런 문제를 진보신당이 구체적으로 제기하면서 이런 방향으로 가야한다는 다른 전망을 보여주고, 나아가서는 아이들을 위한 학교를 만들어내고, 이런 것까지 할 수 있을 때 비로소 우리가 이야기하는 진보운동의 새로운 방향으로서의 생활정치가 시작되지 않겠는가, 바로 거기에 천착해야 하는 것 아닌가, 그런 말씀을 드리고 싶었던 것입니다. 바쁜 걸음 공연히 붙잡은 만남이 아니었으면 싶습니다.

아무리 비관적인 현실이라도, 소수에겐 그래도 탄식보다는 의지가 어울린다 할 것이다. 설사 자본주의의 물신적 가치로 일원화된 사회에서조차도 '사유하는 인간'의 멸종이 선고되는 일은 벌어지지 않을 것이다. 편한 비루함보다는 불편한 자유 쪽에 서려는 사람들은 언제, 어디서나 완전히 사라지는 일은 없을 것이기 때문이다. 프랑스 사회주의의 아버지 장 조레스가 말했듯이, 인간성에 대한 신뢰를 포기하지 않는 한 진보정치를 향한 실험 역시 멈추어지지 않을 것이다.

그렇다 하더라도, 진보정치의 목적이 소수의 자기만족이 되어서는 결코 안 된다. 진보하는 진보의식이 없이는 '지금, 여기서'의 삶은 조금치도 개선되지 않을 것이다. 그것은 어떻게 가능할 것인가. 진보의식의 진지전은 어떻게 확장해 가야 할 것인가. 우리들의 고민은 여기에 집중되어야 할 것이다.

# 노회찬을 부탁해

## 나의 친구, 노회찬

최근 나는 대중강연과 대학에서의 강연 등 대중과 공개적으로 만나는 일정을 모두 접었다. 일단 건강이 아주 안 좋고, 또한 어디까지나 개인 사정이지만 아이 낳는 계획을 더 이상 미룰 수가 없었기 때문이다. 어쨌든 나는 일정 수준까지 건강을 회복시켜야하는 것이 내가 2010년에 해야 할 가장 중요한 일이라고 생각한다. TV출연 같은 것이야 원래 즐기는 쪽도 아니었고, 오히려 싫은데도 여러 이유로 참고 나가던 것이었는데, 이명박 정부가 출범하면서 TV에 나가야 할지 말아야 할지 그런 쓸데없는 고민을 할 필요가 없게 되어서 더 좋아진 측면이 없지 않다.

대중강연과 대학 강의를 마감하면서, 나는 흔히 사람들이 '사회적 활동'이라고 하는 것에서 거의 대부분 멀어지게 되었다. 내가 사람들을 만나는 것은 이제 책과 글, 즉 이미지와 디지털 시대에 힘을 많이 잃었고 곧 쇠락하게 될 것이라는 '텍스트'를 통해서이다. 따라서 나는 이제 텍스트를 통해서만 살아있는 그런 사람이 된 것이다.

돌아보면 나는 책을 통해 명성을 먼저 얻고 사회적 활동 혹은 정치적 활동을 시작한 사람들의 경우와 다르다. 아니 어쩌면 정반대의 길을 걸어왔는지도 모른다. 나는 거의 무명이었던 시절에 TV을 통해 먼저 사회 활동을 시작했었다. 예컨대 교육방송에서 PD나 작가들과 함께 방송을 만들고, 다큐멘터리를 기획하는 것이 내가 맨 먼저 했던 사회적 일이다. 〈똘레랑스〉, 〈하나뿐인 지구〉, 〈환경 스페셜〉 같은 것들이 이러저런 방식으로 내 손을 거쳐간 프로들이고, 〈지식e〉라는 방송의 탄생에 아주 약간의 기여를 하였다.

내가 가장 열심히 했던 것은 정치였다. 20대 내내 사람들이 나에게 붙여준 별명은 '강철체력'이었고, 나는 지치는 법이 없이 밤을 며칠씩 새면서 일을 했었다. 정치를 하면서 나의 체력과 10년 동안 모아 두었던, 빈약하지만 어쨌든 나의 전 재산을 여기에 털어 넣었다. 녹색당을 만들기 위해서 3년 동안 지방 구석구석 안 가본 곳이 없을 정도로 강연회와 간담회를 돌아다녔고, 창당의 그 날을 생각하며 누구든 만났고, 만나는 사람마다 고개를 숙이고 "도와달라"는 부탁을 하곤 했었다. 실제 창당을 하면 나도 출마할 생각이 있었는데, 녹색당을 당으로 유지하기 위해서는 2% 이상의 득표율 혹은 국회의원 한 자리가 필요했기 때문이었다. 내가 몇 년에 걸쳐 출마 최적지로 생각한 곳은 '영등포 을', 즉 여의도와 영등포 시장이 포함된 그런 곳이었다. 그러나 사람의 힘으로 안 되는 일도 있다는 귀한 교훈을 얻고 녹색당 창당의 꿈을 결국은 접어야 했다.

우리에게는 1,000명씩의 당원이 있는 5개의 지역이 필요했었는데, 서울, 경기도는 가능했지만 다른 곳에서는 도저히 1,000명을 모을 수가 없었다. 대구에서는 한나라당의 벽을 뚫을 수가 없었고, 전남에서는 민주당의 벽을 뚫을 수가 없었다. 그렇다고 서울이나 경기도가 호락호락했던 것은 아니었다. 노무현을 지지하지 않으면 배신이라고 말하는, '정치적 중립'을 원칙으로 한다는 시민단체의 활동가들, 그리고 또한 민주노동당으로 결집하지 않으면 전부 배신이라고 가차 없이 독설을 퍼붓던 진보정치 활동가들, 그 속에서 녹색당을 세울 곳은 한국에서 거의 한 곳도 없어보였다.

2006년 가을 어느 날 저녁으로 기억된다. 내 통장에 마지막으로 10만 원이 남아있는 순간이 왔다. 같이 근무하던 젊은 활동가들한테 그 돈으로 나는 아귀찜과 소주를 사주었다. 내가 이른바 정치의 영역에서 마지막 했던 일이 그 일이다. 나는 아직도 내가 어깨에 달며 살아왔던 여러 가지 명칭들 중에서 마지막으로 공식적인 직함으로 가졌던 '초록정치연대 정책실장'이란 직책을 가장 명예롭게 생각하고 있다.

살아오면서 내가 꼭 해보고 싶었는데 도저히 할 수 없게 된 것이 두 가지가 있다. 내 손으로 단 한 명이라도 박사를 배출하고 싶었는데, 결국 그렇게 할 수 있는 기회가 나에게 오지 않았다. 내 능력이 거기에 미치지 못했던 것이라 생각하므로 시대를 원망하거나 누군가를 탓하지는 않는다. 그리고 다른 한 가지 꼭 한 번 한국에서 공식적인 정당으로 녹색당이 생겨나는 것을 보고 싶었는데, 내 능력은 여기에도 미치지 못했다. 다만 살아서 녹색당이 생기는 것을 보고 싶다는 소망 하나를 가슴 속에 담고 하루하루를 살아갈 뿐이다. 내가 정치를 잘 할 수 없다는 것은, 그리고 그게 나의 영역이 아니라는 것은 이미 충분히 입증된 것 같고, 나도 그 사실을 잘 알고 있는 터이다.

녹색당을 만들기 위한 노력을 접은 이후의 내 삶은, 일반 모두에게 공개된 그 삶 그대로이다. 나는 경제학을 전공하는 사회과학에 속한 사람이니, 실상은 처음부터 신앙이나 예술이 아닌 과학에 속한 사람이었다. 녹색당을 만들기 위해서 내가 가졌던 모든 것을 바치던 시절에 나와 같이 모든 것을 고민하고 그 후로도 여전히 많은 것을 함께 고민하던 두 사람이 있었다. 당시 민주노동당의 정책국장이었던 이재영, 환경운동연합의 정책실장이었던 이상훈, 나는 그들을 '친구'라고 부른다. 당에서 나온 이재영이 먹고 살 수 있도록 그가 활동하는 곳에 출판사를 급히 만들고, 결국 그곳에서 책을 한 권 냈었다. 그 책이 졸저 《88만 원 세대》이다. 그리고 이상훈의 아내가 시사저널 사태 때 단식한 두 사람 중의 한 명이었고, 그들이 새로 차린 《시사인》이라는 잡지가 망하면 평생을 환경 활동가로 살아온 이상훈의 삶이 곤란해지므로 이 잡지에 연재를 하고 이것저것 많은 기획을 해왔다. 그게 내게 '친구'라는 단어의 의미이다. 무엇이든 주어도 아깝지 않은 사람, 그 사람을 나는 친구라고 부른다. 이제, 그 이름 뒤에 노회찬이라는 이름 하나를 더 얹으려고 한다.


## 진중권, 박근혜, 그리고 노회찬

나는 정치의 영역에서 빠져나왔지만, 그렇다고 내가 정책에 대한 관심마저 놓은 것은 아니다. 나는 오랫동안 대선과 총선 그리고 각종 지방선거에 이르기까지 수많은 정책 자문을 해주었는데, 내가 "곤란하다"고 답변한 것은 2007년 한나라당 경선과 관련하여 박근혜 진영에서 요청받았을 때 딱 한 번이다. 그때는 별로 관여하고 싶지 않았는데, 상대방을 무안하지 않게 하면서 거절할 적당한 말을 찾아내지 못했기 때문에 결국 핸드폰을 없애버리는 약간은 불편한 해법을 사용하였다.

그 많은 선거 중에서 가장 기억에 남는 것은 역시 2004년 총선의 경우였는데, 그 선거로 민주노동당의 국회의원들이 처음으로 원내에 진출하게 되었다. 처음에는 환경정책에 대해서만 자문을 해준다고 하였었다. '환경성 질환', '탈핵(脫核)'과 같은 용어들이 그 때 내가 민주노동당 정책으로 만들어 준 것들이었는데, 나중에 사회적으로도 유행하는 단어가 되었다. 처음에는 환경과 농업 일부에만 손을 댄다고 시작한 것이 어느덧 경제총괄처럼 되었고, 김정진 변호사가 추진하던 부유세 공약과 함께 '완전고용'이라는, 다소 황당한 공약이 어쨌든 2004년도의 민주노동당을 원내정당으로 만드는 데 어느 정도 기여하기는 한 것 같다.

내가 노회찬과 심상정 같은 진보정치의 스타들을 알게 된 것은 그 때 민주노동당 공약작업에 깊게 관여하였기 때문이다. 나는 그 일이 일종의 '적녹연정(赤綠聯政)', 즉 독일의 사민주의가 집권할 때 녹색당과 연정 구도를 만든 것과 같은 일이라고 생각했다. 2007년 민주노동당 당내 경선 때에는 노회찬과 심상정의 농업공약과 환경공약을 검토하는 데에 약간의 도움을 주었는데, 보다 적극적으로 부탁한 심상정의 정책 작업에 보다 많은 조언을 주었다. 그러다가 권영길 후보 단일화가 된 이후, 나는 김도 새고 별로 흥도 나지 않아서 이명박 대통령이 압도적으로 승리하는 그 2007년 대선은 그냥 TV에서 보았다. 대선 직전, 인터뷰 작업을 겸하여 안동으로 지승호 작가와 여행 중이었는데, 그날 오전에 출발하여 서울에 도착한 후 내키지 않은 채로 권영길에게 투표하고는 펑펑 울었다. 상경 전 안동의 골목길에서 도포를 곱게 차려입은 할아버지들의 행렬을 보았다. 저렇게 열심히 사는 할아버지들을 무슨 수로 당해낼 것인가!

2008년 총선은 싹쓸이 총선이었고, 한나라당과 친박연대 그리고 이회창의 보수 3인조는 대한민국의 모든 것을 사실상 접수하였다. 노회찬과 심상정은 그 총선과 함께 다시 '무관의 제왕' 시절로 돌아갔다. 그 총선에서 서로 다른 몇 개의 당에서 나에게 비례대표 제안이 왔지만, 나는 정치인으로서는 별로 할 일이 없다는 것을 이미 알고 있었기에, "별로 뜻이 없다"는 얘기로 모두 고사하였다.

한국에서 '대중학자'라는 말을 붙여도 좋을 정도로 인기 있는 사람은 진중권 외에는 없다. 촛불집회가 슬슬 막을 내리려고 하는 그 8월의 마지막 즈음에 강남역 사거리에 있는 작은 횟집에서 공지영, 지승호, 그리고 진중권과 함께 앞으로의 일들을 얘기하면서 소주를 마신 적이 있었다. 나나 지승호를 사람들이 못 알아보는 것은 당연했지만, 그날 진중권에게 술을 따라주거나 혹은 따라달라고 왔던 사람 중에서 공지영을 알아본 사람이 없다는 것은 놀라운 일이었다. 우리나라 학자나 작가 중에서 길거리에서 인사를 받거나 술집에서 손을 잡아보고 가는 사람은 진중권 외에는 본 적이 없다. 그는 싫어하는 사람들도 많을 것이 분명하므로 '국민학자' 라고 하기에는 어색할 것이지만, 그는 그 자체로 확실한 존재감을 갖는 진정한 '대중학자' 임에 분명하다.

정치인 중에서 존재감이 가장 확실한 사람은 우리나라에서는 박근혜일 것이다. 가끔 나는 정치인의 강연이나 유세 같은 데에 구경을 가기도 하는데, 어느 날 강당에서 문득 공기의 흐름이 바뀐 것 같은 느낌을 딱 한 번 받은 적이 있다. 뒷문으로 박근혜가 살짝 들어왔을 때, 정말이지 공기가 바뀐 것과 같은 느낌이 들었다. "아, 박근혜다!" 이 소리 없는 감탄사를 자아내게 하는 것, 그녀가 바로 '선거의 여왕' 이라는 별칭으로 불리는 박근혜인 것이다. 그런 유사한 분위기의 정치인은 김대중이 한참 때 여의도 유세 같은 곳에서 느껴본 적이 있다. 그 당시 그는 그야말로 살아있는 카리스마였다. 우리는 이명박 대통령을 우스운 사람 취급하는 경향이 있지만, 그가 비록 정책적인 안목에서는 형편없을지 몰라도 정치인으로서 이명박을 무시해서는 안 될 것이다. 그 누구도 꺾지 못할 것 같아 보이는 박근혜를 이긴 것, 그것 하나만으로도 그것은 대단한 일이다.

그러나 그러한 박근혜에게도 인간적인 약점들은 있다. 한나라당 당직자들이 오고가는 농담 속에서 나에게 알려준 것들이 있는데, 그 약점을 과연 박근혜가 극복하고 다음 번 대통령이 될 수 있을까? 심상정, 추미애, 박근혜, 이 3명은 여성 정치인이라는 공통점 외에도 공통으로 가지고 있는 약점이 있다.(이 약점은 다음 번 대선이 끝나고, 좀 조용하고 편안하게 뒷얘기를 해도 좋을 때 수다거리에 올릴 수 있을 것 같다.)

어쨌든 이 약점을 노회찬은 가지고 있지 않다. 꽤 유명한 사람들과 같이 식사를 하거나 술을 마신 적이 있는데, 현실 정치인 중에서 처음 우연히 간 식당에서 주방장이 자기가 꼭 대접하고 싶다고 특별요리를 몇 개씩 만들어서 가지고 오는 것은 노회찬 경우 이외에는 보지 못했다. 여의도 증권가의 작은 선술집에서 증권가에 다니거나 금융회사에 다니는 사람들이, 술 한 잔 꼭 따라드리고 싶다고 찾아오는 경우도 노회찬 외에는 보지 못했다. 그 중에는 내가 알던 사람도 있었는데, 증권거래소의 월급쟁이가 정말로 노회찬의 시대가 오기를 바란다고 말할 때 옆에서 지켜보던 내가 다 눈물이 났었다.

언론에서 그를 어떻게 취급하든, 민주당 지지자들이 그를 어떻게 대하든, 진짜로 한국에서 '대중 정치인'이라고 부를 수 있는 사람을 나는 노회찬 밖에는 보지 못했다. 어떤 의미로든, 자신의 힘으로 대중들의 사랑을 만들고, 그 사랑으로 정치를 하는 사람은 한국에 박근혜와 노회찬 이 두 사람이 있는 것 같다.


## 가능한 상상들

자, 지난여름에 있었던 일을 이 기회를 통해 솔직히 말해보고 싶다. 노무현의 죽음은 나에게도 충격적이었다. 노무현을 '주군'이라고 기꺼이 부르기를 자청했던 그의 가신들은 그를 지키지 못했다. 나는 그의 가신은 아니지만, 그렇다고 해서 마음마저 아프지 않은 것은 아니다. 그리고 나에게는 영원한 질문거리로 존재해온 김대중마저 더 이상 살아있을 필요가 없다고 생각한 듯 우리의 곁을 떠났다. 그 와중에서 향후 우리에게 어떤 선택이 가능할 것인가, 현실적으로 고민해보지 않았다면 거짓말일 것이다. 많은 정치학자들은 '연정'이라는 형태가 한국에서는 불가능한 것이라고 부정적 견해를 밝혔지만, 난 여전히 한국에서도 유럽식 연정이 가능할 수 있을 것이라는 생각을 한다. 2012년 대선에서 연정이 가능하다면, 과연 어떤 인물들이 우리에게 최적일 것인가? 우선 눈앞의 정치적 현실을 염두에 두지 말고 일단 최적 그림이 어떤 모양새가 될 것인가, 그것이 나의 첫 질문이었다. 내가 생각하는 연정은 가장 많은 국민의 지지, 혹은 시민의 지지를 받는 사람이 대선 후보가 되고, 자신의 대선후보를 내지 못한 정당은 유럽의 경우가 그렇듯이 장관이 되어 캐비넷(cabinet)에 참가하는 형태이다. 물론 그렇다면 현실적인 힘의 관계상 민주당의 누군가가 2012년의 대선 후보가 되겠지만, 진보신당이나 민주노동당에서 총리, 혹은 경제부처 아니면 국토부와 같이 현실적으로 자신들의 정책을 일정한 독립성을 가지고 구현해보는 것이 나쁘지는 않을 것이라고 생각한다. 지금의 민주당만으로 다음번에 단독 집권을 하기 어려운 것은 상식적으로 합당한 추론이 아닐까? 자, 현실을 떠나서 논리적으로만 생각해 보자. 누가 이 얼굴이 되는 것이 좋고, 또 어떠한 과정으로 연정의 모양새를 만들어가는 과정이 가장 합리적일까?

과정부터 생각해보면 누구나 쉽게 떠올릴 수 있듯이, 2010년 지방선거부터 연정의 과정을 만드는 것이 좋을 것이다. 2010년 지방선거, 2012년 총선, 그리고 2012년 대선으로 이어지는 일련의 정치일정은 선의를 가진 사람들이 많은 것을 양보하면서 프레임을 만들기에 적합한 일정이다. 게다가 2012년 11월은 미국의 대선이 있고, 그 한 달 뒤 한국 대선이 있다. 여러 가지로 흐름을 타기에 나쁘지 않은 구도이다. 2010년 6월로부터 역산을 해서 현실에서 이런 일이 일어나던, 일어나지 않던지 간에 "이러한 방법도 있다"라고 제시하기 위해서는 몇 가지 가능성을 검토해서 늦어도 9월까지는 책을 출간해 보고 싶다는 것이 나의 생각이었다.

솔직히 이야기하자면, 나는 박원순을 염두에 두고, 그가 대통령이 되었을 때의 최적의 조합에 대해서 고민을 했었다. 시민운동의 1세대 지도자인 박원순의 상징을 통해서 '박원순의 시민대연정'이라는 책 제목까지 정해놓았었다. 그러나 이 작업을 중간에 정지시킨 것은, 일단은 논리적으로 잘 정리가 되지 않는 몇 가지 의문사항들이 있었고, 또 개강을 앞두고 건강이 급속도로 악화되고 있었기 때문이다. 몸이 아프면 생각도 정리하기가 쉽지 않고, 현실적으로도 집필과 출간이라는 일정을 소화할 수도 없다. 그리고 무엇보다도 박원순 본인의 생각과 소망 그리고 계획을 잘 몰랐다. 본인은 정말 싫은데, "당신 말고는 대안이 없다"라고 하는 것은 그렇게 지혜로운 일도 아니고, 자상한 일도 아닌 것 같았다. 이것은 어쨌든 현재 진행형인 고민이다.

8월이 지나고 9월이 되면서 나는 본격적으로 귀농 프로그램에 대해 고민하기 시작했고, 대중들과 만나는 강연과 강의와 같은 것들도 하나둘씩 정리해 가고 있었다. 몸이 너무 아파서 더 이상 견딜 수가 없었고, 1~2년 내에 서울에서의 삶을 어떤 식으로든 정리하고 남은 인생의 시간들 속에서 지금까지와는 다른 실험을 할 준비를 하고 있었다.

그러던 어느 날, 문득 나는 노회찬이 대통령이 된다면 우리나라는 어떻게 될까, 이런 질문을 해보게 되었다. 물론 가능성 0%에 관한 생각이지만, 논리적인 세계에서는 모든 상상이 허용되어 있는 것 아닌가? 만약 연정이 가능하다면, 법무부장관 정도가 우리가 상상할 수 있는 현실적인 답변일 것이고, 최대치를 잡더라도 총리 정도일 것이다. 내가 만약 민주당의 책사라면 당장 '민주대연정'이라는 틀을 짜고, 총리와 주요 장관직에 대해서도 '섀도우 캐비넷(shadow cabinet)'을 구성하여 2010년 지방선거부터 연정체계를 가동시키도록 할 것 같다. 그러나 어쨌든 지금의 민주당은 별로 그렇게 할 생각이 있어보이지는 않는 것 같다. 소탐대실 같아 보이지만, 어쨌든 민주당은 민주당대로 자신들의 전략이 있을 것 같다.

11월쯤에 나는 새로 진보신당의 정책위원장이 된 조현연 박사를 만날 일이 있었는데, 이 무렵 신문에는 진보신당 지지율이 1% 정도라고 되어 있었다. 조현연 박사는 그보다는 높다고 펄쩍 뛰었는데, 1.5%는 된다는 것이다.

1.5%! 참, 높기도 하다.

그나마 이즈음에는 더 떨어져서 0.8% 수준이다. 아무리 민주노동당에서 분당하면서 '풍찬노숙'을 각오했다고 하지만, 한국의 정당법상 선거에서 2% 미만이면 정당을 해산해야 하므로, 현재 진보신당은 사실상 해체해야 하는 수준인 셈이다. 이런 정당은 말 그대로 지금 심각한 위기인 셈인데, 안팎으로 아무리 살펴봐도 위기국면이라는 인식도 거의 보이지 않고, 게다가 위기를 돌파해야 한다는 목소리도 거의 나오지 않는다. 억지로 당원으로 가입한 시민들에게 '운동권 선배'로서 단단히 꼰대질이나 하려는 '꼰대들의 정당'. 도대체 이걸로 무엇을 할 수 있단 말인가!

그렇다고 진보신당의 당원들이 갑자기 나긋나긋하고 매력적이며 어쨌든 사람들이 갑자기 사랑하거나 존경받고 싶은 존재로 집단적으로 탈바꿈하기를 기대하기도 어렵다. 내 책을 읽은 적지 않을 숫자의 한국의 20대에게 "진보신당에 당원으로 가입하셔서, 노회찬 대표를 도와주세요!"라고 내가 말할 수 있을까? 도의적 양심상, 나는 그렇게 말하지 못한다. 안 그래도 상처가 많은 한국의 20대에게 많은 진보신당의 당원들이 꼰대짓하면서 신나게, 재미없는 선배 놀음을 할 것이 분명하고, 많은 대학생들이 그들의 상처에 또 다른 상처를 더하게 될 것이 아닌가? 이것은 누가 시킨다고 되고, 누가 권한다고 될 수 있는 성격의 일이 아니다.

오래된 표현에서 이에 적당한 것을 찾자면, 그야말로 '하늘의 뜻'이라고 하는 수밖에 없을 것 같다. 박원순을 가상 모델로 하여 '시민대연정'을 생각해보는 것은 논리에 관한 일이지만, 노회찬을 가상 모델로 '상상'하는 것은, 졸지에 '우정'에 관한 것, '팬심'에 관한 것, 그리고 하늘에 관한 것이 되어버린다. 이것은 엄연한 현실이다, 그러나 어디 사람이 논리만으로 움직이고, 합리적인 것에서만 동기를 찾던가? 나는 우정으로도 나의 많은 것을 희생할 수 있고, 팬심으로도 내 정성을 바칠 수 있는 종류의 인간이다. 만약 그렇지 않았다면, 나는 진즉에 '우파'로서 살았을 것이고, 아마도 잘 먹고 잘 살았을 것이다. 나의 우파 친구들은 나에게 종종 부모들이 나를 우파로 낳아주셨음에도 불구하고, 왜 '좌석훈'으로 그렇게 힘들게 삶을 살아가느냐고 말하기도 한다. 나는 좌파로 살아가는 것이 가끔 불편하기는 해도 부끄러웠던 적은 한 번도 없었으며, 후회스러운 적도 한 번도 없었다. 내가 정말로 해보고 싶은 것은, 패권주의와 질투 혹은 작당질 같은 단어로 묘사되는 한국 좌파 내에서 '우정과 환대의 공간'을 여는 것이다. 그 희망과 소망을, 나는 아직 버리고 싶지 않다.

## 또 한 번의 기적

노회찬은 나보다 12살이 많다. 그러나 나는 그를 지금부터 '친구'라고 부를 것이다. 친구라야 우정을 줄 것이 아닌가! 이 글을 읽는 여러분도 노회찬을 어떤 식으로든, 직접적으로든 간접적으로든, 물질적으로든 정서적으로든, 하여간 돕기로 생각하신 분은, 그를 만났든 만나지 않았든 그를 '친구'라고 불렀으면 좋겠다. 그래야 그에게 우정을 줄 것이 아닌가! 한 가지 확실한 것은 우정으로 나누어 준 것으로 인하여 곳간이 비게 되는 일은 없을 것이라는 점이다. 그게 우정의 매력이다. 나는 내가 친구라고 생각하는 많은 사람들에게 내가 가진 것을 아낌없이 나누어 주면서 살았지만, 그것 때문에 배고픈 지경에 도달한 적은 없다.

예전에도 그랬을 터이지만 요즘도 한국에서 좌파들 역시 선배·후배를 엄격하게 따지고 심지어 '선생'이라는 호칭도 서슴없이 사용하도록 한다. 다 개수작이다! 사람 위에 사람 없고, 사람 밑에 사람 없다는 것이 좌파의 오랜 전통이다. 불어로 'camarade', 영어로 'comrade'라고 부르는 것, 그것이 바로 우리 말로 '친구' 아닌가? 우리는 모두 친구 사이라는 것이 좌파의 오래된 전통이고, 선배 같은 것을 찾는 것은 일본 우파의 전통이며, 일제 때 우리에게 유입된 것이다. 그러니 여러분들도 아무런 꺼림칙한 느낌 없이 노회찬을 '친구'라고 부르는 것, 그것이 우리의 전통이며 미덕이다. 학교 따지고, 학번 따지고, 게다가 나이 따지는 것, 이것은 모두 좌파 족보에는 없는 개수작이다. 나는 노회찬을 좋아하고 그를 친구라고 믿으며 그를 중심에 놓고 여러 가지 상상해보지만, 그러나 나는 노회찬에 속한 사람이거나 '노회찬의 사람'은 아니다. 나는 학자이고 과학에 속한 사람이지, 누구 밑에 있거나 누구의 참모 혹은 책사인 사람은 결코 아니다. 나는 우정을 소중히 여기는 자연인이고, 누구도 나에게 이래라 저래라 할 수 없다. 독자 여러분도 이렇게 자유인으로 살 수 있었으면 한다.

어쨌든 나는 노회찬의 친구라고 생각은 하지만, 그의 참모가 아니므로 그의 지시 내에 들어갈 필요도 없고, 그를 자주 만나거나 상의할 필요도 없다. 건방지게 노회찬을 늘 만나면서 "이래라 저래라"할 생각은 전혀 없다. 이러한 나의 마음은 팬의 마음 즉 '팬심'과 본질적으로 동일하다.

나는 영화감독 류승완의 팬이다. 그의 영화 DVD도 사고 OST도 사고, 그의 영화를 100번씩 보기도 한다. 그러나 내가 건방지게 류승완을 만나거나 이래라 저래라 할 생각은 없다. 그것은 팬심에 어긋난다. 나는 가수 이상은의 팬이다. 그의 CD도 사고, 구할 수 있는 LP도 사고, 선물할 순간이 오면 여지없이 그녀의 CD를 선물한다. 그러나 나는 이상은을 만나지는 않는다. 그것은 팬심이 아니기 때문이다. 나는 고현정을 좋아하고 미실을 사랑하며, 그녀가 넘지 못한 신라 골품제의 벽에 대해서 안타까워한다. 고현정을 엄청나게 좋아하지만, 그녀를 만나려고 하지 않는 것은 팬심의 도의에 어긋나지 않기 위해서이다.

내가 노회찬에게 기대하는 것은 '친구 같은 대통령'이 아니라 우리 모두에게 '친구인 대통령'이다. 내가 그에게 주고 싶은 것은 우정으로 친구에게 주는 것이자, 팬심으로, 그를 향한 수많은 팬 중의 한명으로 팬질을 하는 것이다. '팬질', 이것은 누구도 관여치 못할 나의 취미 생활이며 또한 즐거움이다.

우정, 팬심, 이런 것들은 0.8%의 지지를 받는 정당의 대표에게 내가 가진 것들을 주어야 하는 이유로서 내가 오랫동안 깊이 생각해서 고안해낸 것들이다. 어쨌든 나는 학자라서 내가 납득할 수 있는 이유를 찾지 못하면 움직이지 못하는 사람이다. 아마 여러분 중에서도 나 같은 사람이 적지 않을 것이다.

좀 진부한 표현이지만, 다음과 같은 문장으로 이 상황을 요약해볼 수 있을 것이다.

"우정은 하늘을 움직이고, 팬심은 하늘을 가른다!"

물론 이것은 기적을 바라는 마음과 본질적으로 동일하다. 그러나 우리는 노무현과 함께 이미 한 번 기적을 경험한 적이 있지 않은가?


## 노회찬 '텐·텐·텐'

노회찬이 겜블러라면, 아직 그는 판에 올라갈 게임비를 가지고 있지 못하다고 표현할 수 있을 것이다. 정치인으로서 노회찬은 현재 빈털터리이다. 0.8%의 지지율을 기록하는 정당의 대표, 그것은 한국 사회에서 '아무 것도 아니다'라는 것을 의미한다. 한때 노무현도 그랬다. 광주 경선에서 그를 지지하러 내려간 현역 국회의원은 천정배 단 한 사람이었다.

한국에서 내가 '탈(脫)토건의 기수'로 후원하고 있는 정치인은 노회찬, 심상정, 이계안, 천정배, 이렇게 4명인데, 기가 막히게도 4명 모두

"쥐뿔, 아무 것도 없다"는 공통점을 가지고 있다. 어쨌든 토건 클라이막 스로 이명박의 대한민국이 열심히 달려가고 있는 지금, 내가 후원하는 정치인들은 모두 어려움의 나락에서 절벽 밑으로 버둥거리고 있는 형국 이 아닌가?

어쨌든 나는 노회찬이 최소한 게임비를 들고 '판떼기'에 올라가 보기 라도 하면 좋겠다는 소망을 가지고 있다. 결국 현실 정치인이 된다는 것 은 이 게임판에 자리를 잡고 앉는 '꾼'이 된다는 것인데, 노회찬은 지금 하우스에 들어갈 '껨비'도 없는 셈이다. 이 상황에서 그를 중심으로 상 상하는 모든 것은 헛된 망상에 불과하다. 현실적으로 민주당에서 "그것 은 뜬구름에 불과하다"고 단 한 번에 나락으로 떨어뜨려 버릴 수 있는 그런 상황이다. 나도 그 정도는 안다. 그렇다면 노회찬이 본선무대에 올 라가기 위해서 우리가 그에게 쥐어주어야 할 밑천은 대체적으로 다음과 같다.


1. 노회찬 개인 지지율 10%
2. 진보신당 혹은 좌파 지지율 10%
3. 진보신당 당원 10만


개인 지지율과 정당 지지율 10%는 그것이 두 자리 숫자 중 가장 적은 수치이기 때문이다. 국민들은 두 자리 숫자를 볼 때 '현실적인 대안'으로 이해하기 시작한다. 그 이하로는 '기타 등등' 혹은 '잡것'으로 인식되는 것 같다. '사표방지심리'라고 아무리 외쳐도 국민들의 성향이 단기에 바 뀌지는 않는다. 야속하지만, 그것을 '주어진 조건'으로 생각하고 그 대안 권 내로 들어가기 위한 노력을 하는 것이 타당해 보이는 것이다.

세 번째 조건인 진보신당 당원 10만은 오히려 달성하기가 쉬운 조건이 지만, 근본적인 변화를 만들기 위해서 필수조건으로 이해할 수 있다.

2007년 이명박 후보가 한나라당 공식 후보로 확정된 후 한나라당은 이명박 후보에게 한나라당의 현황을 보고한 적이 있다. 등록된 한나라당 당원은 110만, 그 해 여름에 한나라당에 후원을 한 사람은 19만, 그리고 꼬박꼬박 당비를 내는 당원이 11만 명이었다. 이 한나라당의 11만 명이 정권을 만든 셈인데, 이 기준으로는 진보신당의 당원도 이미 2만 명 정도는 된다. 10만 명이 당원이라면 한나라당을 제압하기는 어려워도 적어도 '판'에 올라가 '게임'을 벌일 정도는 된다.

이 세 가지 10이라는 숫자를 우리는 '노회찬 텐·텐·텐'이라고 부를 수 있을 것이다. 양궁 용어에서 빌려온 것이다. 이 노회찬 텐·텐·텐을 손에 쥐어주고, 그가 판떼기에서 신명나게 춤을 추는 그 모습을 보고 싶다. 이기고 지는 것은 그 다음의 문제이다. 한국의 좌파, 지는 것은 이미 숨 쉬는 것만큼 익숙한 일이 아니던가!

나는 그가 최소한의 게임을 위해서 우리가 게임비를 마련하는 데에 1년 정도의 시간이 남아있다고 생각한다. 1년 후에도 그가 '텐·텐·텐'을 손에 쥐고 있지 못하다면, 많은 사람들이 다른 '현실적 대안'을 생각하기 시작할 것이고, 아마 나도 그럴지도 모른다. 어쨌든 정치는 그 정의상 지독할 정도의 현실이기도 한 것이니 말이다.

내가 노회찬의 팬으로서 그를 위해 준비해놓은 것은 두 권의 책이다. 어쨌든 나는 글과 책, 즉 텍스트를 통해서만 사람들을 만나게 될 것이니 말이다. 한 권은 노회찬과 그의 친구들이 젊은 시절 모든 열정을 바쳤던 '인민노련'이라는 그의 출발점에 관한 책이다. 전국적으로 만 명의 대학생이 공장으로 들어가 노동자가 되었던 시절이 우리에게도 있었다. 그때의 꿈과 그때의 로망, 그런 것들을 온전하게 꺼내서 이 시대에 다시 평가받게 해주고 싶다. 한국의 좌파, 그것이 인천에서 출발했다는 사실, 그리고 그 길고 긴 여정을 통해서 어떻게 우리가 생겨나게 된 것인지, 그 역사를 한번은 온전하게 21세기로 가지고 오고 싶다. 가제이기는 하지만 《이상한 나라의 인민노련》이라는 책은 지워진 역사에 대한 복원의 노력이며, 우리의 근본에 대한 탐구를 위한 노력이 될 것이라 생각한다.

또 다른 한 권은 그냥 내가 생각하는 노회찬의 정부에게 기대하는 정책적 틀에 관한 것일 수도 있고, 여건이 허락한다면 정책 인터뷰집의 형태가 될 수도 있을 것이다. 형태야 어쨌든 정책에 관한 책이 될 것이다. 이것은 노무현의 실패로부터 내가 배운 것이다. 노무현과 그의 측근들은 너무도 정책에 대한 고민이 없었고, 집권해서 준비하면 된다고 생각한 것 같다. 상황 상 이해가 충분히 가는 일이지만, 결국 5년 내내 아주 이상한 형태로의 로드맵만 만들다가 5년이 갔고, 그에게는 너무 가혹한 평가일지도 모르지만 어쨌든 그가 만들고 싶었던 세계는 오지 않았고, 우리는 이명박의 시대를 학학거리면서 힘겹게 헤쳐 나가게 되었다. 5년 단임제라는 한국의 정치제도상 무엇인가 준비한 집단이 그냥 그것을 하는 수밖에 없고, 집권 후 준비해서 뭔가 한다는 것은 사실상 불가능하다. 나는 그 역사의 실패를 노회찬이 반복해서는 안 된다고 생각한다. 물론 그렇다고 내가 생각하는 대로 노회찬의 정책이 전개되어야 한다고 생각하는 것은 아니다. 다만 내가 생각하는 것 혹은 우리가 생각하는 것에 대해서 어떤 식으로든 그도 대답을 해야 하고, 이러한 과정이 책과 같은 공개적이고 대중적인 방식으로 진행될 때 비로소 우리가 같이 다음 정부를 준비해갈 수 있을 것이라고 생각한다. 어차피 공중파에서 그에게 자신의 정책에 대해서 설명하고, 또 우리가 거기에 대해서 질문하는 그런 채널이 열리지 않을 것이라는 점은 너무 뻔하지 않은가?

이 정도가 한 사람의 팬으로써 내가 노회찬을 위해 준비해놓고 있는 프로그램이다. 더 이상을 준비할 수는 없는가? 나의 능력으로는 이 정도가 최대치일 것 같다. 이만큼도 나의 건강이 최소한 1년간은 계속해서 글을 쓸 수 있게 뒷받침해준다는 것을 가정한 일이다. 나머지 일들은 그를 '친구'라고 생각하는 여러분에게 맡기고, 나도 고단한 몸을 잠시 내려놓고 쉬고 싶다.

우리가 극복하고 싶은 한국의 우파들은 한나라당의 진짜 당원 11만 명 정도이다. 나머지 사람들은 이익과 권력을 위하여 질서정연하게 움직이며, 거대한 로봇 병정처럼 움직인다. 여기에 대항하고 극복할 수 있는 방법 중 우리가 현실적으로도 가능하고 실제로도 위력을 발휘할 수 있는 것이 나는 우정과 팬심이라고 생각한다. 이익을 나누는 관계가 아니라 사랑과 유머를 나눌 수 있는 관계, 나는 그것이 우리의 미래가 되어야 한다고 생각한다. 증오 위에 서 있는 지금까지의 공화국이 아니라 '환대의 정신'으로, 이 땅에 태어난 것은 그것이 사람이든 아니든 모두 행복할 수 있는 그런 '사랑의 공화국'을 만들고 싶다. 나는 누군가를 비판하거나 공격하기 보다는, 내가 사랑하는 것과 내가 만들고 싶은 것을 위해서 나에게 허락된 시간을 쓰고 싶다. 여러분과 이러한 나의 소망을 나누고 싶다.

최근 한국의 우파들에 대한 연구를 하면서 이즈음 많은 우파들이 우울증에 시달리고 있다는 사실을 알게 되었다. 좌파들 내에서 우울증은 거의 본 적이 없는 것 같다. 우리는 늘 당하고, 늘 뺏기고, 늘 추웠고, 늘 배고팠다. 각자 서 있는 곳은 다르지만, 이렇게 죽을 수는 없는 노릇이기에 공부를 하고, 글을 쓰고, 창작하고, 일을 했던 것 같다. 상황은 우울증에 깊숙이 빠져들기에 충분했지만, 누구도 우리의 삶을 대신 살아줄 것이 아니라서 죽지 않기 위해 버둥버둥 살아남으려 했던 것이 아닌가? 동구의 붕괴 이후에도 아직까지 전향하지 않고 죽지도 않았던 사람들, 다름 아닌 우리에게 우울증은 차라리 사치가 아니었던가? 더는 나빠질 것이 없는 우리, 서 있는 곳은 다르고 신념은 다를지언정, 더 내려갈 곳도 이제는 없다는 것은 너무 분명하다. 이제 우리에게는 좋아질 일만 남은 것이 아닌가?

그 꿈을 노회찬과 함께 꾸고 싶다.
그 꿈을 10만 명이 같이 꿀 수 있다면 우리의 미래는,
우리 손으로 바꾸는 것이 될 것이다.

우석훈

# 진보의 재탄생
노회찬과의 대화

**초판 1쇄 발행** 2010년 2월 8일
**초판 2쇄 발행** 2010년 2월 27일

**지은이** 노회찬 · 김어준 · 진중권 외
**펴낸이** 강경미
**펴낸곳** 꾸리에 북스
**디자인** 최지유(jiyoobook@naver.com)
**출판 등록** 2008년 08월 1일 제313-2008-000125호
**주소** (우)121-838 서울 마포구 서교동 358-152번지 3층
**전화** 02)336-5032
**팩스** 02)336-5034
**전자우편** courrierbook@naver.com

값 17,000원

한국어판 출판권 ⓒ 꾸리에 북스, 2009

ISBN 978-89-962175-4-1 03300

* 정성을 다해 만들었습니다만, 간혹 잘못된 책이 있습니다.
  연락주시면 바꾸어 드리겠습니다.